भगवान सिंह

भगवान सिंह का जन्म 1931 को गोरखपुर, उत्तर प्रदेश के गगहा गाँव में हुआ। उन्होंने साहित्य की विविध विधाओं में लेखन किया है। शोधपरक लेखन इतिहास और भाषा के क्षेत्र में रहा।

उनकी प्रमुख कृतियाँ हैं—'काले उजले टीले', 'महाभिषग', 'अपने-अपने राम', 'परम गति', 'उन्माद', 'शुभ्रा', 'अपने समानान्तर', 'इन्द्र धनुष के रंग', 'स्थान नामों का भाषावैज्ञानिक अध्ययन' (अंशत: प्रकाशित, 'नागरी प्रचारिणी पत्रिका'), 'आर्य-द्रविड़ भाषाओं की मूलभूत एकता', 'हड़प्पा सभ्यता और वैदिक साहित्य' (दो खंडों में), 'दि वेदिक हड़प्पन्स', 'भारत तब से अब तक', 'भारतीय सभ्यता की निर्मिति', 'भारतीय परम्परा की खोज', 'प्राचीन भारत के इतिहासकार', 'कोसम्बी : मिथक और यथार्थ', 'आर्य-द्रविड़ भाषाओं का अन्त:सम्बन्ध', 'इतिहास का वर्तमान'।

ई-मेल : bhagwangkp@yahoo.co.in
b1931singh@gmail.com

भारतीय सभ्यता की निर्मिति

भगवान सिंह

राजकमल पेपरबैक्स

पहला संस्करण अप्रैल 2004 में साहित्य उपक्रम से प्रकाशित

राजकमल पेपरबैक्स में
पहला संस्करण : 2025

राजकमल पेपरबैक्स : उत्कृष्ट साहित्य के जनसुलभ संस्करण

राजकमल प्रकाशन प्रा. लि.
1-बी, नेताजी सुभाश मार्ग, दरियागंज
नई दिल्ली-110 002
द्वारा प्रकाशित

शाखाएँ : अशोक राजपथ, साइंस कॉलेज के सामने, पटना-800 006
पहली मंज़िल, दरबारी बिल्डिंग, महात्मा गांधी मार्ग, प्रयागराज-211 001
1, अनमोल सोराबजी सन्तुक लेन, धोबी तलाव, मरीन लाइंस, मुम्बई-400 002
वेबसाइट : www.rajkamalprakashan.com
ई-मेल : info@rajkamalprakashan.com

विकास कंप्यूटर एंड प्रिंटर्स
ट्रॉनिका सिटी-201 102
द्वारा मुद्रित

मूल्य : ₹399

BHARATIYA SABHYATA KI NIRMITI
by Bhagwan Singh

ISBN : 978-93-6086-757-7

आर्य द्रविड़ भाषाओं की मूलभूत एकता के प्रकाशक
श्री श्रीकान्त व्यास
और
हड़प्पा सभ्यता और वैदिक साहित्य के प्रकाशक
श्री अरविन्द कुमार
को

अभी तो ईश्वर का युग भी नहीं चुका है
आदमी का युग तो अभी आना है

—विकास

क्रम

धर्म और कर्मकांड

भाषा और उद्योगविद्या

चिन्तन और दर्शन

आमुख

सभ्यता के इतिहास में सभ्यता के निर्माताओं को नहीं, भोक्ताओं को केन्द्र में रखा जाता रहा है। इस बुनियादी अन्तर के कारण यह दमन के औजारों, हथियारों, संस्थाओं, और वर्चस्व के रूपों का इतिहास बनकर रह जाता रहा है। दूसरे शब्दों में कहें तो इसमें अर्थव्यवस्था और सामाजिक सम्बन्धों (बुनियाद) को प्रमुखता न देकर, अधिरचना या ऊपरी ढाँचे को केन्द्र में रखा जाता रहा है। इसका परिणाम यह है कि दुनिया के सभी सभ्य कहे जानेवाले समाजों के इतिहास में उसी समाज के बहुत बड़े हिस्से के लिए, जिसके बिना यह सभ्यता सम्भव ही न हो पाती, कोई स्थान नहीं रहा है। उनकी यातनाओं और पीड़ाओं तक को इसमें स्थान नहीं दिया जाता रहा है। आपदा, विपदा और आक्रमण के दौर में भी यदि किसी के दुख और दुर्दशा का कुछ परिचय मिलता रहा है तो वह उस छोटे से वर्ग के दुख और दुर्दशा का परिचय रहा है, जिसके अपने सुख और वर्चस्व के लिए उसकी खुशहाली के दिनों में भी सभ्यता के निर्माताओं को दुख और दुर्दशा में ही रखा जाता रहा है।

इसी की परिणति यह रही है कि सभ्यता की महायात्रा का इतिहास उस चरण से आरम्भ माना जाता रहा है जब दमन, नियंत्रण, भोग और सम्पन्नता के सभी साधन संकेन्द्रित दिखाई देते हैं। इन केन्द्रों को नगर कहा जाता है। इसी की अपेक्षाओं के अनुरूप इतिहास का लेखन और सभ्यता का मूल्यांकन किया जाता रहा है। इसके निवासी नागर या सभ्य और इनसे बाहर के विशाल जगत के निवासी गँवार, भदेस, उजड्ड (ऊजड़ प्रदेश या स्थान का निवासी), जंगली, पहाड़ी आदि विशेषणों के साथ याद किए जाते रहे हैं, जिन सभी का एक ही अर्थ है—असभ्य। यह स्थिति केवल भारत की नहीं रही है, समूचे 'सभ्य' संसार की रही है। इसका कुछ आभास अंग्रेजी के रस्टिक, वल्गर, आदि शब्दों में पाया जा सकता है।

नगरों के उदय से पीछे की वह सुदीर्घ यात्रा, जिसके बाद समाज इस चरण पर पहुँचा था और जिसकी दीर्घता आज तक के 'सभ्यता' के इतिहास की तुलना में कई गुना रही है, इस इतिहास से बाहर चली जाती है।

गिनने, जोड़ने, लिखने और टाँकने की जो विधियाँ इस चरण पर प्रकट हुईं, उनका इतिहास भी इस चरण से पीछे जाता है, फिर भी इनको पहली बार एक मानक रूप नागर चरण पर ही दिया गया। इसके कारण बाद के विकासों को बहुत मामलों में कालबद्ध किया जा सकता है, जब कि इससे पहले के इतिहास में इन सुविधाओं के अल्पविकसित रहने के कारण, उनको विकास के चरणों के रूप में तो समझा जा सकता है, परन्तु यह सुनिश्चित नहीं किया जा सकता कि ये चरण एक-दूसरे के कितने हजार वर्ष बाद आते हैं और इनका आरम्भ आज से ठीक कितने हजार वर्ष पीछे हुआ। उदाहरण के लिए जैसा कि हम वस्त्र के विकास के क्रम में देखेंगे, हमारे अपने पूर्वजों ने अंगगोपन का आरम्भ उस अवस्था में ही कर दिया था, जब वे रस्सी बटना तक नहीं जानते थे। इसके बाद के विकास के विविध चरणों पर हजारों वर्ष का समय लगा होगा। आज से आठ-नौ हजार वर्ष पहले कपास का परिचय मिल चुका था। इसे पैमाना बनाकर किसी तरह का अनुमान करें तो यह तीस-चालीस हजार वर्ष से भी पीछे जाएगा, फिर भी हम दावे के साथ यह नहीं कह सकते कि यह आरम्भ इतने पहले हुआ था।

जहँ ससि सूर न संचरैं, रवि ससि नाहिं प्रवेश, उस अन्धलोक से सांस्कृतिक विकास और सामाजिक जीवन की चिनगारियों को जुटाना एक ऐसी चुनौती रही है, जो मेरी गम्भीर अयोग्यताओं के बावजूद, मुझे निरन्तर आकर्षित करती रही है। कारण, इस तरह ही मानव इतिहास की खोज की जा सकती है। इसमें ही समाज के उस विशाल हिस्से की भी इतिहास में भागीदारी देखी जा सकती है जो वर्चस्ववादी इतिहास से गायब रहा है और जिसके ही खून-पसीने और सूझ-बूझ से सभ्यता का महल निर्मित हुआ।

इसके अतिरिक्त इसके माध्यम से ही उन महान और युगान्तरकारी प्रयोगों, आविष्कारों और खोजों को समझा जा सकता है जिनके बिना उस 'सभ्यता' का विकास सम्भव ही न था, जिसे हम सभ्यता कहते हैं

मानव समाज आज उस मुकाम पर पहुँच चुका है, जहाँ दुनिया जाइरोस्कोप जैसी तेजी से बदल रही है। इसके बावजूद मनुष्य के स्वभाव में, उसकी सामाजिकता में इतना कम परिवर्तन हो सका है कि हम यह दावा नहीं कर सकते कि विज्ञान मनुष्य को अच्छा मनुष्य भी बनाता है।

भारतीय इतिहास का एक महत्त्वपूर्ण पक्ष ऊपर के इस प्रश्न से भी जुड़ा है। प्राचीन भारत में भौतिक विकास को लेकर एक कुंठा उत्पन्न हो गई थी। *ऋग्वेद* से बाद का चिन्तन इस कुंठा का ही चिन्तन है, जिसमें यह चेतना व्यापक रूप

ऋग्वेद—यह दुनिया का सबसे पुराना ग्रन्थ है। इसका कई रूपों में विभाजन किया गया है, जिनमें से आज सबसे प्रचलित मंडल, सूक्त और ऋचा का क्रम है। इसके अनेक सूक्तों और ऋचाओं को दूसरे वेदों में भी प्रयोग में लाया गया इसलिए इसे वेदों में सबसे बड़ा, सबसे महत्त्वपूर्ण, और सबसे शुद्ध माना जाता है :

में फैली कि ज्ञान से, भौतिक प्रगति से, सुख और सुविधा के सामान जुटाने से कुछ नहीं होता। अपने समय को देखते हुए असाधारण भौतिक प्रगति करनेवाले समाज ने मनुष्य के रूप में अपना पतन न किया हो तो उत्थान भी नहीं किया। यही उपनिषदीय चिन्तन का बीज मंत्र था। सनत्कुमार ने नारद के शास्त्रीय ज्ञान को मात्र शब्द (नाम) ज्ञान कहते हुए, इसकी साधना को भी परमज्ञान (ब्रह्म) का ही एक रूप तो माना, पर कहा इसकी गम्भीर सीमाएँ हैं। शास्त्रीय ज्ञान उन सीमाओं को पार नहीं कर सकता :

> नाम वा ऋग्वेदो, यजुर्वेदः, सामवेद, आथर्वणः चतुर्थ, इतिहासपुराणः पंचमो वेदानां वेदः, पियः (श्राद्धकल्प), राशिः (गणित) दैवो (मौसमविज्ञान), निधिः (अर्थशास्त्र), वाकोवाक्यं (तर्कशास्त्र), एकायनं (नीतिशास्त्र), देवविद्या (निरुक्त), ब्रह्मविद्या (कर्मकांड), भूतविद्या (भौतिक विज्ञान), क्षत्रविद्या (सैन्यविज्ञान) नक्षत्रविद्या (ज्योतिर्विज्ञान), सर्प (गतिकी), देव (गन्धर्व विद्या या संगीत नृत्यादि), जनविद्या (शिल्पशास्त्र) नाम एक एतत् तत् नामः उपास्व इति।

हम यहाँ यह नहीं कहते कि इन क्षेत्रों में कितनी प्रगति हुई थी, न ही हम यह दावा कर सकते हैं कि दूसरी प्राचीन सभ्यताओं में ज्ञान का विशेषीकरण इस स्तर का न था। हम कहना चाहते हैं कि शास्त्रीय ज्ञान और इससे सिद्ध होनेवाले प्रयोजनों से मोहभंग भारतीय सभ्यता के इतिहास में एक बहुत खतरनाक मोड़ है, जिसके कुछ रहस्यों को पूरी तरह हम कभी नहीं जान पाएँगे। इसके भौतिक कारण थे। पर इसी मोड़ पर भारतीय सभ्यता में वह अन्तर्मुखता पैदा हुई, जिसको इसका चारित्रिक गुण मानकर पश्चिम की वस्तुपरकता और ऐहिकता से इसकी भिन्नता को रेखांकित किया जाता रहा, यद्यपि इतिहास के किसी भी चरण पर यह समग्रतः अन्तर्मुखी नहीं हुई और ज्ञान-विज्ञान के क्षेत्रों में प्रगति जारी रही। उसकी गति अवश्य इससे प्रभावित हुई।

भौतिक सभ्यता के पहले परिपक्व चरण की अनेकानेक उपलब्धियाँ, इसके बाद, आए आपदाओं के लम्बे दौर में इस तरह लुप्त हो गईं कि उन्हें नए सिरे से तिनका-तिनका जोड़कर फिर सजाने में शताब्दियाँ निकल गईं। कुछ उपलब्धियाँ सदा के लिए लुप्त हो गईं। इससे पुरानी उपलब्धियों के संकेतों को देखकर भी हम विश्वास नहीं कर पाते कि इतिहास के जिस चरण पर हम इनके प्रमाण पाते हैं, उससे पहले भी इनका ज्ञान था। हम सन्देह और असम्भावना का तर्क देते हुए प्रमाणों को ही नकार देते हैं। उन पर विचार करने अथवा खंडन करने तक की जरूरत नहीं समझते। उदाहरण के लिए ऋग्वेद में इस बात के अनेक प्रमाण हैं कि धरती घूमती है। परन्तु यदि किसी ने दावा कर दिया कि ऋग्वैदिक काल में भारतीय

चिन्तकों को इस बात का ज्ञान था कि धरती घूमती है तो उसको पुनरुत्थानवादी ही नहीं, उससे भी कुछ गर्हित सिद्ध किया जाना निश्चित है। इस नकारात्मक दृष्टि के लिए सबसे अधिक जिम्मेदार हमारे वे इतिहासकार रहे हैं जिनसे ही हम इस इतिहास के उद्धार की अपेक्षा कर सकते थे।

चीन की कम्युनिस्ट पार्टी और सरकार का दृष्टिकोण इससे ठीक उल्टा था। एक ओर तो उन्होंने पुराने दार्शनिकों का आलोचनात्मक मूल्यांकन किया, दूसरी ओर उन दार्शनिकों के विचारों से तकनीकी विकासों को जोड़ते हुए, अपने अतीत की उन उपलब्धियों को, जिनका श्रेय यूरोप को दिया जाता रहा, अपना सिद्ध करके, अपनी ऐतिहासिक विरासत को यूरोपियों के कब्जे से वापस ले लिया।

इतिहास के नाम पर अपनी आकांक्षा से मिथक गढ़ना एक तरह का विघटनकारी काम है, जिसकी सामाजिक परिणति वर्तमान में भी विघटनकारी होती है। इतिहास के सच को ही मिथक करार देकर इतिहास के सच के नाम पर एक नए तरह का मिथक गढ़ना, दूसरी तरह का विघटनकारी काम है, जिसकी भी परिणति पहले से भिन्न नहीं होती। दोनों समाज में छिन्नमनस्कता या एक खास तरह की शिजोफ्रेनिया पैदा करते हैं, जिसमें आश्वस्ति के लिए गलत जड़ों से चिपकने का प्रयत्न किया जाता है। इस मानसिकता का ही परिणाम है कि आज सुविख्यात शिक्षण संस्थाओं से निकले तरुण एक ओर आधुनिकतम पाश्चात्य जीवनशैली अपनाने में नहीं हिचकते, दूसरी ओर वे घोर कर्मकांडी और अन्धविश्वासी भी पाए जाते हैं। विज्ञान की उच्चतम शिक्षा प्राप्त विद्वानों में भी इतना गहरा अन्धविश्वास पाया जाता है कि इस पर हम चकित रह जाते हैं। यह इतिहास की उस व्याख्या का परिणाम है जिसमें अतिव्याख्या से समाज को मूलोच्छिन्न कर दिया गया। यह स्मृतिभ्रंश की वह दशा है जिसमें अपने अतीत से सम्बन्ध कट जाने पर व्यक्ति एक ओर व्यग्र अनुभव करता है, दूसरी ओर अपने सच पर विश्वास नहीं कर पाता। जो कुछ उसे दूसरों द्वारा बताया जाता है, उस पर सन्देह करते हुए भी कामचलाऊ रूप में मानने के अतिरिक्त उसके पास कोई चारा नहीं रह जाता।

आज से तीन दशक पहले मुझे दक्षिण भारतीय भाषाएँ सीखने के क्रम में पहली बार मोहभंग का सामना करना पड़ा, जब मैंने पाया कि जिस रूप में हमारा इतिहास प्रस्तुत किया जाता रहा है, वह गलत है। इसकी अपेक्षा हमारी प्राचीन परम्परा अपनी उन विचलनों बावजूद, जो किसी भी परम्परा में पाई जाती हैं, सच्चाई के अधिक निकट रही है। इसे समझने के लिए मैंने ऐसे शब्दों का अध्ययन करने का निश्चय किया जिनका कोई अर्थ किसी कोश में नहीं मिलता। ऐसे शब्द स्थान नामों में प्रचुरता से मिल सकते थे।

इस अध्ययन के तीस चालीस पृष्ठ मैंने नागरी प्रचारिणी पत्रिका के एक अंक में सत्तर के आरम्भिक वर्षों में प्रकाशित कराए थे, पर फिर इस पर दुविधा पैदा होने के

बाद, सीधे द्रविड़ और आर्य भाषाओं के सम्बन्ध को समझने के लिए यथाबुद्धि तैयारी करता रहा। इसकी परिणति थी *'आर्य द्रविड़ भाषाओं की मूलभूत एकता'*। (1973)

इस अध्ययन में जो खास बात थी वह यह कि बहुत से शब्द जिन्हें हम आर्यभाषा या द्रविड़ परिवार का मान लेते हैं वे अपनी अन्तिम व्याख्या में किसी के नहीं रह जाते। वे भारतीय भूमि में विकसित ऐसे शब्द हैं जिनकी स्रोत-भाषा का निर्धारण करना आसान नहीं है। भौगोलिक परिवेश निर्धारित करना अधिक आसान है। दूसरी बात यह कि इनमें जिस अवस्था की झलक मिलती है वह हड़प्पा काल से दस-बीस हजार वर्ष या उससे भी पीछे जाती है।

हड़प्पा सभ्यता और वैदिक साहित्य (1987) की तैयारी करते समय समाज और साहित्य दोनों में इतिहास की उन प्राचीनतर अवस्थाओं के बहुत रोचक विवरण मिलते रहे। उस पुस्तक में मैंने इसका अनेक स्थलों पर संकेत भी किया था और कुछ पर किंचित विस्तार से चर्चा भी की थी।

द्रविड़ भाषाएँ—दक्षिण भारत में और मध्यप्रदेश के कुछ क्षेत्रों में बोली जानेवाली भाषाओं को द्रविड़ परिवार की भाषा माना जाता है। इनमें तमिल, तेलुगु, मलयालम और कन्नड़ का अपना लिखित साहित्य है। दूसरी तुलु, नायकी आदि बोलचाल में प्रयोग में आती हैं। कहते हैं, बलूचिस्तान की ब्राहुई पहाड़ियों के लोग भी द्रविड़ से मिलती-जुलती भाषा बोलते हैं। इससे पता चलता है कि कभी इनके बोलनेवाले उत्तर में भी रहते थे। हमारी भाषाओं में प्रयुक्त मूर्धन्य ध्वनियाँ अर्थात टवर्ग, ऋ आदि द्रविड़ प्रभाव के कारण आई हैं।

आर्य भाषाएँ—उत्तर और मध्यभारत में बोली जानेवाली बोलियाँ और विकसित भाषाएँ जिनमें हिन्दी, सिन्धी, पंजाबी, गुजराती, मराठी, ओड़िया, बाँग्ला, कश्मीरी, असमिया आदि का नाम आता है, आर्य भाषाएँ हैं। संस्कृत, प्राकृत, अपभ्रंश आदि भी इसी कोटि में आती हैं। माना जाता था कि आर्य भाषाएँ बोलनेवाले लोग लगभग साढ़े तीन हजार साल पहले आए और उनका पूरे उत्तर भारत पर दबदबा कायम हो गया और उनकी भाषा और संस्कृति सब पर हावी हो गई। नई खोजों और खुदाइयों से इस मत का खंडन हो चुका है और इस बात के प्रमाण हैं कि विकसित होने के बाद यह भाषा व्यापारियों आदि के माध्यम से पहले अफगानिस्तान, ईरान, मध्येशिया और तुर्की तक फैली और फिर आगे यूरोप में फैल गई। इसमें द्रविड़, आस्त्रिक, नाग आदि बोलियों के शब्द बहुत पहले मिल चुके थे और ये तत्त्व इसके प्रसार के साथ यूरोप तक फैले।

हड़प्पा सभ्यता—सिन्ध नदी के तट पर मोहनजोदड़ो नामक स्थान पर 1920 के दशक में हुई खुदाई के साथ इसकी पहचान हुई। सबसे पहले इस सभ्यता के हड़प्पा नामक स्थल का पता चला था परन्तु उसकी खुदाई बाद में 1930 के दशक में हुई। इसलिए लम्बे समय तक इसे सिन्धु सभ्यता या सैन्धव सभ्यता कहा जाता रहा। पुरातत्त्व का नियम है कि जिस स्थल से किसी सभ्यता या संस्कृति का पता चलता है, उसी पर उसका नाम रखा जाता है। इसलिए बाद में अधिकांश विद्वान इसके लिए हड़प्पा सभ्यता का प्रयोग करते हैं। यह पश्चिमी उत्तर प्रदेश से लेकर पाकिस्तान के पश्चिमी भाग तक और हिमालय की तराई से लेकर गुजरात और उत्तरी महाराष्ट्र तक फैली थी। यह प्रसार की दृष्टि से मिस्री सभ्यता और सुमेरी सभ्यता के समूचे क्षेत्र से कई गुना बड़ी थी और आज से पाँच हजार साल से चार हजार साल के बीच में उन्नति करती रही और इसके बाद इसमें गिरावट आती चली गई।

इतिहास और संस्कृति के अनेक पहलू ऐसे हैं जिनका इस पुस्तक में समावेश होना जरूरी था, पर मुझसे सम्भव नहीं हो सका। इसका एक कारण यह था कि इनमें से अधिकांश के विषय में परम्परा और विकासरेखा से जुड़े भाषायी संकेत नहीं मिलते; जो भी जानकारी है वह ऋग्वेद में या उसके बाद की कृतियों में मिलती है। पर इनके इतिहास को रेखांकित करने के लिए हमारे पास दूसरे साक्ष्य नहीं हैं। अदालतें ही नहीं, इतिहास भी बिना साक्ष्य के नहीं चलता, साक्ष्य गढ़े हुए हों तो भी चलेगा।

हमने अपने विवेचन को भारत तक सीमित रखा है, पर सभ्यता भूगोल की सीमाएँ नहीं मानती। इसका चरित्र वैश्विक है। जिन्हें हम भारत का योगदान मानते हैं या मान सकते हैं, वे जिन तत्त्वों के गलने-पचने के कारण भारतीय प्रतीत होते हैं, वे स्वयं भारतीय सीमा से बाहर से आए हो सकते हैं। आज उनमें से वे जो मुख्यधारा के निर्माण में नहीं जुटे और अपनी पहचान बनाए हुए हैं, वे विकास के इतने पिछड़े चरण पर ठहरे हुए हैं कि यह सोचते हुए भी संकोच होता है कि भारतीय सभ्यता के विकास में इनका भी कोई योगदान रहा हो सकता है। जो स्वयं नरभक्षी थे, जो स्वयं किसी भी अन्य समुदाय को अपना दुश्मन मानते थे, इसलिए उसके सम्पर्क में नहीं आते थे, वे सभ्यता के विकास में क्या योगदान कर सकते हैं!

परन्तु सभ्यता और भाषा की प्रकृति ही ऐसी है। इसमें बहुत कुछ ऐसा है जो गन्दा है, वीभत्स है, फिर भी उसको हटा दिया जाए तो एक ऐसा खालीपन पैदा हो जाएगा, जिसे भरने की योग्यता हममें नहीं है।

सभ्यता और संस्कृति के प्रश्नों को आधुनिक जगत में पश्चिमी विद्वानों ने उठाया और उन पर गहराई से काम किया। वे सभी विकासों की जड़ें अपने देश में या अपने महाद्वीप में या अपने पड़ोस में तलाशने के प्रयत्न में लगे रहे। इसके कारण इसमें आरम्भ से ही एकांगिता आ गई। दूसरे क्षेत्रों में जो विकास हुए या जो घटक दूसरे समाजों से पश्चिम एशिया और यूरोप में पहुँचे, उनको उनका अपना अवदान बताया जाता रहा। इस असन्तुलन को दूर करने के लिए इतर क्षेत्रों में भाषा और पुरातत्त्व और पुरावानस्पतिकी आदि के माध्यम से काम होना जरूरी है। इस दिशा में जो काम चीन के इतिहासविदों और वैज्ञानिकों ने नीडहैम के नेतृत्व में किया और जो पद्धति अपनाई वह दूसरों के लिए अनुकरणीय हो सकती है। हमने अपने विवेचन में इसका उपयोग प्रायः किया है।

जोजेफ नीडहैम पचास के दशक में यूनेस्को के प्रतिनिधि के रूप में चीन गए थे। उस समय चीन के इतिहासकारों ने उनको अपनी सभ्यता की उपलब्धियों से परिचित कराया और इस बात का कायल कर दिया कि अनेक आविष्कार, जिन्हें यूरोप में हुआ बताया जाता है, वे चीन में बहुत पहले हो चुके हैं। इसके बाद नीडहैम

ने उस ग्रन्थ की योजना बनाई जिसे *साइंस ऐंड सिविलाइजेशन इन चाइना* के सात खंडों में प्रकाशित किया गया। इसके लेखन में साम्यवादी चीन के इतिहासकारों और वैज्ञानिकों ने अपूर्व श्रम किया। इसके प्रस्तावित सात खंडों में से छह खंडों का नीडहैम की मृत्यु के समय (मार्च 24, 1995) तक प्रकाशन हो गया था। सातवाँ खंड उनके निधन के बाद तैयार हुआ। इसमें चीनी रसायन शास्त्र, यांत्रिकी, नौवहन, चिकित्सा आदि क्षेत्रों की व्यापक पड़ताल की गई है। इसमें कन्फ्यूशियस और ताओ परम्परा का सम्बन्ध चीन के वैज्ञानिक आविष्कारों से दिखाते हुए चीनी और पश्चिमी वैज्ञानिक दृष्टियों के अन्तर का विस्तार से विवेचन किया गया है। उनका तर्क था कि अमुक विचार या मान्यता अमुक आविष्कार के बिना सम्भव ही नहीं है। भारतीय सन्दर्भ में इस विधि को लागू करने पर अद्भुत परिणाम सामने आते हैं।

चीन के इतिहासकारों के कुछ दावे जिन्हें नीडहैम ने भी स्वीकार कर लिया, अपेक्षा से अधिक बड़े प्रतीत हो सकते हैं। सच कहें तो ऐसे दावे भारत से लेकर चीन तक कई बार साक्ष्यों के आधार पर किए गए हैं। इन्हें हँसकर उड़ाया नहीं जा सकता। इसके कई तरह के पाठ बनते हैं, जिनकी चर्चा यहाँ जरूरी नहीं। पर इसमें सैकड़ों ऐसे आविष्कारों को चीनी प्रमाणित किया गया, जिन्हें यूरोप के लेखक यूरोप में आविष्कृत बताते रहे। इस युगान्तरकारी कृति पर टिप्पणी करते हुए एक इतिहासकार लिखते हैं :

> ...यह कालजयी कृति उन सभी दृष्टियों से बेजोड़ है, जिनकी इतिहास में मैं कद्र करता हूँ। ये विशेषताएँ हैं, पांडित्य, महत्त्वाकांक्षा, संवेदनशीलता, साक्ष्यों के प्रति निष्ठा, तर्क की प्रौढ़ता, आवेगपूर्ण जिज्ञासा, विशद फलक और असाधारण अधिकार, और आधार-सामग्री के विशाल समुद्र में विश्वास के साथ अपनी सही दिशा में आगे बढ़ते जाना। (फेलिप फर्नांडेज़ आर्मेस्तो, *सिविलाइज़ेशन्स*, 2000, पृ. 15)

भारतीय सभ्यता के इन्हीं पहलुओं पर कितना और किस स्तर का काम हुआ है, इसके विषय में किसी टिप्पणी की आवश्यकता नहीं, जब कि यह किसी से छिपा नहीं है कि धातुविद्या, चिकित्सा, शल्यचिकित्सा, गणित, भाषाविज्ञान, मनोविज्ञान, ज्योतिर्विज्ञान, आदि के क्षेत्र में इसकी उपलब्धियाँ अनन्य रही हैं। अकेले पहिए के आविष्कार से जुड़ी तकनीकी, वैज्ञानिक, दार्शनिक और सौन्दर्यशास्त्रीय उद्भावनाओं का विवेचन किया जाए तो यह एक पुस्तक के लिए पर्याप्त होगा। पर इसे भी मध्येशिया में निर्मित बताया जाता रहा है। पहिया वहाँ बना और चक्रक्रान्ति भारत में और केवल भारत में हुई।

इस उपेक्षा को भी उन्नीसवीं शताब्दी के सांस्कृतिक उत्साह का परिणाम माना जा सकता है जिसमें आर्यसमाजी व्याख्याओं से वेद आदि में आधुनिक विज्ञान

की खोजों तक को तलाशने के प्रयत्न किए जाते रहे। परन्तु इसके लिए मुख्य रूप से हमारा सामाजिक यथार्थ और राजनीतिक भटकाव जिम्मेदार रहे हैं। यहाँ प्रमाण जुटाने से ठीक विपरीत प्रमाणों को नष्ट करने के प्रयत्न होते रहे हैं। इतना ही नहीं, प्रमाणों को नष्ट करने की योग्यता को इतना गौरवपूर्ण बना दिया गया कि बिना किसी ठोस आधार के मात्र हँसकर इन्हें उड़ाया जा सकता और वाहवाही लूटी जा सकती थी।

हमारे अपने ज्ञान की गम्भीर सीमाएँ हैं परन्तु प्रमाणों की सीमा नहीं होती। उनका एक क्षुद्र अंश भी उजागर होकर पहले से बनी-बनाई धारणाओं को ध्वस्त कर सकता है। विज्ञान की प्रगति इसी पर निर्भर है। इतिहास की दुर्गति इसके ठीक विपरीत अकाट्य प्रमाणों को भी नकारने के कारण है।

17 अक्तूबर, 2003

—भगवान सिंह

194 महाराणा प्रताप एन्क्लेव, दिल्ली-110034

वस्तु-स्थिति

1

भारतीय समाज

> ...भारत मानव जातियों का एक ऐसा विशाल संग्रहालय है जिसमें हम संस्कृति के निम्नतम चरण से उच्चतम चरणों तक पहुँचे हुए मनुष्य का अध्ययन कर सकते हैं। इसके नमूने जीवाश्म या शुष्क अस्थियाँ नहीं हैं, बल्कि जीते-जागते मानव समुदाय हैं।...
>
> *इम्पीरियल गजैटियर ऑफ़ इंडिया*[1]

भारत अपार नृजातीय विविधताओं वाला देश है। ये विविधताएँ पृथकताएँ नहीं हैं। साझेदारी और निजता के विविध रूपों को इनमें प्रकट होते देखा जा सकता है। इसे इस बात से ही समझा जा सकता है कि भारत में 4635 मानव समुदायों की पहचान की गई है, जिनके नाक-नक्श, भाषा, वेश-भूषा, उपासना की पद्धति, पेशे, खान-पान, आदतें और नाते-रिश्ते के रूप अलग-अलग हैं।[2] इन भिन्नताओं के कारण भारतीय समाज के आपसी तनाव और बाहरी दबाव और हितों के टकराव भी सदा से चलते रहे हैं।

इन टकरावों का सबसे पुराना लिखित विवरण देवासुर संग्राम के रूप में पाया जाता है। यह सामाजिक सम्बन्धों का बहुत जटिल और तनावपूर्ण रूप है जो शताब्दियों तक, सच कहें तो सहस्राब्दियों तक, चलता रहा है और आज भी समाप्त नहीं हुआ है। इसके कारण विकास के अगले चरणों पर पहुँचनेवालों का पिछले चरणों पर रुके रह गए मानव समुदायों से निरन्तर टकराव और तनाव बना रहा है। इसका एक पहलू है, उन्नत समाजों द्वारा वन्य जनों के क्षेत्र पर अधिकार करने का, उनके क्षेत्र के संसाधनों का दोहन करने का संगठित और असंगठित प्रयास। दूसरा है उन्नत समाजों का वन्य समाजों से भय जो अपराध से लेकर उपद्रव तक कई कारणों से लगातार बना रहा है।

यह स्वीकार करने में किसी को कठिनाई नहीं होनी चाहिए कि *आस्त्रिक* और *नाग* भाषाएँ बोलनेवालों में अनेक ऐतिहासिक कालों तक नरभक्षी रहे हैं। कुछ

अंचलों में यह प्रथा पिछली शताब्दियों तक चलती रही है। यह भी कि आहारसंग्रह और शिकार पर निर्भर रहनेवाले वन्य जन और वन्य पशु किसानों और चरवाहों के लिए मुसीबत खड़ी करते रहे हैं। इनके नरभक्षी बनने की परिस्थितियाँ क्या थीं, यह हम नहीं जानते, परन्तु पुरानी पुस्तकों में नरभक्षी जनों के उल्लेख मिलते हैं। ऋग्वेद में इन्हें क्रव्याद और अत्रि कहा गया है और इस बात की कामना की गई है कि इनके वंश का नाश हो जाए—अप्रजा: सन्तु अत्रिण:। जाहिर है सभ्य समुदायों के मन में इनका आतंक बना रहा है। दिन छिपते ही ये उनकी बस्तियों पर या पशुओं आदि पर हमला कर दिया करते थे। इनके लिए निशाचर या निशिचर, या कृष्णयोनि अर्थात अँधेरे से निकलनेवाले, जैसे विशेषणों का भी इसीलिए प्रयोग होता रहा है।

आज ये जिस अल्पमत में हैं, वैसे अल्पमत में पहले न थे। आज जिस तरह दब-सिकुड़कर उन्हें अपना बचाव करना पड़ रहा है, वैसा पहले न था। उन्हें अपनी शक्ति और शौर्य पर जो अभिमान था, उसके कारण उन्हें अकसर अतिमानी और अभिमानी कहा जाता रहा है। परन्तु जो आहारसंग्रही किसानी की दिशा में आगे बढ़े थे, या जो पशुपालन करते थे, वे भी इनको आतंकित और भयभीत करके ही अपने को सुरक्षित रख सकते थे।

इन कृषिकर्मियों ने ही अपने को सुर और आहारसंग्रह करनेवालों को असुर कहना आरम्भ किया था। 'सू' का अर्थ है पैदा करना, उत्पादन करना। इसी से सुत और सुवन शब्द निकले हैं। कभी इसका अर्थ गढ़ने और बनानेवाला भी हुआ था, जिसके कारण सूत का प्रयोग बढ़ई और भांट के लिए भी होता था। अत: सुर का अर्थ था, पैदा करनेवाला, उत्पादन करनेवाला और असुर का अर्थ था, अनुत्पादक अर्थात आहारसंग्रह तथा शिकार पर निर्भर करनेवाला। यह रक्त या भाषा, स्थानीयता या परदेसीपन के आधार पर किया गया बँटवारा नहीं है। अत: इसमें दोनों पक्षों में उन्हीं जनों के लोग शामिल रहे हैं, जिनको मोटे तौर पर भारतीय कहा जा सकता है।

आस्त्रिक भाषाएँ—आस्त्रिक का शाब्दिक अर्थ है दक्षिण देशीय। इसी कारण, आस्ट्रेलिया का नाम पड़ा। मुंडा, सन्ताली आदि भाषाओं के विषय में माना जाता है कि ये आस्ट्रेलिया से लेकर भारत तक फैली बोलियों में आती हैं। हमारी संस्कृति और भाषाओं को इन्होंने बहुत गहराई से प्रभावित किया है। इनके बोलनेवाले दक्षिण-पूर्व एशिया से भारत में आए बताए जाते हैं।

नाग भाषाएँ—नगालैंड और मणिपुर आदि में बोली जानेवाली भाषाएँ। इनके लिए कई बार तिब्बती-बर्मी भाषासमूह का प्रयोग किया जाता रहा है। ये भारत में पाए जानेवाले जनों में सबसे अधिक घुमन्तू रहे हैं और हिमालय की पहाड़ियों से लेकर बर्मा, तिब्बत और दक्षिणी चीन तक के क्षेत्र में घूमते रहे हैं। प्राचीन साहित्य में इनका परिचय किरातों और यक्षों के रूप में मिलता है और ये मैदानी क्षेत्र में भी फैले रहे हैं। इसलिए इन्होंने हमारी भाषा और संस्कृति को बहुत प्राचीन काल से ही प्रभावित करना आरम्भ कर दिया था, यद्यपि इनकी कुछ शाखाएँ भारत में कुछ सौ वर्ष पहले ही आई बताई जाती हैं।

कौन सी जातियाँ भारत में कहाँ से आकर रहने लगीं, इसका निर्णय प्राचीन अवस्थाओं के विषय में करना आसान नहीं है। जनविश्वास इसमें सहायक नहीं होते। उदाहरण के लिए *आस्त्रिक* बोलियाँ बोलनेवालों में अनेक यह मानते हैं कि वे भारत के ही मूल निवासी हैं। दूसरे—द्रविड़ या आर्य भाषाएँ बोलने वाले और *नाग* भाषाएँ बोलनेवाले बाहर से आए हुए हैं। एक समय में सुनीति कुमार चटर्जी जो भाषाशास्त्र के सबसे बड़े भारतीय विद्वान थे, उनका और ब्लाख, सिल्वियाँ लेवी, प्रित्स्लुस्की आदि यूरोपीय विद्वानों का भी यही विचार था। सच कहें तो इसमें उनकी अग्रणी भूमिका थी। इनके लेखों का संग्रह *प्री आर्यन ऐंड प्री-द्रविड़ियन इन इंडिया* (भारत में आर्यभाषा और द्रविड़भाषा से पहले के तत्त्व) के नाम से 1926 में प्रकाशित हुआ था। यह नाम इस धारणा पर रखा गया था कि द्रविड़ और आर्य तो बाहर से, मध्येशिया से आए हुए लोग हैं, नाग भाषाएँ बोलनेवाले सबसे बाद के हैं। इसलिए इनसे पहले यदि कोई जन समाज बचता है तो वह आस्त्रिक भाषाएँ बोलनेवालों का है।

परन्तु बाद के भाषिक विवेचनों से पता चलता है कि आस्त्रिक बोलियाँ बोलने वाले बाहर से आए हुए हैं, और आर्य और द्रविड़ भाषाएँ बोलनेवाले उनके आने से पहले से भारत में मौजूद थे। हमारे लिए यह सम्भव नहीं है कि हम इनके बीच कौन पहले और कौन बाद का जैसे सवालों का उत्तर दे सकें। यहाँ यह उल्लेख इसलिए कि इस तरह के प्रश्नों के कारण हम वास्तविकता से उससे अधिक दूर हो जाते हैं जितना इनके बिना रहे होते। अत: हम सांस्कृतिक विकास के उस चरण पर उतरकर अपनी बात आरम्भ करेंगे, जहाँ से उत्पादक अनुत्पादकों से आगे बढ़ते हैं। कारण इस चरण तक भारत में ये सभी प्रमुख तत्त्व उपस्थित थे।

2

स्त्रोतों की तलाश

> सभ्यता के इतिहास को कालबद्ध रूप में रखने पर यह अपरिहार्य है कि इसका गलत असर पड़े। इसका एक ऐतिहासिक आरम्भ है, इसका एक शैशव है, पर हम नहीं जानते कि उसका समय क्या है। उदाहरण के लिए पुराना अर्थवाद कि *सुमेर* पहली ऐसी संस्कृति थी जिसको संस्कृति कहा जा सकता है, हमारे इस बढ़ते हुए बोध से ध्वस्त हो चुका है कि सभ्यता के नियामक तत्त्वों की हमारी परम्परागत तालिका के विविध घटक अलग-अलग कालों में और अलग-अलग स्थानों पर पैदा हुए थे।
>
> *आर्मेस्तो*[3]

भारतीय सभ्यता हजारों साल की लम्बी यात्रा करते हुए उस मुकाम तक पहुँची थी जिसे हम हड़प्पा सभ्यता के रूप में जानते हैं। इसका निर्माण किन तत्त्वों से हुआ था, इसके विकास में कितना लम्बा समय लगा था, और इस क्रम में भारतीय समाज को किन अनुभवों से गुजरना पड़ा था, इसकी तलाश कभी गम्भीरता से नहीं की गई।

सभ्यता के निर्माताओं ने अपनी भाषा में, अपनी पुरातनपन्थिता में, अपनी जातीय स्मृति में, और अपने रीति-रिवाजों में उस महायात्रा के विविध पड़ावों की कुछ स्मृतियाँ बचा रखी हैं। उस महायात्रा पर पुरातत्त्व से भी उतना स्वच्छ प्रकाश नहीं पड़ता जितना इन स्त्रोतों से। पुरातत्त्व सहित इन सभी स्त्रोतों को जोड़ मिलाकर हड़प्पा से पीछे दसियों हजार वर्ष का एक व्यवस्थित आकलन तैयार किया जा सकता है।

सुमेरी संस्कृति—वर्तमान इराक में दजला और फरात के दोआबे में पलनेवाली वहाँ की सबसे पुरानी संस्कृति जिसने नगर सभ्यता का सूत्रपात किया।

अनश्वर होने के कारण पत्थर के औजार सबसे अधिक सुरक्षित हैं। ठीक यही हाल बाद में मिट्टी के पात्रों का है। अतः समाज के सांस्कृतिक विकास को इनके द्वारा परिभाषित करने के प्रयत्न होते रहे हैं। इस वर्गीकरण में पाषाण से इतर उपादानों के साथ जो प्रयोग किए गए उनकी ओर न तो हमारा ध्यान जा पाता है, न ही ध्यान दिला पाना हमारे सम्भव होता है। मृद्भांड बहुत बाद में आते हैं। इसलिए उनके दौर का बहुत कुछ हाथ लग जाता है, परन्तु इस दौर का भी बहुत कुछ हमारी पकड़ में नहीं आता। पाषाणयुग भी मनुष्य के सांस्कृतिक विकास में लाखों वर्ष बाद आता है। इससे पहले वह पेड़ों की टहनियों, जानवरों की हड्डियों, सींगों, प्राकृतिक गतिविधियों से खंडित पाषाणखंडों आदि का उपयोग करता रहा होगा, यह चिम्पांजियों और ध्रुवप्रदेशीय भालू और कुछ पक्षियों द्वारा अपनाई जाने वाली युक्तियों को देखकर समझा जा सकता है। परन्तु सच्चाई यह भी है कि अनेक दृष्टियों से मनुष्य और उसके पूर्वज दूसरे जानवरों से पिछड़े रहे। अनेक योग्यताओं को प्राप्त करने में उन्होंने उसी तरह बहुत लम्बा समय लिया, जैसे दूसरे जीवों की तुलना में मनुष्य का बच्चा अपने पाँवों पर खड़ा होने और चलने में और अपनी स्वतंत्रता अर्जित करने में अधिक समय लेता है।

मनुष्य अपने लिए आवास बनाना नहीं जानता था, पर गगनचारी (पक्षियों) और पातालजीवी (माँद बनाकर रहनेवाले) जीव अपना आवास बनाना जानते थे। मनुष्य उन्हें यह काम करते देखता रहा और उनके उदाहरणों से भी नहीं सीख सका कि उसे भी अपने लिए नहीं तो अपने नवजात शिशुओं के लिए, कोई आवास तो बनाना ही चाहिए। शक्ति, युक्ति और बुद्धि सभी मामलों में इतना पिछड़ा जीव कैसे इतनी ऊँचाई पर पहुँच गया? इस पर ईश्वरवादी कह सकते हैं कि प्रभु की कृपा से क्या सम्भव नहीं है? नास्तिक कह सकते हैं, प्रभु की कृपा कमअक्लों पर ही होती है। परन्तु यह सच है कि मनुष्य का सांस्कृतिक गर्भकाल प्रकृति के सभी जीवों में सबसे अधिक लम्बा रहा है और इसी ने उसे उन चुनौतियों के लिए तैयार किया, जिनका सामना करना किसी अन्य प्राणी के लिए सम्भव न था।

जो भी हो, मनुष्य की विकासयात्रा का एक लम्बा अन्धकारयुग है, जिसमें हमें उसकी कतिपय भौतिक गतिविधियों का तो पता चल सकता है, परन्तु समग्र सांस्कृतिक यात्रा का केवल अनुमान ही लगाया जा सकता है। हाँ, यदि सावधानी से विचार किया जाए तो उपादान की नश्वरता के कारण पुरातत्त्व की पहुँच से बाहर प्रतीत होनेवाले विकासों के कुछ अंशों को समझा अवश्य जा सकता है।

विकास की इस महायात्रा में अनगिनत क्रान्तियाँ हुईं, जिन्होंने भौतिक जीवन को, समाज रचना को, इसके मूल्यों और दृष्टियों को बदलते हुए समाज को उस अवस्था तक पहुँचाया जिसे हम सभ्यता का चरण कहते हैं।

भारतीय सभ्यता का आरम्भ हड़प्पा सभ्यता से नहीं होता। हड़प्पा सभ्यता स्वयं विकास यात्रा में एक बीच का चरण है। इसके विषय में अब यह निर्विवाद रूप से मान्य है कि इसकी प्रकृति देशज या स्थानिक थी, इसलिए इतर नागर सभ्यताओं को और उनसे इसकी तुलनात्मक स्थिति को देखते हुए, इसके विकास के लिए उतना ही समय स्वीकार करें तो यह आज से दस बारह हजार वर्ष पीछे जाएगी। पाकिस्तान में बोलन दर्रे के नीचे, बोलन नदी के किनारे नौ हजार वर्ष पुरानी एक बस्ती के अवशेष मिले हैं। इस स्थान को *मेहरगढ़* कहा जाता है। परन्तु इसके कुछ लक्षण ऐसे हैं जिनसे पता चलता है कि इससे बहुत पीछे से अनेक सांस्कृतिक गतिविधियाँ चल रही थीं। इसका सम्पर्क एक ओर तो समुद्र तटीय भारत से था, दूसरी ओर अफगानिस्तान से और तीसरी ओर भारतीय उपमहाद्वीप के अन्दरूनी भाग से। कारण इससे एक ओर तो कौड़ियाँ, शंख आदि मिले, दूसरी ओर नीलमणि (टर्क्याएज) और तीसरी ओर हाथी के दाँत जिस पर यहाँ नक्काशी हो रही थी। खम्बात की खाड़ी में एक पुरातन बस्ती के अवशेष मिले बताए जाते हैं जो होलोसीन या ऊष्म दौर आरम्भ होने पर हिमयुग में गिरे हुए जलस्तर के उठने से समुद्र में लीन हो गया।

पुराणों में, जो निश्चय ही बहुत बाद के हैं, परन्तु जिनमें प्राचीन स्मृतियाँ परम्परालब्ध होने के कारण सुरक्षित हैं, यह बहुत स्पष्ट लिखा मिलता है कि पहले मनुष्य समुद्र तट पर, पहाड़ियों पर और नदियों के तट पर निवास करता था। इनसे भी तटीय क्षेत्र में मानव बस्तियों का संकेत मिलता है। इस सिरे को खुला छोड़ते हुए भी हम भारतीय सांस्कृतिक यात्रा को आज से नौ-दस हजार वर्ष पहले तो ले ही जा सकते हैं।

इस सभ्यता का निर्माण किसी एक रक्त या गण या कबीले के लोगों ने नहीं किया। इसमें, विविध रूपों में, अनेकानेक जनों का सहयोग था। हड़प्पा सभ्यता के नरकंकालों से इतना तो प्रकट ही है कि इसमें अनेक जनों के तत्त्व विद्यमान थे और उनका समन्वयन तक हो चुका था। हमने एक अन्य सन्दर्भ में इसीलिए सुझाया था कि विगत हिमयुग के किसी माध्यमिक या आरम्भिक चरण पर ही उत्तरी प्रदेशों के अनेक समुदायों का संचलन दक्षिण की ओर हुआ होगा। भारत की नृतात्त्विक विविधता के मूल में एक कारण वह भी हो सकता है। एकाधिक नृजातियों के तत्त्व सभ्य जगत से पूरी तरह कटे हुए, आस्ट्रेलियाई आदिवासियों तक में लक्ष्य किए गए हैं। अतः आज से दसियों हजार वर्ष पूर्व ही भारत की सभी जातीयताओं का संकरण

मेहरगढ़—यह पाकिस्तान के क्वेटा जिले में बोलन दर्रे के नीचे, बोलन नदी के किनारे का एक बहुत प्राचीन स्थल है। इसकी खुदाई फ्रांसीसी पुरातत्त्वविज्ञानी जैरिज ने 1970-80 के दशक में की। यहाँ से आज से नौ हजार साल पहले स्थायी निवास और खेती के आरम्भ का प्रमाण मिलता है। इससे भारतीय उपमहाद्वीप दुनिया के सबसे पुराने कृषिकर्मी देशों में से एक हो गया।

बहुत आगे बढ़ चुका था। उनमें कुछ लक्षण क्षेत्रीय और जलवायविक कारणों से भले अधिक भेदक प्रतीत हों, सूक्ष्म विवेचन पर उनमें भी अनेकानेक नृजातियों के तत्त्वों का संकरण मिलेगा।

नगर बस जाने के बाद इसके नगरों तक में एक साथ अलग-अलग विश्वासों, रीतियों, भाषाओं और उद्यमों से जुड़े लोग रहते थे और अपने निजी जीवन में वे अपनी विशिष्टता का निर्वाह भी करते थे। इसके प्रसार क्षेत्र में कोई एक भाषा नहीं बोली जाती थी, परन्तु जो भाषाएँ बोली जाती थीं, उनका चरित्र इतना विशिष्ट था कि उन्हें आज के वर्गीकरणों में पूरे औचित्य के साथ समेटा नहीं जा सकता। उन भाषाओं की पारस्परिक समीपता और विविध चरणों पर आंशिक विचलन अथवा पूर्ण विलय से वह चित्र तैयार होता गया है जो हमें आज दिखाई देता है। आर्य, द्रविड़, कोल (आस्ट्रिक), नाग (तिब्बत-बर्मी) कोई भी ऐसा परिवार नहीं है, इन परिवारों की कोई भी भाषा या बोली नहीं है, जिसमें दूसरे सभी के बहुत प्राचीन स्तर के तत्त्व न तलाशे जा सकें।

सभ्यता के उन्नत चरण पर पहुँचने के बाद भी इसके प्रसार क्षेत्र में अनेकानेक भाषाएँ बोली जाती थीं। इनमें से कुछ के तत्त्व किसी अन्य की अपेक्षा तथाकथित आर्य और द्रविड़ परिवारों में अधिक सुरक्षित हैं। इसके प्रसार क्षेत्र में चलनेवाली विविध अन्तर्देशीय गतिविधियों के लिए किसी एक भाषा का प्रयोग सम्पर्क के लिए होता था। इस प्रसार क्षेत्र का अभिजात वर्ग इस भाषा से किसी-न-किसी रूप में परिचित था और दूसरे लोग जो इसका ज्ञान नहीं रखते थे, वे भी, इसे सीखने और जानने पर अपने को कुछ ऊँचा अनुभव करते थे। इसी ने क्रमशः परिष्कृत होते हुए आद्यवैदिक (इंडोयूरोपियन), वैदिक और फिर संस्कृत का रूप लिया और इसके बाद भी बोली के स्तर पर विभिन्न उतारों-चढ़ावों के बीच ये भाषाएँ जीवित रहीं। यही कारण है कि अकसर बोलियों में हमें संस्कृत और वैदिक से भी पुराने चरण के अवशेष मिल जाते हैं। भारत की सभी बोलियाँ संस्कृत और इसके लौकिक रूपों—प्राकृत और पालि—से बार-बार प्रभावित होती रही हैं, इस बात को भी भुलाया नहीं जा सकता। पर उनका एकरूपीकरण कभी नहीं हुआ। वे अपनी विविधता को बनाए रहीं। यह इस बात का प्रमाण है कि उन्होंने उन्नत भाषा के समक्ष कभी पूर्ण समर्पण नहीं किया। जो बात कूटनीतिक चातुरी से काल्डवेल ने तमिल के विषय में कही थी कि उसने संस्कृत के समक्ष कभी समर्पण नहीं किया, जिन शब्दों को लिया उन्हें अपने अनुसार ढालकर लिया, वह भारत की अन्य बोलियों के विषय में भी सच है। इसके कारण अनेक हो सकते हैं, जिनके ब्यौरे में जाना यहाँ जरूरी नहीं।

लिखित साहित्य का इतिहास पाँच हजार वर्ष से अधिक का नहीं है। वर्तमान रूप में उपलब्ध पुराण तो बहुत बाद में लिखे गए हैं। वाचिक रूप में ये बहुत

पहले से चले आ रहे थे, इसलिए इनमें भी प्राचीनतम अवस्थाओं के बहुत से संकेत बिखरे हुए हैं। भाषा—जिसमें केवल संस्कृत ही नहीं, बोलियाँ भी आती हैं—अपनी बुनावट में बहुत पुराने चरणों का इतिहास सँजोए हुई हैं। जिस चुनौती भरी समस्या को हमने उठाया है उसके लिए जितनी अधिक भारतीय भाषाओं का और नृतत्त्व और पुरातत्त्व का ज्ञान अपेक्षित है, वह हमारे पास नहीं है। यह किसी एक के पास हो भी नहीं सकता। इसलिए इस दिशा में हमारा काम एक प्रयत्न मात्र है जिसे पूरक अध्ययनों, विवेचनों और आलोचनाओं के द्वारा ही निखोट बनाया जा सकता है।[4]

3

साहित्य और इतिहास

इतिहास पुराणाभ्यां वेदं सं उपवृंहयेत्।

(इतिहास और पुरावृत्त की सहायता से वेद का व्याख्यान किया जाना चाहिए)।

हमारा सामना ऐसे इतिहासकारों और पुरातत्त्वविदों से प्राय: होता है जो भारतीय साहित्य से या तो परिचित नहीं हैं, या परिचित भी हैं तो इसे इतिहास के स्रोत के लिए भरोसे का नहीं मानते।

सूचना और ज्ञान के किसी स्रोत पर भरोसा न करनेवाले स्वयं अपने-आप पर भरोसा नहीं करते। सत्य किसी भी स्रोत में अविकल नहीं मिलता, वह विवेचन और विश्लेषण की अपेक्षा रखता है। एक स्रोत के रूप में साहित्य पर अविश्वास तक साम्राज्यवादी लेखकों से उधार लिया हुआ है, पर उन्होंने स्वयं साहित्य को आधार बनाकर जो कुछ लिखा है, वही हमारे अधिकांश इतिहासकारों का मुख्य स्रोत है। सीधे साहित्य तक पहुँचने की जगह उनके द्वारा दिए गए उद्धरणों की जाँच के क्रम में ही उन्होंने मूल को कहीं-कहीं से जाँचा-परखा है।

पुरातत्त्वविद तो सचेत रूप में साहित्य की उपेक्षा करते आए हैं। वे मानते रहे हैं कि साहित्यिक कृतियों से मदद लेने से उनकी शाखा की पवित्रता नष्ट हो जाएगी। जिन थोड़े से लोगों ने इस ग्रन्थि से अपने को मुक्त रखा उनमें राखालदास बनर्जी, के. एन. शास्त्री और वासुदेवशरण अग्रवाल का नाम लिया जा सकता है। पर वे कुछ बाध्यताओं के भीतर काम कर रहे थे, इसलिए उनमें एक उलझन बनी रह गई है। इसके कारण उनका व्यापक प्रभाव नहीं पड़ा। 1987 में *हड़प्पा सभ्यता और वैदिक साहित्य* और रेनफ्रिउ के *आर्कियालॉजी एंड लैंग्वेज : दि पज़ल ऑफ इंडोयूरोपियन ओरिजिन्स* का प्रकाशन हुआ। इन दोनों ने अपनी पहुँच की सीमा में दो अप्रत्याशित दिशाओं से पुरानी मान्यताओं को बदलने की आवश्यकता पर बल दिया। इसके पहले से कुछ स्थलों से यज्ञकुंडों के प्रमाण मिलने के बाद कुछ

पुरातत्त्ववेत्ता इस उलझन में थे कि कहीं हड़प्पा सभ्यता का सम्बन्ध वैदिक जनों से तो नहीं है, परन्तु पुरानी मान्यताओं के दबाव में वे अपने विचारों को खुलकर रखने का साहस नहीं कर पा रहे थे। *हरियाणा में बणावली* की खुदाई के बाद अकेले रणवीर सिंह बिष्ट थे जो जब-तब अपनी शंका को कुछ झिझक के साथ प्रस्तुत करने लगे थे। परन्तु 1987 के बाद स्थिति में जो क्षीण बदलाव आया, उसमें कुछ सहमते और डरते हुए अपनी निष्पत्तियों की जाँच और तुलना के लिए साहित्यिक स्रोतों की ओर दृष्टि डालने की जरूरत अनेकानेक पुरातत्त्ववेत्ता अनुभव करने लगे। इनमें से कुछ ने अपने विचारों में बदलाव लाने में एक दशक से अधिक का समय लिया।

यह कम रोचक नहीं है कि शाखा की पवित्रता भंग होने का डर आर्य आक्रमण की निराधार मान्यता से नहीं पैदा हुआ, जो भी साहित्य की मनमानी व्याख्या का ही परिणाम है। यह उनके पुरातात्त्विक निष्कर्षों को लगातार प्रभावित करती रही, पर उन्हें कभी यह ध्यान तक न आया कि एक बाहरी और सर्वथा असिद्ध कल्पना के लिए वे तर्क और प्रमाण गढ़ने को कितने आतुर हैं।

अपने अनुशासन की शुद्धता की पहली शर्त है कि उसकी आधार सामग्री के संकलन, वर्गीकरण, विश्लेषण और निष्कर्षग्रहण के समय किसी तरह का बाहरी सरोकार न आने दिया जाए। यह केवल ज्ञान और विज्ञान पर ही नहीं, साहित्य और कला की सही समझ के लिए भी जरूरी है। एक बार निष्कर्ष निकल आने के बाद सूचना के अन्य प्राथमिक स्रोतों से इन निष्कर्षों की पड़ताल करना, अनुशासन की मर्यादा का उल्लंघन नहीं है, अपितु अपने अनुमान को पुष्ट या स्पष्ट करने के लिए इतर साक्ष्यों की तलाश जैसा है। परन्तु वहाँ कितनी भी मूलबद्ध धारणा क्यों न हो, हमें यह अवश्य देखना होगा कि उसको किन साक्ष्यों या प्रमाणों पर आधारित किया गया है। साथ ही यह भी देखना होगा कि उनमें से कितनी बाद के अध्ययनों और खोजों से ध्वस्त हो चुकी हैं। ऐसा कभी नहीं किया गया।

सुयोगवश भारत उन दो देशों में से एक है, जिनके पास, बहुत कुछ नष्ट हो जाने के बाद भी, हजारों वर्ष का क्रमबद्ध वांग्मय उपलब्ध है। भारत को इस बात का सौभाग्य प्राप्त है कि यहाँ विश्व की प्राचीनतम पुस्तक अपने सबसे प्रामाणिक रूप में सुरक्षित है। उसके बाद के साहित्य की भी लगभग अटूट श्रृंखला बची हुई है। पुरातनता की यह स्वीकृति तो तब है जब इसके काल-निर्धारण में लगातार असावधानी बरती गई। इस साहित्य का पुनरावलोकन करते हुए इतिहास की अनेकानेक ऐसी त्रुटियों को दूर किया जा सकता है, जिन्हें कुछ कारणों से, सचेत रूप में, किया गया और आज भी किया जा रहा है।

हरियाणा में बणावली—यह हड़प्पा काल का एक स्थल है। यहाँ से अग्निकुंड के प्रमाण मिले थे ऐसा दावा इसकी खुदाई करनेवाले रणवीर सिंह विष्ट का है।

उदाहरण के लिए हड़प्पा सभ्यता के उद्घाटन से पहले यह बार-बार दुहराया जाता था कि बुद्ध से पहले भारत का कोई इतिहास ही नहीं है। लम्बे अरसे तक मौर्य काल को नागर बस्तियों का पहला दौर बताया जाता रहा। हड़प्पा सभ्यता के उद्घाटन के बाद यह दूसरे दौर में बदल गया। पर मौर्यकाल से बहुत पहले, वैदिक काल में, एक उन्नत नगर सभ्यता का अस्तित्व था, इसके उल्लेख भारतीय साहित्य में थे। महाभारतकार को और अर्थशास्त्र के रचनाकार को मौर्य काल से बहुत पहले एक नागर सभ्यता के अस्तित्व का पता था। बौद्ध साहित्य में भी पुराने नगरों के अस्तित्व की चर्चा थी। इनकी उपेक्षा यूरोपीय इतिहासकारों ने की, यह समझ में आनेवाली बात है, पर भारतीय इतिहासकार भी उसी सुर में बोलते रहे, यह समझ से परे की बात है।[5]

महाभारत के अनुसार जिस युग में विश्वामित्र हुए थे। उस काल में भारत में एक उन्नत नगर सभ्यता फल-फूल रही थी। उसका अन्त एक युगान्तरकारी प्रतीत होनेवाले वर्षों तक चलनेवाले, भयानक अकाल के कारण हुआ। *महाभारत* के लेखन के समय तक यह कल्पना करना भी कठिन था कि यह अकाल सैकड़ों वर्षों तक अपनी उग्रता और सह्यता के साथ चलता रहा हो सकता है, इसलिए अपनी समझ से उसने बारह वर्ष के अकाल की कल्पना की। पर रचनाकार यह लिखना न भूला कि इसके साथ ही नगर सभ्यता, शिक्षा-प्रणाली, सांस्कृतिक गतिविधियाँ समाप्त हो गईं। लोग जीवन रक्षा के लिए विकल, हाहाकार करते हुए, इधर-उधर भागते हुए, मनुष्यता खोकर नरपिशाच बन गए थे। जीवन-निर्वाह के लिए लोग कुछ भी खाने के लिए तैयार थे।[6] इसे ही *शतपथ ब्राह्मण* में भिन्न रूप में दुहराया गया है, जहाँ प्राणरक्षा में पलायन करनेवालों की लम्बी यात्रा का करुण चित्र है।[7] दोनों विवरणों में से कोई दूसरे से नहीं लिया गया है, इसलिए ये साहित्यिक साक्ष्य निर्णायक साक्ष्य बन जाते हैं। यह सूखा क्रमशः तीव्र होता चला गया था और अन्त में उस अवस्था को पहुँच गया था, जिसमें सदानीरा से पश्चिम की सभी नदियाँ और जलाशय सूख गए थे। इसके पुरातात्त्विक साक्ष्य उस विनाशलीला के रूप में उपलब्ध हैं, जो कैस्पियन सागर से लेकर भारत तक के पूरे प्रसार में नगरों के उजड़ने, पानी के स्रोतों पर बढ़ते दबाव और सर्वतोमुखी सांस्कृतिक ह्रास के रूप में दिखाई देते हैं। कहें, भारतीय साहित्य में ही हड़प्पा सभ्यता के अस्तित्व और उसके ह्रास और विनाश का बहुत प्रामाणिक विवरण उपलब्ध था। परन्तु औपनिवेशिक सोच इतनी प्रबल थी कि इस साहित्य का इतिहास लेखन में सार्थक उपयोग किया ही नहीं गया। उल्टे इस आपदा को भी आक्रमण का प्रमाण बना दिया गया।

महाभारत—भारत का मलतब है युद्ध, महाभारत का—महायुद्ध; इस पर आधारित काव्य।

शतपथ ब्राह्मण—यह एक ग्रन्थ है। चारों वेदों की व्याख्या के लिए चार ग्रन्थ तैयार किए गए। इन्हें ब्राह्मण इसलिए कहा जाता है कि वेद की ऋचाओं को ब्रह्म भी कहा जाता है। अतः ब्राह्मण का अर्थ हुआ मंत्रों से जुड़े प्रसंगों और घटनाओं और विधानों की व्याख्या।

4

परम्परा

> उत्कृष्ट मेधावाले भी—सिद्धान्ततः, निर्णयात्मक अन्धेपन के कारण—उन चीजों को भी देख नहीं पाते जो उनकी आँखों के ठीक सामने होती हैं। बाद में जब सही वक्त आता है तो यह देखकर हैरान रह जाना पड़ता है कि जो दिखाई नहीं दे रहा था उसके निशान तो हर जगह मौजूद थे।
>
> *कार्ल मार्क्स*[8]

यदि भारतीय साहित्य को लोक विश्वासों, यथार्थ जीवन और पुरातत्त्व से तथा जीवन-तथ्यों और जातीय स्मृति को साहित्य से आलोकित करते चलें तो इसके कुछ आश्चर्यजनक परिणाम सामने आते हैं। इतिहास को समझने और पुरातत्त्व आदि की भूलों को सुधारने में यह कितना सहायक हो सकता है, इसका एक उदाहरण देना अनुचित न होगा।

एक जाने-माने पुरातत्त्ववेत्ता ने (सांकलिया स्मृति व्याख्यान : 2000) एक बड़ी टेढ़ी समस्या सामने रखी। उनका कहना था कि हड़प्पा के नागर केन्द्रों में से किसी से भी धातु-शोधन (स्मेल्टिंग) के प्रमाण नहीं मिलते, लोहारी (स्मिथी) के प्रमाण अवश्य मिलते हैं। उन्होंने अनुमान लगाया कि धातु गलाने का काम शहरों में नहीं, गाँवों में होता रहा होगा।

इसी तरह एक अन्य प्रख्यात इतिहासकार गणेश्वर के विषय में लिखते हैं कि *गणेश्वर* के लोग ताँबे का शोधन तो करते थे, पर जीविका के लिए खेती और आखेट पर निर्भर करते थे। उन्हें यह खयाल तक नहीं आया कि जिसे वह खेती का प्रमाण मान रहे हैं, वह उनको मजदूरी में मिला अनाज है। उसी के बल पर हड़प्पा के व्यवसायी आदिम अवस्थाओं में रहनेवाले लोगों को काम पर लगाकर उनसे धातुशोधन कराते थे। इसके लिए इन विद्वानों को दोष नहीं दिया जा सकता।

गणेश्वर—यह राजस्थान का एक स्थल है। यहाँ से आज से पाँच से साढ़े चार हजार साल पहले से ताँबे की खुदाई और गलाई का प्रमाण मिलता है।

ये गलतियाँ इतने अधिक विद्वानों से और इतने भिन्न-भिन्न क्षेत्रों में काम करनेवाले अध्येताओं से होती रहीं, कि हम इसके लिए औपनिवेशिक मानसिकता को तो दोष दे सकते हैं, पर किसी एक विद्वान को नहीं। आखिर अपने शासकों की नकल पर उनकी जलवायु में पहनी जानेवाली और हमारी जलवायु के लिए कष्टदायी पोशाक हम पहनते ही रहे हैं और हमारे बीच सबसे मेधावी माने जानेवाले और सत्य के लिए दिन-रात सिर खपानेवाले बैरिस्टर और जज आज भी उससे मुक्ति पाने में सफल नहीं हैं। साहस और निर्णयशक्ति का अभाव प्रत्यक्ष विसंगति के बावजूद विचारों और व्यवहारों को ढोने को विवश कर देता है।

यह उन पुरातत्त्वविदों की सूझ और समझ का परिणाम था जिन पर भरोसा करके इतिहासकार बिना सोचे-विचारे पुरातत्त्वविदों ने जो कुछ लिखा था, वही स्वयं लिखते रहे। विशेषज्ञता के दबाव में अध्येता प्रायः समूची वास्तविकता का ध्यान ही नहीं रख पाते। वे यह तक नहीं सोच पाते कि धातुशोधन (स्मेल्टिंग) विशेषज्ञता का ऐसा क्षेत्र है जिसे खेती करनेवाले, अपने काम-काज के साथ-साथ नहीं कर सकते। उन्होंने देखा अयस्क गलाकर ताँबा बनाने का प्रमाण ऐसे स्थलों से मिल रहा है, जहाँ बसावट के भी प्रमाण हैं। साथ ही अनाज के भी प्रमाण उपलब्ध हैं, जो कृषिकर्म से उत्पादित है, न कि बिना खेती का उगा हुआ जंगली अनाज। उन्हें इस बात के प्रमाण भी मिले कि वे वन्य साधनों का भी उपयोग करते थे। इतने सारे अटल प्रमाणों के आधार पर उन्होंने एक तसवीर पेश कर दी।

शिकायत उनसे भी इसलिए नहीं की जा सकती कि उनमें अधिकांश को इस बात का ज्ञान तो होता है कि उन्हें किन चीजों की तलाश है और क्या-क्या चीजें सामने आ रही हैं, परन्तु इन सभी का सही सन्दर्भ क्या हो सकता है इसका ध्यान वे नहीं रख पाते। इसलिए उनके अकाट्य प्रमाण भी तीखी नजर डालने पर उसी तरह ध्वस्त हो जाते हैं, जैसे एक प्रख्यात पुरातत्त्वविद, मार्टिमर ह्वीलर के द्वारा मोहनजोदड़ो में प्राप्त कंकालों के आधार पर गढ़े गए नरसंहार के प्रमाण। एक अमेरिकी पुरातत्त्वविद जार्ज फ्रांसिस डेल्स ने 1964 में जब उसी सामग्री का बारीकी से विश्लेषण किया तो यह नरसंहार एक कपोल कल्पना में बदल गया। इससे पहले विश्लेषण का यह काम किसी दूसरे को सूझा तक नहीं। इसके बाद भी अनेक लोग, अपने आग्रहों के कारण इसे तब तक खींचते और दुहराते रहे, जब तक उनकी अपनी साख को खतरा न दिखाई देने लगा। इसलिए इतिहास हो या वर्तमान, किसी बात का सच होना ही पर्याप्त नहीं होता, इसे लगातार उन लोगों द्वारा नकारा जाता है, जिनकी साख अथवा हित इससे प्रभावित होते हैं।

धातु गलाने का काम देहातों में किया जाता था, यह शहर और देहात की अपनी अर्थव्यवस्था को समझने में चूक का परिणाम है। धातु गलाने का काम खान के पास ही किया जाता था, इसे न समझ पाने के कारण, गणेश्वर के कारखाने

को एक गाँव या बस्ती समझने की भूल दूसरों ने की। कौटिल्य ने लिखा है कि पुरानी खानों की एक पहचान यह है कि उनके पास धातु गलाने के खरल (मुषा), राख और कोयला (अंगार) आदि मिलते हैं।[9] अतः जिस कार्य का प्रमाण नागर बस्तियों से न मिलने पर इतिहासकारों और पुरातत्त्वविदों ने धातुशोधन को ग्रामीण या आदिम बस्तियों से जोड़ लिया, वे गाँव नहीं थे। वे पुराने जमाने के कारखाने थे। ये कारखाने खदान के निकट होते थे। उन कारखानों में आज की तरह के बाल-बच्चों से कटे हुए, देशान्तरित मजदूर नहीं काम करते थे। आज के गाड़िया लोहारों की तरह धातुशोधकों का पूरा परिवार इसी काम में लगा रहता था। गाड़िया लोहारों का डेरा भी बस्ती नहीं, सचल कारखाना है।

ये दोनों लेखक मार्क्सवादी हैं, यह मेरे लिए खिन्नता का विशेष कारण है। इन दोनों तथ्यों को सामने रखकर सामाजिक-आर्थिक सम्बन्धों को और अर्थव्यवस्थाओं के चरित्र को समझा जा सकता था, जिसकी ओर ध्यान नहीं दिया जा सका।

आज भी बिहार के असुर और भारत के विशिष्ट धातुकर्मी, अपने सुदूर अतीत में एक उन्नत सभ्यता से जुड़े होने की बात करते हैं। उनके जातीय गीतों में इसकी याद बनी रह गई है। उनके सांस्कृतिक पर्वों पर जो आकृतियाँ बनाई जाती हैं, उनमें से कुछ की हड़प्पा के लिपिचिह्नों से विलक्षण समानता मिलती है। उनके गीतों में इस बात के भी संकेत मिलते हैं कि उन्हें एक हिंसक संघर्ष में पलायन करके अपने वर्तमान क्षेत्र में आना पड़ा था। इसका नया पहलू यह है कि हार्वर्ड विश्वविद्यालय के प्रो. विट्ज़ेल ने यह सिद्ध करने के लिए कई सेमिनार आयोजित किए कि हड़प्पा सभ्यता के निर्माता मुंडा लोग थे।

हमने इस प्रसंग का उल्लेख इसके माध्यम से कुछ तथ्यों को उजागर करने के लिए किया है :

1. उपलब्ध स्रोतों को तोड़ने-मरोड़ने से पहले उनको यथातथ्य मानते हुए यह देखने का प्रयत्न अवश्य किया जाना चाहिए कि यह किस सीमा तक सुसंगत और अन्तर्विरोधों से मुक्त है। किसी भी तकाजे से इनकी उपेक्षा करना आत्मघाती है।
2. कौटिल्य को किन्हीं स्रोतों से यह ज्ञान था कि उनके युग से बहुत पहले एक नागर सभ्यता विद्यमान थी जिसमें धातु-खनन का काम बड़े पैमाने पर होता था। इस अन्तराल में उन खानों को भुलाया जा चुका था, पर कुछ लक्षणों के आधार पर उन्हें पहचानकर, उन्हें पुनः चालू किया जा रहा था। कहें मौर्यकाल ने उस पिछले दौर की उपलब्धियों का उपयोग स्वयं भी किया था।
3. जैसा कि असुरों के बीच प्रचलित विश्वास से प्रकट है, लोक स्मृति में कई हजार साल पुराने इतिहास की छाया किसी-न-किसी रूप में बनी

रह जाती है और इसलिए इतिहास की टूटी कड़ियों को जोड़ने के लिए इनका विवेकपूर्ण उपयोग किया जा सकता है।

4. मुंडा जन या छोटा नागपुर क्षेत्र के धातुकर्मी इस क्षेत्र में किसी अन्य क्षेत्र से उजड़कर आए थे या, कम-से-कम, उनमें एक घटक ऐसा है जो अन्यत्र से वहाँ आया था। उनकी वर्तमान अवस्था की तुलना में उस समय उनका जीवन अधिक सुखी और समृद्ध था। यदि इसे हड़प्पा सभ्यता से किसी तरह जोड़ें तो ये उसके खदान क्षेत्रों में धातुशोधन करने वाले धातुविज्ञानी रहे हो सकते हैं, जो नए क्षेत्र में भी अपने उस कौशल का लगातार उपयोग करते रहे। अन्तर केवल यह आया कि पहले जहाँ वे ताँबे की खानों के पास रहते हुए ताँबे का शोधन अथवा उनसे काँसा बनाने का काम करते थे, वहाँ अब वे लोहे की खानों के क्षेत्र में पहुँच कर लौह अयस्कों का शोधन कर रहे थे।
5. इनको जिस हिंसक संघर्ष की याद बनी रह गई है, उसकी याद भी प्राचीन ग्रन्थों में कई रूपों में अंकित है और विविध स्रोतों की यह जानकारी इस घटना को ऐतिहासिक सच्चाई बनाती है।

ऋग्वेद में जिन प्राचीन ऋषियों का उल्लेख आया है उनको मंत्र-रचना के कारण ब्राह्मण मानना गलत है। उनमें से अनेक तो ब्राह्मणवाद के कटु आलोचक थे। सच कहें तो ऋषियों का युग एक तरह से ऋग्वेद से भी पीछे जाता है। उन्हें जिस आधार पर ऋषि की संज्ञा दी गई थी, उसका खुलासा भी ऋग्वेद में है। वे नए मार्गों के अन्वेषक, अर्थात खोज और अनुसन्धान में संलग्न मेधावी लोग थे। उन्होंने पुरानी उत्पादन-पद्धति और जीवन-पद्धति को बदला था, नए मूल्यों की स्थापना की थी :

इदं नम ऋषिभ्यः पूर्वजेभ्यः पूर्वेभ्यः पथिकृद्भ्य। ऋ. 10.14.15

इसीलिए ऋषि शब्द के दो अर्थ किए जाते रहे हैं। एक में ऋषि को चिर घुमक्कड़ (ऋ को गत्यर्थक) मानकर, जिसमें दूर और अज्ञात देशों का भ्रमण करके अपने समाज को उनके विषय में जानकारी देने की उनकी योग्यता पर बल रहा है। दूसरे में ऋषि को तत्त्वदर्शी (ऋषि दर्शनात्) मानकर, जिसमें इनकी क्रान्तदर्शिता, अर्थात सूक्ष्म अन्वेक्षण और मर्मविश्लेषण पर बल दिया जाता रहा है। इन दोनों के लिए अक्षरज्ञान और औपचारिक शिक्षा जरूरी नहीं थी, परन्तु प्रतिभा और अनुभव और परम्परालब्ध ज्ञान अनिवार्य था। यह खोजियों, आविष्कारकों और आश्चर्यजनक कार्य करनेवालों का छोटा सा वर्ग है।

ऋग्वेद में अंगिरा ऋषि और अंगिरा जनों को हुँकार करते हुए पत्थर तोड़ते अनेक रूपों में दिखाया गया है।[10] इनके विषय में यह विश्वास प्रचलित था कि इनका जन्म आग से या कोयले से हुआ।[11]

ठीक यही विश्वास उन धातुकर्मियों में प्रचलित है जिन्हें आगरिया कहते हैं। अब इन दोनों सूत्रों को हड़प्पा सभ्यता से जोड़ें तो असुरों की इस कहानी की पुनः पुष्टि होती है कि वे उन्नत सभ्यता से जुड़े थे, और उनको वहाँ सुख और सम्मान प्राप्त था।

इस दृष्टि से विचार करें तो पाएँगे कि ऋग्वेद में जिस तप की बात बार-बार आती है, उसका स्वयं धातुकर्मियों से—धातु गलाने के क्रम में ज्वाला का ताप सहने के कारण—सम्बन्ध हो सकता है, न कि पंचाग्नि सेवन से। अंगिरा भृगुवंशी हैं। भृगुओं का वैदिक काल में बहुत सम्मान था। सुदूर किसी महेन्द्रगिरि पर उनके जिस तप की बात बाद के साहित्य में भी नहीं भुलाई गई है, वे खनिज भंडारों वाले पर्वत ही हो सकते हैं। अंगिरा को और भृगुओं को तपस्वी तो बताया ही गया है[12], उन्हें जादुई शक्ति से सम्पन्न भी बताया जाता है। भृगुओं में जमदग्नि की महिमा वसिष्ठ के समान मानी गई है।[13] एक स्थल पर अंगिरसों की तरह जमदग्नि का भी बहुवचन में प्रयोग हुआ।[14] ऐसे में यह सोचने का प्रलोभन होता है कि ये विशेष प्रकार की अग्निसाधना करनेवाले मुनि या मनस्वी लोग विविध धातुओं के खनन और शोधन (ताँबा, काँसा, सोना, चाँदी, मनकों की तराश और वेधन) के अलग-अलग पेशों से जुड़े रहे हो सकते हैं। चट्टानों के बीच फँसी हुई रंग-बिरंगी 'गायों' के हवाले चरवाही के नहीं, रत्नगर्भा चट्टानों को तोड़कर उनसे रत्न निकालने की रूपकथाएँ हैं। और इनमें भी भारद्वाज, अंगिरा आदि ही जुटे दिखाई देते हैं। अंगिरा को तो पूर्वयुगीन रहस्यमय शक्तियों से युक्त माना ही जाता है, तंत्र-मंत्र के वेद, अथर्ववेद, का सम्बन्ध अथर्वांगिरस से जोड़ा जाता है। इसे रहस्यमय कारणों से लम्बे अरसे तक वेद के रूप में स्वीकार तक नहीं किया गया, फिर भी अंगिरसों की महिमा बनी रही है। ये उन नवग्वों या दशग्वों में गिने जाते हैं, जिनको नौ या दस महीने के 'यज्ञसत्रों' के लिए नए-पुराने स्थानों को जानेवाला बताया जाता है (अंगिरसः नः पितरः नवग्वा अथर्वाणः पितरः सोम्यासः, *तैत्तिरीय संहिता,* 2.6.12.6)। ये नौ या दस मास के सत्र क्षेत्रीय जलवायु को देखते हुए वर्षा या शीत के तीन या दो महीनों के कारण थे, जिनमें खुदाई या भट्ठी का काम बन्द रहता था।

अधिकांश समय आग के सम्पर्क में रहने के कारण शरीर पर अल्पतम वस्त्र और सिर मुड़ा हुआ *(मुंडा भृगवः)*। आगरिया आंगिरस कुल के हैं। ऐसा प्रतीत होता है कि धातुविद्या का, कम-से-कम भारतीय सन्दर्भ में, आविष्कार उन्होंने स्वयं किया था।

दूसरे शब्दों में वेद से लेकर लोक तक एक-दूसरे की पुष्टि करनेवाले सूत्र बिखरे हुए हैं। इनका पुनरावलोकन और पुनर्व्याख्या करते हुए ही भारतीय सभ्यता की संरचना और विकास रेखा को समझा जा सकता है।

5

देश की अवधारणा

मनुष्य जब पेड़ों और झाड़ियों से फल और साग और जमीन से कन्द जुटाकर या मछली पकड़कर और शिकार करके अपना जीवन-निर्वाह करता था, उस समय भी उसके छोटे समूहों ने अपने-अपने क्षेत्र बाँट रखे थे। हो सकता है वे उसे भी देश से मिलते-जुलते किसी नाम से ही पुकारते रहे हों। यह सम्भव है कि वे स्वयं को अथवा दूसरे उन्हें जिस नाम से पुकारते रहे हों, उसके अनुसार उनके क्षेत्र का नाम पड़ जाता रहा हो। हमारे देश के कुछ क्षेत्रों के नाम आज भी ऐसे ही हैं। अवधी बोलनेवाले क्षेत्र के एक हिस्से को बैसवाड़ा कहा जाता है। यहाँ बैस क्षत्रियों का प्रभाव था और उनके कारण इसका यह नाम पड़ गया और इस क्षेत्र में बोली जाने वाली अवधी का नाम बैसवाड़ी पड़ गया। जिसे हम हिन्द कहते हैं, उसे यह नाम ईरानियों ने दिया था। वे सिन्ध को हेन्द कहते थे और उससे आगे के क्षेत्र में रहने वालों को उन्होंने हिन्दु नाम दिया। ईरानियों को परास्त करनेवाले ग्रीकों ने उनसे सुनकर ही इसे हिन्द कहना आरम्भ किया पर उनकी भाषा में 'ह' का उच्चारण नहीं होता इसलिए उनका हिन्द इन्द रह गया जिससे यूरोपियनों का इंड और अंग्रेजों का इंडिया बना। कुछ मामलों में यह भी सम्भव है कि जिस प्राकृतिक परिवेश में वे रहते रहे हों उससे उनकी और उनके क्षेत्र की पहचान जुड़ गई हो। बिरहोर का अर्थ है जंगल का पुरुष। जिन वन क्षेत्रों में इनका निवास था, उनका नाम बिरहर या बिड़हर—बिरहोरों का क्षेत्र—हो जाता था। हरियाणा से लेकर उत्तर प्रदेश तक कुछ स्थानों के नाम बिड़हर या बिरहर हैं। झालवाड़, झारखंड भी ऐसे ही नाम हैं जिनका शाब्दिक अर्थ है, वन क्षेत्र या वनांचल। इसके विषय में हमें कोई स्पष्ट जानकारी नहीं है कि इस तरह का क्षेत्रीय बँटवारा कब आरम्भ हुआ था। हाँ, पुरानी कृतियों में इस बात के हवाले मिलते हैं कि वन्य जनों या असुरों ने पूर्व की ओर से बैल के चमड़े से नापकर धरती को आपस में बाँटना आरम्भ किया तो देवों ने कहा कि हम कहाँ रहेंगे? हमारे लिए भी तो कुछ हिस्सा छोड़ो। परन्तु यह ऐसे किसी बँटवारे के बहुत बाद में, श्रुत परम्परा के आधार पर गढ़ी हुई कहानी है। कारण,

आदिम सीमा नापकर नहीं, भौगोलिक लक्षणों के आधार पर नियत की गई होगी। फिर भी इसमें यह सत्य बचा रह गया है कि वन्य अवस्था में ही मानव समुदायों ने धरती के विशेष खंडों पर अपना अधिकार जमा लिया था।

यह बँटवारा जानवरों में भी पाया जाता है। गैंडे आदि पशु एक खासे बड़े क्षेत्र की सीमा पर जगह-जगह अपने गोबर या पेशाब से निशान बनाकर उसे अपना 'घोषित' कर देते हैं। उसमें यदि कोई दूसरा गैंडा या स्वजातीय नर आ गया तो उससे युद्ध होता है। जो हार गया उसे भागना या प्राण से हाथ धोना होता है। हाँ, यदि कोई मादा आ जाए तो उस पर उन्हें आपत्ति नहीं होती। यह राष्ट्र अथवा देश की सबसे पुरानी और निसर्गजात समझ है। इसका सम्बन्ध जीवनरक्षा और सन्तानवृद्धि से है। हमारे मुहल्लों में भटकनेवाले कुत्ते जितने क्षेत्र को अपना समझते हैं, उसके भीतर किसी नए कुत्ते को देखकर भौंकने लगते हैं और उस पर टूट पड़ते हैं। परन्तु उम्दा किस्म के पालतू कुत्ते, जिन्हें बहुत जतन से पाला जाता है, कम-से-कम कुत्तों को देखकर नहीं भौंकते, क्योंकि उनके कारण उन्हें अपना आहार कम होने की चिन्ता नहीं रहती। देश या किसी विशेष क्षेत्र पर अपने अधिकार और उसमें किसी अन्य मनुष्य या मानव समुदाय के प्रवेश पर उससे लड़कर उस क्षेत्र से बाहर निकालने की प्रवृत्ति इस अस्पष्ट बोध पर टिकी हुई है कि इसकी प्राकृतिक सम्पदा केवल उसके समूह के निर्वाह के लिए पर्याप्त है और यदि कोई अन्य समूह भी इसी में हिस्सा बँटाने आ जाता है तो उसको अभाव का सामना करना पड़ सकता है।

आदिम अवस्थाओं में दूसरे समुदायों के सारे झगड़े जीविका के इसी प्रश्न को लेकर होते थे। अपने 'देश' के लिए प्राण न्यौछावर करने या दूसरों के प्राण लेने का संकल्प भी इसी से जुड़ा है। अपने क्षेत्र की रक्षा के लिए इस जुझारूपन ने ही कुछ आदिम समुदायों को नरभक्षी तक बना दिया था।

इसी समझ के चलते मनुष्य ने धरती को अपनी माँ अथवा पालिका मानना आरम्भ किया। गर्म क्षेत्रों में जल और जलस्रोतों के विषय में भी इसी के कारण आत्मीय सम्बन्ध बने, क्योंकि जब तक मनुष्य ने तड़ाग और कुआँ खोदकर पानी निकालना नहीं सीखा था, तब तक नदियाँ या जल के दूसरे प्राकृतिक भंडार ही जल के सुलभ स्रोत थे।

हम अपने देश के प्राचीनतम ग्रन्थों में धरती को माँ और आकाश को पिता के रूप में कल्पित पाते हैं। इसके साथ ही नदियों को माँ या सबसे बड़ी माँ (अम्बा, अम्बितमा, मातृतमा) और देवी, सबसे बड़ी देवी (देवी, देवितमा) के रूप में भी सम्बोधित पाते हैं। पहले उर्वरा धरती (इरा/इळा), शेष विस्तृत धरती (मही) तथा नदी (सरस्वती) को अन्य देवताओं और देवियों के साथ यज्ञ में भाग लेने के लिए आमंत्रित किया जाता था। यह अपनी धरती और उसकी नदियों से आत्मीय लगाव को प्रकट करता है।

जिस देश को हम भारत कहते हैं, उसका नाम कब और किस आधार पर रखा गया, इसके विषय में स्थिति बहुत स्पष्ट नहीं है। हड़प्पा काल में एक विशाल क्षेत्र में कुछ समान लक्षण उच्च सांस्कृतिक, प्रशासनिक और वाणिज्यिक स्तर पर ऐसे पाए जाते हैं, जिनसे लगता है कि यह 10 लाख वर्गमीटर से भी अधिक विशाल क्षेत्र गहन सम्पर्क में था। जरूरी नहीं कि इस पूरे प्रसार पर किसी एक राजा का शासन रहा हो, परन्तु इसके लिए उस काल में कोई एक संज्ञा प्रचलित थी या नहीं, यह हम पुरातत्त्व से नहीं जान पाते। यह अवश्य संकेत मिलता है कि कोई भाषा और लिपि इस पूरे क्षेत्र में किसी खास स्तर पर समझी और व्यवहार में लाई जाती थी। यह भी एकसूत्रता का बहुत बड़ा प्रमाण है। अतः इसका कोई नाम भी रहा हो, यह अपेक्षा के अनुरूप ही होगा।

पौराणिक परम्परा के अनुसार इस देश का नामकरण दुष्यन्त और शकुन्तला के पुत्र भरत के नाम पर हुआ। शकुन्तला को विश्वामित्र की पुत्री बताया जाता है। परन्तु विश्वामित्र स्वयं अपने को भरत की सन्तान या भरतवंशीय बताते हैं (ऋ. 3.53.24) और भरतों के शौर्य पर गर्व भी करते हैं। *(हिन्वंति अश्वं अरणं न नित्यं ज्यावाजं परि नयन्ति आजौ)*। विश्वामित्र के आश्रयदाता रह चुके सुदास को भी भरतवंशीय बताया गया है, जब कि उनकी एक अन्य पहचान त्रित्सु या त्रित के वंशधर की भी है। वसिष्ठ ऋषि कहते हैं कि जब तक उन्होंने भरतों का पुरोहित पद नहीं ग्रहण किया था, तब तक भरतों के बीच बहुत फूट थी। वे परस्पर बिखरे हुए थे और उनका मनोबल गिरा हुआ था। गायों के झुंड में से किसी एक को एक डंडा मारते ही जैसे गायें इधर-उधर भागने लगती हैं, उसी तरह ये भाग खड़े होते थे। वसिष्ठ के पुरोहित बनने के बाद वे सबसे शक्तिशाली हो गए (*दंडा इव इद् गो अजनास आसन् परिच्छिन्ना भरताः अर्भकाशः, अभवत् च पुर एता वसिष्ठ आत् इत् त्रित्सूनां विशो अप्रथन्त,* ऋ. 7.33.6)। इसमें अपनी प्रशंसा करने के लिए वसिष्ठ ने भरतों के विषय में कुछ अतिशयोक्ति से भी काम लिया हो सकता है, परन्तु इतना तो सच ही है कि इससे पहले भरतों का वैसा प्रभाव नहीं था, जो वसिष्ठ के नेतृत्व में प्राप्त हुआ।

एक ही जन अपने को तृत के वंश का अथवा त्रित्सु कहें और साथ ही भरत भी कहें, यह कुछ विचित्र लगता है। भरत का एक अर्थ आग भी होता है। अर्जुन का भी अर्थ आग होता है। इसीलिए अर्जुन के लिए कृष्ण भारत शब्द का भी प्रयोग करते हैं। यह माना जा सकता है कि यज्ञ-याग करनेवाले क्षेत्र के लोग अपने को भरत कहते रहे हों और इनके प्रभाव-क्षेत्र के लिए बहुत पहले से भारत शब्द प्रचलित रहा हो।

ऋग्वेद में एक युद्ध का वर्णन है, जिसमें दस राजाओं का सामना सुदास नाम के एक राजा को अकेले करना पड़ा था। इसी के कारण इसे दाशराज्ञ 'युद्ध' कहा

जाता है। इसमें सुदास को दैवी चमत्कार से अपने विरोधियों को हराने में सफलता मिली थी। इसमें सम्मिलित जनों या राजाओं में से शिव, पक्थ, भलान और विषाणी पश्चिमी पाकिस्तान और पूर्वी अफ़ग़ानिस्तान के कबीले बताए जाते हैं। तुर्वश, यदु, द्रुह्यु और भृगु का सम्बन्ध काठियावाड़ और गुजरात के तटीय क्षेत्रों से है। इनमें मत्स्यों का भी उल्लेख है। ये। राजस्थान के थे। अन्तिम हैं, पुरु जो सरस्वती के निचले हिस्से से सम्बन्ध रखते थे। यदि इतने विशाल क्षेत्र के प्रतिद्वन्दियों को सुदास ने पराजित किया था, तो भरतों का प्रभाव एक तरह से उस पूरे क्षेत्र में फैला होगा। इसमें एक तरह से हड़प्पा सभ्यता का समग्र विस्तार सिमट आता है।

हम पहले अपनी एक पुस्तक में यह स्थापित कर चुके हैं कि ऋग्वैदिक सभ्यता और हड़प्पा सभ्यता एक ही सभ्यता के दो नाम हैं (*हड़प्पा सभ्यता और वैदिक साहित्य*)। इसके बाद भी हम बहुत आश्वस्त होकर यह दावा नहीं कर सकते कि इस पूरे क्षेत्र के लिए, उस समय, भारतवर्ष या भारत शब्द का प्रयोग होता था या नहीं। ऋग्वेद में पुरुओं पर सुदास की विजय और साम्राज्य के विस्तार का उल्लेख एक दूसरे स्थल पर भी आया है (*प्र प्र अयं अग्निः भरतस्य शृण्वे वि यत् सूर्यो न रोचते बृहद्भाः। अभिः यः पुरुं पृतनासु तस्थौ द्युतानो देवो अतिथिः शुशोच।* ऋ.7.8.4)। इसे ही *यजुर्वेद* (12.34) और *शतपथ ब्राह्मण* (6.8.1.14) में दुहराया गया है। उक्त ऋचा में भरतों की अग्नि की प्रशंसा में कहा गया है कि "भरतों के इस अग्नि की ख्याति बहुत अधिक है। भरतों के यज्ञ के अग्निदेव सूर्य की तरह चमकते हैं। इन्होंने ही युद्ध में पुरु को परास्त किया था।" भरत का एक अर्थ सबका भरण करनेवाला है, जिसे व्यवहारी या वितरण करनेवाला, वणिक, कहा जा सकता है। दूसरा अर्थ यज्ञ में आहुति आदि अर्पित करनेवाला यजमान है। क्योंकि वह यज्ञ करता है तो वर्षा होती है और वर्षा से ही खेती सम्भव हो पाती है, जिससे पूरे संसार का पालन होता है। भर शब्द का संग्रामभूमि और भारत का युद्ध के आशय में भी प्रयोग मिलता है। महाभारत का अर्थ है महायुद्ध अर्थात महायुद्ध की कथा। अतः यह भी सम्भव है कि कोई गण अपने को अधिक बहादुर और अपने क्षेत्र को योद्धाओं का क्षेत्र कहता रहा हो। ऐतिहासिक काल में यौधेय और सौवीर दो गण ऐसे ही थे। इनको देखते हुए भी यह सम्भावना विचारणीय है।

जहाँ तक राज्य का प्रश्न है, वैदिक सभ्यता का पूरा क्षेत्र छोटे-बड़े अनेक राज्यों में बँटा हुआ था। इन्हीं में चेदियों का भी उल्लेख मिलता है। कहा गया है कि चेदि जिस क्षेत्र से व्यापारिक सम्पर्क साधे हुए थे, उस पर उनका एकाधिकार था। कोई दूसरा उस मार्ग से नहीं आता-जाता था (*मा किः ऐना पथा गात येन गच्छन्ति चेदयः*, ऋ. 8.5.39)। यहाँ तक कि सरस्वती के तट पर ही चित्र नाम के एक दानवीर राजा का उल्लेख मिलता है, जिसकी तुलना में दूसरे राजा सामन्तों (राजकों) जैसे लगते हैं। इसलिए इतना तो निश्चित है ही कि उस पूरे क्षेत्र पर

जिसमें कुछ सांस्कृतिक समानताएँ दिखाई देती हैं, किसी एक राजा का राज्य नहीं था। ऋग्वेद से ही इस बात के भी संकेत मिलते हैं कि कुछ जनों को अपने क्षेत्र से हटकर नए क्षेत्र की ओर जाना पड़ा था। जैसे, पुरु सरस्वती क्षेत्र से पश्चिम की ओर हटकर सुवास्तु के तट पर जा बसे थे। फिर भी यह तो कहना ही होगा कि एकसूत्रता की अनुभूति जो ही एक देश या राष्ट्र की अवधारणा के मूल में है, जिस गहन अन्तर्क्रिया से उत्पन्न होती है, वह एक बहुत विशाल क्षेत्र में व्याप्त थी। इसलिए देश की कोई अवधारणा उस काल में अवश्य विद्यमान थी, यद्यपि देश शब्द का प्रयोग ऋग्वेद में नहीं हुआ है। राज्य के आशय में राष्ट्र शब्द का प्रयोग अवश्य मिलता है।

दुष्यन्त के पुत्र भरत के विषय में यह ख्याति है कि उसने अनेक युद्धों में विजय पाई थी। उसने पूर्व की ओर गंगा-यमुना के संगम तक के क्षेत्र को जीता था और इस विजय के उपलक्ष्य में प्रयाग में 133 घोड़ों की बलि देकर अश्वमेध यज्ञ किया था, जिसके कारण ही इसका नाम प्रयाग पड़ा। दूसरा अश्वमेध उसने 'विश्वविजय' करने के बाद किया था, जिसमें हजार घोड़ों की बलि दी गई थी। उसकी महिमा को इससे पहले कोई प्राप्त न कर सका था (*शतपथ ब्राह्मण,* 13.5.4.11-14)।

इसलिए एक बड़े भौगोलिक क्षेत्र के लिए पहली बार भारत शब्द का प्रयोग इसके बाद से आरम्भ हुआ लगता है, जिसमें केवल भरतवंशीय ही नहीं, दूसरे जन भी निवास करते थे।

स्वयं भरत के जन्म की पौराणिक कथा कुछ ऐसी है, जिससे वह किरात माता से उत्पन्न हुआ लगता है। शतपथ के जिस प्रसंग में दुष्यन्त और शकुन्तला का सबसे पहले उल्लेख आया है, उसमें उसकी माँ मेनका का हवाला नहीं है। शकुन्तला को ही अप्सरा बताया गया है, जिसने भरत को नाडपित में कण्व के आश्रम में जन्म दिया था। दुष्यन्त भरतवंशीय थे, या नहीं, यह हम नहीं जानते, परन्तु उन्होंने जिस युवती पर मुग्ध होकर उसके साथ गान्धर्व विवाह किया था, वह अज्ञात पैतृकता वाली वनकन्या थी। भरत की शक्ति और साहस का पता चलने पर ही दुष्यन्त ने उसे अपना पुत्र माना और उत्तराधिकारी स्वीकार किया था।

इस दृष्टि से देखें तो भारतवर्ष के नामकरण के पीछे भी एक ऐसे व्यक्ति का हाथ है जो संकर था और संकरता अथवा विविध जातीय, भाषायी, सांस्कृतिक और धार्मिक घटकों के मिश्रण से ही, सबको समेटनेवाली विशाल धारा का निर्माण हुआ, जिसे हम भारतीयता कह सकते हैं। इन जनों में से अनेक आहारसंग्रह से अपना जीवन-यापन करते थे। उनको सभ्यजगत की जीवन-शैली कभी पसन्द नहीं आई, इसलिए उन्होंने बहुत झिझकते हुए ही उत्पादन और पशुपालन की दिशा में कदम बढ़ाया। इनमें से बहुत से आज तक अपनी प्राचीन जीवन-शैली से जुड़े हुए

हैं। परन्तु हम जिस सभ्यता की बात करने जा रहे हैं, उसके निर्माण में इनका भी बहुत महत्त्वपूर्ण योगदान रहा है।

यह कहने की आवश्यकता नहीं कि भारत अथवा भारतवर्ष की संज्ञा भले पुरानी हो, इसकी भौगोलिक पहचान लगातार बदलती रही है। इस बदलाव को भी बहुत सतही ढंग से समझने का प्रयत्न किया जाता रहा है। उदाहरण के लिए कई बार आर्यावर्त को भारत का पर्याय मानकर यह बताया जाता रहा है कि जिन क्षेत्रों में ब्राह्मणों के जाने पर प्रतिबन्ध रहा है वे, भारत में नहीं रहे हो सकते। यह विधान स्वयं बाद का है और उस दौर का है, जब ब्राह्मणों में संकीर्णता बढ़ रही थी, या कुछ क्षेत्रों के ब्राह्मण दूसरे ब्राह्मणों से अपने को श्रेष्ठ सिद्ध करने के लिए इस तरह के विधान रच रहे थे। हम जानते हैं कि तमिलनाडु और केरल तक के दक्षिण भारतीय राजाओं ने उत्तर से विद्वान ब्राह्मणों को अपने यहाँ आमन्त्रित किया था और उन्हें बहुत सम्मान से रखा था। इसका वहाँ के सांस्कृतिक विकास पर भी बहुत हितकर प्रभाव पड़ा था। धर्मशास्त्रकार आपस्तम्ब जो कम-से-कम दूसरी शताब्दी ई.पू. के माने जाते हैं, दक्षिण भारत के ही थे। एक परम्परा परशुराम को भी केरल से जोड़ती है। दक्षिण भारत में राजाओं के निमंत्रण पर कम-से-कम तीसरी शताब्दी ईसापूर्व से ही ब्राह्मण जाने लगे थे। इसके विपरीत मनुस्मृति का वह विधान जिसमें सिन्धु, सौवीर, सौराष्ट्र और इसके आगे के क्षेत्र तथा अंग, बंग, कलिंग और आन्ध्र प्रदेश में जाने पर प्रायश्चित्त अथवा पुनः संस्कार कराने का विधान है, चौथी शताब्दी का है। इससे बहुत पहले तीसरी शताब्दी ई.पू. में अशोक के साम्राज्य में दक्षिण के कुछ भाग को छोड़कर पूरा भारतीय भूभाग आ चुका था। इसलिए आर्य या श्रेष्ठ क्षेत्र के निवासी के रूप में अपनी पगड़ी ऊँची रखनेवाले अपने को बड़ा बनाने के लिए देश को ही छोटा बना रहे थे, न कि वे भारत की सही पहचान दे रहे थे। उनके विधान को भी देखें तो उसमें उनके श्रेष्ठ क्षेत्र के बाहर भी तीर्थ आदि के प्रयोजन से जानेवाले दूषित नहीं होते थे, अर्थात उनके तीर्थक्षेत्र उनके आर्यावर्त से बाहर थे। यह तभी हो सकता था, जब कि उन सुदूर क्षेत्रों से पहले से कोई गहरा जुड़ाव रहा हो।

भारत का सबसे आत्ममुग्ध चित्रण विष्णुपुराण का है जो आठवीं शताब्दी के आसपास का हो सकता है :

उत्तरं यत्समुद्रस्य हिमाद्रेश्चैव दक्षिणम्।
वर्षं तत् भारतं नाम भारती यत्र सन्ततिः।

इसमें पूरे भारत की नदियों-पर्वतों आदि का उल्लेख करते हुए भारत का परिचय दिया गया है और फिर बड़ी आवेगपूर्ण भाषा में बताया गया है कि यह इतना उत्कृष्ट देश है कि यहाँ के निवासियों को देवता तक अपने से श्रेष्ठ मानते हैं। देवता अपने

पुण्य का भोग करके पुनः मनुष्य के रूप में जन्म लेने का विचार आने पर भारत में जन्म पाने के लिए तरसते हैं। वे इसकी प्रशस्ति में गीत गाते रहते हैं। यहाँ जन्म लेने मात्र से मनुष्य स्वर्ग और अपवर्ग सभी को प्राप्त कर सकता है :

गायन्ति देवा किल गीतकानि
धन्यास्तु ते भारत भूमि भागे।
स्वर्गापवर्गास्पदमार्गभूते
भवन्ति भूयः पुरुषाः सुरत्वात्।

इसकी विशेषता यह है कि विष्णुपुराण के रचनाकार को पूरे भारत पर वही गर्व है जो गुप्तकालीन मनुस्मृतिकार को आर्यावर्त या मध्यदेश या ब्रह्मर्षि देश पर था। इसके किसी भी क्षेत्र को दूसरे से श्रेष्ठ न बताकर सभी की महिमा बखानी गई है। हमारा सबसे भावुकतापूर्ण वाक्य 'जननी जन्मभूमिश्च स्वर्गादपि गरीयसी' और स्वाधीनता संग्राम के दिनों में 'भारतमाता' का आवेशपूर्ण नारा, इसी को मूर्त करता है। 'भारतमाता ग्रामवासिनी' में तो वनांचलों से प्राचीनतम अनुराग की एक छाया ने पिछड़ेपन को भी आवेग से भर दिया है।

दूसरी बात यह कि इसमें भारतीय भूभाग का विवरण भाषा, जाति अथवा राज्य के रूप में न देकर प्राकृतिक और सांस्कृतिक पक्ष को प्रधानता देते हुए दिया गया है। कुँवर सुरेश सिंह जो भारतीय नृतत्त्व (मानव विज्ञान) के सबसे बड़े विद्वान हैं, उन्होंने अपनी कालजयी पुस्तक *पीपुल्स ऑफ इंडिया* में पारिस्थितिक-सांस्कृतिक लक्षणों के आधार पर भारत को 91 क्षेत्रों में विभाजित किया है, जिसमें एक-एक राज्य में क्षेत्रीय अस्मिता के कई-कई रूप उभरते हैं। इस तरह उत्तर प्रदेश उत्तराखंड, रोहेलखंड, अवध, भोजपुरी अंचल, ब्रज और बुन्देलखंड में तथा हरियाणा जैसा छोटा सा राज्य नर्दक, खादर, बागर, अहिरवाल, मेवात आदि पाँच इकाइयों में विभाजित दिखाई देता है। कुँवर सुरेश सिंह के अपने शब्दों में कहें तो उनके सर्वेक्षण में, "कुल मिलाकर 91 पारिस्थितिक-सांस्कृतिक क्षेत्रों की पहचान की गई है। एक-एक राज्य में लगभग तीन सांस्कृतिक क्षेत्र आते हैं। अधिकांश राज्यों में सांस्कृतिक क्षेत्र तीन से चार के बीच पड़ते हैं। उत्तर प्रदेश और मध्यप्रदेश में सांस्कृतिक क्षेत्रों की अधिकतम संख्या छह-छह है और तमिलनाडु में सात।" (*पीपुल आफ इंडिया, ऐन इंट्रोडक्शन,* 1992, पृ. 34)। अब यदि हम पुराने आर्यावर्त, या मध्यदेश, या ब्रह्मर्षिदेश की बात करें तो इनमें से प्रत्येक में यह विविधता मिलेगी।

यह भारत की विविधता की अपनी छवि है, जिसके महत्त्व को आँकने में भारत की एकता के प्रति उत्साहित लोगों द्वारा अकसर भूल की जाती है। इन क्षेत्रों की अपनी पहचान का ही समन्वित रूप है भारत की पहचान और इनके क्षेत्रीय अभिमान में ही देशाभिमान भी छिपा मिलेगा। अतः जो लोग इन विविधताओं पर

ही दृष्टि रखते हैं, उन्हें यह देखकर भी आश्चर्य होता है कि इस पूरे देश के किसी भी कोने पर कोई आघात होने पर कैसे पूरा-का-पूरा देश एक महाकाय जीवधारी की तरह प्रतिक्रिया करता है।

> 'भारतीयता' का एक सर्वव्यापी बोध बना रहा है जो प्राय: ऊपर से दिखाई नहीं देता और जिसको परिभाषित नहीं किया जा सकता, परन्तु जैसा कि औपनिवेश काल के मानव विज्ञानियों ने लक्ष्य किया था, यह सर्वत्र विद्यमान है। उदाहरण के लिए रिज्ले ने 1891 में कहा था, "एक उतनी ही रहस्यमय चीज वह है जिसे राष्ट्रीय चरित्र कहा जाता है।" और यह कि 'शारीरिक और सामाजिक बनावट, भाषा, रीति और धर्म की भिन्नता के पीछे एक सामान्य भारतीय व्यक्तित्व है जिसे हम इसके घटक तत्त्वों के रूप में नहीं समझ सकते।[15]

6

समाज व्यवस्था

जाति जाति में जाति है ज्यों केले के पात।

रैदास

भारतीय समाज व्यवस्था दुनिया की सबसे जटिल समाज व्यवस्थाओं में से एक है। इसमें आदिम जनों से लेकर सवर्ण समाज तक, बिरादरी पंचायतों का लगभग मिलता-जुलता रूप देखने में आता है। बुद्ध गणसंघों की इस विशेषता के बहुत बड़े प्रशंसक थे। उन्होंने संघ का ढाँचा भी इन्हीं के नमूने पर तैयार किया था। कोशल नरेश प्रसेनदि आश्चर्य करते थे कि जब उन्हें अपने दरबार में भी अनुशासन बनाए रखने में इतनी कठिनाई आती है, तो फिर बुद्ध अपने इतने बड़े संघ को कैसे अनुशासित रख लेते हैं।

बौद्ध साहित्य के एक प्रसिद्ध अध्येता ओल्डेनबर्ग ने यह सुझाया था कि बुद्ध के संघ और उनकी चिन्ताधारा दोनों का आधार ब्राह्मणवाद था[16], पर देवी प्रसाद चट्टोपाध्याय इससे असहमति जताते हैं। उनका मानना है कि इसका आधार उनके समय तक स्वतंत्र बने रह गए गणसंघ थे।[17]

हम एक अन्य प्रसंग में चट्टोपाध्याय के ही शब्दों को दुहराते हुए कह सकते हैं कि ब्राह्मणवाद में गणव्यवस्था का रूप अधिक जटिल और ऊपरी सतह पर धुँधला हो गया था। अन्यथा यह ढाँचा न केवल बुद्ध के समय तक अपनी स्वतंत्रता की रक्षा करनेवाले गणों में सुरक्षित था, अपितु लगातार दबाव में रहने के बाद भी यह ब्राह्मणवादी व्यवस्था में खप जानेवाले जनों में भी आज तक जीवित है। इसका सबसे सशक्त रूप है बिरादरी पंचायत, जिसमें पदक्रम गणराज्यों की ही अनुकृति पर होता है। विचार समानता के आधार पर किया जाता है। सामूहिक हित के प्रश्नों पर निर्भीकता से विचार होता है। विचार के बाद पक्ष और विपक्ष में पड़नेवाले मतों की गिनती के आधार पर फैसला लिया जाता है। पिछली सभा या पंचायत के बाद हुए मर्यादा-उल्लंघन या अपराध के मामले प्रस्तुत किए जाते हैं। अपराधी को दंड

भी इसी रीति से दिया जाता है। यदि कोई अपराधी इसे अस्वीकार करता है, तो उसे बिरादरी से बाहर कर दिया जाता है।

उनके पदाधिकारियों की उपाधियाँ रावत, महतो, महरा आदि भी बहुत प्राचीन काल से चली आ रही हैं। जैसे शाक्यों या लिच्छवियों में प्रशासन के लिए तो राजा एक ही व्यक्ति चुना जाता था, पर सभी को राजा कहा जाता था, उसी तरह इन बिरादरियों के किसी भी व्यक्ति के लिए उच्च पदनाम ही प्रयोग में आता है। धोबियों के लिए बरेठा या वरिष्ठ। कहार और नाई और बारी के लिए राउत। कोइरी, अहीर, गड़रिया, आदि कुछ जातियों के किसी सदस्य के लिए महतो। आर्य शब्द से जो भ्रम पैदा किया जाता रहा है, वह इन प्रयोगों को समझने पर अपने-आप टूट जाता है। इन सभी का आशय आर्य या श्रेष्ठ ही है।

ब्राह्मणवादी व्यवस्था में एक कमी थी। ब्राह्मणवादी व्यवस्था में एक तो प्रायश्चित्त के विधान अधिक कठोर थे, दूसरे कुछ मर्यादाएँ टूटने पर प्रायश्चित्त से भी वापसी नहीं हो सकती थी और दंडित व्यक्ति को बहिष्कृत ही नहीं किया जाता था, इसके साथ ही उसे किसी निचली जाति का दर्जा दे दिया जाता था। गणव्यवस्था में प्रायश्चित्त के बाद या दंड भरने के बाद दोषी व्यक्ति पूरी गरिमा से बिरादरी का सदस्य बना रहता हैं।

परन्तु यह समझना भूल होगी कि आदिम जनों में जाति से बहिष्कार होता ही नहीं। सच तो यह है कि इसी भय से आदिवासी और भूदास और अवर सेवाएँ स्वीकार करनेवाली जातियों को अपनी हैसियत से कहीं अधिक बड़े दंड स्वीकार करने होते हैं। मामला ऊँची जाति का हो या छोटी जातियों का या आदिवासियों का, जाति बहिष्कार का अर्थ है, व्यक्ति का अकेला पड़ जाना। आय के साधनों से वंचित हो जाना। उसके बच्चों और बच्चियों का विवाह रुक जाना। अर्थात उनका वंश ही समाप्त कर दिया जाना। वह जिस भी सामाजिक स्तर पर बना हुआ है, उसका स्तर उससे भी बहुत नीचे गिर जाना और अन्ततोगत्वा उसका अपने से कई स्तर नीचे की सामाजिक स्थिति स्वीकार करना।

सन्तालों के विषय में उन्नीसवीं शताब्दी में लिखते हुए हंटर ने कहा था कि पूरा गाँव एक साथ भोज करता है, एक साथ शिकार करता है और एक साथ उपासना करता है।...उनकी बिरादरी का बन्धन इतना मजबूत है कि सन्तालों में कबीले से बहिष्कृत किया जाना सबसे बड़ी सजा है।[18]

ऊँची जाति की स्त्री से नीची जाति के पुरुष के (प्रतिलोम) सम्बन्ध में इस तरह का विधान विशेष रूप से था, जिसको बहुत सी जातियों की उत्पत्ति का कारण बताया जाता रहा है। कुछ जातियों की उत्पत्ति इस दंडविधान से भी हुई होगी। यह प्रक्रिया बहुत जटिल है और इसे समझने का प्रयत्न तक नहीं किया गया। स्मृतियों आदि के माध्यम से केवल सवर्ण मानी जानेवाली जातियों या वर्णों के बहिष्कार

से उत्पन्न जातियों का परिचय मिल सकता है। उसे भी आज के दौर में इसलिए सन्दिग्ध माना जा सकता है कि हम किसी भी सामाजिक विकृति को ब्राह्मणों की शरारत मानकर उसके चरित्र को समझने के कष्ट से मुक्त हो जाते हैं। कुछ शरारत तो है ही। क्योंकि अनुलोम विवाह (ऊँची जाति के पुरुष का नीची जाति की स्त्री से सम्बन्ध) विधिसम्मत है। वर्णमर्यादा का अनुलोम उल्लंघन अनिन्द्य न भी हो तो गर्हित नहीं है। पर विलोम क्रम में वही इतना बड़ा अपराध बन जाता था कि इसके सार्वजनिक हो जाने के बाद ऐसे सम्बन्ध की सन्तान के लिए सामाजिक नरक या जातीय तिरस्कार के कई स्तर खुले रहते थे, जिनका ही वर्णन स्मृतियों में विशेष रूप से मिलता है।

यह ब्राह्मणों का अपना आविष्कार था, या उनके श्रेष्ठताबोध के कारण था, यह मानने से पहले यह भी देखना चाहिए कि क्या यह आदिम अवस्था से नहीं चला आ रहा था। क्या पिछड़ी, दलित और आदिम जातियों द्वारा बहिष्कृत हुए लोगों के भाग्य का हमें पता है? उनके कारण जितने लोगों को अपने आदिवासी समुदाय में अपने भाग्य का अन्त देखकर, अगड़े समाज की सेवा में रहकर, कोई भी काम करने को तैयार होना पड़ा हो सकता है, इसका अनुमान क्या हम कर सकते हैं?

यह बात समझ में आती है कि अधिकांश जातियों से उनके पेशे जुड़े रहे हैं। उनकी यह पेशागत विशेषता ही उनकी जाति का आधार रहा है। पुराने समय के पेशे या विशेषज्ञता के कुछ कम जटिल नहीं थे। किसी एक ही काम के साथ उत्पादन से लेकर वितरण तक के इतने तामझाम थे कि उसकी एक अलग जाति बन जाती थी। जैसे नमक बनाने और बेचनेवाले, मधु निकालने और बेचनेवाले, बाँस के टोकरे, बर्तन और दूसरे सामान बनानेवाले, लकड़ी के सामान बनानेवाले इत्यादि। भेड़ पालनेवाला अविपाल, बकरी पालने वाले अजपाल से, और ये दोनों गाय पालने वाले गोपाल या घोष से, और सम्भवतः भैंस पालनेवाले महिषपाल से अलग हैं। इनकी पारस्परिक प्रतिष्ठा या मानक्रम भी अलग है। अतः इनको पशुपालक या पशुचारी कहने से इनकी सामाजिक हैसियत का पता नहीं चल पाता।

इसी तरह साँप पकड़नेवालों की एक अलग जाति, तोते आदि नयनाभिराम पक्षियों के शावक पकड़नेवालों की अलग, जड़ी-बूटियाँ तलाश करनेवालों की अलग। आरम्भ में ये विशेषज्ञता और जीविका अर्जन के क्षेत्र थे, न कि सामाजिक मानक्रम के अनुसार पैदा हुई जातियाँ।

इस जाति-व्यवस्था का एक अन्य रोचक पहलू यह है कि यह केवल उन आदिम जनों में पैदा हुई जो सभ्य समाज या कहें स्थायी बस्ती बसाकर रहनेवाले और कृत्रिम उत्पादन में लगे लोगों के सम्पर्क में आए। जब तक कोई शहद लेने वाला और उसके बदले में अनाज देनेवाला न हो, शहद निकालने का काम एक पेशे का रूप नहीं ले सकता था। यही स्थिति जड़ी-बूटियाँ तलाशनेवाले, साँप या

भालू या बन्दर पकड़नेवाले और उनको कुछ गुर सिखाकर लोगों का मनोरंजन करनेवालों की थी। अपने नृत्य, अभिनय, या कलाबाजी आदि से मनोरंजन करते हुए जीविका कमानेवाले अपनी विशेषज्ञता या दक्षता से वन्य अवस्था में अपना निर्वाह नहीं कर सकते थे। इनके लिए अनाज उपजानेवाले लोगों का एक स्थायी समाज जरूरी था। कहें जातियाँ पहले अस्तित्व में आईं, उनका चार वर्णों में एक स्थूल श्रेणी-विभाजन बाद में किया गया। इसीलिए जिस सूक्त में वर्णविभाग की बात की गई है, उसमें इसे एक ऊहा के रूप में सृष्टि के आरम्भिक चरण से जोड़ दिया गया है। यह किसी तरह की चाल नहीं थी। एक मोटी समझ थी। यह इतने पुराने समय से चली आ रही व्यवस्था प्रतीत हो रही थी कि लगता था, जिस प्रक्रिया में सूर्य और चन्द्रमा आदि की सृष्टि हुई, उसी से, उस पुरातन काल में ही, वर्णों की सृष्टि भी हो गई थी। जिन संस्थाओं के विकास बहुत प्राचीन होते हैं, उनके विषय में इस तरह की उद्‌भावनाएँ देखने में आती हैं। इस सूक्त का ज्ञात कारणों से बहुत उपहास होता रहा है और इसको ब्राह्मणों द्वारा बाद में प्रक्षिप्त भी बताया जाता रहा है। सामाजिक न्याय के सवाल अलग हैं, उनका वेद में किसी रूप में होने या न होने से कोई सम्बन्ध तक नहीं है, जब तक कि वेदलिखित होने के आधार पर इनको जारी रखने की हिमायत करनेवाला कोई न हो। अतः इस सूक्त में खगोलीय व पार्थिव जगत से लेकर, विविध जीवों, जन्तुओं और सामाजिक व्यवस्था के विषय में जो उद्‌भावना की गई थी, उसको समझना, सामाजिक विकास और इसके विषय में व्याप्त भ्रान्तियों को समझने के लिए जरूरी है। सूक्त निम्न प्रकार है :

सहस्त्रशीर्षा पुरुषः सहस्त्राक्षः सहस्त्रपात्।
स भूमिं विश्वतो वृत्वा अति अतिष्ठत् दशांगुलम्॥
पुरुष एव इदं सर्वं यद् भूतं यच्च भाव्यम्।
उत अमृतत्वस्य ईशानः यत् अन्नेन अतिरोहति॥
एतावान् अस्य महिमा अतो ज्यायांश्च पुरुषः।
पादोऽस्य विश्वा भूतानि त्रिपाद् अस्य अमृतं दिवि॥
त्रिपाद् ऊर्ध्व उदैत् पुरुषः पादः अस्य इह अभवत् पुनः।
ततो विष्वक् वि अक्रामत् स अशनात् अशने अभि॥
तस्मात् विराट् अजायत विराजो अधि पुरुषः।
स जातः अति अरिच्यत पश्चाद् भूमिं अथो पुरः॥
यत् पुरुषेण हविषा देवा यज्ञं अतन्वत।
वसन्तो अस्य आसीत् आज्यं ग्रीष्म इध्मः शरत् हविः॥
तं यज्ञं बर्हिषि प्रौक्षन् पुरुषं जातं अग्रतः।
तेन देवा अयजन्त साध्या ऋषयः च ये॥

तस्मात् यज्ञात् सर्वहुत: संभृतं पृषदाज्यम्।
पशून् ता: चक्रे वायव्यान् आरण्यान् ग्राम्याश्च ये॥
तस्मात् यज्ञात् सर्वहुत: ऋच: सामानि जज्ञिरे।
छन्दांसि जज्ञिरे तस्मात् यजु: तस्मात् अजायत॥
तस्मात् अश्वा अजायन्त ये के च उभयात् अत:।
गावो ह जज्ञिरे तस्मात् तस्मात् जाता अज अवय:॥
यत् पुरुषं वि अदधु: कतिधा वि अकल्पयन्।
मुखं किमस्य कौ बाहू का ऊरू पादा उच्येते॥
ब्राह्मण: अस्य मुखं आसीत् बाहू राजन्य: कृत:।
ऊरू तदस्य यद् वैश्य: पद्भ्यां शूद्रो अजायत॥
चन्द्रमा मनसो जात: चक्षो: सूर्यो अजायत।
मुखात् इन्द्रश्च अग्निश्च प्राणात् वायु: अजायत॥
नाभ्या आसीत् अन्तरिक्षं शीर्णो द्यौ: समवर्तत।
पद्भ्यां भूमि: दिश: श्रोत्रात् तथा लोकान् अकल्पयन्॥
सप्त अस्य आसन् परिधय: त्रि: सप्त समिध: कृता:।
देवा यद्यज्ञं तन्वाना अबध्नन् पुरुषं पशुम्॥
यज्ञेन यज्ञं अयजन्त देवा: तानि धर्माणि प्रथमानि आसन्।
ते ह नाकं महिमान: सचन्त यत्र पूर्वे साध्या: सन्ति देवा:॥

ऋग्वेद 10.90[19]

पुरुष जगत से अलग नहीं था, इसे अपने भीतर समेटे हुआ था और फिर भी उसका आकार दस अंगुल का ही था। वह मात्र हिरण्यगर्भ अंडा होता, या परमशून्य होता तो भी सृष्टि की समस्त सम्भावनाओं का बीज रूप था, जो कुछ था (यद् भूतं), और होनेवाला है (यत् च भाव्यं), सब कुछ उसी में स्थित था। सूर्य और चन्द्रमा, और आकाश, वन्य और पालतू जीव, समाज के विविध घटक उसी से पैदा हुए। यह सूक्त दसवें मंडल में आया है, इसलिए नया तो है ही। इसकी भाषा भी नई है और ऋषियों द्वारा सृष्टि के आरम्भ में यज्ञ द्वारा उस परम पुरुष को सृष्टि में परिवर्तित करने आदि की कल्पना भी इसे नया सिद्ध करती है। यह बाद में ऋग्वेद में जोड़ दिया गया, या ऋग्वैदिक रचनाकाल के अन्तिम दौर में इसकी रचना हुई, यह उतना महत्त्वपूर्ण नहीं है, जितना सृष्टि की एक भिन्न और किंचित्

नासदीय सूक्त—यह ऋग्वेद के दसवें मंडल का 129वाँ सूक्त है। इसमें सृष्टि से पूर्व की अवस्था और सृष्टि के कारण पर गहन चिन्तन मिलता है। इसके आरम्भ में जो शब्द प्रयोग में आए हैं उनमें नासदासीद् न सदासीत् तदानीं—उस समय न तो असत था न सत था के आधार पर ही इसका नाम नासदीय सूक्त रख दिया गया है।

पुरातन अवधारणा, जिसका अधिक परिष्कृत और मार्मिक विवेचन दसवें मंडल के ही *नासदीय* सूक्त में मिलता है। सम्भावना इस बात की है कि इसकी रचना नासदीय सूक्त से पहले हो चुकी थी और इसकी उद्‌भावना आदिम अवस्था से चली आई सृष्टि विषयक कुछ अटकलबाजियों के आधार पर की गई थी।

भारतीय वर्णव्यवस्था का यह दोष रहा है कि इसमें कोई अपना वर्ण तो बदल सकता था, पर जाति आसानी से नहीं बदल सकता था। प्राचीनतम अवस्था से लेकर आज तक के इतिहास में अनेक अवर्ण वर्णसमाज में कहीं-न-कहीं मिलते रहे हैं। परन्तु एक जाति का आदमी दूसरी जाति में आधुनिक काल से पहले प्रवेश पा सका हो, इसका हमें निश्चित ज्ञान नहीं। इसमें रुकावट ब्राह्मणवाद की ओर से ही नहीं, अपितु उसकी अपनी बिरादरी की ओर से भी थी। यह वर्णव्यवस्था की अधिक गहरी जड़ों की ओर संकेत करता है और इसके निर्माण का श्रेय या अपयश एकान्तिक रूप में ब्राह्मणवाद को नहीं दिया जा सकता। यह दूसरी बात है कि ब्राह्मणवाद ने इसे अपने अनुकूल पाकर इसे बनाए रखने का लगातार प्रयत्न किया है और आज भी कर रहा है।

7

देव और असुर

देवाश्च वा असुराश्च प्रजापतेः द्वया पुत्राः आसन्।

तांड्यब्राह्मण

हम सभ्यता की दिशा में भारतीय मनुष्य की लम्बी यात्रा पर ध्यान देते हैं, तो उसमें आर्यों और आदिवासियों में रक्त-सम्बन्धी अन्तर नहीं रह जाता। यदि अन्तर है तो सभ्यता की दिशा में प्रस्थान और प्रगति का।

आर्य का तो सीधा अर्थ ही है सज्जन। केवल प्राचीन भारत तक ही आर्य और आर्यपुत्र जैसे शब्द प्रचलित नहीं थे। आज भी जब गीत में पति के लिए सजनवा या सजना का और स्त्री के लिए सजनी का प्रयोग होता है, आर्य और आर्यपुत्र तथा आर्या और आर्यपुत्री वाले अर्थ में ही होता है। भोजपुरी का अरे तो आर्य का ही बदला हुआ रूप है। अय्या, आजी, आजा तो आर्या और आर्य की याद दिलाते ही हैं।

सुर और असुर के बीच अन्तर रंग का अन्तर भी नहीं है। ऋग्वेद में वसिष्ठ को श्वित्यंच अथवा गोरे रंगवाला कहा गया है। इस तरह के सम्बोधन वहीं देखने में आते हैं, जहाँ कोई विशेषता अपवाद हो। वसिष्ठ को एक अप्सरा, उर्वशी का पुत्र बताया जाता है। अप्सरा जाड़े के दिनों में पहाड़ी क्षेत्रों से मैदानी भाग में उतरने वाले मातृसत्ताक जनों की युवतियों के लिए प्रयोग में आता था। उनका रंग गोरा हो, यह स्वाभाविक ही था। परन्तु इस गौरांगता पर गर्व भी प्रकट किया गया है। कुछ वैसा ही जैसा बंगाल में गोरे रंग के चैतन्य के लिए गौरांगपाद विशेषण का प्रयोग होता है। अधिक कालापन भी एक अपवाद ही था। इसलिए हमें **कृष्ण आंगिरस, श्याव काण्व** जैसे प्रयोग भी मिलते हैं। सामान्यतः पूरी भारतीय परम्परा में पुरुष का रंग दबा हुआ और सम्भ्रान्त स्त्री का रंग उभरा हुआ या गोरा माना जाता रहा है या सराहनीय समझा जाता रहा है। इसलिए प्रेमिका गोरिया और प्रेमी सँवरिया के रूप में चित्रित किया जाता है। परन्तु इसमें कृष्णभक्ति की छाया भी

देखी जानी चाहिए, जो बाँके सँवरिया जैसे प्रयोगों में साफ दिखाई देगा। कम-से-कम उत्तर भारत का प्रत्येक प्रेमी कृष्ण है और प्रत्येक प्रेमिका राधा। यहाँ प्रेम में भी भगवद भक्ति पैदा करके उसे अतिलौकिक बनाने की कला व्यापक थी। जो भी हो, बहुत पहले भी क्षत्रियों को धूमवर्ण—धूमवर्णो वै क्षत्रियः—माना जाता था। सम्राट वरुण जो अपने क्षात्रगुणों के लिए याद किए जाते हैं उनका रंग भी धूमवर्ण बताया जाता है।

सभ्यता की दिशा में क्रमशः बढ़ते जानेवाले समुदाय ने अपने लिए श्रेष्ठ या आर्य विशेषण का प्रयोग करना आरम्भ कर दिया, इसे समझने में हमसे चूक होती है। हम यह नहीं देख पाते कि विकास के विविध चरणों पर थककर ठिठक जाने वाले, या किन्हीं परिस्थितियों में वहीं रुके रह जानेवाले, आदिम कहे जानेवाले जन, अपने समाज पर कम गर्व नहीं करते थे। इस गर्व ने ही उन्हें सभ्यता के ठीक पड़ोस में रहते हुए भी अपने को बदलने नहीं दिया। पर इस गर्व के मूल में यह बात भी रही है कि विकास की कुछ मंजिलों पर वे सबसे आगे थे। उदाहरण के लिए, जिस जन ने सबसे पहले अयस्क गलाकर उससे धातु निकालने की विधि का आविष्कार किया, उसे इस बात पर गर्व तो होना ही था कि वह दूसरों से श्रेष्ठ है। दूसरे भी उसमें जादुई प्रतिभा की कल्पना करके उसे सम्मान देते ही थे। पर विकास की पिछली मंजिलों का सर्वश्रेष्ठ यदि अपनी प्रगति को जारी न रखे तो अगले चरणों पर हास्यास्पद हो जाता है। भारत महान था कहकर गर्व अनुभव करनेवाले यह देखने का साहस नहीं जुटा पाते कि इतिहास का बड़प्पन वर्तमान की गिरावट का उपचार नहीं है, अपितु उस गिरावट में तेजी लाता है। यदि अतीत की महानता वर्तमान की अधोगति के बोध को अधिक प्रखर बनाए तो ही वह उज्ज्वल भविष्य के निर्माण में प्रेरक का काम कर सकती है।

हम इस अनार्य संस्कृति और आर्यसभ्यता या असुर संस्कृति और देव सभ्यता को न तो एक-दूसरे से काटकर देख सकते हैं, न ही इनमें अभेद करके। यह सारी उलझन इस समझ पर टिकी हुई है कि एक ही अवस्था से आरम्भ करनेवाले मानव समुदायों के सभी लोग समान रूप से विकास करेंगे और समान मंजिलों को पार करते हुए, समान अवस्था को पहुँचेंगे। देवीप्रसाद चट्टोपाध्याय ने मार्गन की स्मृति में प्रकाशित अपने लेख में लिखा है :

> उन्होंने (मार्गन ने) अपने जीवन का अधिकांश समय अमेरिकी आदिवासियों के जीवन का अध्ययन करने में लगाया। उनके विषय में उनका अध्ययन क्षेत्रीय नृतत्त्व का पहला और इस तरह का कालजयी काम है। इसके आधार पर ही उन्होंने हमारे लिखित इतिहास के प्रागैतिहासिक मूलाधार के मुख्य लक्षणों की पुनर्रचना की थी।[20]

> उन्होंने लक्ष्य किया कि सभी आदिवासी जन विकास के समान चरण पर नहीं जी रहे थे। इस बात को तो नकारा ही नहीं जा सकता है कि मानव परिवार के कुछ हिस्से हैवानी की दशा में जीवित रहे हैं, दूसरे कुछ बर्बरता की दशा में और कुछ अन्य सभ्य अवस्था में। इस तरह ऐसा प्रतीत होता है कि ये तीनों भिन्न अवस्थाएँ एक-दूसरे से स्वाभाविक और प्रगति के एक अनुक्रम के रूप में जुड़ी हुई हैं। इसके अतिरिक्त यह क्रम ऐतिहासिक रूप में पूरे मानव परिवार के लिए उसी हद तक सही है, जिस हद तक इनमें से हर एक शाखा पहुँच सकी है।[21]

भारतीय आदिवासियों के विषम आर्थिक और सामाजिक विकास पर हम आगे विचार करेंगे। यहाँ इतना ही याद दिलाना पर्याप्त है कि वे आज भी आहारसंग्रह से लेकर सभ्यता के कगार तक अनेक चरणों पर ठहरे मिलते हैं। चट्टोपाध्याय असुर जीवनदृष्टि पर विचार करते हुए इस बात पर चकित अनुभव करते हैं कि ये सभी तत्त्व तो ऋग्वेद के समय से ही वैदिक परम्परा में भी पाए जाते हैं। वह बताते हैं कि साधारणतः इसे इस तरह सलटा लिया जाता है कि अमुक तत्त्वों को आर्यों ने असुरों से या असुरों ने आर्यों से ले लिया होगा। वह इसकी तीखी आलोचना करते हुए अपने मत के समर्थन में थाम्पसन, मार्क्स और ऐंगेल्स को भी उद्धृत करते हैं। वह कहते हैं :

> यह बार-बार दुहराया जाता है कि भारतीय संस्कृति में आर्य और अनार्य तत्त्वों का आश्चर्यजनक समन्वय मिलता है। हमें इसे अंगीकरण और आत्मसात्करण की अवधारणा कहना चाहिए।
>
> परन्तु इस अवधारणा का हम विरोध करते हैं और इस विरोध के अनेक कारण हैं। हम यहाँ इनमें से तीन का उल्लेख करेंगे। इनमें से पहले दो का सम्बन्ध तो इस अवधारणा की सामान्य सम्भावना को लेकर ही है, जब कि तीसरा इस विशेष सम्भावना को लेकर है कि वैदिक साहित्य में पाया जानेवाला वामाचार आत्मसात्करण की प्रक्रिया का परिणाम है।

हम यहाँ स्थानाभाव के कारण उनकी पहली आपत्ति को ही उनके शब्दों में रखेंगे और शेष दो का सार प्रस्तुत करने का प्रयत्न करेंगे।

> पहली बात तो यह कि स्वयं वैदिक जनों का अपना एक आदिम अतीत रहा हो सकता है, और इस तरह यह मानते हुए कि ऐसे विश्वास और विचार आदिम चिन्तन के तत्त्व हैं, ये स्वयं वैदिक जनों के आदिम अतीत

के अवशेष या टूटे-बिगड़े रूप हो सकते हैं। जरूरी नहीं कि वैदिक साहित्य में जो कुछ भी आदिम तत्त्व हैं, वे आदिवासियों के ऐसे तत्त्व हों जो बाहर से वैदिक जीवनदृष्टि में सरक आए हों।

दूसरे, इस अवधारणा की शब्दावली नस्लवादी है और इसमें सांस्कृतिक लेन-देन की प्रक्रिया को बहुत धुँधले और अकसर रहस्यमय ढंग से प्रकल्पित किया गया है। ये सिद्धान्त, वास्तव में, स्वयं संस्कृति की किंचित सतही दृष्टि पर आधारित हैं। विचारों और विश्वासों को कुछ इस तरह देखा गया है मानो वे सिले-सिलाए कपड़े हों जो किसी को भी फिट हो सकते हों।

हम सांस्कृतिक फैलाव (डिफ्यूजन) के सामान्य सिद्धान्त की बड़ी-बड़ी बातें सुनते हैं। पर अभी तो खुद इस सिद्धान्त को पूरी तरह प्रतिपादित करने की जरूरत है। इसी बीच जैसा कि थाम्पसन ने लक्ष्य किया है, इसके महत्त्व की अतिरंजना का भी खतरा है :

चूँकि, बाहरी या स्थानीय, सभी सामाजिक संस्थाओं का कार्यभार किसी आवश्यकता की पूर्ति है, इस या उस प्रथा की उत्पत्ति की व्याख्या यह कहने से नहीं हो जाती कि इसे बाहर से उधार लिया गया था। जैसा कि फर्गुसन ने लक्ष्य किया था, 'राष्ट्र वही चीज उधार लेते हैं, जिसका आविष्कार वे स्वयं करने की स्थिति में होते हैं।'

इस तरह यदि आर्य और अनार्य तत्त्वों के सम्मिश्रण की परिकल्पना कभी स्थापित भी हो गई तो यह तभी स्थापित हो सकती है जब हमें साफ पता हो कि लोगों की भौतिक आवश्यकताएँ क्या थीं, जिनके कारण वे एक-दूसरे से उधार लेने को उत्सुक हुए। इस तरह की आवश्यकता वास्तव में कितनी थी, इसका निर्धारण तो विस्तृत अनुसन्धान कार्य से ही हो सकता है। इससे पहले कि कोई इन्हें शुरू करने को आगे बढ़े, यह जरूरी है कि वह इस भौतिक आवश्यकता के विषय में बहुत स्पष्ट हो।[22]

हमारे लिए महत्त्व की बात यह है कि चट्टोपाध्याय स्वयं यह मानते हैं कि इस विषय में विस्तृत ऐतिहासिक शोधकार्य की अपेक्षा है जो उनकी अपनी उस सीमा पर भी एक टिप्पणी है, जिसमें वह सारी असंगतियों को भाँपते हुए भी अन्ततः आर्य आक्रमण के शिकार हो जाते हैं। भारत पर कभी आर्यों का आक्रमण नहीं हुआ था, यह आज सर्वमान्य है, परन्तु उस समय तक इस विषय में पर्याप्त भ्रम बना हुआ था। घटनाएँ यदि वास्तविक न हों तो भी अपने घटित होने के कल्पित

समय से हजारों वर्ष बाद, उनकी कल्पना करनेवालों के समय में एक नए रूप में घटित हो सकती हैं।

हमारे लिए इतना ही प्रासंगिक है कि सांस्कृतिक विकास के जितने भी सम्भव रूप हैं, उन सभी में अपनी प्राचीनतम अवस्था में लौटने पर देवता और असुर, शिष्ट संस्कृति और लोक संस्कृति, दोनों में विषमता के अनेकानेक रूप मिलते हैं, परन्तु जातिगत या भाषागत अलगाव नहीं मिलता है। कारण, जैसा कि हम पहले कह आए हैं, भारतीय समाज के आगे बढ़े हुए हिस्से में सबसे अधिक मिलावट हुई है। भारतीय समाज में घुलने-मिलनेवाले विदेशी—हूण, ग्रीक, पारसी (पल्लव), मोग (मागध), शक, कुषाण आदि भी उन्हीं में मिले हैं और पिछड़े हुए गण समाजों के महत्त्वाकांक्षी हिस्से भी इन्हीं में मिले हैं। स्वयं इन्होंने अपनी स्वच्छन्दता के कारण इतर जातियों के दासों-दासियों को घरेलू सेवा में लगाकर इस संकरण में सहयोग दिया है। पिछड़ी जातियाँ इनकी तुलना में अधिक 'शुद्ध' मिलेंगी। इसी तरह वह भाषा जिससे वैदिक और आगे चलकर संस्कृत का विकास हुआ, वह अपनी निर्मिति में ही संकरित रही है। इसमें परस्पर गहनतर अन्तर्क्रिया से जुड़े सभी भाषायी समुदायों के शब्दों से लेकर व्याकरण के तत्त्व तक पचते और खपते गए। ये अपने समुदाय के भीतर के व्यवहार के लिए अपनी भाषाओं को प्रयोग में लाते रहे। दूसरों से सम्पर्क और कारोबार के लिए इन्होंने उस सम्पर्क भाषा को अपनाया, जो दूर-दूर तक समझी जाती थी। इसी क्रम में ये, उन्नत भाषा के निर्माण के दौरान ही, अचेत रूप में ही, अपनी भाषा के तत्त्व भी उसमें जोड़ते गए। लम्बे समय तक इस क्रिया के जारी रहने पर वे अपनी निजी भाषा की पहचान तक उसी तरह भूल गए, जैसे अपनी आदिम सामुदायिक या जनजातीय पहचान भूल गए। उनकी भाषाओं की छाप उस सम्पर्क भाषा पर ही नहीं पड़ी जो वैदिक और फिर संस्कृत के रूप में देखने में आती है, उनकी छाप उन बोलियों पर भी पड़ी, और किसी रहस्यमय तर्क से आज तक बची हुई है, जो सम्पर्क भाषा के प्रसार-क्षेत्र में बोली जाती थीं। उदाहरण के लिए भोजपुरी क्षेत्र में चना और मटर के लिए रहिला और केराव शब्द पाए जाते हैं। यह कौन तय कर सकता है कि ये किस बोली के शब्द हैं जो उन जनों के साथ जो इसका व्यवहार करते थे, इस क्षेत्र की प्रचलित भाषा और आबादी में मिलकर अदृश्य हो गई। परस्पर मिलने और अपनी अलग पहचान बनाए रखने के दुहरे प्रयत्न में कुछ बड़े सांस्कृतिक क्षेत्रों का निर्माण हुआ। इनमें अनेक उपक्षेत्र ऐसे हैं जो दूसरों से अलग हैं। इन उपक्षेत्रों में भी अनेक आदिम तत्त्व हैं, जो भाषा में, बोलियों के स्तर तक, अधिक स्पष्ट दिखाई देते हैं।

हम पीछे पूरे भारत का कुँवर सुरेश सिंह द्वारा 91 सांस्कृतिक इकाइयों के रूप में वर्गीकरण देख आए हैं। परन्तु यदि कुछ और बारीकी में जाएँ तो इनमें से एक-एक के कुछ और विभेद दिखाई देंगे। उदाहरण के लिए भोजपुरी के ही तीन उपभेद

पाए जाते हैं। इसलिए पारिस्थितिक व सांस्कृतिक आधार पर 91 इकाइयाँ भाषायी परिगणना में 325 हो जाती हैं, और मानव समुदायों की संख्या 4635 तक पहुँच जाती है। कहें, सांस्कृतिक आदान-प्रदान के लगातार चलते रहने से एक ओर पृथक तत्त्व एक में जुड़ते हैं, तो दूसरी ओर भिन्नता के कुछ नए रूप भी उसी तरह पैदा होते हैं जैसे तीन आधारभूत रंगों के चरम सन्तुलन में कोई रंग बच ही नहीं पाता, वे मिलकर सफेद या रंगहीन (निरंजन) हो जाते हैं, परन्तु अनुपात की भिन्नता के कारण सृष्टि के इतने सारे रंग पैदा हो जाते हैं कि इन सभी को नाम तक नहीं दिया जा सका है, इसलिए हम उन्हें उस वस्तु के नाम से जोड़कर अपना काम चलाते हैं जिसका यह रंग होता है।

सांस्कृतिक निर्माण, या सभ्यता की दिशा में पहल के कारण एक क्षेत्र दूसरों से बहुत आगे निकल गया। इस अग्रता में किनका हाथ था और इसके कारण क्या थे, इसे वैदिक और अवैदिक के रूप में समझने पर उलझन अधिक पैदा हुई है, समझ कम। इसे सांस्कृतिक विकास की प्रक्रिया के रूप में समझा जाए तो हम अपने इतिहास को ही नहीं अपने वर्तमान को भी अधिक गहराई से समझ पाएँगे।

यह एक कड़वी सच्चाई है कि आदिम अवस्था में जीनेवाले समुदाय श्रम, अध्यवसाय, नए उपक्रम, संग्रह और पूँजीनिर्माण, अपने औजारों के विकास, अपनी जीवनदशा को बदलने आदि के प्रति उदासीन रहे हैं, यद्यपि विवश होने पर उन्हें जी-जान से काम करना पड़ता है। चट्टोपाध्याय ने जिन दो दिशाओं मे विकास के कारण आदिम व्यवस्था के द्विभाजन की चर्चा की है, वह निम्न प्रकार है :

> आहारसंग्रह और शिकार के बाद प्राचीन काल में कुछ समुदाय पशुपालन की ओर आगे बढ़े जब कि कुछ दूसरों ने कृषि की खोज की। इन दो दिशाओं में बढ़ने के कारण जनजातीय व्यवस्था का कबाड़ा हो गया। इस तरह सभ्यता की दिशा में जानेवाले आर्थिक विकास के दो मार्ग बन गए। भारतीय संस्कृति की दो आधारभूत प्रवृत्तियों, कहें, वैदिक और अवैदिक को समझने में इसका क्या महत्त्व है, इसे हम आगे देखेंगे।[23]

इस स्थापना की प्रमुख विशेषता यह है कि इसमें सामाजिक और आर्थिक विभेद के लिए आक्रमण और नस्ल की भिन्नता को दरकिनार किया गया है। इसकी एक अधिक तर्कसंगत व्याख्या तलाशने का प्रयत्न किया गया है। फिर भी इसमें कुछ सुधार की आवश्यकता इसलिए है कि उन्होंने जिनको पशुचारण से जुड़ा सिद्ध किया है, वे ही कृषि और पशुधन में अग्रणी रहे हैं। जिनको उन्होंने तंत्र आदि के आधार पर कृषि का आविष्कारक सिद्ध किया है उनमें से कोई उन्नत कृषि और कृषि उद्योगविद्या से जुड़ा नहीं दिखाई देता। टोडा जनों को छोड़कर कोई दूसरा आदिम समाज पशुपालन में भी आगे नहीं बढ़ा। उनमें से अधिकांश आहारसंग्रह और

शिकार पर ही निर्भर रहे। अतः विभाजन इसलिए नहीं आया कि एक ने पशुपालन की राह पकड़ी, दूसरे ने कृषि की, अपितु इसलिए आया कि एक अपनी स्थिति से सन्तुष्ट था। उससे अधिक कुछ भी नहीं करना चाहता था। भुँइया जनों के विषय में जो कुछ दास ने कहा है वह मोटे तौर पर आहारसंग्रह और शिकार पर निर्भर करनेवाले अन्य जनसमाजों पर भी लागू माना जा सकता है, "एक आलीशान आरामतलबी जीवन के प्रति उनके रुझान को प्रकट करती है। कोई काम अत्यन्त जरूरी है, यह तो उनके दिल में उतर ही नहीं पाता और बचत तो उनके स्वभाव के ही विपरीत है।" विभाजन यहाँ से आरम्भ हुआ। एक अपनी मौज-मस्ती छोड़ना नहीं चाहता था। दूसरा किसी भी कीमत पर प्रकृति पर अपनी निपट निर्भरता से ऊपर उठना चाहता था। तंत्र में भी मौजमस्ती वाले पक्ष पर अधिक जोर रहा है, उद्यमों और व्यवसायों पर कम।

विकास के विभिन्न चरणों पर ठहरे हुए, अथवा किसी एक कला में असाधारण दक्षता के कारण, उससे मिलनेवाले कलात्मक तोष के कारण अथवा किसी नए उद्यम के प्रति अनिश्चय के कारण, अपनी विशेषज्ञता या दक्षता के क्षेत्र में ही सीमित रहनेवाले, ठहराव के शिकार हो गए और अपनी जीविका के लिए 'आर्यों' या 'देवों' या सभ्य कहे जानेवाले समुदाय पर निर्भर होते गए, जिन्होंने आरम्भ में स्वयं तो कठोर श्रम और अध्यवसाय किया था और पशुधन और कृषिधन में आत्मनिर्भर हुए थे। फिर इन दोनों का विस्तार करते हुए पशुपालकों और कृषिकर्मियों के अलग पेशे बन गए थे, क्योंकि बड़े रेवड़ों का पालन और उनके लिए चरागाह का प्रबन्ध खेती के साथ सम्भव न था। बड़े पैमाने पर पशुपालन न तो खेती से कम लाभकर था, न अधिक श्रमसाध्य। यह एक सीमित मूल धन से उत्तरोत्तर वृद्धि करते हुए विशाल पशुसम्पदा का स्वामी बनने जैसा काम था। कृषिभूमि में क्रमिक विस्तार के कारण चरागाह के क्षेत्र सीमित होते गए और पशुपालकों की आर्थिक स्थिति में गिरावट आई।

अपने एकान्त कोनों में सिमटे प्रतीत होने के बाद भी असुर देवों से, जिन्हें आर्य, श्रेष्ठ, सभ्य कुछ भी कह सकते हैं, सम्पर्क में रहे हैं। भारतीय संस्कृति और सभ्यता ही नहीं, वर्णसमाज और 'भारतीय आर्यभाषा' के निर्माण में भी इनका खून से लेकर पसीना तक, दक्षता से लेकर कल्पना तक, बोल से लेकर चाल और वेश से लेकर बनक तक का महत्त्वपूर्ण योगदान रहा है। रोचक बात यह है कि इन तत्त्वों को हम उस भाषा में भी पा सकते हैं, जिसकी कल्पना आद्य *भारोपीय* के रूप में की गई है और भारतीय बोलियों की उपेक्षा करने के कारण जिनकी व्युत्पत्ति तक समझ में नहीं आती। उदाहरण के लिए लिद्दर को लें। यह कश्मीर की एक नदी है। जिस क्षेत्र से यह बहती है उसमें कभी ऐसी भाषा बोली जाती थी, जिसमें जल के लिए **लीद**[24] शब्द का प्रयोग होता था। लिथड़ना, पानी से सराबोर होना और

फिर बाद में गन्दगी में लिप्त होना, अर्थ इसी से निकले हैं। इसी तरह किसी बोली में पुरीष शब्द का प्रयोग जल के लिए होता था, जो वैदिक में भी स्वीकार कर लिया गया। वैदिक भाषा में **पुरीषिणी** का अर्थ नदी होता है। हो सकता है परुष्णी (रावी) भी परु, गाँठ, से न व्युत्पन्न हो, पुरीषिणी का ही भिन्न रूप हो। जो भी हो, पुरीष का प्रयोग मल के लिए भी होता है। ठीक इसी तरह लीद का भी प्रयोग जानवर के गोबर के लिए होता है। अंग्रेजी का लिटर, मल, कचरा, कूड़ा लिद्दर से ही व्युत्पन्न हो सकता है। भोजपुरी में लिद्धड़ तो निश्चय ही **लीद/लिद्दर** के दुहरे प्रभाव से निकला है। परन्तु सबसे रोचक है अंग्रेजी का लीड शब्द। चलने, आगे चलने के लिए जल के पर्यायों का प्रयोग हुआ है या इसे उलटकर कह सकते हैं कि गति के पर्यायों के कारण जल के नाम पड़े हैं। इसे हम आगे कुछ विस्तार से समझेंगे। अंगेजी का लीड और लीडर तो तेज गति का अर्थ रखता है और भोजपुरी का लिद्धड़ मन्द गति का। जल से मल तक की यात्रा में पानी, पानी जैसे गुण और गतिवाला, पानी से सिक्त, कीचड़ और कीचड़ जैसा अर्थ पैदा होते देखा जा सकता है।

देवासुर संग्राम की हजार कहानियों के बाद भी उसी देव परम्परा में यह स्वीकृति भी है कि जाति या रक्त की दृष्टि से देवों का असुरों या दानवों से कोई अन्तर नहीं है। दोनों सहोदर न होते हुए भी एक ही पिता की सन्तानें हैं।[25] इस कथन के पीछे उनकी सुदूर जातीय स्मृति काम कर रही थी कि उन्हीं आदिम समुदायों से वे भी आगे बढ़े हैं जो अपने अहंकार के कारण पीछे रह गए। दोनों में प्रतिस्पर्धा विकास की प्राथमिक अवस्था में ही आरम्भ हो गई थी और अन्त तक बनी रही। इसके साथ ही उनके साहित्य में यह भी स्वीकार किया गया है कि देवता कमजोर थे और असुर शक्तिशाली।[26] देवता संख्या में कम थे, असुर संख्या में अधिक।[27] असुर का शाब्दिक अर्थ ही है अधिक जीवटवाले, अधिक शक्तिशाली। जहाँ आसुरी माया की बात की जाती है, वहाँ इसके पीछे जादू-टोना में विश्वास और वेश-भूषा में कई बार जानवरों और पक्षियों की-सी आकृति अपनाने का कुछ हाथ हो सकता है, परन्तु इसका प्रधान कारण उनकी अनूठी दक्षता और कुशलता भी हो सकती है।

पहले यदि पत्थर या लकड़ी का कोई हथियार या औजार बनाया जाता तो उसके टूट जाने पर वह बेकार हो जाता था। एक से दो तो बन ही नहीं सकते थे। पर ऋभुगणों ने अपने जादुई कारनामे से एक चमस का दो और चार बनाकर दिखा दिया। धातु की खोज और धातुविद्या के विकास के बाद ही यह सम्भव हो सकता

भारोपीय परिवार—भारत से यूरोप तक फैली और गहरी समानता रखनेवाली भाषाओं को एक ही मूल भाषा से उत्पन्न और इसलिए एक परिवार की मानने के कारण इसके लिए भारोपीय परिवार या इंडो-यूरोपियन फैमिली कहा जाता है। आर्य भाषा इनमें सबसे प्राचीन है।

था। आश्चर्य करनेवाले वैदिक मनीषी, कवि और सुविधाजीवी हैं, और अपने श्रम और कौशल से एक-पर-एक चमत्कार करनेवाले ऋभुगण असुर हैं।

ऋग्वेद में एक ओर तो असुरों के प्रति आतंकपूर्ण श्रद्धा का भाव है,[28] दूसरी ओर उनको सपत्न बताते हुए उनके नाश की भी कामना की गई है।[29] इस तरह का भाव प्राचीन ऋचाओं में नहीं, अपितु बाद की ऋचाओं में ही आया है, यद्यपि दोनों के बीच द्वन्द्व और तनाव लगभग आरम्भ से ही देखने में आता है। ऋग्वेद में भी उन्हें आहारसंग्रही, भौतिकवादी, अनीश्वरवादी, अहंकारी (अतिमानी), कर्मकांड विरोधी, कलाओं और शिल्पों में असाधारण दक्षता रखनेवाला बताया गया है। इसके बाद भी वे देवों के अपने लाभ के लिए काम करते हैं और उनके श्रम और दक्षता से देवसमाज धन, मान, सम्मान प्राप्त करता है।[30] यह विचित्र सम्बन्ध है जिसमें त्वष्टा इन्द्र के लिए वह वज्र तैयार करते हैं, जिससे वह असुरों को परास्त करते हैं। इन्द्र त्वष्टा के पुत्र विश्वरूपा का वध भी कर देते हैं, और त्वष्टा इन्द्र से बदला भी लेते हैं। आर्थिक टकरावों का मिथकीय प्रस्तुतीकरण जितनी कुशलता से भारत में हुआ है, वह अन्यत्र देखने को न मिलेगा।

इस रूपकीय इतिहास को यदि हम खोलकर रखें तो पाएँगे कि भारतीय समाज में जिन्हें सवर्ण कहा जाता है, उनमें से कोई श्रम नहीं करता। सारा शिल्प और कौशल, सारी कलाएँ और सभी तरह के उत्पादन जिन पर सभ्यता टिकी होती है, जिनकी अभिव्यक्ति से ही सभ्यता का चरित्र और स्तर निर्धारित होता है, शूद्रों, 'बनमानुषों' या राक्षसों के पास रहे हैं। विज्ञान और उद्योगविद्या, साइंस और टेक्नालॉजी से ही किसी देश की उन्नति मापी जाती है। यह शूद्रों, असुरों और अनुसूचित जनों के हाथ में रही है। वह आश्चर्यजनक शुद्धतावाला लोहा जो राजधानी में विराजमान है, उसके निर्माता और उस उद्योगविद्या का विकास और इसके लिए अपेक्षित प्रयोग करनेवाले वे रहे हैं। समस्त वास्तुकृतियाँ उनकी बनाई हुई हैं। उनका तक्षण करनेवाले, उनके स्थपति (थवई), उनके लिए मसालों को अधिक आसंजक (मजबूती से चिपकनेवाला) बनाने के लिए विविध प्रयोग करनेवाले और इन्हें ढोकर पहुँचाने वाले वे रहे हैं। वे मूर्तियाँ जिन पर हमें गर्व है, पत्थर पर की गई वह पालिश, जो आज बहुत उत्कृष्ट यंत्र से ही सम्भव हो सकती है—जरूरी नहीं कि उतनी टिकाऊ भी हो—उसकी प्रविधि, सब उनकी देन है। श्रव्यता का वह सूक्ष्म बोध, जिसके आधार पर उन्होंने ऐसे विशाल सभागार बनाए, जिनके एक सिरे की फुसफुसाहट भी दूसरे कोने तक साफ सुनाई पड़ती है, उनके पास था। प्रकाश के परावर्तन का वह विवेक, जिसमें शीशमहल में जली माचिस की एक तीली तक पूरे कक्ष को जगमगाहट से भर देती है, उनके पास था। नृत्य और संगीत उनके श्रम और संवेदन से पैदा हुए हैं। देवता उनका आस्वाद जरूर लेते रहे हैं, और उन्हें किरात, यक्ष और गन्धर्व कहकर उनका सम्मान और उपहास दोनों करते रहे हैं। नाटक का विकास उनके लिए

ब्रह्मा ने नहीं किया था, इसका विकास उन्होंने स्वयं अपनी अभिव्यक्ति के लिए किया था, और किया भी उस समय था जब ब्रह्मा पैदा भी नहीं हुए थे। भाषा के सबसे जीवन्त प्रयोग उनके द्वारा होते रहे हैं, यद्यपि मौखिक परम्परा की सीमाओं के कारण इसका बहुत कुछ बनफूल की तरह नष्ट हो जाता रहा है, पर मुहावरों से लेकर लोकोक्तियों तक में जो सारगर्भिता है, वह साहित्य का उत्कृष्टतम रूप है। ध्वनि जिसे काव्य की आत्मा कहा गया है, उसका अपने दैनिक बोलचाल में सबसे अधिक प्रयोग वे करते हैं, यद्यपि यह सीधी और खरी बात कहने में दंडभय से पैदा हुआ वाचिक विधान है। यहाँ यह बता दें कि ध्वनि क्या है तो हमारी बात कुछ ऐसे लोग भी समझ सकते हैं जो काव्यशास्त्र को न तो जानते हैं, न ही मानते हैं। जब आप कहते हैं पानी लाओ तो पानी का अर्थ होता है, पानी। इसे अभिधा कहते हैं। जब आप कहते हैं मैंने उसका पानी उतार दिया, तो पानी का अर्थ होता है सम्मान और इसे जानकार लोग लक्षणा कहते रहे हैं। अर्थात इसमें पानी तो नहीं है, पर पानी के लक्षण हैं। पानी से वंचित व्यक्ति जैसे जीवित नहीं रह सकता, उसी तरह अपमानित व्यक्ति मनुष्य के रूप में जीवित नहीं रह जाता। अत: लक्षण के अनुसार सम्मान भी पानी है। परन्तु व्यंग्य या वि-अंजन वह है जहाँ सीधी रोशनी पहुँचती ही नहीं। कहीं से टकराकर पहुँचती है, जिससे अर्थ ही बदल जाता है। यह व्यंजना ही ध्वनि है। कल्पना करें कि एक युवक अपने चाचा के साथ जमींदार या सामन्त के पास यह अनुरोध लेकर पहुँचता है कि वह उसे उसके निकटतम कुएँ से पानी भरने दें और वह उन्हें इस 'हेकड़ी' पर फटकारने लगे, या कोई ऐसी सलाह दे जिससे उनकी समस्या न सुलझे, और वह भतीजा जो पहले ही यह जान रहा था कि वहाँ से न्याय नहीं मिलनेवाला, कहे 'चाचा, चलें या चलो, तो इसमें कोई भी शब्द ऐसा नहीं जिससे पानी का सीधा या तिरछा आशय प्रकट होता हो। पर वह एक साथ यह कह रहा है कि यह व्यक्ति जिसके न्याय में भरोसा रखने के कारण तुम मुझे इसके पास ले आए थे, यह वही है जो मैंने बताया था, अब कुछ और तो जानना बाकी रहा नहीं? अब तो चलो। या यदि उसे स्वयं भी यह पता नहीं था कि सामन्त या जमींदार जिसे वह न्यायप्रिय समझता था, वह ऐसा कुछ कहेगा या करेगा और चौंककर यही वाक्य कहता है तो भी उसका अर्थ यही रहेगा कि हम जिसे न्याय और मानवीयता की मूर्ति समझे बैठे थे वह तो वर्णवादी निकला। अब इससे क्या उम्मीद रखते हो जो यहाँ उसके सामने दीन-हीन बन जाए। ध्वनि का अर्थ है जिसमें अर्थ की गूँज सुनाई पड़ती है, पर जिसका सीधा अर्थ कुछ दूसरा होता है। ध्वनि श्रोता और वक्ता के अन्त:सम्बन्ध पर निर्भर करता है। इसलिए ही भाषा के एक बहुत बड़े विद्वान ने कहा है कि अर्थ शब्द से नहीं समझा जा सकता। इसे यह जानने के बाद समझा जा सकता हैं कि कहनेवाला कौन है, किससे कह रहा है, कब कह रहा है, क्यों कह रहा है, कैसे कह रहा है। उनका यह कथन ध्वनि

के कारण ही है। इसका प्रयोग उनके द्वारा होता रहा है जो लिखना-पढ़ना तो नहीं ही जानते थे, शक्ति और दबाव के दूसरे रूपों से भी वंचित थे। इसीलिए हम ध्वनि या अर्थगर्भिता का, जिसे शास्त्रज्ञों ने काव्य अथवा अभिव्यक्ति की आत्मा कहा है, सबसे अधिक प्रयोग अशक्तों, वंचितों और स्त्रियों में पाते हैं। साहित्य का सर्वोत्तम रूप भी उनकी ही विवशता से पैदा हुआ है और उसका दैनिक जीवन में भी सबसे अधिक उपयोग वे ही करते हैं।

ज्ञान और कला के नाम पर केवल लिखित साहित्य, शासकीय विधान और समाज को अनर्गल कर्मकांड से उलझा रखने की शक्ति, भाषा को दुर्बोध और अल्पग्राह्य बनाने की हद तक उसका परिष्कार और उस पर एकाधिकार, देवों या आर्यों का रहा है। मनु ब्राह्मणों को सलाह देते हैं कि शरीर को किसी तरह का कष्ट दिए बिना धन का संग्रह करना चाहिए—*अक्लेशेन शरीरस्य कुर्यात् धन संचयम्*।

परन्तु यही सभ्यता का तर्क भी है जो सभ्यता को सभ्यता मानने के विरुद्ध एक तर्क भी हो सकता है। सर्वत्र और सभी कालों में। यहाँ एक रोचक उदाहरण देना उपयोगी होगा। पन्द्रहवीं शताब्दी तक पेरिस विश्वविद्यालय के विद्वान घोड़े के मुँह में कितने दाँत होते हैं इस पर एक बहस में यह तर्क दे रहे थे कि घोड़े के मुँह में सात दाँत इसलिए नहीं हो सकते कि ईश्वर ने छह दिन तक सृष्टि रचने के बाद सातवें दिन आराम किया था। तीन दाँत इसलिए नहीं हो सकते कि तीन का ट्रिनिटी से सम्बन्ध है। इस तर्कपूर्ण चर्चा के बाद भी वे किसी साईस से पूछकर यह नहीं जानना चाहते थे कि सच्चाई क्या है। जिसे वैज्ञानिक युग कहा जाता है, उसका आरम्भ चार्ल्स द्वितीय के द्वारा 1662 में *रायल सोसायटी ऑफ़ लन्दन फार प्रोमोटिंग नैचुरल नालिज* की स्थापना के चार्टर से हुआ था। इसमें कहा गया था कि सोसायटी का उद्देश्य केवल विद्वानों और विख्यात दार्शनिकों से ही नहीं, अपितु कारखानों के मिस्त्रियों, वणिकों की यात्राओं और हलवाहों के हल से भी ज्ञान अर्जित करना है।[31] चीन में सांस्कृतिक क्रान्ति के दौरान माओ ने यही करना चाहा था, परन्तु वह एकांगी हो गया और इससे उसे क्षति भी उठानी पड़ी। सैद्धान्तिक ज्ञान और व्याहारिक ज्ञान दोनों एक-दूसरे को आगे बढ़ाते हैं और प्रगति को आसान बनाते हैं, इनका अलगाव, या किसी एक की उपेक्षा से समाज में ठहराव या पिछड़ापन पैदा होता है।

उपनिषदकार ठीक कहता है कि जब देवताओं के प्रतिनिधि इन्द्र और असुरों के प्रतिनिधि विरोचन प्रजापति के पास आत्मा का रहस्य पूछने गए तो उन्होंने जो कुछ बताया उसका विरोचन ने, कहें असुरों ने, जो अर्थ लगाया वह था, जो गोचर है, जो भौतिक है, वही आत्मा है। आत्मा वस्तुजगत से अलग नहीं है। अचरज की बात नहीं कि समस्त भौतिक कृतियाँ, भौतिक उत्पाद, दृश्य प्रस्तुतियाँ, मूर्त कलाएँ, और विज्ञान असुरों के पास रहे हैं। भौतिकवाद असुरों की देन है।

इन्द्र सूक्ष्म की तलाश में उस आत्मा को जानने पर लगे थे, जिसके लिए कोई श्रम नहीं करना पड़ता, केवल आँख मूँदकर, अरूप को पकड़ने का प्रयत्न और इस नतीजे पर पहुँचना कि वह 'यह नहीं है', 'वह भी नहीं', 'पकड़ में कुछ आता हो ऐसा भी नहीं' और 'न आता हो, यह भी नहीं'। परन्तु यहाँ हम एक विचित्र समस्या के सम्मुख खड़े हैं। आखिर सभी प्रकार की शक्तियाँ और योग्यताएँ रहते हुए भी असुर पूरे संसार में, सभी सभ्यताओं में, पिछड़ क्यों गए और देवता अपना वर्चस्व स्थापित करने में कैसे सफल हो गए। यह भौतिक प्रगति से नहीं, वैचारिक सूझ से जुड़ा प्रश्न है। यह जीवन के प्रति दो विश्वदृष्टियों से, या दर्शन की दो धाराओं से जुड़ा प्रश्न भी है।

8

सामाजिक अग्रता और पिछड़ापन

सामाजिक पिछड़ेपन का सबसे बड़ा कारण पहल का अभाव है न कि योग्यता का अभाव। पहल के अभाव के मूल में है यथास्थिति से सन्तुष्ट हो जाना, महत्त्वाकांक्षा का अभाव, गतानुगतिकता, प्रबन्धकीय क्षमता का अभाव, और जिओ और जीने दो का मानवोचित परन्तु अग्रताविरोधी तर्क। हम सन्तोष, धीरज, क्षमा, दया, दान, अपरिग्रह आदि जिन मूल्यों को विशिष्ट भारतीय मूल्य मानते हैं, वे एक तरह से आदिम समाज के मूल्य हैं और आज भी इनका सबसे अधिक पालन पिछड़े समाजों के लोग अपने पिछड़ेपन के अनुरूप ही करते हैं। विकास के साथ पहल, अग्रगामिता, असन्तोष, विरोधों का निराकरण या उन्मूलन, दमन, जो हासिल करना है उसे किसी भी कीमत पर हासिल करने का निश्चय जुड़ा हुआ है। मुहावरा प्रेम और युद्ध के विषय में चलता है कि इनमें सब कुछ जायज है। आगे बढ़ने और दूसरों को दबाकर रखने का युद्ध दुनिया का सबसे पुराना, कभी न रुकनेवाला और हिंसा, छल, विश्वासघात, सभी का सहारा लेकर जारी रहनेवाला युद्ध है। ये सभी अग्रधर्षी समाजों और समुदायों के लक्षण हैं।

यह वर्ग अपने सत्य का सामना नहीं कर सकता, इसलिए नैतिकता के जो विधान बनाता है, उसमें पाखंड और सत्याभास के सहारे अपने को ही उन नैतिक मूल्यों का रक्षक और उन्नायक सिद्ध करता है, जिनका यह स्वयं पालन नहीं करता। वह इनका पालन उनसे कराना चाहता है, जिनके शोषण और दमन पर उसकी निरन्तर जारी रहनेवाली विजय टिकी है। इसमें सदा से दो तरह के नियम रहे हैं। एक अपने लिए जो भाषा तक सीमित रहते हैं, व्यवहार में एक कामचलाऊ रूप में भ्रम खड़ा करने के लिए प्रयोग में आते हैं, दूसरे उनके लिए जिनके श्रम, प्रतिभा, ज्ञान और कौशल का उपयोग वह अपनी अग्रता के लिए करता है। इसका सबसे बड़ा कमाल यह है कि यह अपने नियमों, कानूनों, संगठनों के बल पर यह सिद्ध करने में सफल होता है कि नैतिकता और शिष्टता का रक्षक वह है और जिनका वह दोहन करता है, वे इनको लगातार तोड़ते रहते हैं। यह अभियोग निराधार नहीं

होता। वह उनको इस स्थिति में रखता है जिसमें अपनी आकांक्षा के बाद भी वे नैतिकता का निर्वाह कर ही नहीं सकते।

सामाजिक विषमता का अर्थ है कि इसमें दो स्थूल वर्गों का उदय हो चुका है। यदि हम पुरातत्त्व की ओर जाएँ तो पाते हैं कि मोहनजोदड़ो की नींव रखे जाने से बहुत पहले से इस देश में एक अतिशय समृद्ध वर्ग अस्तित्व में आ गया था। कारण यह है कि मोहनजोदड़ो नगर एक बहुत खर्चीली नगर योजना तैयार करने के बाद, बाढ़ से बचने के लिए भूमि का स्तर बहुत ऊँचा उठाने के बाद बसाया गया था। कुछ विशेषज्ञों का कहना है कि मिट्टी का यह भराव दस-बारह मीटर का था। अपनी समझ से इतना अधिक कि इसे भारी-से-भारी बाढ़ डुबा न सके। उस जमाने में बुलडोजर नहीं थे कि मिट्टी डालकर इसे दबाते हुए पक्का करते जाते। इस काम को मिट्टी के छोटे कसे हुए खंडों को चिनकर किया जा सकता था। अत: कच्ची ईंटों की चिनाई से यह स्तर ऊपर उठाया गया था। इतना विशाल आर्थिक आधार जो इसकी नींव के भी नीचे जमीन में ही दिखाई देने लगता है, अपने समय को देखते हुए असाधारण समृद्धि के बिना सम्भव न था। यह समृद्धि अपने ही अनुरूप शोषण और संचय का तंत्र खड़ा किए बिना सम्भव न थी। कहें, समृद्ध और वंचित वर्ग उसी समाज में थे। समृद्ध वर्ग ने अपना रक्षातंत्र खड़ा कर रखा था, अपना प्रचारतंत्र (पुरोधा वर्ग) तैयार कर रखा था और उत्पादन के साधनों को नियंत्रित करके उनके उत्पादन, संचय, वितरण और विपणन के तंत्र विकसित कर रखे थे। दूसरी ओर शोषितवर्ग अपनी सीमित आकांक्षाओं के कारण, यथास्थिति से सन्तुष्ट रहने और जो हाथ लगा उसे खा और उड़ा जाने की मस्ती के कारण, उन-उन कार्यों में जुटा था जिसमें उसे नियुक्त कर दिया गया था और अपनी प्रतिभा और शक्ति के अनुसार कुशल और अकुशल श्रमों से अपनी जीविका अर्जित कर रहा था। इसमें वन्य जीवन की तुलना में स्वतंत्रता का अभाव था, पर जीविका अधिक सुनिश्चित थी, इसलिए वह अपने-आपमें लगभग सन्तुष्ट था। पर इसके सन्तोष का एक कारण यह भी था कि इसे आयुधों से वंचित करके, अपनी-अपनी दक्षता के क्षेत्रों से जोड़कर व्यापक संगठन और बलपूर्वक अपनी माँगे मनवाने की दशा में आने ही नहीं दिया गया था।

साहित्यिक साक्ष्यों को सामने रखने पर हम पाते हैं कि वैदिक समाज अपने पूरे ताने-बाने में अग्रधर्षी समाज है। इस समाज में वे सारे दुर्गुण अपनी पराकाष्ठा पर पहुँचे दिखाई देते हैं, जिन्हें सन्तों और मानवतावादियों ने मनुष्य के सभी दुखों का कारण माना है। यदि हम बौद्ध मत के अष्टांग मार्ग की अपेक्षाओं को उलट दें तो इन्हें वैदिक मूल्य प्रणाली का नाम दिया जा सकता है। परन्तु भाषा का कौशल यह है कि इसे उनमें से किसी से शून्य नहीं सिद्ध किया जा सकता। जिनसे इसका विरोध है, उन्हें उन्हीं दुर्गुणों में लिप्त अवश्य प्रमाणित किया जा सकता है। उसकी

यह स्थिति बहुत पहले से है, यह भी ऋग्वेद से ही प्रकट हो जाता है जिसमें पूर्वजों को ही सही अर्थ में ऋषि, परम मेधावी, नए मार्गों का अनुसन्धाता और निर्माता, नई परम्पराओं का संस्थापक आदि मानकर स्मरण किया गया है।

इसमें जुआ खेलनेवाले हैं, लम्पटता करनेवाले हैं, ठगी करनेवाले हैं, ब्याज पर पैसा देनेवाले हैं, चोर हैं, तस्कर हैं, हिंसा के लिए तत्पर रहनेवाले हैं, नर्तकियाँ हैं, वेश्याएँ हैं, बाजी बदनेवाले हैं, परन्तु इसके नियम ऐसे हैं जिसमें सब कुछ किसी विघ्न-बाधा के बिना चलता रह सकता है। धन की लालसा सबसे ऊपर है और समस्त बुराइयाँ और उपक्रम धन कमाने से जुड़े हुए हैं। स्वाभाविक ही है कि इसमें धन के पीछे पागलपन बेमिसाल है।

संग्रह का यह हाल कि कवि केवल अपने लिए धन नहीं चाहता। वह ऐसा अहृणीयमान या कभी खत्म न होनेवाला खजाना चाहता है जिससे उसका, उसके बेटे और पोते तक को कोई अभाव न हो। चोरी का डर उनके समाज में बहुत प्रबल है। उन्हें सपने में भी चोरों का डर लगा रहता है। डाकुओं का डर तो उन पर आतंक की तरह छाया रहता है।

छल से यदि लाभ होता हो तो उन्हें छल और धोखाधड़ी से कोई परहेज नहीं है। सच कहें तो इन्द्र ने मायावियों को अपनी माया से ही परास्त किया था।

परन्तु मूल्य-व्यवस्था ऐसी जिसमें लगे उपनिषदों का चिन्तन, बौद्ध और जैन मत सभी इसी से उत्पन्न हैं :

> ऋग्वेद का एक शब्द है *अक्रविहस्त*। इसका अर्थ है ऐसा आदमी जिसके हाथ से किसी का वध न हुआ हो। अहिंसा को उस सीमा तक पहुँचाया गया है जिसमें कठोर वचन और मन से किसी का बुरा चाहना तक हिंसा में गिना जाता है। 'यह जल मेरे मन के छिपे पापों को प्रच्छालित करे। यदि मैंने किसी से द्रोह किया हो अथवा किसी को कठोर शब्द कहा हो (शाप दिया हो) या झूठ बोला हो तो उसे भी प्रच्छालित करके मुझे शुद्ध करे' (इदं आप: प्रवहत यत् किं च दुरितं मयि। यत् वा अहं अभिदुद्रोह यत् वा शेप उत अनृतम्, 1.23.22)।

अक्रविहस्त—अ-क्रविष=मांस-हस्त=अर्थात वह जिसके हाथ खून से रँगे नहीं हैं। जिसने किसी की हत्या नहीं की।

9

मातृसत्ता व पितृसत्ता

यह माना जाता रहा है कि भारतीय जनजातियाँ मातृसत्ताक हैं, और यह उनका वैदिक समाज से, जो पितृसत्ताक था, मुख्य भेद है। भारतीय आदिम जनों में से कुछ, जैसे खसिया, गारो जन और दक्षिण के नायरों में मातृसत्ताक समाज के लक्षण बहुत उजागर हैं। कुछ दूसरे बहुत आदिम अवस्था में जीनेवाले जनों में मातृसत्ता के आदिम रूप पाए जाते हैं। कुछ जनों में इस बात के संकेत विद्यमान हैं कि पहले वे मातृसत्ताक रहे हैं और बाद में पितृसत्ताक हुए हैं। राजी, खरिया, बिरहोर, कूकी, कोन्यक, पहाड़ी मरिया, कोया, कोन्तारेड्डी, पलियान, कदार, पहाड़ी पन्तरम, जुआँग आदि जो आहारसंग्रह और आखेट की अवस्था में रहे हैं, उनका समाज पितृसत्ताक है। पर इन सभी का एक कारण यह बताया जाता है कि भारतीय समाज पहले मातृसत्ताक था और इसको बहुत क्रूरता के साथ पितृसत्ताक बनाया गया। इसी के चलते पुरुष और स्त्री के बीच पुरुष की श्रेष्ठता कायम की गई। इसी के कारण बाल-विवाह आरम्भ हो गया और इसी के कारण बालिकावध होने लगा। स्त्री के प्रति पितृसत्ताक व्यवस्था का सबसे क्रूर पक्ष विधवाओं के प्रति क्रूरता और सती-प्रथा में व्यक्त होता है। यह सब कुछ पितृसत्ताक आक्रमणकारी आर्यों के द्वारा किया गया।[32]

चट्टोपाध्याय ने स्वयं भी इन स्थापनाओं में से अनेक के विषय में सन्देह प्रकट किया है। इससे भी रोचक यह कि स्वयं एहरेनफेल्स ने स्वीकार किया है कि वैदिक आर्य पितृसत्ताक होने के बाद भी महिलाओं को अपमानित करनेवाली सती जैसी क्रूर प्रथा से मुक्त थे। विधवा विवाह की उस समाज में अनुमति थी।

चट्टोपाध्याय यहाँ भी असहमति जताते हुए बताते हैं कि पुरातन वैदिक समाज में पति के मरने पर पत्नी के चिता पर बैठने के प्रमाण **पुरुषमेध** और **अनुमरण** में पाए जा सकते हैं। पुरुषमेध सचमुच पुरुष के मरने के बाद स्त्री का सती होना था, या अनुमरण का सम्बन्ध केवल स्त्री से था, यह हमें स्वीकार्य नहीं लगता। उर्वशी और पुरूरवा की कहानी यद्यपि एक रूपक है, जिसमें

अग्निमन्थन का मानवीकरण किया गया लगता है, परन्तु उसमें आग में पुरूरवा जलता है, न कि उर्वशी।

पर इसकी जो सामाजिक-आर्थिक व्याख्या दी जाती रही है वह यह रही है कि धुर आदिम अवस्था में जब जीविका आहारसंग्रह पर निर्भर थी, समाज मातृप्रधान था। इसके बाद जब मनुष्य ने आखेट करना आरम्भ किया तो समाज पितृप्रधान हो गया। कारण यह कि स्त्रियाँ गर्भकाल और शिशु को दूध पिलाने की सीमाओं के कारण शिकार पर नहीं जा सकती थीं। इसके बाद कृषि के आदिम प्रयोग स्त्रियों के द्वारा किए गए और कृषि की आदिम अवस्था में समाज मातृप्रधान हो गया। इसके बाद जहाँ से उन्नत कृषि अथवा हल बैल का प्रयोग आरम्भ हुआ, समाज फिर पितृसत्ताक हो गया। ठीक इसी तरह पशुचारण करनेवाले समाज पितृसत्ताक थे और आर्यजन पशुचारण करते थे, इसलिए वे भी पितृसत्ताक थे।[33]

इस व्याख्या को सन्तुलित नहीं माना जा सकता। शक पशुचारी थे और उनके साथ आक्रमणकारी आर्यों की कल्पना करनेवाले इतना गहरा सम्पर्क मानते रहे हैं कि उनके लिए शकार्य शब्द का प्रयोग करते रहे हैं। भारतीय पशुचारी समुदाय सबसे कम पितृसत्ताक रहे हैं। दूसरे वैदिक समाज में मातृसत्ता और पितृसत्ता दोनों के प्रमाण पाए जाते हैं। सबसे बड़ी बात यह कि वैदिक साहित्य ही है जिसमें सामाजिक सत्ता में परिवर्तन का एक बहुत विश्वसनीय और रोचक इतिहास मिलता है जो आधुनिक नृतत्त्वविदों की व्याख्याओं से जहाँ अनमेल पड़ता है वहाँ अधिक विश्वसनीय प्रतीत होता है। जहाँ इसकी आधुनिक व्याख्याओं से संगति है, वहाँ किसी टिप्पणी की आवश्यकता नहीं। इस पर हम विवाह और दाम्पत्य के अन्तर्गत विचार करेंगे। यहाँ इतना ही याद दिलाना उचित लगता है कि सास शब्द के पीछे मातृप्रधान समाज की शासिका की छाया देखी जा सकती है।

10

टोटेम

> भारतीय जनजातियों पर लिखते समय, आदिम धर्म के जिस एक तत्त्व की उपेक्षा नहीं की जा सकती, वह है टोटेमवाद, जिसके कुछ-न-कुछ लक्षण भारत के सभी भागों में बसे हुए आदिम जनों में पाए जाते हैं।
>
> *एस.टी. दास*

टोटेम शब्द का प्रयोग हम अपनी चर्चा में इसलिए कर रहे हैं, क्योंकि अनेक विद्वानों ने इसके हवाले से भारतीय आदिम समाज का विवेचन करने का प्रयत्न किया है।

टोटेम शब्द अमेरिका के ओजिब्वा क्षेत्र में बसे ऐलगोंकियन (Algonkian) कबीले के ओटोटेमन (Ototeman) शब्द से लिया गया है। इसका अर्थ है रक्त—सम्बन्ध, भाई-बहन का रिश्ता। इसकी धातु ओटे (Ote) का अर्थ है एक ही माता-पिता से पैदा भाई-बहन। कहें दूधबराव। पर इसमें उन सभी विशेषताओं या लक्षणों का आरोप कर लिया गया है जो उस समाज में पाए जाते थे और किसी-न-किसी रूप में अधिकांश आदिम जनों में पाए जाते हैं। इस अर्थविस्तार के बाद यह इतना जटिल और बहुअर्थी हो जाता है कि इसे न तो हराम प्रकट कर सकता है, न ही इन्सेस्ट, न ही वर्जना या निषेध, न ही वरुण का पाश। इसलिए इसके साथ परिभाषा तक का संकट पैदा हो जाता है। 1869 में जे.एफ. मैक्लैनन ने इसकी एक संक्षिप्त परिभाषा करते हुए कहा था, "जानवरों और पौधों की पूजा।" परन्तु जैसा कि हम देख सकते हैं, इसमें उस प्रतिबन्ध के लिए ही स्थान नहीं जो टोटेम में ध्वनित है। इसलिए एक फ्रांसीसी नृजातिविद क्लाड लेविस स्ट्रास ने टोटेमवाद पर लिखी अपनी पुस्तक (1963) में इसकी वास्तविकता को ही नकारा है।

टोटेम में सगोत्र विवाह पूर्णत: निषिद्ध है। इसका सबसे रोचक आख्यान ऋग्वेद के यम-यमी संवाद में है। इसमें यमी अर्थात रात लगातार यम अर्थात दिन का पीछा करती है। दोनों विवस्वान की जुड़वाँ सन्तानें हैं, अत: इनका समागम हो ही नहीं सकता। इसके बाद भी यमी यम के पीछे पागल है। वह उससे समागम का अनुरोध

करती है और यह उसको इस विचार पर झिड़कता तो है ही, यह भी बताता है कि देवताओं के चर लगातार धरती पर नजर रखते हैं। यहाँ वर्जना को कठोरता पूर्वक आरोपित करनेवाले देवता, ऋत के रक्षक, वरुण ही हैं। यम जो सबसे रोचक बात कहता है, वह यह कि आगे चलकर ऐसा भी युग आएगा, जब भाई बहन का विचार तक न रह जाएगा।[34]

परन्तु टोटेम में किसी पशु, पक्षी, वस्तु को गण की पहचान से जोड़कर उसके प्रति भयमिश्रित श्रद्धा प्रकट की जाती है। उसका शिकार करने को अथवा उसे किसी प्रकार की क्षति पहुँचाने को सर्वथा वर्जित माना जाता है। अनेक टोटमी समुदायों के सभ्यता की दिशा में बढ़ने और परस्पर मिल-खप जाने के कारण हम सभ्य समाज में भी अनेक जानवरों और वृक्षों को वर्जित सूची में पाते हैं और कुछ जानवरों और वृक्षों की पूजा करते हैं।

कुँवर सुरेश सिंह ने ऐसे पचासों समुदायों का उल्लेख किया है जिनके नाम आज भी टोटमी बने हुए हैं। इसमें सबसे रोचक पक्ष यह है कि टोटेम में बन्दूक, बन्दूकची, मुनरी, आदि जैसे नाम भी आ गए हैं जिनका सम्बन्ध आदिम अवस्था से नहीं है।[35]

कोसम्बी ने इस ओर भी संकेत किया है कि वैदिक समाज में जो गण हैं उनमें से अनेक के नाम टोटेम से सम्बन्ध रखते हैं। अलिन्—भँवरा, अज—बकरा, कश्यप—कछुआ, मत्स्य—मछली, कौशिक—उल्लू आदि इसी तरह के गणनाम हैं। चट्टोपाध्याय *आश्वलायन गृह्यसूत्र* से गोत्रनामों का उदाहरण देते हैं, जिनमें वत्स—बछड़ा, सुनक—कुत्ता, ऋक्ष—भालू, भरद्वाज—एक तरह की चिड़िया, मुद्गल—एक तरह की मछली, कपि—वानर, अज—बकरा, रेणु—पराग, वेणु—बाँस, कश्यप—कछुआ, संडील—एक चिड़िया और गोतम—साँड़, आते हैं। वह लिखते हैं,

> "इस बात पर ध्यान दिया जाना चाहिए कि कबीलाई तत्त्वों का स्थिरीकरण केवल तथाकथित 'निचली जातियों' की विशेषता नहीं है। कबीलाई व्यवस्था की खास-खास बातें तथाकथित 'ऊँची जातियों' में भी बनी रह गई हैं। यद्यपि उनमें ये, दूसरी अनेक जटिलताओं में घुल जाने के कारण, कम स्पष्ट हैं।[36]

हम ऊपर की सूची में बृहदारण्यक उपनिषद में दिए गए टोटमी नामों को भी जोड़ सकते हैं : वृक—भेड़िया (वार्कारुणीपुत्र), मंडूक—मेढक (मांडूकीपुत्र), भालू (भालुकीपुत्र), आदि।

राजस्थान के निवासियों के लिए पुराना नाम मत्स्य या मछली टोटम से सम्बन्ध रखता है। आज भी मीणा में मीन शब्द और इसका वैदिक आशय सुरक्षित है। यह रोचक है कि मीणा आदिवासी हैं, जब कि मत्स्यगण वैदिक समाज के अंग।

चट्टोपाध्याय ने वेदों की शाखाओं के भी टोटेमी सन्दर्भों की ओर ध्यान दिलाया है। ऋग्वेद की उपलब्ध प्रति शकल शाखा की है। शकल साँपों की एक विशेष जाति है। जिन तीन शाखाओं की प्रतियाँ नहीं मिलतीं, उनके नाम हैं, आश्वलायन, वाष्कल, सांख्यायन और मांडूकेय। पुराणों के अनुसार सामवेद संहिता की हजार शाखाएँ थीं, जिनको इन्द्र ने नष्ट कर दिया। इनमें जो सात शाखाएँ बची रहीं, उनके नाम हैं, कौथुम, सत्यमुग्र, रण्यायन, कपोल, महाकपोल, लांगूलिक और शार्दूलीय। यजुर्वेद की दो शाखाएँ बच रही हैं। इनमें एक कृष्णयजुर्वेद और तैत्तिरीय हैं। अन्य शाखाओं की बची हुई उपशाखाओं में मानव, वराह, छागलेय, हारिद्रवीय, दुन्दुभ और श्यामयानीय हैं। अथर्ववेद की शाखाओं में पैप्पलाद, ब्रह्मपलाश, और शौनक हैं। इनमें मांडूकेय—मंडूक या मेढक, लांगूलिक—लांगूल या पूँछ, शार्दूलीय—शार्दूल या सिंह, दुन्दुभ—दुन्दुभी, वराह—शूकर, छागलेय—छाग या बकरा, हारिद्रवीय—हारिद्र या कदम्ब का वृक्ष, पैप्पलाद—पीपल का गोदा खानेवाला पक्षी, ब्रह्मपलाश, शौनक—शुन—कुत्ता आदि नामों को किसी अन्य तर्क से नहीं समझा जा सकता। इसी तर्क से चट्टोपाध्याय मानते हैं कि उपनिषद में बकदाल्भ्य की कथा में जिन कुत्तों की बात है, वह भी शौनक की तरह टोटमी सम्प्रदाय हो सकता है।

इसका एक पक्ष यह भी है आदिम जनों में ठीक उसी आशय का शब्द उनके गोतिया के लिए प्रयोग में आता रहा है, और कुछ में यह आज भी आता है, जिसका प्रयोग वैदिक समाज गोत्र के लिए करता रहा है। उदाहरण के लिए दिनका जन चार गोतों में बँटे हैं। बोर दिनका इसके लिए ऊत का प्रयोग करते हैं, तैन और अलिआब दिनका इसके लिए गोल का प्रयोग करते हैं, और शीश दिनका देब शब्द का। पशुपालन करनेवाले जनों में ठीक ये ही शब्द उनकी बिरादरी के गोठ या घारी (गाय-बछड़ों के लिए बना घेरा) के लिए भी करते हैं।[37] गोत्र (गो-त्र) का अर्थ था, रात के समय गाय-बछड़ों को हिंसक जानवरों से सुरक्षित रखने के लिए बनाया गया घेरा। परि-वार का भी मूल अर्थ कुनबे की सुरक्षा के लिए तैयार किया गया घेरा है। अत: एक मूल से शिक्षा या जन्म से जुड़े हुए लोगों का जो विशाल दायरा है, उसके लिए भी गोत्र का प्रयोग हुआ। यहाँ '-त्र' त्राण के स्थान पर बचाव या बराव का भाव रखने लगा, जिसका अर्थ है कि ब्याह आदि के सम्बन्ध गोत्र या उस दायरे के भीतर नहीं बाहर किए जाएँगे। यहाँ महत्त्वपूर्ण बात यह है कि गोत्र से पहचान का जुड़ना और असगोत्र विवाह का विधान, ये दोनों वैदिक समाज ने अलग से नहीं गढ़े, अपितु ये आदिम अवस्था के अवशेष हैं। गोत्र शब्द अवश्य पशुपालन के बाद का है। गोष्ठ (गो-स्थ) या गोठ इसके विपरीत वह स्थान है जहाँ गोरू दिन में चरने के बीच में एक जगह बैठकर आराम और जुगाली करते हैं। जहाँ विद्वान लोग एकत्र होकर चबाए हुए कच्चे ज्ञान की जुगाली करते हैं, उसे गोष्ठी कहते हैं।

11

नागर संस्थाएँ

> परिषद् प्राचीन एशियाई, यूरोपीय और अमेरिकी सभी प्राचीन समाजों की, असभ्यता (सैवेजरी) के कुल या वंश से लेकर, सभ्यता तक की विशेषता थी। यह गण, कबीला और परिसंघ पर शासन और सर्वोच्च आधिपत्य का माध्यम थी। मामूली किस्म के मामले तो प्रधान स्वयं निपटा लेता था, पर सार्वजनिक हित के प्रश्नों को निर्णय के लिए परिषद के सम्मुख उपस्थित किया जाता था। परिषद जैसे कुल संगठन[38] से निकली थी, उसी तरह ये दोनों संस्थाएँ युगयुगान्तर से चली आई हैं। प्रधानों की परिषद सही राय (Wisdom) पर पहुँचने और उसे मानवीय कार्य-व्यापार पर लागू करने की मानव-जाति की पुरातन व्यवस्था थी।
>
> परिषद का सबसे सरल और निचला रूप कुल था। यह एक लोकतांत्रिक सभा थी, क्योंकि इसमें कुल के सभी नर-नारी हिस्सा लेते थे और इसके समक्ष पेश किए गए सभी मसलों पर अपनी राय देते थे। इसके द्वारा ही कुलपति और प्रधान को चुना और हटाया जाता था।
>
> *मार्गन*[39]

चट्टोपाध्याय ने अमरीका के एक कबीले का उदाहरण रखते हुए यह सुझाया है कि "वैदिक जन भी बहुत पहले गणों (ट्राइब्स) के रूप में संगठित थे।...उनकी पुरोहित या ब्राह्मण जाति भी आदिम कुल के धर्मज्ञों (कीपर्स ऑफ फेथ) के ही परवर्ती रूप हो सकते हैं। इसी तरह उनके क्षत्रिय उनके लड़ाकू प्रधानों से विकसित हुए हो सकते हैं।[40]

अत: वह मानते हैं कि आदिम कबीले आगे चलकर जातियों में परिवर्तित हुए, पर ये जातियाँ अपने कबीलाई अतीत के अवशेषों से मुक्त नहीं हो सकीं।[41]

अमरीका की आदिम अवस्था की संस्थाओं को ठीक उसी रूप में भारत में कल्पित करना केवल कामचलाऊ कहा जा सकता है। आर्थिक अवस्था की सीमाओं के कारण, सामाजिक निर्मितियों और संगठनों में बहुत अधिक समानता तो होनी ही थी, परन्तु सभी समाजों का अपना विशिष्ट चरित्र भी रहा है। इसे हम उनकी स्वविशिष्ट सामान्यता कह सकते हैं।

ऋग्वेद में हमें कुछ संगठनों का उल्लेख मिलता है, जिनसे पता चलता है कि उनका समाज गणों में, या जनों में विभाजित है। शर्ध, व्रात, गण, ग्राम, जन, विश, आदि एक तरह के गठन हैं, तो दूसरी ओर विदथ (विद्वत सभा या दरबार), का चरित्र अधिक विकसित लगता है। यह बैठक से मिलती-जुलती है। सभा के कई रूप देखने में आते हैं, परन्तु सभी का एक लक्षण है—एक ही सरोकार से किसी निश्चित स्थल पर जुटने और उसमें भाग लेनेवाले सदस्य। विद्वानों की सभा में प्रयोग में लाई जानेवाली वाणी को, स्त्री की तरह कुछ आवृत्त या पोशीदा बताया गया है (*गुहाचरन्ती मनुषो न योषा सभावती विदथ्येव सं वाक्,* ऋ. 1.167.3)। यह एक विकसित और स्थापित राजदरबारी परम्परा का सूचक है। वाणी का भी अर्थ है तराशी हुई या परिष्कृत भाषा। सभा में सम्मिलित होनेवाले व्यक्ति के प्रभावशाली व्यक्तित्व, वेशभूषा और सम्पन्नता का हवाला मिलता है (*इळावान् एषो असुर प्रजावान् दीर्घो रयिः पृथुबुध्नः सभावान्,* ऋ. 4.2.5; *अश्वी रथी सुरूप इद् गोमान् इत् इन्द्र ते सखा, श्वात्रभाजा वयसा सचते सदा चन्द्रो याति सभां उप,* ऋ. 8.4.9.)। परन्तु जुए के अड्डे को भी सभा कहा गया है (*सभामेति कितवः पृच्छमानो जेष्यामि इति तन्वा शूशुजानः, अक्षासो अस्य वि तिरन्ति कामा प्रति दीव्ने दधत आ कृतानि,* ऋ. 10.34.6)। साथ ही विद्वानों की मंडली के लिए भी सभा कहा गया है (*सर्वे नन्दन्ति यशसागतेन सभासाहेन सख्यासखायः किल्बिषस्पृत्पितुषणिर् ह्येषामरं हितो भवति वाजिनाय,* ऋ. 10.71.10)। मोटे तौर पर कहें तो आज जिस तरह सभा का प्रयोग होता है, लगभग उसी अर्थ में सभा के विविध प्रयोग ऋग्वेद में देखने में आते हैं।

इसके विपरीत परिषद की प्रकृति जनप्रतिनिधियों की मंडली जैसी प्रतीत होती है। इसमें घेरा बनाकर बैठने का या मंडल का भाव प्रधान है :

विवज्रेण परिषदो जघान आयन् आपः अयनं इच्छमानाः। ऋ. 3.33.7
शुचन्तो अग्निं ववृधन्त इन्द्र ऊर्वं गव्यं परिषदन्तो अग्मन्। ऋ. 4.2.17
शुनं नरः परिषदन् उषासं मा आविः स्वः अभवत् जाते अग्नौ। ऋ. 4.3.11

जीविका और अर्थव्यवस्था

12

आहारसंग्रह और शिकार

> पाषाणकालीन मनुष्य आज की तुलना में बहुत कम काम करता था और सम्भवत: भुखमरी और कुपोषण से आज के 5 अरब लोगों की तुलना में कम पीड़ित होता था। यह तथ्य उन सूचनाओं की तुलना में बहुत अधिक सार्थक है जिन्हें हम हर रात ख़बरनामों में सुनते हैं।
>
> *ल. स. स्टाव्रियानोज*

जब मनुष्य पूरी तरह प्रकृति पर निर्भर था, वह अन्य जीवों-जन्तुओं से अभिन्न एक प्राणी था। उसके पास न घर था, न ठिकाना। पुराने ग्रन्थों में उसकी इसी अवस्था को आदर्शयुग, या स्वर्णकाल के रूप में याद किया जाता रहा है। हम लोगों को उन लेखकों की समझ पर तरस आता है, जो इस पशुतुल्य जीवन को मानव जीवन की श्रेष्ठतम अवस्था बताते रहे। पाश्चात्य नृतत्त्वविदों के मन में हाब्स की यह मान्यता लगभग सर्वमान्य थी कि आहारसंग्रह की अवस्था में मनुष्य का जीवन 'नीरस, दीन, कुत्सित, पाशविक और छोटा' होता था। भारतीय वैदिक परम्परा में भी आहारसंग्रह और आखेट की अवस्था में जीनेवालों के विषय में जो विचार व्यक्त किए गए हैं, वे हाब्स के उक्त मत से भिन्न नहीं हैं।

पौराणिक परम्परा और वैदिक परम्परा का यह मूलभूत अन्तर है। यह स्मरण दिलाना भी जरूरी है कि भारतीय जीवन की प्राणधारा अपनी प्रकृति में पौराणिक है। दूसरे शब्दों में कहें तो यह लोकवादी और सर्वहितवादी है। इसके विपरीत वैदिक परम्परा की प्रकृति वर्चस्ववादी, देववादी, ब्राह्मणवादी और विषमतामूलक है। परन्तु साथ ही यह भी याद रखना होगा कि लोकवादी परम्परा यथास्थितिवादी रही है, जब कि वैदिक परम्परा प्रगतिशील। यथास्थितिवादी के लिए पुरानी व्यवस्था को बिना किसी रुकावट के जारी रखना आदर्श स्थिति थी। किसी तरह का परिवर्तन, नया प्रयोग, एक व्यवधान। अत: प्राचीनतम अवस्था आदर्श थी और बाद की तकनीकी और भौतिक प्रगति गिरावट का पर्याय।

परन्तु यदि हम देखें कि मनुष्य जाति के एक बहुत छोटे से हिस्से के लिए अनन्त सुख और सुविधाएँ जुटाने के क्रम में असंख्य पशुओं और पक्षियों को नष्ट कर दिया गया; जंगलों और पहाड़ों को उजाड़ दिया गया; आकाश और समुद्र तक को इस हद तक दूषित कर डाला गया, जहाँ उनको स्वच्छ रख पाने की आशा तक नष्ट हो चुकी है; मानव-जाति के एक बड़े हिस्से का सफाया उनकी सम्पदा और भूमि हड़पने के लिए लगातार किया गया है; शेष मानवता का विशालतम अंश उस आदिम अवस्था की तुलना में अधिक नारकीय जीवन जी रहा है और इस नारकीय अवस्था के बावजूद उसे आदिम समाज की-सी समानता, स्वतंत्रता, और स्वाभिमान तक सुलभ नहीं है, तो तरस उन पर आ सकता है, जो कुछ थोड़े से लोगों के लिए होनेवाले अपार तकनीकी और प्रौद्योगिक विकास को सभ्यता के विकास के रूप में देखते हैं। सच तो यह है कि आज की भयावह विषमता और प्रकृति को नियंत्रित करके उसे मनचाही शक्ल देने के मनुष्य के आग्रह के दुष्परिणामों ने अनेक नृजातिविदों को यह मानने को विवश कर दिया है कि आधुनिक जगत की तुलना में आदिम आहारसंग्रही समाज अधिक नैतिक, मानवीय और सुखी था। विषम विकास तो निश्चित रूप में 'सर्जनात्मक ध्वंस'[42] रहा है जो आज अपनी पराकाष्ठा पर है जिससे ओजोनमंडल की छतरी तक फट रही है। सम्भवतः इसी को रेखांकित करते हुए स्मट्स नाम के एक विद्वान कहते हैं कि "जब मैं इतिहास पर नजर डालता हूँ, मैं निराशावादी हो जाता हूँ...पर जब प्रागितिहास पर दृष्टि जाती है, तो मैं आशावादी हो जाता हूँ।"

भारत में पारम्परिक जीवन को कृत्रिम जीवन से श्रेयस्कर माननेवाले लोगों को श्रद्धा से देखा जाता रहा है। इनमें से कुछ आध्यात्मिक शान्ति और तत्त्वज्ञान की खोज में स्वेच्छा से या किसी गहरी निराशा की स्थिति में, किसी साधु या संन्यासी के सम्पर्क में आने पर हाल तक पहाड़ों और जंगलों में चले जाते थे। उनकी सूझ और संगत में उन्हें इतनी सारी ओषधियों, बूटियों, कन्दों, शाकों और फलों का ज्ञान हो जाता था कि वे अपना निर्वाह किसी अन्य सहारे के बिना कर सकते थे। इसकी महिमा जताने के लिए कई बार उनकी आयु आदि के विषय में भी अतिरंजित दावे किए जाते रहे हैं।[43]

ऐसे लोग सीधे आहारसंग्रही समाज से नहीं निकले हैं। इसके बाद भी वे उसी परम्परा को श्रेयस्कर मान लेते रहे हैं जिसमें लोग किसी-न-किसी रूप में जीवन-निर्वाह करने से ही सन्तुष्ट हो जाते रहे हैं। ऐतिहासिक कालों तक साधकों के ऐसे सम्प्रदाय थे, जिनमें से अनेक प्राकृतिक जीवन के भी किसी एक पक्ष से ही आहारसंग्रह करते हुए परम सत्य तक पहुँचने के लिए प्रयत्नशील थे। उनकी उपलब्धि क्या थी, यह तो उन्हें ही पता होगा, पर गोव्रतिक—केवल शाकाहार पर निर्भर करने वाले, उंछव्रतिक—भूमि पर बिखरे अन्नकणों का संग्रह करके जीवन-निर्वाह करने वाले,

उसी परम्परा को गौरवमंडित करते रहे हैं, जिसमें आदिम अवस्था स्वर्णकाल मानी जाती रही है। समाज में इसके लिए उनका ऐसा आदर होता था, मानो इस आदिम जीवन-पद्धति को अपनाना ही एक महान सिद्धि हो और शायद इस ओर लोगों के आकर्षित होने का यही प्रधान कारण रहा हो।

इसी अवस्था की एक अन्य अभिव्यक्ति भारतीय आश्रम व्यवस्था में जंगल की वापसी थी। यह सभी के लिए महान उपलब्धि थी। सामान्य लोग ही नहीं, राजा और सामन्त भी इसे अनुकरणीय मानते थे। *चौथेपन नृप कानन जाहीं।* इसके पीछे यह चेतना थी कि व्यक्तिगत सम्पत्ति और इसके साथ जुड़े भोग और सुख सभी अन्याय पर आधारित हैं। मोक्ष की प्राप्ति के लिए मनुष्य के लिए उचित है कि वह अपनी अन्तरात्मा को शुद्ध करने के लिए पुनः उस आदर्श अवस्था की ओर लौट जाए, जिसमें कभी उसके पूर्वज रहते थे। मनुस्मृति में संन्यासी के आचार के विषय में निम्न विधान है :

संत्यज्य ग्राम्यमाहारं सर्वं चैव परिच्छदम्।
पुत्रेषु भार्या निक्षिप्य वनं गच्छेत् सहैव वा॥ 6.31
न फालकृष्टमश्नीयादुत्सृष्टं अपि केनचित्।
न ग्रामजातान्यार्तोऽपि मूलानि च फलानि च॥ 6.16
सद्यः प्रक्षालको वा स्यान्मासंसंचयिकोऽपि वा।
षण्मासनिचयो वा स्यात् समानिचय एक वा॥ 6.18
पुष्पमूलफलैर्वापि केवलैर्वर्तयेत्सदा।
कालपक्वैः स्वयंशीर्णैर्वैखानसमते स्थितः॥ 6.21
अपराजितां वास्थाय व्रजेत् दिशं अजिह्वगः।
आ निपातात् शरीरस्य युक्तो वारि अनिलाशनः॥ 6.31

अर्थात उसे खेती से पैदा किए गए अनाजों का भोजन और सभ्य जीवन के दूसरे साज-सामान पूरी तरह छोड़कर, या तो अपनी पत्नी को भी साथ लेकर अथवा उसे अपने पुत्रों को सौंपकर, वन को जाना चाहिए। उसे किसी भी हालत में उगाए जानेवाले फल और कन्द का सेवन नहीं करना चाहिए। आहारसंग्रह या तो दिन के गुजारे-भर का करना चाहिए अथवा महीने-भर या छह महीने के लिए। उसे केवल फूलों, कन्दो, फलों का ही सेवन करना चाहिए और यह ध्यान रखना चाहिए कि ये भी पककर तैयार हो चुके हों, अथवा पककर स्वयं नीचे गिरे हों। ऐसा करते हुए उसे अपराजिता (पूर्वोत्तर) दिशा की ओर प्रस्थान करना चाहिए और मरणकाल निकट आने पर प्राण जाने तक केवल पानी और वायु का सेवन करना चाहिए।

परन्तु अन्तिम विधान के पीछे आहारसंग्रही समाज का एक अन्य कटु सत्य भी छिपा हो सकता है।

आहारसंग्रही समाज निरन्तर स्थान बदलता रहता था और कई बार उसे बहुत लम्बी दूरियाँ तय करनी होती थीं, जिसमें बूढ़े लोग जत्थे के साथ चल नहीं पाते थे, इसलिए भार-स्वरूप बन जाते थे। अतः आदिम समाजों में यह एक परम्परा थी कि बूढ़ा व्यक्ति स्वेच्छा से अपने दल को छोड़कर अलग हो जाता था। जितने दिन भी जीना सम्भव था, अब वह अपने बल पर ही जीवित रहता और फिर मृत्यु का ग्रास बन जाता। परन्तु उसने जीवन और मृत्यु के विषय में जो दृष्टि विकसित की थी, उसमें मृत्यु उसे उतनी डरावनी नहीं लगती थी, जितनी हमें लगती है। आत्महत्या का यह 'आदर्श' किसी-न-किसी रूप में जैन मत में उपवास-मरण में भी देखा जा सकता है। गरिमा के साथ जीने और गरिमा के साथ प्राणत्याग करने की परम्पराओं को पूँजीवादी सोच ने गर्हित सिद्ध कर दिया है और कोई भी जीवन-विरोधी मूल्य या कार्य गौरवान्वित नहीं किया जा सकता। परन्तु पुरातन परम्परा में तनिक भी ठेस लगने पर अपने प्राण दे देना, प्राण जाने का संकट उपस्थित होने पर भी युद्धभूमि में उतरकर लड़ते हुए प्राण देना, न कि भागकर प्राणरक्षा करना, सम्मान की रक्षा के लिए अपने को आग को सौंप देना, लांछित होने पर हाराकिरी का गौरव पाना और अपराध की गुरुता की स्थिति में हाराकिरी के सौभाग्य से वंचित कर दिया जाना, सम्मान के प्रश्न पर विरोधी से द्वन्द्वयुद्ध के लिए तैयार हो जाना, जिसमें किसी एक का मरण निश्चित था, ये बातें आज के मनुष्य की समझ में नहीं आतीं। परन्तु राष्ट्र या देशप्रेम में अपने प्राण गँवा देना, क्रान्तिकारी संघर्षों में प्राणों का संकट उठाते हुए सक्रिय रहना, आपदा और महामारी के समय प्राणों को संकट में डालते हुए लोगों की सहायता करना, आज भी गौरवपूर्ण है।

प्राण देना प्राणिघात से भी गर्हित है, परन्तु सम्भवतः यही मनुष्य को दूसरे जानवरों से अलग भी करता है और इसी के बल पर सबसे दुर्बल होकर भी उसने भयानक-से-भयानक पशुओं को अपने सामने तुच्छ सिद्ध करते हुए अपनी विजय यात्रा उस दौर में भी कायम रखी, जब उसके पास आक्रमण या आत्मरक्षा के लिए उतने अच्छे हथियार न थे, जो अधिकांश जीवों को प्रकृति ने अपनी ओर से प्रदान कर रखे थे। जहाँ पूरे समुदाय के जीवन का प्रश्न हो वहाँ मृत्यु का वरण करने वाला समाज की दृष्टि में बहुत ऊपर उठ जाता था। एस्किमो जनों में मृत्यु का यह वरण बीती शताब्दी तक चलन में था। सम्भव है अब इसमें बदलाव आ गया हो। इस पर टिप्पणी करते हुए एक नृजातिविद के कथन को कुछ बदलकर रखें तो :

> एस्किमो इसे इस रूप में बयान करते हैं, 'जिन्दगी का बोझ मौत के बोझ से भी भारी है।' (जब) बूढ़े स्त्री-पुरुष अपनी जवानी के दिनों की याद करते हैं, और यह पाते हैं कि वे अपनी पुरानी शान के साथ नहीं रह सकते, तब वे मरण का वरण करते हैं।...वे मृत्यु-भय से परिचित

ही नहीं हैं।...वे कहते हैं कि या तो मौत के साथ ही सब कुछ खतम हो जाना है, या इसके बाद एक नई जिन्दगी शुरू होनी है। फिर ऐसे में मरने से क्या डरना।[44]

इस दृष्टि से विचार करें तो पता चलेगा कि गीता में जीवन और मरण के विषय में जो विचार हैं, वे किसी एक दार्शनिक की सोच नहीं हैं। ये एक आहारसंचयी समाज से पीढ़ी-दर-पीढ़ी हस्तान्तरित होती आई सोच है, जिसे कवि ने बहुत मार्मिक अभिव्यक्ति दे दी है। इसी तरह कौटिल्य के उस नीतिवाक्य में कि एक को कुल के लिए त्याग देना चाहिए—*त्यजेत् एकं कुलस्य अर्थे*—में आदिम मूल्य-व्यवस्था का अवशेष देखा जा सकता है। इस मूल्य-व्यवस्था का सबसे रोचक अवशेष चौथेपन में संन्यास का विधान है।[45]

भारत में आज भी ऐसे जन हैं जो आहारसंग्रह की अवस्था में टिके रह गए हैं। बिरहोर, कोरुआ, और पहाड़ी मरिया बीसवीं शताब्दी के पूर्वार्ध तक आहारसंग्रह और आखेट की अवस्था में रह गए थे। वे अपने प्राचीन आदर्शों से चिपके रह गए हैं, परन्तु आज के आदिवासी जिन अवस्थाओं में जी रहे हैं, उसे आज के सभ्य समाज के बढ़ते दबाव के कारण मात्र आत्मरक्षा की अवस्था कहा जा सकता है। उन्हें उर्वर, खुले मैदानों से और उनकी वनसम्पदा से, अपने लिए एक बड़े क्षेत्र के स्वामित्व से वंचित कर दिया गया है।

अफ्रीका के कुंग कबीले का अध्ययन करनेवाले एक विद्वान का कहना है कि उनमें से प्रत्येक दल या यूथ के पास पचीस वर्गमील (64 वर्ग किलोमीटर) का क्षेत्र होता है, जब कि आज के भारतीय आदिवासियों को अपने ही क्षेत्र के वन और वनस्पतियों के अधिकार से भी वंचित करके असहाय बना दिया गया है।

पुराणों में उस पुरातन अवस्था का वर्णन है जब या तो मनुष्य ने शिकार करना तक न सीखा था, या करता था तो भी वह जीविका का मुख्य साधन न था। उसे कल्पतरु या कल्पद्रुम जैसा कोई पौधा प्रचुरता में उपलब्ध था। यह एक ऐसा पौधा था, जिसकी पत्तियों के बीच अमाक्षिक मधु भरा हुआ था। कहें, यह एक ऐसा मधु था जो मधुमक्खियों के बिना ही पैदा होता था। हम ऐसे एक ही पौधे को जानते हैं, जिसकी पत्तियों के बीच अमाक्षिक मधु भरा रहता है, और वह है गन्ना। भारतीय कन्दों और मूलों में भी कुछ ऐसे थे—जैसे शकरकन्द—जो अपनी शर्करा प्रधानता के कारण ही आहारसंग्रह के लिए एकत्र किए जाते थे। फलों में अधिकांश मिठास के कारण ही पसन्द किए जाते हैं। कन्दों में रतालू, अरवी, सूरन, सुथनी, कमलककड़ी थे, पर मनुष्य की आहार-सम्बन्धी सभी जरूरतें इनसे पूरी नहीं हो सकती थीं। इसके अतिरिक्त सूअर से लेकर मनुष्य तक इसे हासिल करने की होड़ में शामिल थे। अतः कुपोषण का उसकी आयु और स्वास्थ्य पर प्रभाव पड़ना ही

था। महाराष्ट्र में इनामगाँव नाम का एक प्राचीन स्थल है। वहाँ से मिले कंकालों से इस बात की पुष्टि होती है कि प्राचीन काल में लोगों का जीवन चालीस-पचास साल से अधिक लम्बा नहीं होता था। दूसरी ओर तुर्की में, शताल हुयुक से भी इस बात के साक्ष्य मिलते हैं कि उसके अधिकांश निवासी तीस पूरा करने से पहले या कुछ ही बाद में मर जाते थे।[46] कृषि और स्थायी आवास के आरम्भिक दिनों में भी जब अनाज केवल पूरक आहार था, भोजन का मुख्य स्रोत प्रकृत रूप में उपलब्ध कन्द और फल ही थे। प्रकृति पर अधिक निर्भर रहनेवाले जनों की एक दुर्बलता यह है कि वे खाने की कोई चीज चखते नहीं, खाते भी नहीं, पेट में कसते चले जाते हैं। भविष्य की अनिश्चितता इस मनोविज्ञान के मूल में है। गन्ने का रस हो, आम-जामुन-कटहल के पकने का मौसम और उसकी सुलभता हो, हरे चने या मटर का होरहा (होला) हो, दूध और दही हो, डकार की हद तक खाना-पीना और किसी अन्य पूरक आहार की चिन्ता तक न करना, उनकी आदत है। आहार का मतलब रहा है किसी भी चीज से पेट का भर जाना। अतः उदरपूर्ति के बाद भी कुपोषण से बचना कठिन था।

आहारसंग्रह और आखेट के दौर के सामाजिक पक्ष की जितनी भी प्रशंसा की जाए, आहार की समस्या जीवन-मरण की समस्या थी। इसका एक समाधान उनके पास यह था कि वे स्वाद की चिन्ता किए बिना किसी भी ऐसे साग-पात से पेट भरें जो विषैला न हो, या अधिक विषैला न हो। इससे उनके आहार के स्रोत भी बढ़ जाते थे। अफ्रीका के कुंग समुदाय के लोग जो आज भी आहारसंग्रह की अवस्था में जीते हैं, पाँच सौ औषधियों का आहार के स्रोत या व्याधि से उपचार के लिए प्रयोग करते हैं। उनके पास अपनी जरूरत को देखते हुए एक छोटा-मोटा राज्य ही होता है। इससे उनका आहार अपेक्षाकृत अधिक पुष्टिकर भी बना रहता है। परन्तु आधुनिक व्यवस्था से ऊबे हुए अध्येताओं ने जो कुछ सुझाया है, उससे आहार और आखेट के चरण के उन भयावह दिनों का अनुमान तक नहीं हो सकता, जब मौसम अनुकूल न होने पर या साल के कुछ मौसमों में भुखमरी का सामना करना पड़ जाता था। इस तथ्य को भी ध्यान में रखा जाना चाहिए कि जिसे सस्य-श्यामल प्रदेश कहा जाता है, उसमें प्राकृतिक संसाधनों पर निर्वाह करना उन क्षेत्रों की तुलना में अधिक कठिन था, जिन्हें अनुर्वर, झाड़ियों और कुश-काँटों से भरा क्षेत्र माना जाता है। वहाँ मौसमी असन्तुलन चिन्ताजनक न था।

मनुष्य ने जीवित रहने की जो विधि निकाली थी, उसमें ऐसा कुछ भी वर्जित न था जिससे प्राणरक्षा की जा सकती हो। उपनिषद की एक कथा के अनुसार इन्द्रियों के बीच स्पर्धा हुई और इसमें प्राण की जीत हुई। दूसरी सभी इन्द्रियों ने उसकी अधीनता स्वीकार कर ली। प्राण ने पूछा, 'मेरा अन्न और वस्त्र क्या है?' इस पर इन्द्रियों ने कहा, 'कुत्ते बिल्ली से लेकर कृमि-कीट तक सभी तुम्हारे अन्न हैं।'

जिन दिनों यह कथा लिखी गई, उसे देखते हुए यह उत्तर बहुत जुगुप्सापूर्ण लगेगा, पर जिस प्राचीन युगों की याद इसमें बची रह गई है, उसका यह यथार्थ था। आहारसंग्रह के दिनों में मनुष्य साँप, छछूँदर, कुत्ते, बिल्ली, बन्दर, भुनगे, झींगुर, कई तरह के कीड़े और दीमकें सभी को बड़ी रुचि से खाता था और किसी से परहेज नहीं करता था। दुनिया में आज भी ऐसे मानव समुदाय हैं, जिनमें इनमें से अनेक का या सभी का आहार किया जाता है। ऐसा न करने की स्थिति में वह जीवित ही नहीं रह सकता था। बाद में अवश्य भोजन की समस्या सुलझ जाने पर वह इनमें से कुछ से परहेज करने लगा और जो जन निर्वाह के पुराने स्रोतों पर निर्भर रहे, उनको वह अस्पृश्य तक मानता रहा। बन्दर, तोता, कौआ आदि ने यदि किसी फल को चख लिया हो तो वह बहुत सारे लोगों को आज भी जूठा या अखाद्य नहीं लगता। पहले वह शिकार की झंझट से बचने के लिए मांसभक्षी जानवरों द्वारा मारे और खाए जा चुके जानवरों का मांस खाने के लिए भी टूट पड़ता था। उसको कोई जानवर मरा हुआ मिल जाए तो उसके मन की मुराद पूरी हो गई। कर्नाटक के कोरगा जन आज भी मरे हुए जानवर का मांस खाते हैं। एक तरह से वह शवभक्षी जानवरों और पक्षियों के समान अथवा उनसे कुछ ही पीछे था। जिसे हम वर्जना, हराम अथवा टैबू कहते हैं, वह भी नितान्त आदिम अवस्था की चीज नहीं है, विकास और सम्पन्नता की एक ऐसी अवस्था का सूचक है, जिसमें वह चुनाव कर सकता था। कुछ को अपने खाद्य-पदार्थों की तालिका से हटा सकता था। कई बार भारतीय साहित्य में सुरक्षित स्मृति हमें चकित करती है, जो उन अवस्थाओं का अधिक विश्वसनीय चित्र प्रस्तुत करती है, जिन तक आधुनिक नृतत्त्वशास्त्रियों की पहुँच तो है, पर दृष्टि साफ नहीं है, इसलिए वे इनको केवल उन कबीलों या समुदायों या क्षेत्रों की विशिष्टता मान बैठते हैं, जिनमें या जहाँ उन्हें इनके प्रमाण मिले।[47]

जो भी हो, आधुनिक विद्वानों में कुछ पुरातात्त्विक साक्ष्यों की उपेक्षा करते हुए, मात्र एक-दो कबीलों के आधुनिक जीवन-यापन की पद्धति के आधार पर यह निष्कर्ष निकालते हैं कि आहारसंग्रह की अवस्था में मनुष्य बहुत कम समय लगाकर ही पूरे जत्थे के लिए आहार जुटा लेता था। उसका शेष समय आमोद-प्रमोद के लिए बचा रह जाता था।

उस अल्प काल में जुटाया गया उनका आहार बहुस्रोतीय होने के कारण पोषण की दृष्टि से कृषिकर्मियों के आहार की तुलना में उत्कृष्ट होता था।

कृषिकर्मियों में जिस तरह की बीमारियाँ पाई जाती हैं, उनसे आहारसंग्रही मुक्त पाए जाते हैं।

आम तौर पर यह इकहरी धारणा उन्नीसवीं शताब्दी के नृजातिविदों ने बना ली थी कि प्राचीन समाज मातृप्रधान था और फिर पितृप्रधान हो गया। इसके विपरीत आहारसंग्रही समाज में स्त्री-पुरुष के सम्बन्ध बराबरी के थे। यह बराबरी का सम्बन्ध

ही आदिवासियों के बीच काम करनेवाले पादरियों को इतना अस्वाभाविक लगता था कि अकसर वे आदिम समाजों के पुरुषों को इस बात के लिए उकसाते थे कि वे अपनी स्त्रियों से अपनी श्रेष्ठता सिद्ध करें और इसके लिए जरूरी हो तो उनकी पिटाई भी करें।[48]

परन्तु यह भी सच है कि जिन समुदायों में आहार में बड़े शिकार का अनुपात अधिक होता था, उनमें पुरुष स्त्री पर धौंस जमाने का प्रयत्न भी करता था। भले वह इसे चुपचाप सहन न कर ले और मारपीट की नौबत आने पर खुद भी अपने निखट्टू पति की ख़बर ले ले। एस्किमो पूर्णतः शिकार पर निर्भर करते हैं, इसलिए उनके बीच स्त्री का स्थान कृषिजीवी समाज से भी नीचे पाया जाता है। एस्कीमो पति अपनी पत्नी को किसी को उधार तक दे सकता है।

इन अपवादों को छोड़ दें तो सामान्यतः स्त्री का स्थान बराबरी का था। स्त्री-पुरुष के कार्यभार बँटे हुए थे। अनेक आदिम जनों में स्त्री-पुरुष के बीच समानता का दर्जा आज तक बचा हुआ है।

इसी तरह सामाजिक सम्बन्धों में कोई बड़ा या छोटा नहीं माना जाता। सम्मान उम्र के अनुसार या असाधारण दैवी शक्ति होने के कारण किया जाता, पर व्यक्ति के अधिक योग्य, अधिक ताकतवर होने आदि के कारण नहीं। ऐसी दशा में उनका मजाक तक उड़ाया जाता है, जिससे वे अपने को दूसरों से ऊँचा न समझने लगें। यहाँ तक कि वे अपने सरदारों से भी हँसी-मजाक करते रहते थे।[49]

प्रकृति के साथ उनका सम्बन्ध परिरक्षणवादी रहा है। भारतीय सन्दर्भ में जैसा कि हम देख चुके हैं, असुरों/राक्षसों या आहारसंग्रही जनों का कृषि को जीविका का साधन बनानेवालों से विरोध ही इस बात को लेकर था कि वे प्रकृति की रक्षा करना चाहते थे, जब कि कृषिकर्मी उसे नष्ट करके उर्वर भूमि में बदल रहे थे। उनका राक्षस नाम ही इसलिए पड़ा कि वे पर्यावरण की रक्षा के हिमायती थे। इसे नष्ट करने को गर्हित अपराध मानते थे और ऐसा करनेवालों को खत्म कर देना चाहते थे। इसलिए भारतीय भूभाग में कृषि के प्रयोग बहुत आसान न थे और इनके क्रम में भारी नरसंहार हुआ जिसे देवासुर संग्राम के अनेकानेक संस्करणों में देखा जा सकता था। इन्हीं में एक सीता अर्थात हलाई की कहानी है, जिसका जन्म ही राक्षसों द्वारा मारे गए ब्राह्मणों के रक्त से भरे घट से हुआ था।

जो भी हो, आर्थिक पिछड़ेपन के बाद भी आहारसंग्रही समाज-व्यवस्था एक 'अहिंसावादी', प्रकृतिप्रेमी, मानवतावादी, समतावादी, स्वतंत्रता का सम्मान करने वाली व्यवस्था थी और परदुखकातरता, अतिथि का सत्कार, किसी अभाव में पड़े व्यक्ति को इच्छित वस्तु का दान आदि विशेषताएँ उसमें थीं, जो भारतीय परम्परा में किसी-न-किसी रूप में आज तक बची हुई हैं। कृषि की ओर बढ़नेवाला समाज केवल प्रकृति को ही नहीं, मानव-स्वभाव को, मानव-मूल्यों को भी बदल रहा था।

वर्चस्ववादी दृष्टि से देखने पर देव समाज या कृषिकर्मी समाज निश्चय ही दूरदर्शी था। परन्तु उसके दृष्टिकोण को न समझ पाने के कारण उसे खतरनाक मानकर राक्षसों द्वारा, या उनके दार्शनिकों द्वारा इसका विरोध करना आवश्यक था। संख्या में कम होने के कारण आरम्भिक चरणों पर कृषिकर्मियों को असुरों से अनुनय-विनय करते हुए, आवश्यकता पड़ने पर उनसे छल करते हुए, अपनी स्थिति को मजबूत बनाना पड़ा और इसके बाद ही वे ऐसी स्थिति में आ पाए कि असुरों के आक्रमणों का सफलतापूर्वक सामना करने लगे और आगे बढ़कर उन पर दबाव भी बनाते चले गए। बलि और वामन की कथा के पीछे यही जटिल सत्य है।

परन्तु यह स्वाभिमानी, आत्मतुष्ट और ओजस्वी समाज किस तरह स्वयं कृषिकर्मियों की अधीनता स्वीकार करके उनके छोटे-से-छोटे काम करने को तैयार होता गया, इसे समझने के लिए आहारसंग्रही कुंग समाज के अपने ही पड़ोस के कृषिजीवी बान्तू जनों से सम्बन्ध को जानना जरूरी हैं।

> कुंग जनों के पड़ोसी बान्तू किसान हैं, जिनकी जीवन-शैली से वे ईर्ष्या करते हैं। वे उनके पालतू जानवरों को, उनके दूध और मांस और साग-सब्जी की उपलब्धता को, उनकी औरतों की रंगीन पोशाकों को देखकर ललचाते हैं। सबसे अधिक लालच तो उन्हें उनकी शराब और तमाकू को देखकर लगता है। इसलिए इन्हें पाने के लिए कुंग बान्तू जनों के छोटे काम बहुत कम मजदूरी पर करने के लिए तैयार हो जाते हैं ताकि इससे पैसा कमाकर वे अपने लिए मनचाही चीजें खरीद सकें।[50]

दूसरे शब्दों में कहें तो कृषिकर्मियों को जिस बात का लाभ मिला वह ज्ञान, शक्ति या संख्या बल के कारण नहीं, अपितु पहल के कारण मिला। इस पहल के कारण ही वे सीमित क्षेत्र में अधिक उत्पादन करने, अधिक आबादी का पालन करने, आबादी का विस्तार करने, अधिक संगठित होकर क्षेत्रविस्तार करने और आहारसंग्रही जनों के समय-समय पर विद्रोह और आक्रमण के बाद भी उनको शक्ति और युक्ति से पीछे हटाने और अपनी सेवा में लाने में सफल हुए। जो काम आदिम जन पहल लेकर और स्वामी बनकर, अपने चुनाव से नहीं कर सके थे, वह काम अब वे उन शत्रुओं के लिए करने को विवश थे, जिन्होंने उन्हें निरुपाय बना दिया था।

इसका एक कारण यह भी था कि आहारसंग्रह के दौर में ही धरती बँट चुकी थी। एक कुनबे के पालन के लिए यदि पचीस वर्गमील का क्षेत्र अपेक्षित हो तो आहारसंग्रही समाज एक-दूसरे से इतना कटा हुआ था कि आनन-फानन में उसका संगठित होकर आक्रमण या प्रतिरोध करना कठिन होता था। दूसरे, अपना क्षेत्र खो देने का मतलब था अपना देश खो देना। उससे बाहर उनके गुजारे की

सम्भावना क्षीणतर थी, अतः लाचार होकर वे ऐसे काम करने को भी तैयार हुए, जिन्हें अन्यथा न करते।

सत्ता परिवर्तन हुए आज हजारों वर्ष हो चुके, परन्तु अपने पुराने राज्य या क्षेत्र की चेतना पिछड़े जनों में आज तक बनी हुई है। एक कहावत है कि राजा के गाँव को नगारी बेच खाते हैं। ये नगारी अनागारिक घुमक्कड़ संग्रही और शिकारी रहे हैं जो बहुत बाद तक जंगली या गैरपालतू जानवरों का, जैसे गीदड़ और लोमड़ी का शिकार करते रहे हैं, या दूसरे कुछ धन्धे अपनाए रहे हैं। इनकी पंचायतों का दायरा भी सम्भवतः उस क्षेत्र से नर्धारित होता है।

परन्तु सबसे रोचक है मरे हुए पशुओं पर जीवन-यापन और इसके कारण सामाजिक हैसियत का बहुत अधिक गिर जाना। हम देख आए हैं कि आहारसंग्रह और शिकार के दिनों में यदि कोई मरा हुआ पशु हाथ लग गया तो वह शिकारियों के लिए अखाद्य नहीं होता था, अपितु वे उसका पूरे आनन्द से भोजन करते थे। यह बिना किसी श्रम के हाथ आया हुआ शिकार था। इसी तरह हम देख आए हैं कि उसके लिए किसी भी पशु का मांस अखाद्य नहीं था।

कृषिकर्मी समाज इसे या ऐसे दूसरे कई प्रचलनों को अपने लिए त्याज्य मानते हुए शुचिता और नैतिकता का एक नया पर्यावरण तैयार कर रहा था। ऐसे में आहारसंग्रही जनों में से कुछ, जिनको बाद तक मरे पशु का मांस खाने से परहेज न था, कृषिकर्मियों के मरे हुए ढोरों को भी उसी पुराने कबीलाई भोज की तरह बाँट कर खाते रहे और पशु का चमड़ा पुरानी पद्धति से ही छील और साफ कर उन्हें उन्हीं किसानों के लिए इच्छित सामान बनाकर देते रहे। वर्णव्यवस्था का सबसे बड़ा दोष यह नहीं था कि इसमें कुछ लोगों को दास बनाकर गर्हित कामों में लगाया गया, अपितु पिछले चरण के कुछ आचारों, व्यवहारों को अपने लिए निषिद्ध मानकर इनसे जुड़े लोगों को कभी ऊपर उठने का अवसर ही नहीं दिया गया। उल्टे सभी अवसरों को प्रयत्नपूर्वक बन्द कर दिया गया। इस तरह आखेट और आहारसंग्रह के चरण की एक बहादुर और आखेटजीवी जमात, कृषिकर्मियों के आधिपत्य में एक दबी हुए, तिरस्कृत जाति में बदल गई।

पशुपालन के बाद से कुत्ते और कृषि के बाद से बिल्ली के मांस को इन समाजों में अखाद्य मान लिया गया था। इसी तरह मांसाहारी पशुओं—सियार, लोमड़ी और बिडाल प्रजाति के बड़े जानवरों आदि के मांस को भी वर्जित मान लिया गया था। अतः अपने कुत्ते लेकर सियार और लोमड़ी का शिकार करनेवाले, या कुत्ते का मांस खानेवाले, उनकी दृष्टि में मरे हुए जानवरों का मांस खानेवालों से भी अधिक घृणित प्राणी थे। वे चांडाल थे। वैदिक समाज स्वयं भी गोमांसभक्षी था, इसलिए चमार उसमें उस अनादर के पात्र नहीं रहे लगते जैसे बाद के कालों में। दोनों में एक ही अन्तर था, एक जीवित पशु का वध करके उसका मांस खाता था, दूसरा मरे हुए ढोर उठाकर।

ऊपर कुंग और बान्तू जनों के बीच के सम्बन्धों को देखते हुए पुराणों का यह विवरण कि जो कृषि की दिशा में बाद में लाचार होकर पछताते हुए आए, वे शूद्र कहलाए, बेतुका नहीं लगता—

शोचंतश्च द्रवंतश्च परिचर्यासु ये रताः।
निस्तेजसः अल्पवीर्याः च शूद्रान् तान् अब्रवीत् तु सः... ।

(*वायुपुराण*, 8.165, 66)

परन्तु इस विवरण में यह भी ध्वनित है कि शूद्रों ने अपनी स्थिति से असन्तुष्ट होकर कई बार इन मर्यादाओं को तोड़ने या व्यवस्था को बदलने के लिए विद्रोह किया और उन्हें शस्त्र बल से दबाया गया—

पुनः प्रजास्तु ता मोहात् तान् धर्मान् तान् अपालयन्।
वर्णधर्मैः अजीवन्त्यः व्यरुध्यत् परस्परम्...।

(*वायुपुराण*, 168, 69)

रोचक बात यह है कि इस वर्णव्यवस्था को केवल मनुष्यों तक सीमित नहीं रखा गया। इसे देव समाज तक फैला दिया गया। देवताओं में भी चार वर्ण हैं। पर उनमें परस्पर साथ बैठकर खान-पान का चलन है—

चातुर्वर्ण्यं हि देवानां ते चाप्येकत्र भुंजते।

(वायुपुराण, 30.67)

इसलिए आरम्भिक कृषि के दिनों में आहारसंग्रह के दिनों की तुलना में मनुष्य के भोजन में अपेक्षित सन्तुलन नहीं आ पाया था। तकनीकी दृष्टि से आगे बढ़ने पर भी आहार उत्पादन में इकहरापन बना रह जाना सम्भव था, जो इनामगाँव और शताल हुयुक के उदाहरणों से प्रकट है।

13

पशुपालन

न हि पूर्वविसर्गे वै विषमे पृथिवीतले।
प्रविभागः पुराणां वा ग्रामाणां वापि विद्यते।
न सस्यानि न गोरक्षा न कृषिर्न वणिक्पथः।
चाक्षुषस्यांतरे पूर्वमेतदासीत्पुरा किल।

वायुपुराण

पालन का अर्थ है, पोषण अर्थात किसी को आहार देकर अपने अनुसार ढालना। इसे द्रविड़ में प्रचलित पाल/पालु जिनका अर्थ दूध है, को सामने रखे बिना समझा ही नहीं जा सकता। यह दूसरी बात है कि पाल/पालु का पुराना अर्थ जल था, जिसे द्रविड़ से बाहर आर्यसमुदाय में आकर ही समझा जा सकता है।

पशुपालन का इतिहास बहुत उलझा हुआ है। इसका सबसे उलझा पक्ष यह है कि टोडा और ब्राहुई पहाड़ियों में बसे जनों को छोड़कर कोई आर्येतर भाषाभाषी समुदाय पशुपालक नहीं है। थारुओं में पशुपालन किया जाता है पर दूध के लिए नहीं, अपितु उनके गोबर से खेतों को उर्वर बनाने और हल और गाड़ी के लिए बछड़े तैयार करने के लिए। नायक और लम्बाडी खेती के लिए बछड़ों का व्यापार करनेवाली जाति रही है, जो आज अपने आदिवासी अतीत से कट चुके हैं। इसका मतलब है कि उनके मामले में पशुपालन खेती आरम्भ होने के बाद की चीज है। आदिम जनों में पशुपालन का पक्ष अधूरा बेतरतीब मिलता है। इसे इस बात का भी प्रमाण बनाया गया है कि वैदिक समाज पशुपालक था, इसलिए खेती से परिचित नहीं था। देबीप्रसाद चट्टोपाध्याय इस मान्यता की आलोचना करने के बाद कि वैदिक साहित्य में मैथुन से सृष्टि की अवधारणा अवैदिक स्रोतों से ली गई है, आगे लिखते हैं,

> इन मोटी बातों को छोड़ दें तो भी वैदिक साहित्य में यौन-संयोग पर जो कर्मकांडीय जोर है, वह उनके द्वारा आत्मसात किया गया अनार्य विश्वास है, इसे न मानने का एक निश्चित और विशिष्ट कारण है। वैदिक चिन्तन

> का सामान्य ढाँचा जिसमें ये तत्त्व पाए जाते हैं, वह तंत्रवाद से भिन्न है। वैदिक जन सोचते थे कि मैथुन उनकी भौतिक सम्पदा में वृद्धि करता है। भौतिक सम्पदा को मुख्यतः गोधन माना जाता था। इसका मतलब है कि वैदिक विचार एक ऐसे समाज के विचार थे, जो प्रमुखतः पशुचारी था। इसके विपरीत, जैसा कि हम आगे चलकर देखेंगे, तंत्रवाद का वामाचार, यद्यपि उसी विश्वास पर आधारित था कि मैथुन से भौतिक समृद्धि पैदा होती है, परन्तु यह भौतिक समृद्धि मुख्यतः कृषि उत्पाद के रूप में कल्पित थी। प्रकारान्तर से कहें तो ये मुख्यतः कृषिजीवी समाज के विचार थे। (लोकायत, 72)
>
> हमारे गाँवों में व्रत रखनेवाली महिलाओं को मुख्य रूप से फसल की चिन्ता रहती है। (वही, 116)

टॉमसन नामक नृतत्त्वविद ने ग्रीक समाज में अवशिष्ट जनजातीय तत्त्वों का अध्ययन करते हुए पाया था, जनजातियों को आर्थिक विकास की दृष्टि से निम्न श्रेणियों में बाँटा जा सकता है :

निम्न स्तर के आखेट जीवी—आहारसंग्रह और आखेट।

उच्चतर शिकारी—शिकार और मछियारी।

चरवाही के दो वर्ग—इसमें दूसरे वर्ग में पशुपालन के साथ खेती-बारी भी जुड़ जाती है।

किसानी के तीन वर्ग—तीसरे वर्ग में खन्ती-कुदाली से गोड़ाई का स्थान हल से खेत की जोताई ले लेती है, और खेती के साथ पशुपालन भी किया जाता है।

चट्टोपाध्याय ने इसका हवाला देते हुए टामसन के माध्यम से ही दो अन्य तथ्यों की ओर भी ध्यान दिलाया है। पहला यह कि किसानी के दूसरे और तीसरे वर्ग में 'हस्तकला, स्थायी निवास, जनजातियों के बीच पारस्परिक विनिमय और धातुविद्या भी मिलने लगती है। इस स्तर पर समाज द्वारा निचले चरणों से उत्तराधिकार में मिला कबीलाई ढाँचा टूटने लगता है। दूसरा, ये श्रेणियाँ 'किसी सुनिश्चित कालक्रम से नहीं जुड़ी हैं। इसमें सन्देह नहीं कि आहारसंग्रह और आखेट सर्वत्र सबसे पहले आया, पर उच्चतर कोटियाँ स्थानीय वनस्पतियों और जीव-जन्तुओं तथा पर्यावरण से जुड़े घटकों पर निर्भर करती हैं।'

> इस तरह आहारसंग्रह और आखेट के चरण के बाद, प्राचीन काल के कुछ जन चरवाही अर्थव्यवस्था की ओर बढ़े, जब कि कुछ दूसरों ने कृषि की खोज की। इन दोनों राहों पर बढ़ने का नतीजा था, जनजातीय ढाँचे का चरमराना। इसलिए यहाँ आर्थिक प्रगति के दो समानान्तर मार्ग रहे हैं। हम देखेंगे कि भारत की दो बुनियादी सांस्कृतिक प्रवृत्तियों, अर्थात, वैदिक और अवैदिक, को समझने की दृष्टि से यह तथ्य कितना महत्त्वपूर्ण है।[51]

चट्टोपाध्याय ने दूसरे मुद्दे को यह सिद्ध करने के लिए उठाया है कि भारत का आदिम समाज कृषि-कर्मी था, और वैदिक समाज पशुपालन पर निर्भर रहा है।

हम उक्त विचार से सहमत नहीं हो पाते। इसकी एक व्याख्या तो वह हो सकती है जिसका सुझाव कोलिन रेन्फ्रिउ नाम के एक भाषाविज्ञानी ने रखा था, अर्थात यह कि पशुपालन खेती के आरम्भ होने के बाद शुरू हुआ। गोपालन के मामले में हम साहित्यिक साक्ष्यों से भी ऐसा ही पाते हैं। अतः भारत के जिस क्षेत्र में पशुचारण होता रहा, वहाँ खेती पहले से हो रही थी। इसका अपवाद रेवड़बन्दी को माना जा सकता है, जिसमें मुख्य रूप से बकरी-बकरे घेरकर रखे जाते थे। दूसरी ओर जहाँ खेती को पशुपालन से मुक्त विकसित दिखाया जा रहा है, वहाँ पशुपालन की अपनी सीमाओं को ध्यान में ही नहीं रखा गया है।

वर्षा-बहुल क्षेत्र पशुपालन की दृष्टि से नितान्त अनुपयुक्त हैं। असम और मेघालय आदि की ओर गायें-भैंसें पश्चिम से जाती हैं। उनका आकार कुछ पीढ़ियों के बाद ही बहुत छोटा हो जाता है। यदि खेती जुताई पर निर्भर होती तो इन क्षेत्रों की अर्थव्यवस्था चौपट हो जाती। सुयोग यह कि धान की खेती में पौधों को रोपकर, बिना हल-बैल के ही अच्छी उपज मिल जाती है। खेतों का पानी घटने के साथ उनमें मटर, चना आदि की छींटा पद्धति से बोआई कर ली जाती है, जो शुष्क क्षेत्र में सम्भव नहीं। जलबहुल क्षेत्रों में घास नहीं उगती, झाड़ियाँ उग आती हैं। इनमें पशुओं के काम की घास कम ही मिलती है। झाड़ियाँ और कीचड़ हिंस्र पशुओं से बचकर भागने में बाधक अवश्य बनते हैं।

ठीक यही बात घोड़ों और गधों के विषय में कही जा सकती है। ये वर्षाबहुल क्षेत्र में पनप नहीं पाते। बकरियाँ और भेड़ें तक इस जलवायु के अनुकूल नहीं हैं। यही कारण है कि भारत के वर्षाबहुल क्षेत्र पशुपालन की दिशा में प्रगति न तो कर सके, न ही कर सकते हैं। उन्हें अच्छी नस्ल के ढोरों के लिए पश्चिम के सूखे क्षेत्रों पर निर्भर करना होता है, जिन्हें जंगल और अरण्य क्षेत्र माना जाता रहा है।

इसके विपरीत अपेक्षाकृत शुष्क प्रदेश पशुचारण के लिए सर्वाधिक उपयुक्त रहे हैं। गुजरात और राजस्थान की बकरियाँ और भेड़ें तक असम की गायों से बड़ी और अधिक शक्तिशाली मिलेंगी। हरियाणा और गुजरात की गायें और राजस्थान की बकरियाँ (बागड़ा अर्थात बाँगडू प्रदेश की बकरी) किसी बकरी पालक के लिए एक बड़ी उपलब्धि हैं, यद्यपि दो-चार पीढ़ियों के बाद इसके आकार में गिरावट आने लगती है। गुजराती साँड़ों की आकृतियाँ हड़प्पा की मुहरों पर अंकित हैं। घोड़ों, गधों और ऊँटों की नस्लें भी इसी क्षेत्र में पाई जाती हैं। हमारे इतिहासकार अपनी कल्पना को सत्य मानकर भले सोचते रहे हों कि आर्यजन पशुपालक थे, परन्तु वैदिक कृतियों में यह उल्लेख है कि वे गोरू और बकरी दक्षिण की ओर से, अर्थात गुजरात से मँगाते थे (गां च अजां च दक्षिणतः) और भेड़ और घोड़े उत्तर की

ओर से मँगाते थे (अश्वं च अविं च उत्तरत:)। जिन क्षेत्रों से उन्हें भारत में प्रविष्ट दिखाया जाता रहा है उनमें गोरू और बकरी नहीं, घोड़े और भेड़ें हुआ करती थीं।

खेती करना ऊसर क्षेत्रों में या जांगल प्रदेश में अधिक श्रमसाध्य है और कुछ में तो खेती सम्भव ही नहीं। हैरानी की बात यह है कि भैंसें, जो पानी और कीचड़ में आनन्दमग्न तैरती और मड़िया मारती हैं, उनकी नस्ल भी हरियाणा और गुजरात की ही श्रेष्ठ मानी जाती है। अत: यदि यहाँ पशुचारण अधिक विकसित मिलता है, तो इसे कृषि के अभाव का सूचक नहीं माना जा सकता। सच तो यह है कि सघन कृषि उन्नत पशुधन के अभाव में सम्भव ही न थी। शुष्क क्षेत्रों में उपजनेवाले ज्वार, बाजरा, और दूसरे अनाज प्रचुर घी-दूध के साथ ही स्वादिष्ट बन पाते हैं। भारत में यदि दूध की नदियाँ कभी बहती रही हैं, तो इसी क्षेत्र में। पूर्व में पशु दूध के लिए नहीं, मांस के लिए ही पाला जाता था। खाने में वहाँ घी की जगह तेल का प्रयोग अधिक देखा जाता है, जब कि पश्चिमी भारत में साग-सब्जी भी प्राय: घी से बनती रही है।

पशु का अर्थ है, पोषण का स्रोत। बाद में दक्षिण की कुछ भाषाओं में यह गाय के लिए रूढ़ हो गया। इसका एक दूसरा आशय 'पोसा जानेवाला' अर्थात पोषण देकर रखा जानेवाला जानवर भी हो सकता है। इसके विपरीत मृग शब्द का प्रयोग पहले जंगली जानवरों के लिए होता था, जो हिरन के लिए रूढ़ हो गया। कारण, हिरण अज प्रजाति का वह प्रवर्ग था जिसे पालतू नहीं बनाया जा सका।

इस विभेद का सम्बन्ध कृषि से है, जब दूसरे जानवरों की तुलना में जंगली हिरन खेती के लिए सबसे बड़ी बाधा बन गए और इनके शिकार को एक जरूरी कार्यभार या पुण्य का काम माना जाने लगा। अत: विभाजन हुआ, पोसे जानेवाले जानवर अर्थात पशु, और मारे जानेवाले या मृगया अर्थात शिकार के उपयुक्त जानवर, जिन्हें हम मृग या जंगली या अपालनीय मानते रहे।

आगे बढ़ने से पहले हम यह निवेदन कर दें कि ऋग्वेद में समृद्धि को मैथुन का परिणाम बताते हुए पशुपालन पर नहीं, कृषि पर बल है। प्राकृतिक रेत:सेक जिसमें आकाश को वृषभ और पृथिवी को गाय के रूप में, द्यौस को पिता के रूप में और धरती को माँ के रूप में चित्रित किया गया है; इन्द्र को वृषभ और धरती को उर्वर बनानेवाला बताया जाता है, इनका सम्बन्ध खेती से है, न कि पशुपालन से। धरती का उत्तान स्त्री के रूप में चित्रण तो हड़प्पा की एक मुहर से अभिन्न है, जिसमें उत्तान—ऊपर की ओर अपने दोनों पावों को ताने हुए—स्त्री का अंकन है, जिसके वस्ति प्रदेश से बिरवा उगता दिखाया गया है। धरती को गाय और आकाश और इन्द्र को वृषभ के रूप में कल्पित करना अवश्य इस बात का सूचक है कि इस समाज में गोपालन की परम्परा भी दीर्घ थी और उस काल में विकसित शब्दावली बाद के कालों में भी प्रयोग में आती रही। भारत के आज तक के इतिहास में कुछ जन ऐसे रहे हैं जो केवल पशुपालन करते रहे हैं, जैसा कि ऋग्वेद में यादवों के लिए कहा गया है—*याद्वः पशु* अर्थात यादवों का पशु।

परन्तु भारतीय पशुपालकों की एक विशेषता यह है कि ये शाकाहारी रहे हैं। पशुओं से केवल उनके उत्पाद तक उनकी रुचि रही है। उनकी यह विशेषता उन्हें उसी समाज के मांसाहारियों से अलग करती है। इसका अर्थ है, वे पशुपालन भी कृषिजीवी समाज के लिए करते थे, जिसमें उनके बछड़े उपयोग में आते थे। ऐसा न होता तो उन्हें आहार के उपयोग में लाना पड़ता।

इस पहलू को समझना भारतीय अर्थव्यवस्था को समझने के लिए बहुत जरूरी है, पर इस प्रकट तथ्य की ओर कभी ध्यान ही नहीं दिया गया। टामसन के अध्ययन और विश्लेषण का एक ही लाभ हो सकता था कि चट्टोपाध्याय, जैसा कि वह विविध कोणों से विचार करते समय पाते हैं, इस तथ्य को रेखांकित करते कि वैदिक समाज पशुचारण के चरण से आगे बढ़ता, और अपने जनजातीय ढाँचे को तोड़ता हुआ, उस अवस्था पर पहुँचा था, जिस पर उसने एक उच्च सभ्यता स्थापित की थी।

पर इसका उपयोग वह यह सिद्ध करने के लिए करते हैं कि पशुचारण करने वाले खेती नहीं करते थे और खेती करनेवाले पशुपालन नहीं करते थे। यह उलटबाँसी जैसा लगता है।

अब हम पशुपालन के विकास पर कुछ अधिक आश्वस्त होकर विचार कर सकते हैं। भारत में पशुपालन का जितना सुथरा इतिहास मिलता है, उतना अन्यत्र नहीं। यहाँ ऐसे जानवरों को भी पालतू बनाने के प्रयत्न किए गए, जिनकी दूसरे किसी देश में कल्पना तक नहीं की गई। इस क्रम में उन्हें यह बात भी समझ में आ गई कि सभी जानवरों को पालतू नहीं बनाया जा सकता। इनमें से भी अनेक का, उनके जीवन-काल तक के लिए, पाल-पोसकर, मनोरंजन से लेकर काम-काज तक के लिए उपयोग किया जाता रहा। ऐसे जानवरों में साँप, भालू, बन्दर, हाथी, वनगर्दभ (ओनेगर), तोता, मैना, हिरन आते हैं। ऋग्वेद में एक स्थल पर सिंह के परिपद में रखे होने का उल्लेख है—अवरुद्धः परिपदं न सिंहः। परिपद का सायण ने अर्थ पिंजड़ा किया है। ग्रिफिथ और मोनियर विलियम्स इसका अर्थ जाल या फन्दा किया है। ग्रिफिथ ने एक अन्य स्थल पर परिपद का अर्थ पिटफाल किया है। ऊपर की ऋचा में भी इसे सटीक माना जा सकता है। परिपद जानवरों के आने-जाने के रास्ते में तैयार किया हुआ वह छद्म गर्त हुआ, जिसमें हाथी को फँसाया जाता था। उसी गर्त में सिंह को फँसाने के भी प्रयोग हुए लगते हैं। पर हाथी के साथ विवशता यह कि वह छलाँग नहीं लगा सकता। सिंह छलाँग लगाकर बाहर निकल सकता है, जो ही उक्त ऋचा का आशय है। सिंह को फँसाने या जिन्दा पकड़ने का प्रयत्न रीछ की तरह इसकी सम्भावनाएँ तलाशने के लिए किया गया होगा। या तो इसे आर्थिक दृष्टि से घाटे का सौदा पाकर त्याग दिया गया, अथवा उसकी शरीर रचना उसकी मुक्ति में सहायक हुई। यदि सिंह के पास भी रीछ जैसा थूथन होता तो वह भी पकड़ कर नचाए जाने की दुर्गति से बच नहीं सकता था।

हिरन, गवल या नीलगाय/घोड़रोज, गयन्द या गैंडे न तो विनोद के लिए काम में लाए जा सके, न ही इनको भारवहन या दूध के उपयोग का पाया गया। अत: आरम्भिक प्रयत्न के बाद इन्हें कभी पोसने का भी प्रयत्न नहीं हुआ। कुत्ता और बिल्ली भी विधिवत पोसे गए हों ऐसा नहीं लगता। कुत्ता मनुष्य का बहुत पुराना साथी है। श्रम के बिना ही आहार पाने के लोभ ने उसे सबसे पहले मनुष्य का उच्छिष्टभोजी पोष्य बनाया था। पर इससे आगे उसे प्रशिक्षित करके अधिक उपयोगी बनाने का काम नहीं किया गया। बिल्ली को कृषि के बाद से अबध्य मान लिया गया, क्योंकि कृषि और अन्नभंडार को जिन चूहों से सबसे अधिक क्षति पहुँचती थी, उनको बिल्लियाँ ही काबू में कर सकती थीं। पर अवध्य मानने से आगे बिल्ली को कोई विशेष सुविधा नहीं दी गई। ओनेगर या वनगर्दभ भी पालतू नहीं बनाए जा सके। हाथी की तरह इनसे भी पालतू अवस्था में प्रजनन नहीं कराया जा सकता था। परन्तु इनको पोसकर लद्दू जानवर के रूप में काम में लाया जा सकता था। हमारा यह मत है कि इन वनगर्दभों के लिए भी पहले अश्व का प्रयोग होता था। अन्यथा मानना होगा कि भारत के भीतरी भाग में अश्व समुद्र से घिरे द्वीपों से आता था। इसके पालतू बनने पर प्रजननक्षम न रह जाने के कारण इसका शिकार और खरीद-बिक्री अपेक्षाकृत अधिक होती थी। ऋग्वेद में इसके बड़ी संख्या में लाए जाने का रहस्य यही है। इसका सैन्धव नाम, समुद्र से इसकी उत्पत्ति, गुजरात और कच्छ का इसके वन्य निवास के लिए उपयुक्त होना, और ऋग्वेद के अश्वमेध सूक्त तक में अश्व के जल में पैदा होने की कहानी, इसी एक निष्कर्ष पर ले जाती है। इसका इससे अलग कोई स्रोत मानना, पाठ के साथ खींचतान भी नहीं होगी; पाठ का ध्वंस करने जैसा होगा—ध्वंसात्मक पाठ। पर यही पाठ लगातार किया गया है। यही कारण है घोड़ा के लिए भारत में आनेवाले आर्यों की बात करनेवाले उस सूक्त पर लगातार मौन रहे हैं, जिसमें, और केवल जिसमें, इसकी उपलब्धि के क्षेत्र का स्पष्ट उल्लेख है, मानो यह ऋग्वेद का हिस्सा ही न हो। इसी में बताया गया है कि वैदिकों का अश्व समुद्री द्वीपों अथवा समुद्रतटीय क्षेत्रों से—समुद्रात् उत वा पुरीषात्—आता था।

जल-बहुल क्षेत्र में पालतू प्राणी भी वे ही हो सकते थे, जिनका सम्बन्ध पानी से है, जैसे मछली, बतख, मुर्गी, कछुआ आदि। परन्तु इन जानवरों को पकड़ने से आगे, इनके पालन और संवर्धन में भी इन क्षेत्रों की कोई रुचि दिखाई नहीं देती। पशुधन में इनकी रुचि विकसित नहीं हुई; भेड़ और बकरी तक का पालन नहीं किया गया। अत: पारम्परिक रूप में ये क्षेत्र दूध और मांस की कमी को मछली से ही पूरी करते रहे हैं। परन्तु इसे कृषि के विकसित होने का प्रमाण मान लेना ठीक नहीं लगता। सच तो यह है कि इनमें कृषि भी प्राथमिक स्तर से आगे नहीं बढ़ पाई, पर इस पर चर्चा का यह स्थान नहीं है।

पशुपालन का यह असाधारण उत्साह जिसमें इतने सारे जोखिम उठाए गए, एक लम्बे अतीत के अनेक चरणों से जुड़े हुए हैं।

सबसे पहले जिस पशु को पालतू बनाया गया वह बकरी या अज प्रजाति है। अज की जिस तरह की महिमा बाद के साहित्य में भी बनी रह गई है, वह इस बात को ध्यान में न रखने पर विस्मयकारी प्रतीत होगी। राजा अज के नाम को हम टोटमी अवशेष मान लें तो भी हमारे प्राचीन ग्रन्थों में यह कहा गया है कि जानवरों में सबसे पहले बकरे का ही जन्म हुआ, जो पशुपालन में इसकी प्राचीनता को सिद्ध करने के लिए पर्याप्त है। कहा गया कि हिरण्यगर्भ जब सृष्टि के आदि में, भण् की आवाज के साथ, फूटा तो इसका जो रस ऊपर लगा रह गया, उससे अज पैदा हुआ और जो रस पानी में जा मिला, उससे रासभ या गधा पैदा हुआ। इसी बात को यज्ञ के शिरच्छेद के रूप में भी दुहराया जाता रहा है—

यज्ञस्य शीर्ष छिन्नस्य शुक् उदक्रामत् ततो अजा समभवन्।

(*शतपथ,* ब्रा. 14. 1.2.23)

इसका एक ही आशय हो सकता है कि मनुष्य ने जिस पशु को सबसे पहले पालतू बनाया वह अज है। गाय को पालतू बनाने से पहले इनको पालतू बनाया जा चुका था। बकरी का शिकार भारतीय उपमहाद्वीप और अफगानिस्तान तथा उत्तरी ईरान में पन्द्रह-बीस हजार वर्ष पहले से होता आ रहा था। बकरियाँ हिरन प्रजाति की हैं। अत: इनको पकड़ पाना आसान न था। पर इनके बच्चे, विशेषत: नवजात छौने, दौड़ में पिछड़ जाते थे, इसलिए वे ही पकड़ में आते थे। परन्तु अज-पालन शावकों को पकड़ने से अधिक दूरदर्शिता का परिचायक था। अब छोटे बच्चों को मारने की जगह उन्हें बड़ा होने तक जीवित रखकर एक ही से कई गुना अधिक मांस पाया जा सकता था। इसके साथ ही बकरी का दूध नियमित आहार में शामिल हो सकता था। बकरी तीन महीने में एक साथ तीन-चार बच्चे देती है, इसलिए इसका पालन करने पर बहुत कम समय में इसका रेवड़ तैयार हो सकता था। वृद्धि की दर प्रति वर्ष दसियों गुना। इस बृद्धि के कारण इसे सर्वश्रेष्ठ पशु भी माना गया—

सा यत् त्रि: संवत्सरस्य विजायते तेन परम: पशु:।

(शतपथ, ब्रा. 3. 3.3.8)

यहाँ तक कि अपने इसी गुण के कारण यह प्रजापति के समान है, *सा (अजा) यत् त्रि: संवत्सरस्य विजायते ते प्रजापते: वर्ण:* (वही)। दशा यह कि पैदा होकर भी न पैदा होने जैसा, काल का ग्रास बनने के लिए जन्म। इसलिए अज को प्रजापति के शोक से उत्पन्न बताया गया है—*प्रजापते: वै शोकात् अजा समभवन्* (*शतपथ, ब्रा.* 6. 5.4.16)। अज अग्नि का रूप है—*आग्नेयी वा एषा यदजा* (*तै. सं.* 3.7.3.1)। यह तपस्या का मूर्तिमान रूप है, क्योंकि इसे प्रजापति ने तपस्यापूर्वक पैदा किया *तपसो ह वा एषा प्रजापते: सम्भूता यदजा तस्मादाह तपसस्तनूरसीति,* (वही, 3.3.3.8)। सूर्य आकाश में है, वह भी अज ही है। क्योंकि अज का अर्थ वही है जो गो का

बाद में हुआ, अर्थात चलनेवाला। पालतू बनाए जानेवाले जानवरों में यह प्रथम था इसका भी यह प्रमाण हो सकता है। सभी देव अज हैं। अज का सरल अर्थ है 'चलनेवाला प्राणी'। ठीक वही अर्थ जो गो का है। जब अज को पालतू बनाया गया था, तब तक गाय पालतू नहीं बनाई जा सकी थी। इसलिए गाय के अनेक कार्यभार उसके ही सिर थे। दूध, दही, घी का प्रमुख स्रोत वही। गोपालन आरम्भ होने के बाद और गोधन की महिमा के आगे अजधन के हेय पड़ जाने के बाद भी यज्ञ के प्रयोजन से प्रयुक्त होनेवाले गाय के घी के लिए भी आज्य का प्रयोग होता रहा। इसका शाब्दिक अर्थ है 'अजा के दूध से बना घी'। पितरों की आत्मा को अपनी यात्रा सुरक्षित पार कराने के लिए गोदान, गोपालन के बाद कभी किया जाने लगा। जब गोवध पर प्रतिबन्ध लग गया तब बछिया का दान, और जब पूर्ण प्रतिबन्ध लग गया तो बछिया हो या उसका मूल्य हो, दोनों से काम चल सकता था। अब आत्मा सिक्के की पूँछ पकड़कर वैतरणी पार कर सकती थी। पर गाय से पहले बकरे की बलि दी जाती थी। सूर्य का रूप होने के कारण मानव आत्मा को बलि दिए हुए बकरे की आत्मा सूर्यलोक या स्वर्ग तक ले जाती थी। अश्वमेध के अवसर पर बलि पशुओं के जलूस में भी सबसे आगे बकरा ही चलता था। हम बकरी पालन के इस युग को भारत के आर्थिक इतिहास का अजायुग कह सकते हैं।

हमारे इतिहासकारों ने सुझाया है कि पशुचारण की अवस्था में मुख्य धन गोधन था, इसलिए लड़ाई झगड़े भी गोधन को लेकर होते थे। इसीलिए गो और गविष्टि लड़ाई-झगड़े के अर्थ में भी प्रयोग में आते थे। पर जिस समय बकरी या अज एकमात्र पालतू पशु था, उस समय उसे लेकर भी झगड़े हों, यह स्वाभाविक ही था। अतः युद्ध का एक पर्याय आजि भी है, जो वैदिक काल में भी चलता रहा।

हिरन प्रजाति का होने के कारण बकरा बहुत तेज दौड़ता था। इस तेज गति के कारण अश्व विशेषण वनगर्दभ के साथ ही नहीं, बकरे के साथ भी लगता था। अजाश्व में अश्व का अर्थ आशु या तेज गति से भागनेवाला प्राणी है। अश्व केवल घोड़े का पर्याय नहीं था। जैसे गाय के भी अनेक अर्थ हैं, वैसे ही उसके भी अनेक अर्थ थे, जिनमें से एक अर्थ 'नाव का पतवार' भी था, क्योंकि 'गो' की तरह 'अज' का भी अर्थ चलनेवाला प्राणी था।

कोई वाहन न होने के कारण अच्छी तरह पोषित बकरे पर सवारी तक की जा सकती थी। कम-से-कम देवताओं का वाहन तो बकरा हो ही सकता था। सूर्य का सबसे पुराना नाम है पूषा। पूषा का एक अर्थ पोषण देनेवाला भी है। इसलिए 'अजायुग' में अज स्वयं पूषा या पोषण देनेवाला पशु था। आगे भी यह पूषा देवता का वाहन तो बना ही रहा। आज भी मनौती में बकरे के कान काटकर उसे इष्ट देवता के वाहन के रूप में छोड़ देते हैं। अज वंश की वृद्धि में इसकी प्रमुख भूमिका होती है। इस पर उस देवता का आवेश माना जाता है और

इसलिए यह घूमता-फिरता कहीं भी पहुँच जाए, कोई इसे काटकर इसका मांस नहीं खाता। बलि के मामले में 'बलि का बकरा' एक मुहावरा ही है।

ठीक यही बात अवि के साथ भी है, जिसे बकरे के बाद पालतू बनाया गया। अविपाल भी कुछ बाद में ही प्रयोग में आ सकता था। भेड़ आज भी गुजरात और राजस्थान का विशेष पशु नहीं है। इसका आगमन उत्तर की ओर से आए भेड़िहारों के साथ हुआ हो सकता है। पशुपालन के दिनों में संचलन बहुत अधिक था। अभी हाल तक ब्राहुई जन गर्मी के दिनों में अपने पशु लिये अफगानिस्तान, उत्तरी ईरान और मध्येशिया तक चले जाया करते थे। यदि वे पहले भी इसी क्षेत्र में बसे रहे हों तो द्रविड़ के शब्दों को अपने चारण क्षेत्र में बिखराने में उनकी कुछ भूमिका रही हो सकती है। काश्मीर में बहुत पुराने समय से ही भेड़ पाली जाती रही होगी। भेड़ जैसे भी भारत में आई हो, या इसके जिस भी क्षेत्र में पहले से पाली जाती रही हो, है यह यहाँ बहुत प्राचीन काल से। इसे वरुण का पशु माना गया है।

भेड़ उत्तर की दिशा से प्राप्त की जाती थी जहाँ ठंड अधिक पड़ती है। भारत में कश्मीर इसके उपयुक्त हो सकता है। यह भी सम्भव है कि यह अफगानिस्तान या उससे भी आगे के क्षेत्रों से आयात की जाने लगी हो।

सांस्कृतिक विकास को समझने में दो मुख्य बाधाएँ रही हैं। इन दोनों का सम्बन्ध ईसाइयत से है। इनमें पहला है सृष्टि का समय, जो इतना कम आँका गया था कि इससे प्राचीन संस्कृतियों को सही कालावधि में रखा ही नहीं जा सकता था। दूसरा है प्रलय की अथवा विश्व के भविष्य की उसकी समझ। ये दोनों धारणाएँ भी ईसाई मत में यहूदी मत से आई थीं। यदि सृष्टि अरबों-खरबों वर्ष पहले आरम्भ हुई हो और आज से इतने ही बाद खत्म होनेवाली हो तो हमारे सामने इस तरह की बाधाएँ नहीं आतीं और कई बार इसका उल्टा नुकसान यह भी होता है कि हम ऐतिहासिक काल की घटनाओं और विकासों को लाखों-करोड़ों वर्ष पीछे खींच ले जाते।

मध्येशियाई घोड़ा सबसे बाद में पालतू बनाए गए जानवरों में से एक है। इसका मूल्य सौ गायों के बराबर था। परन्तु घोड़े की कोई स्थानीय नस्ल भारत में पहले से पाई जाती थी। तमिल में घोड़े के लिए प्रयुक्त शब्द कुदिरै इसका प्रमाण हो सकता है।

बहुत बाद में पालतू बनाया जानेवाला दूसरा जानवर ऊँट था। यह सम्भवत: बाख्त्रिया से भारत के सम्पर्क के बाद वहाँ से आयात किया गया। हो सकता है इसकी कोई नस्ल पहले से यहाँ पाई जाती रही हो। कारण भारतीय ऊँट बाख्त्रिया के दो कूबड़वाले ऊँटों से भिन्न नस्ल का है। हड़प्पा सभ्यता में ताँबे की मुहरों पर ऊँट की आकृति अंकित है। ऋग्वेद में इसका उल्लेख नए मंडलों में सबसे पुराने, आठवें मंडल में पाया जाता है और जिस सन्दर्भ में पाया जाता है, उससे बाख्त्रिया के साथ भारत के सम्पर्क की पुष्टि होती है। परन्तु इसे ऊँटगाड़ी—उष्टारा—में भी जोता जाता था। इससे यह सोचा जा सकता है कि यह पहले से इस क्षेत्र में भी पाया जाता था।

14

कृषि

आहार फल-मूलं तु प्रजानां अभवत् किल।
कृच्छ्रेणैव तदा तासां इत्येव अनुशुश्रुमु।

वायुपुराण

नृतात्त्विक साक्ष्य इस बात का संकेत देते हैं कि जो लोग खेती नहीं करते, वे लगभग वह सारा काम करते हैं, जो किसान करते हैं, लेकिन वे उतनी मेहनत से काम नहीं करते जितनी मेहनत से किसान काम करते हैं। आहारसंग्रह करनेवाले वनस्पतियों की, आग की सहायता से, अदल-बदल करते हैं, बीज बोते हैं, कन्द की रोपाई करते हैं, पौधों की रक्षा करते हैं, जमीन का कुछ भाग उनका अपना होता है, घर होता है, गुलाम होते हैं, या कुछ पेड़ उनके अपने होते हैं, वे पहली बार फल लगने का उत्सव मनाते हैं, वर्षा के लिए प्रार्थनाएँ करते हैं और अच्छी पैदावार और प्रचुर फसल की मन्नतें माँगते हैं।...वे प्रघासों (जंगली उगे अनाजों) की कटाई करते हैं, उनकी मड़ाई और ओसाई करते हैं, और उनको कूटकर आटा बनाते हैं।...वे कन्द और मूल खोदते हैं। वे जहरीले पौधों का शोधन करते हैं और मछलियों को अचेत करने या शिकार को मारने के लिए जहर मिलाते हैं। उन्हें कई तरह की दवाओं और जड़ी-बूटियों का ज्ञान होता है। उन्हें पौधों के जीवनचक्र की समझ होती है और वे वर्ष के मौसमों की जानकारी रखते हैं, और यह जानते हैं कि कब, किस क्षेत्र में प्राकृतिक खाद्य स्रोतों की अल्पतम प्रयत्न से प्रचुरता से कटाई की जा सकती है। इस बात के प्रमाण हैं कि आहारसंग्रही मनुष्य का आहार खेतिहर मनुष्य से अधिक अच्छा था और वे शायद ही कभी भुखमरी के शिकार होते रहे हों। उनकी सेहत आम तौर पर अधिक अच्छी हुआ करती थी। जीर्ण व्याधियाँ कम हुआ करती थीं और उनके दाँतों में इतने खोड़र नहीं होते

थे। ऐसी स्थिति में यह प्रश्न किया जा सकता है कि हफ्ते में सिर्फ 20 घंटे के काम और शिकार की मौज को छोड़कर मनुष्य को धूप में जान खपाने की क्या जरूरत थी? कम पोषक और अनिश्चित पैदावार के लिए अधिक मेहनत क्यों करो? अकाल, प्लेग, महामारी और ठूस-कस कर रहने की स्थितियों को क्यों दावत दो?

—जैक आर. हार्लेन[52]

खेती एक दीर्घ और जटिल विकास का परिणाम है। इसके स्थापित होने के बाद इसकी अपनी शक्यताओं का उपयोग करने के लिए अनेकानेक विकास हुए। उन सभी को खेती के अन्तर्गत रखना उचित न होगा, पर कुछ को इससे अलग करके समझा ही नहीं जा सकता। इनके विषय में हम इस अध्याय के अन्तर्गत ही विचार करेंगे।

कृषि के विकास को जितनी छोटी काल-सीमा में समेटने के प्रयत्न होते रहे हैं, उनसे सांस्कृतिक अहमहमिका की तुष्टि तो हो सकती है, पर इस विकास को समझा नहीं जा सकता। इसकी जटिलता को समझना उतना ही आवश्यक है, जितना खेती के प्रति उदासीन समाजों की अपनी जीवन-यात्रा और उपलब्धियों को समझना।

जिस किसी क्षेत्र में इसकी पहल की गई उसका अन्य क्षेत्रों में होनेवाले कृषि के विकास पर उत्प्रेरक के रूप में प्रत्यक्ष या परोक्ष प्रभाव कितनी दूर तक और किस सीमा तक पड़ा, इसका निश्चय करने में भी चूक होती रही है। इस तरह का प्रभाव निश्चित रूप से उपयोगी होता है, पर इसके बिना भी अपनी निजी प्रतिभा से स्थानीय जनों ने, अनुकूल परिस्थिति होने पर, नए विकास किए हैं। नई दुनिया के निवासियों ने खेती का आविष्कार और दूसरे अनेक विकास अपने बूते पर किए थे।

अभी तक मोटी सहमति इस बात को लेकर पाई जाती है कि दूसरे अंचलों की तुलना में उत्तरी इराक, उत्तरी ईरान और तुर्की के क्षेत्र में खेती पहले आरम्भ हुई। ऐसा होना जरूरी नहीं है। हम केवल यह कह सकते हैं कि वहाँ की जलवायु में दूसरे क्षेत्रों की अपेक्षा अधिक पुराने अवशेष पाए जा सकते हैं, क्योंकि वह अधिक सूखा है।

हाल के वर्षों में इस बात के प्रमाण मिले हैं कि न्यूगिनी में आज से तीस-चालीस हजार वर्ष पहले (एक दावे के अनुसार 45 से 55 हजार वर्ष पहले), सीढ़ीदार ढाल तैयार करके उसमें बागवानी के प्रयत्न किए गए थे। दुनिया के किसी अन्य क्षेत्र से कृत्रिम उत्पादन के इतने पुराने प्रमाण नहीं मिलते।[53] यदि यह तिथि सही है तो यह विगत हिमयुग के बीच की घटना है। उस काल में इस तरह के प्रयत्न कहीं और, खास तौर से हिमयुग में हिमाच्छादित होनेवाले प्रदेशों में न किए गए हों, यह हम निश्चय के साथ नहीं कह सकते। हिमाच्छादित क्षेत्रों के पुराने निशान होलोसीन

(ऊष्म काल) की आरम्भिक शताब्दियों में हिमनदों ने ही मिटा दिए होंगे। अन्यत्र भी ऐसे साक्ष्य आसानी से नहीं मिलते।

यह पुरातनता हमें किंचित अविश्वसनीय लगती है। जिस काल फलक में रखकर हम सभ्यता के विकास को देखते आए हैं, यह उससे बहुत पीछे चला जाता है, इसलिए, सच्चाई होते हुए भी, यह एक अकादमिक फरेब जैसा प्रतीत होता है। इसके विपरीत पश्चिम एशिया से जो भी प्रमाण मिले हैं, वे उत्तर हिमयुग या होलोसीन युग के हैं जो आज से बारह हजार वर्ष पहले आरम्भ होता है। इसे किसी तरह खींच-तानकर पीछे ले भी जाना चाहें तो ले नहीं जा सकते। ग्रोस पहाड़ियों से मिले अश्मीभूत पराग विश्लेषण से पता चलता है कि यह पूरा क्षेत्र आज से 14000 वर्ष पहले तक शीत और शुष्कता से लगातार प्रभावित रहा। इसके बाद उत्तर पुरापाषाण काल की जलवायु बदलने लगी। इस बदलाव के साथ इसमें एक ऐसी सक्रियता दिखाई देती है जो अन्यत्र यदि घटित हुई हो तो, उसके प्रमाण, यदि कहीं बचे भी हों तो, अब तक की खुदाइयों और खोजों से उपलब्ध नहीं हैं। जेरिको से, जो समुद्र तल से 650 फुट नीचे एक गर्त में बसा था, और शतल हुयुक से, जो तुर्की में एक नदी की घाटी में बसा था, आज से नौ-दस हजार वर्ष पहले स्थायी आबादी, खेती, सीमित पैमाने पर उद्योग और व्यापार के प्रमाण मिलते हैं। यहाँ गेहूँ, जौ और कुछ दलहन उनके आहार में शामिल थे।

भारत से खेती के जो भी प्रमाण मिलते हैं, वे इससे बाद के हैं। इसका दूसरा पहलू यह है कि ये प्रमाण मध्य और पश्चिमी क्षेत्र के हैं। जिनमें से अन्तिम आजकल पाकिस्तान में है। इसके बावजूद नृतत्त्वविदों में से कुछ का यह मानना है कि खेती का आरम्भ भारत में हुआ। इस मान्यता के पीछे उनकी यह स्थापना काम करती है कि खेती का आरम्भ स्त्रियों ने किया और यह मातृसत्ताक या नारीप्रधान समाज-व्यवस्था में सम्पन्न किया गया या कम-से-कम इसके कारण समाज मातृसत्ताक हो गया। उदाहरण के लिए एहरेनफेल्स का मानना है :

> यहाँ महिलाओं ने जमीन को ठीक से गोड़ने का आविष्कार ही नहीं किया, अपितु इसे अमल में भी ले आईं। यह कोई आसान काम नहीं रहा होगा। आदिम समाजों में, खासकर आद्य सांस्कृतिक दायरों में, पुरातनपन्थिता इतनी सशक्त थी कि कृषि-पूर्व समूहों में इसके कुछ अवशेष अब तक सुरक्षित रह गए हैं। जमीन की खुदाई के परिणामस्वरूप इस मातृसत्ताक सांस्कृतिक दायरे के लोगों ने घुमक्कड़ी छोड़ दी और सबसे पहले स्थायी निवासी बने।

जैक आर. हार्लेन—एक पुरातत्त्व वेत्ता; इन्होंने तुर्की में जंगली अनाजों की पुराने तरीके से कटाई की थी और कृषि के उदय पर कुछ जवाब खड़े किए थे।

इसके आगे वह भारतीय और इतर मातृप्रधान संस्कृतियों की तुलना करते हुए बताते हैं कि इनमें कई तरह की भिन्नताएँ पाई जाती हैं। सामान्य भौगोलिक और पुरातात्त्विक परिस्थितियाँ इस पक्ष में जाती हैं कि मातृसत्ता मूलतः भारत में पैदा हुई और यहाँ से इसका अन्यत्र प्रसार हुआ।[54]

इस पर प्रासंगिक रूप में चर्चा नहीं की जा सकती, फिर भी इसके कुछ पहलुओं पर ध्यान देना जरूरी है। झूम खेती या शिफ्ट कल्टीवेशन जैसे स्लैश ऐंड बर्न या झाड़ों-झंखाड़ों को काट और जलाकर खेती के लिए नई जमीन तैयार करने और इसके अनुर्वर हो जाने के बाद फिर इसी विधि से नया क्षेत्र तैयार करने की विधि आज भी भारत के कुछ भागों में प्रचलित हो सकती है। बीसवीं शताब्दी तक इसका चलन था, इसमें सन्देह नहीं। पौड़ी भुँइयाँ इसके लिए खास तौर से बदनाम रहे हैं। यह खेती के लिए भूमि तैयार करने की सबसे प्राचीन विधि है। झूम खेती करनेवाले बहुत प्राथमिक स्तर की ही खेती कर पाते हैं। उदाहरण के लिए पहाड़ी भुँइयाँ साफ की हुई भूमि मे लौकी, गाजर, कुल्थी, उड़द, आलू, अरंडी आदि की खेती करते हैं न कि धान, गेहूँ, जव आदि की, यद्यपि नगा धान भी उगा लेते हैं।

वामन और विष्णु की कथा का एक पक्ष इस विधि से खेती के लिए भूमि तैयार करने से भी सम्बन्ध रखता है। यह कथा बहुत रोचक ढंग से शतपथ ब्राह्मण में आई है। इसका हवाला हमने *हड़प्पा सभ्यता* और *वैदिक साहित्य,* खंड दो, में 'कृषि का विकास और देवासुर संग्राम' में भी दिया है। रोचक बात यह है कि इसका अधिक सटीक उल्लेख ऋग्वेद में आया है। इसमें कहा गया है कि देवता अपने दल-बल के साथ कुल्हाड़े लिये हुए, जंगल को काटते हुए आए। उन्होंने उसमें से काम की लकड़ी को तो बचाकर ऐसी धारा में डाल दिया जहाँ से इसे खेकर नीचे ले जाया जा सके, और जो डाल-पात और झाड़-झंखाड़ था उसे इसके बाद उन्होंने जला दिया।[55] यह वन्य भूमि को खेती के लिए तैयार करनेवालों की कथा है, पर यह जरूरी नहीं कि यह झूम खेती के कारण हो। इसके इतर पक्षों को हम छोड़ सकते हैं।

खेती का आरम्भ कहाँ हुआ, इसका सही आकलन सम्भव नहीं है। ऐसे लोग भी मिल जाएँगे जो यह मानते हैं कि खेती का आविष्कार भारत में हुआ और इसका प्रसार भारत से इतर देशों को हुआ। यदि इसकी कतिपय सीमाएँ हों भी तो उनको समझना और इसके विरुद्ध जरूरी प्रमाण जुटाने के बाद ही खारिज करना या सुधारना उचित होगा। इसके पीछे काम करनेवाली तर्क शृंखला निम्न प्रकार है।

उन्नीसवीं शताब्दी के नृतत्त्वशास्त्रियों और पुरातत्त्वविदों का मानना था कि कृषि का आविष्कार महिलाओं ने किया। पौधे रोपना और उनकी देखभाल करना, जमीन को खोदना और बीज डालना, यह उनका काम था। इसके अवशेष आद्य रूपों में आज तक बने रह गए हैं। यह एक तर्कसंगति का परिणाम था। इसके

पीछे तर्क यह था कि अनेक समाज अपेक्षाकृत आगे बढ़े हुए हैं, इसके बाद भी मातृसत्ताक हैं, जैसे मलाबार के नायर। इसके विपरीत कुछ समाज बहुत पिछड़ी अवस्था में हैं, जैसे आस्ट्रेलिया के मूल निवासी, या भारत के ही अनेक आदिवासी, जिनका समाज पितृप्रधान है। यह भिन्नता इस बात का निषेध करती थी कि मानव समाज प्रथमत: मातृप्रधान था, आगे चलकर पितृप्रधान हुआ। इसका एक तर्कसंगत समाधान यह निकाला गया कि आर्थिक उपक्रम के अनुसार लैंगिक वर्चस्व बदलता रहा है। अर्थात, चिर आदिम अवस्था में जब मनुष्य आहारसंग्रह के अतिरिक्त कुछ करता ही नहीं था, कहें, जब वह नरवानर मात्र था, तब समाज मातृप्रधान था। उसे ऐसा कोई काम नहीं करना होता था, जिसके लिए उसे अपने समूह या ठिकाने से अधिक दूर जाना पड़े। पर जब आहारसंग्रह के साथ शिकार की भी जरूरत हुई तो समाज पितृप्रधान हो गया। फिर जब कृषि का आरम्भ हुआ तो, इसमें पहल महिलाओं ने किया, अत: उनकी सामाजिक स्थिति में सुधार हुआ और समाज पुन: मातृसत्ताक हो गया। परन्तु आगे चलकर जब हल आदि के साथ खेती आरम्भ हुई तो महिलाओं का महत्त्व कम हो गया। इस तरह समाज में फिर पितृप्रधानता आई जो तब से आज तक बनी हुई है।[56]

यह तर्क एक सीमा तक अन्तर्विरोधी है। उदाहरण के लिए एहरेनफेल्स भारतीय समाज को मातृसत्ताक मानते हैं, जिसका आर्य आक्रमणकारियों ने क्रूरतापूर्वक उन्मूलन कर दिया। इसके प्रमाण में वह यह भी मानते हैं कि भारतीय कृषक समाज में उस मातृप्रधान अवस्था के अवशेष आज भी बचे रह गए हैं। इससे चट्टोपाध्याय भी सहमत प्रतीत होते हैं। पर चट्टोपाध्याय और एहरेनफेल्स में एक अन्तर है। एहरेनफेल्स उन्नीसवीं शताब्दी में लिख रहे थे, जब वह मान सकते थे कि आर्यों के आने से पहले भारत में यदि खेती होती भी थी तो अभी हल आदि से काम नहीं लिया जाता था। उसी अवस्था में भारतीय समाज समग्रत: मातृसत्ताक हो सकता था और आर्यों को क्रूरतापूर्वक उसका उच्छेदन करने की जरूरत हो सकती थी। चट्टोपाध्याय बीसवीं शताब्दी के उत्तरार्ध में अपना मत प्रस्तुत कर रहे थे, जब हड़प्पा सभ्यता का, उसके अन्नागारों का, कालीबंगा से हल से खेती करने का प्रमाण उपलब्ध हो चुका था। ऐसी स्थिति में या तो यह सामाजिक सत्ता-परिवर्तन अधिक यांत्रिक है, अथवा मातृप्रधानता से पितृप्रधानता की ओर संक्रमण आर्यों या वैदिकों के समाज में क्रमश: घटित हुआ हो सकता है।

जो भी हो, वैदिक समाज पितृप्रधान है, इसमें सन्देह नहीं। भारत में मातृप्रधान समाज पूरे ऐतिहासिक दौर में रहे हैं और आज भी पूर्वोत्तर और पश्चिम-दक्षिण के कोनों में शेष हैं—यद्यपि नायरों की स्थिति में पहले की अपेक्षा परिवर्तन आया है। स्वयं वैदिक समाज में ऋषियों से लेकर प्रधान व्यक्तियों के नाम मातृकुल या माता से जुड़े हुए मिलते हैं—मामतेय या ममता का पुत्र, उर्वशीपुत्र, कौन्तेय, सुवर्णाक्षीपुत्र,

सौमित्र आदि। बृहदारण्यक उपनिषद में ऋषिपरम्परा की जो सूची दी गई है उसमें पौतिमाषीपुत्र, कात्यायनीपुत्र, गोतमीपुत्र, भारद्वाजीपुत्र, पाराशरीपुत्र, औपस्वतीपुत्र, आत्रेयीपुत्र आदि की एक लम्बी शृंखला है। इसका दूसरा पक्ष यह है कि वैदिक परम्परा में मातृप्रधान समाज या कहें मुक्त समाज के अवशेषों को मिटाने का कहीं कोई प्रमाण नहीं मिलता। इनको सुरक्षित रखने के प्रयत्न अवश्य किए गए हैं। यज्ञ से लेकर व्रत और अनुष्ठान तक सभी में महिलाओं को अधिक उन्मुक्त रूप में अपने को व्यक्त करने के अवसर विधानतः सुरक्षित रहे हैं। वैदिक व्यवस्था का दोष यह नहीं है कि इसने पहले के आचारों और व्यवहारों को मिटा दिया, अपितु यह कि इसने उनको उच्चतर अवस्थाओं में भी मिटने से बचाने का इस हद तक प्रयत्न किया कि यह अन्तर्विरोधों से भरी दिखाई देती है।

एहरेनफेल्स ईसाई परम्परा से आए थे इसलिए उनकी दृष्टि में भिन्नता को क्रूरतापूर्वक उखाड़ फेंकने से अधिक सीधा कोई उपाय सूझ ही नहीं सकता था। मध्यकाल की अँधेरगर्दी में ईसाई पादरियों ने यूरोप में यही किया था। उन्होंने कैथारी या कैथर मत माननेवाले यूरोपीय परिवारों को समूल नष्ट करते हुए एक नए धर्म का सफाया किया था। अंग्रेजी का कैथार्सिस जो रेचन के अर्थ में प्रयोग में आता है, इसी क्रूरता से निकला शब्द है जो मूर्तिभंजक, बुतशिकन या इकनोक्लास्ट की तरह सौन्दर्यशास्त्र में पहुँचकर सर्वग्राह्य हो गया। स्त्रियों को और भिन्न विचार या नई सोच रखनेवालों को विच या मायावी कहकर उन्हें जलाकर मारने के कारनामों का इतिहास और भी रोमांचक है। अतः उनकी व्याख्या के अपने कारण हैं, परन्तु भारत में इसके ठीक विपरीत होता रहा।

हम इस ढाँचे को स्वीकार करके यह दावा नहीं कर सकते कि कृषि का आविर्भाव भारत में ही हुआ और यहीं से इसका अन्यत्र प्रसार हुआ, यद्यपि इसका निषेध करने का भी हमारे पास पर्याप्त कारण नहीं है। स्थायी बस्ती का सबसे पुराना प्रमाण भी अब खम्बात की खाड़ी से उपलब्ध है।

इसके बाद भी हमारे लिए यह प्रश्न महत्त्व का नहीं है कि कृषि के आरम्भ का सबसे बड़ा दावेदार भारत या इससे भी कुछ आगे दक्षिण-पूर्व एशिया है, या नहीं। इस पहलू की ओर हमने इसलिए ध्यान आकृष्ट किया कि कृषि की विकासरेखा को प्रस्तुत करने में नृतत्त्व और पुरातत्त्व की कुछ बाधाओं को नजरअन्दाज करके बात की जा सके।

कृषि के आरम्भ का हमारे पास आज जो चित्र उपलब्ध है वह यह कि इजराइल, फिलिस्तीन, तुर्की, उत्तरी इराक, उत्तरी ईरान के क्षेत्र में कृषि के सबसे पुराने प्रमाण पाए गए हैं। दूसरा यह कि भारत में स्वतंत्र रूप से कृषि का आरम्भ हुआ और यहाँ का सबसे पुराना स्थल मेहरगढ़ है जो आज से नौ हजार साल पुराना है। यहाँ गेहूँ और जौ की ऐसी किस्मों की भी खेती होती थी जो पश्चिम एशिया में नहीं

पाई जातीं। पर मेहरगढ़ से इस बात के भी संकेत मिलते हैं कि देश के भीतरी भाग में उससे पुराने कुछ स्थल विद्यमान थे और उनसे उसका सम्पर्क था। तीसरी बात यह है कि भारतीय साहित्यिक साक्ष्यों के अनुसार खेती का आविष्कार सरस्वती घाटी से पूर्वोत्तर की दिशा में कहीं हुआ था जहाँ जौ नहीं, साँवा (श्यामाक), धान (व्रीहि) की खेती होती थी। धान की खेती के विषय में हम यह भी जानते हैं कि इसके लिए हल-बैल की जरूरत नहीं होती। इसकी पौध की रोपाई सीधे जलमग्न जमीन में की जा सकती है।

भारतीय भूभाग हिमयुग में ठीक उस तरह प्रभावित नहीं था जिस तरह पश्चिम एशिया। यहाँ आर्द्रता कुछ कम हो गई थी, इसलिए इसके ऐसे क्षेत्रों में खेती सम्भव थी जो बाद में दलदलों में बदले दिखाई देते हैं। वे उस दौर के सूखे क्षेत्रों में आते रहे हों तो आश्चर्य की बात नहीं। हमें इस विषय में इतनी कम जानकारी है कि निश्चय के साथ कुछ कहा नहीं जा सकता। पर इस सम्भावना से इनकार नहीं किया जा सकता कि हिमयुग में भी ऊष्णकटिबन्धीय क्षेत्र में जलवायविक परिस्थितियाँ इस बात के अनुकूल थीं कि यहाँ खेती के प्रयोग हो सकें।

हम जिस प्रयोग की बात कर रहे हैं, वह एक दु:साहसिक प्रयोग था इसलिए इसका अधिक उग्र विरोध स्वाभाविक था। कारण उस काल में आर्द्रता कम हो गई थी, वर्षा में कमी आ गई थी। इससे आहार का संकट भी पैदा हो गया था। ऐसे में आहार के जो सुलभ साधन थे, उनको भी नष्ट करके एक नया प्रयोग करना, जिसके सफल से अधिक विफल होने की सम्भावना थी, एक दुस्साहस था। पश्चिम एशिया में नातूफी सन्दर्भ में क्या कुछ हुआ, इसका हमें कोई ज्ञान नहीं। कारण, वहाँ एक मात्र स्रोत पुरातत्त्व का है। साहित्य या जातीय स्मृति में इसका कोई ऐसा अंकन बाद के कालों में भी नहीं हुआ कि हम आहार-संग्रह से आहार-उत्पादन की ओर संक्रमण की चुनौतियों को समझ सकें। भारत में इसका बहुत विश्वसनीय विवरण उपलब्ध है।

आहारसंग्रह की अवस्था तक भारतीय जनों में गोत्र या प्रवर के आधार पर या गणचिह्न के आधार पर जिस भी तरह के अलगाव रहे हों, पर देवता और असुर का विभाजन न था। यह कृषि की दिशा में पहल के साथ आरम्भ हुआ। इसका कुछ विस्तार से वर्णन हड़प्पा सभ्यता और वैदिक साहित्य के दूसरे खंड में देवासुर संग्राम और कृषिक्रान्ति में पाया जा सकता है। परन्तु जो सबसे महत्त्वपूर्ण पक्ष है, और जिसकी ओर हमारा ध्यान पहले नहीं जा सका था, वह है आहार के उस संकट में वन्य अनाजों और दूसरी वनस्पतियों का इस हद तक दोहन हुआ कि उनका विनाश ही हो जाए। हम अत्यधिक चराई से हरे-भरे क्षेत्रों के मरुस्थल में बदलने की घटनाओं से परिचित है। इसी तरह अत्यधिक शिकार के कारण पूरी-की-पूरी जैव प्रजाति के नष्ट होने की कहानियों से भी हम परिचित हैं। ठीक यही स्थिति

उस अभाव के कारण पैदा हुई थी, जिससे उनका वन्य रूप में भी उगना असम्भव हो गया। इसके लिए पुराणों की रूपकीय भाषा में कहा गया है कि धरती ने समस्त ओषधियों (ओषधि उस बलकारी सस्य को कहा जाता है जिसकी फसल साल के भीतर पककर सूख जाती है) को अपने भीतर छिपा लिया। फिर वेन के पुत्र पृथु ने धरती को गाय और मनु को बछड़ा बनाकर धरती का दोहन किया और फिर खेती का आरम्भ हुआ। यहाँ उस अकाल के दौर में बहुत परिश्रम से बीजों को सहेजने और उनको बोकर नई फसल उगाने की आवश्यकता हुई।

भारतीय कृतियों में अतीत की इस स्मृति के बाद कृषि के आविर्भाव के प्रयत्न और इसमें आई बाधाओं का भी बहुत विस्तार से उल्लेख मिलता है। कृषि का आविष्कार क्यों हुआ, इसे लेकर विशेषज्ञ बहुत उलझन में रहे हैं। हार्लेन ने स्वयं प्रयोग करके देखा कि वन्य अनाज को वे अपने आदिम औजारों से काटकर उससे अधिक अनाज एकत्र कर सकते थे, जितना खेती करके उपजाई हुई फसल से। इस बोध ने उनको इस गोरखधन्धे में डाल दिया कि यदि ऐसा था तो फिर आदमी ने खेती की ओर पहल ही क्यों की?

भारतीय स्मृति में कृषि के आरम्भ की एक अन्य कथा में परिस्थितियाँ इस रूप में दर्ज हैं कि एक तो प्राकृत स्रोतों से आहार की सुलभता के कारण आबादी आहार के अनुपात में अधिक बढ़ गई थी। इसके कारण लोग वनस्पतियों को तैयार होने से पहले ही नोच-खसोटकर पेट भरने लगे। इसने संकट को और गहरा कर दिया। फिर मौसम में भी कुछ विपर्यय हुआ जिससे आहार के प्राकृतिक स्रोत नष्ट हो गए। ऐसी स्थिति में लोगों ने इस भयावह स्थिति से निबटने के लिए आपस में मंत्रणा की और उन्हीं अनाजों को खेती के माध्यम से उगाना आरम्भ किया जो वन्य रूप में उगा करती थीं। इसके बाद मनुष्य के मन में लोभ पैदा हो गया। वह अधिक-से-अधिक भूमि पर अधिकार करने लगा। इसके बाद ही स्थायी बस्ती आरम्भ हुई और आगे के विकास हुए। हम पाते हैं कि पुराणों के इस विवरण में एक ऐसी आन्तरिक संगति है जिसको आधुनिक विश्लेषण के समकक्ष रखा जा सकता है।

परन्तु अभाव के उस दौर में इस विषय में भारी मतभेद था कि उन झाड़-झंखाड़ वाले क्षेत्रों को जलाकर जिनसे अल्पमात्रा में ही सही पर कन्द, मूल, फल और अनाज तो मिलता ही था, उन विशेष घासों या प्रघासों की खेती की जाए, जिनसे भी उनकी जरूरतें पूरी नहीं हो रही थीं। कहें, मतभेद दूसरी सभी वनस्पतियों की कीमत पर, चुनावपूर्वक, कुछ प्रघासों को उगाने के लिए अनुकूल परिस्थितियाँ पैदा करने के प्रश्न पर उभरा, न कि खेती के विरोध में। यहीं आकर भारतीय समाज में एक सीधा विभाजन हुआ, जिसने उग्र विरोध और प्रतिरोध का रूप ले लिया। इसे ही हम देवासुर संग्राम के रूप में जानते हैं। यही राक्षस और मनुष्य के टकराव के रूप में चित्रित होता रहा। राक्षसों ने कहा, "रक्षा करो।"।

किसकी रक्षा? इसका स्पष्ट उल्लेख नहीं है, पर हम अनुमान कर सकते हैं कि उन्होंने प्राकृतिक साधन स्रोत की रक्षा करने का आग्रह किया होगा। पुराणों में जल के भक्षक यक्षों से जल की रक्षा करनेवालों को राक्षस बताया गया है जो कुछ काल्पनिक प्रतीत होता है :

अंभासि एतानि रक्षाम उक्तवंत: च तेषु च।
राक्षसा: ते स्मृता: लोके क्रोधात्मानो निशाचरा:।

(*वायुपुराण*, 9.31)

रक्षा की बात दूसरे भी करते दिखाई देते हैं, पर अपनी रक्षा की दुहाई देते समय[57] विकास का यह विचित्र तर्क है कि जो सबके हित की बात करते हैं, वे पिछड़े समझे जाते हैं। उनको पिछड़ा सिद्ध करके उसी समाज का अपने हित में दोहन करनेवाले सभ्यता के उन्नायक मान लिये जाते हैं। समाजवाद और पूँजीवाद के टकराव में भी यही हुआ। राक्षसों/असुरों और देवों/कृषिकर्मियों के बीच टकराव में भी यही हुआ। चूक कहाँ थी, यह गहरे विश्लेषण की माँग करता है।

देवों ने, जो जोखिम लेने को तैयार थे, असुरों की बात नहीं मानी। वे संख्या में कम थे, इसलिए आहारसंग्रह पर निपट भरोसा करनेवालों और इसलिए किसी भी नए प्रयोग का विरोध करनेवालों के विरोध के सामने वे टिक नहीं सकते थे। उन्हें भागना पड़ा। कुछ अन्य क्षेत्रों को निरापद मानकर वहाँ यही प्रयोग करने का साहस हुआ, पर जिसे वे जनशून्य और इसलिए निरापद प्रदेश समझे हुए थे, उस पर अपना दावा रखनेवालों के विरोध के बाद वहाँ से भी उन्हें पलायन करना पड़ा। अन्तत: वे पूर्वोत्तर की दिशा में पहुँचे और वहाँ अपने प्रयोग करने चाहे। यहाँ उनका विरोध नहीं हुआ। सम्भव है, इस सस्य-श्यामल क्षेत्र में किसी को यह सूझा ही न हो कि जंगल भी जल सकते हैं। सम्भव है, आहारसंग्रहियों की वहाँ पहुँच ही न रही हो, क्योंकि प्रतिकूल जलवायु के कारण बीसवीं शताब्दी मध्य तक तराई के कुछ क्षेत्र पूरी तरह आबाद न थे। कारण जो भी रहा हो, यहाँ उन्हें उन्हीं अनाजों को जो प्राकृत या वन्य रूप में उगते थे, उगाने का अवसर मिला और इस तरह उन्होंने साँवा और धान की खेती शुरू की। यहाँ वे असुरों से पराजित नहीं हुए, इसीलिए इस दिशा को अपराजिता दिशा कहते हैं।

दिशा का कोई अर्थ तभी हो सकता है जब हमें यह पता हो कि हम कहाँ बैठकर दिशा की बात कर रहे हैं। हम अनुमान कर सकते हैं कि यह उस स्थान से पूर्वोत्तर की दिशा है, जिसे वैदिक संस्कृति का केन्द्र माना जाता है। फिर भी इससे यह तो पता चलने से रहा कि उस दिशा में वह क्षेत्र कितनी दूरी पर था। इससे एक बहुत महत्त्वपूर्ण समस्या पर प्रकाश अवश्य पड़ता है कि देवों का यह प्रसार पूर्वोत्तर से पश्चिम-दक्षिण की दिशा में है, न कि पश्चिमोत्तर से दक्षिण-पूर्व की ओर। सारस्वत

क्षेत्र के किस स्थल से पूर्वोत्तर और उससे कितनी दूर? इन प्रश्नों के उत्तर के लिए हम पुरातत्त्व की भावी खोजों और उत्खननों की प्रतीक्षा कर सकते हैं।

वे अपराजिता दिशा से जिस क्षेत्र में पहुँचे थे वहाँ पहली बार उन्हें एक ऐसे अनाज का पता चला जिसे यव कहा जाता है। इसका यव नाम कैसे पड़ा? उनकी अपनी व्याख्या अनुसार 'यु' का अर्थ होता है मिलाना, जोड़ना। इसी से युग और योजन शब्द निकले हैं। उनका कहना है कि वे पहले जिन अनाजों का उत्पादन करते थे, उन सभी का रस इस नए अनाज में मिला दिया, इसीलिए वर्षा न होने पर जब दूसरी फसलें सूखने लगती हैं तब भी जव की फसल सूखती नहीं है। कहें, इस क्षेत्र में वे अनाज नहीं उत्पन्न हो सकते थे, जिन्हें वे इससे पहले उगाते आए थे। अब उनका रस भी उन्हें जव से ही मिलना था।

15

रखवाली और सैन्यबल का उदय

यो जागार तं ऋचः कामयन्ते यो जागार तं उ सामानि यन्ति।
यो जागार तं अयं सोम आह तव अहं अस्मि सख्ये नि ओकाः॥
अग्निः जागार तं ऋचः कामयन्ते अग्निः जागार तं उ सामानि यन्ति।
अग्निः जागार तं अयं सोम आह तव अहं अस्मि सख्ये नि ओकाः॥

ऋग्वेद

भारतीय प्रागितिहास में आहार-संग्रह के चरण पर शिकार का एक रूप मिलता है और कृषि के विकास के बाद इसका दूसरा रूप मिलता है। इसमें भी पूर्वोत्तर भारत और पश्चिमी भारत में एक स्पष्ट अन्तर है। पूर्वोत्तर भारत में फसलों को मुख्यतः भैंसों से खतरा था। इसलिए देवी के भक्त देवी को भैंसे की बलि देते रहे हैं। देवी स्वयं भी महिषासुर मर्दिनी है। वह शाकम्भरी है। आर्द्रताबहुल क्षेत्र में भेड़, बकरियाँ, हिरन आदि नहीं पाए जाते। यह जलवायु उनके अनुरूप नहीं है, इस पर हम पशुपालन के सन्दर्भ में विचार कर आए हैं। पर भैंस वहाँ प्रचुरता से मिलती रही हो सकती है।

पश्चिमी क्षेत्रों में फसल को सबसे अधिक खतरा हिरनों के झुंड से था। वे जंगलों से दल-के-दल निकल आते और कुछ ही घंटों में पूरी फसल का तहस-नहस कर जाते थे। इसलिए हिरन का शिकार किसानों के लिए एक जरूरी कार्यभार था। राम की कथा का एक पक्ष कृषिकथा से भी जुड़ा हुआ है, रामचरितमानस में 'पावन मृग मारहिं जिय जानी' की धारणा तुलसी ने कहीं से ली या यह उन्हीं की सूझ है, इसे हम नहीं जानते। पर मृगया या मृग के शिकार को एक पावन कर्तव्य माना जाता था। मृग और शेर के चमड़े के साथ पवित्रता का जो भाव जुड़ गया, वह इसके कारण ही हो सकता है

परन्तु वन्य जानवरों से अधिक खतरा आहारसंग्रह और आखेट पर निर्भर करने वाले जनों से था। ये अँधेरा होने के बाद आक्रमण करके उनकी फसलों को

नोच—खसोट लेते थे। उनके लिए शिकार करने से अधिक आसान था किसानों के ढोरों को हाँक ले जाना। अतः इनसे भी बचाव जरूरी था। वन्य पशुओं और जनों, दोनों को भयभीत करने में आग की बहुत प्रधान भूमिका थी। एक तो आग जलती रहने पर इनको देखा जा सकता था, दूसरे आग के लुकाठे इनके लिए इस कारण भी डरावने लगते थे, कि इससे उनके जंगलों में आग लगाई जा सकती थी और इस तरह उनकी सामूहिक सम्पदा से उन्हें वंचित किया जा सकता था। परन्तु इनके डर से खेती और पशुपालन करनेवालों को कड़ा पहरा भी देना होता था।

जब सब लोग सोते रहते हैं, उस समय योगी जागता रहता है, जो जागता रहता है वह, योग की साधना से, ऋद्धि-सिद्धि सब कुछ प्राप्त हो सकता है; जो सोता है वह खोता है। इस तरह के मुहावरे और आचार बहुत पुराने हैं, और इनके मूल में है, रात के समय जंगली जानवरों, जंगली आहारसंग्रही और शिकारी जनों का भय। पुरानी पुस्तकों में जागरण करनेवालों का बहुत आदर से नाम लिया गया है।

दिन में खेती और रात में रखवाली, ये दोनों काम एक साथ नहीं चल सकते थे। इसलिए जरूरत हुई कि कुछ लोग चौकसी के लिए ही रखे जाएँ और उनकी जरूरतों को किसानी और पशुपालन करनेवाले सबसे पहले पूरी करेंगे। जिन स्वस्थ और बलिष्ठ लोगों को इसके लिए चुना गया, अथवा जिन्होंने स्वेच्छा से अपने को इसके लिए प्रस्तुत किया, वे क्षत्रिय कहलाए। जो क्षति से बचाव करता है, वह क्षत्रिय है—क्षतात् किल त्रायत इति उदग्र क्षत्रस्य शब्दः भुवनेषु रूढ़। उनके रहते अब किसी तरह के नुकसान का डर न था।

इन्हें अपने नेतृत्व के लिए एक व्यक्ति की आवश्यकता थी, जिसके आदेशों-निर्देशों का पालन सभी पहरेदार करें। किसानों से वसूली का भी काम उसी के निर्देश के अनुसार हो, या वसूल किया गया भाग उसके पास आए और फिर यह पहरेदारों में वितरित हो। यह नेता ही राजा का आदिम रूप था, न कि कबीलाई सरदार, जैसा कि कुछ इतिहासकार सुझाते हैं।

राजा की संस्था के उदय के विषय में दो बातों का स्पष्ट उल्लेख है। पहला यह कि यह एक समझौता था, जिसमें उत्पादकों या प्रजा जन ने राजा का वरण वृत्रों से या वन्य यूथों से भयभीत होकर अपनी रक्षा के लिए किया । (*ता ईं विशः राजानं वृणाना बीभत्सुवः अप वृत्रात् अतिष्ठन्,* ऋ. 10.124.8) दूसरा यह कि अपने उत्पाद का एक भाग उन्होंने रक्षा के बदले देना स्वीकार किया और न देने पर बलपूर्वक वसूल करने का अधिकार दिया (बलिहृतः करत्)। इसके साथ ही यह कथा भी कि मनु ने बछड़ा बनकर धरती को दुहकर खेती के बीज निकाले अर्थात खेती का आरम्भ किया, वही पहले राजा बने, और उन्हीं ने समाज के संचालन के लिए पहली बार विधान बनाए, बहुत सार्थक है। ये शर्तें कृषि के उदय और इसकी समस्याओं के निराकरण से सीधे जुड़ी हैं।

16

कृषि विद्या

> उपनिषद काल से मुगल काल तक खेती के क्षेत्र में न तो नए औजार विकसित किए गए न नई विधि अपनाई गई।
>
> *इन्साइक्लोपीडिया ब्रिटैनिका* [58]

कृषि विद्या के अनेक पहलू हैं और यह किसी अन्य उद्योग से अधिक जटिल है। इसका विकास हजारों वर्षों से होता आया है और आज भी जारी है। इस पर कोई बात अपने समय की सीमाओं को देखते हुए ही की जा सकती है। इसमें जुताई, सिंचाई, खाद देना, बोआई, मड़ाई, बीज की सुरक्षा आदि की अनेकानेक युक्तियाँ शामिल हैं। शामिल तो भंडारण की युक्तियाँ और विधियाँ भी हैं, परन्तु उनकी चर्चा भांडों के विकास के अन्तर्गत की गई है।

कृषि का अर्थ है लकीर खींचना, हलाई बनाना। *कृष विलेखने*। कृष् का आशय 'खींचना' भी इसी कारण हो जाता है। आकर्ष—अपनी ओर खींचना, या किसी की ओर खिंचते जाना, और विकर्ष का अर्थ है, अपने से दूर हटा देना, किसी से दूर हट जाना। आरम्भ में यह लकीर खींचना बीज को चिड़ियों से बचाने और नमी के स्तर पर डालने के प्रयोजन से था। हलाई गहरी नहीं हो सकती थी और पूरी तरह सूखी भूमि में भी नहीं बन सकती थी। अत: बरसात के मौसम के कुछ बाद या पहली बरसात होने के बाद ही किसी नुकीली लकड़ी या खन्तीनुमा औजार से लकीर बनाई जाती रही होगी। बाद में इसमें एक रस्सी बाँधकर एक व्यक्ति इसे खींचता था। अभी इस शताब्दी के पूर्वार्द्ध में भी अनावृष्टि के उग्र हो जाने पर रात के समय स्त्रियाँ नग्न होकर हल खींचती थीं और स्त्रियाँ ही हलवाह का काम करती थीं। किसी पुरुष का उस समय उस स्थान पर प्रवेश नहीं हो सकता था। यह उस आदिम अवस्था का द्योतक है जब हल खींचने का काम किसी पशु को नहीं, मनुष्य को ही करना पड़ता था। जरूरी नहीं कि वह स्त्री ही हो। परन्तु यदि इस

मान्यता को स्वीकार करें कि कृषि का आरम्भ स्त्रियों ने किया, तो यह भी मानना होगा कि जोताई का काम भी स्त्रियों ने सँभाला होगा।

यहाँ एक विचित्र प्रश्न खड़ा होता है कि क्या भारत में खेती का आरम्भ उस प्राचीन अवस्था में हुआ जब मनुष्य अपने गुप्तांगों को छिपाना भी जरूरी नहीं समझता था? यदि यह सही है तो भारतीय भूभाग में कृषि का आविष्कार मेहरगढ़ से कई हजार वर्ष पीछे जाएगा। कारण, मेहरगढ़ का मनुष्य आज से नौ हजार वर्ष पहले कपास का प्रयोग कर रहा था और वह वस्त्र-निर्माण के कई सोपान पार कर चुका था।

परन्तु स्त्रियों की नग्नता का एक सम्बन्ध उस अवधारणा से भी जुड़ा है, जिसमें स्त्री क्षेत्र है, पुरुष बीज (वीर्य) है। स्त्री धरती है, पुरुष द्यौस पितर् या आकाश। स्त्री (धरती, गाय) को नग्न देखकर द्यौस पितर, या इन्द्र वृषभ, वृष्टिपात कर देंगे। इन्द्र जो जल दाता है, और जिसे वृषा, वर्षा करनेवाला, कहा गया है, उसकी कामुकता को लेकर बाद में गढ़ी गई कहानियों का कुछ सम्बन्ध इस रूपक से भी है। उदाहरण के लिए गौतम (कृषक) की पत्नी या पालिता अहल्या, परती पड़ी भूमि, जिसमें हल न चलाया जा सके, उसके साथ वनस्पतियों के राजा चन्द्रमा के साथ मिलकर इन्द्र या जलदेवता का सम्पर्क करना।

जो भी हो, इस प्राथमिक जुताई में एक व्यक्ति डंडे या अर/अल को दबाए रखता था और दूसरा रस्सी से इसे आगे की ओर खींचता था। अर्—फाड़ना, चीरना; अरि—आहत करनेवाला, अरा/आरी—चीरने का यंत्र; आरा—लिखने/छेदने का यंत्र[59]; अर्दन, आर्त (आरती भक्त का आर्तनाद है), अल—डंक, अलि—डंक मारने वाला उसी क्रिया से व्युत्पन्न हैं, जिससे आर्य। आर्य का प्राचीनतम अर्थ किसान या कृषिकर्मी था। आखेट और आहारसंग्रह करनेवालों की तुलना में यह अपने को अधिक सम्मानित मानता था (आज भी किसान आहारसंग्रही समुदायों से अपने को श्रेष्ठ मानते हैं)। खेती से उसे जो अग्रता मिली और फिर उसने दूसरे विकास किए उसमें आर्य का अर्थ भी बदलता गया।

आगे चलकर हल का विकास तकनीकी प्रगति के अगले चरण पर हुआ, परन्तु खन्ती, खुरपी और कुदाली आज तक चलते हैं। ऋग्वेद के समय से पहले कभी हल विकसित किया ज़ा चुका था, क्योंकि इसमें हल के जुए, फाल, बरही, पैना आदि के साथ लांगल से जुताई का बहुत विश्वसनीय चित्र मिलता है।[60] ऐसा समझा जाता है कि आरम्भ में फाल के रूप में नोकदार पत्थर लगाया जाता था। यह क्रिया कुछ उसी तरह की थी जैसे बाणों के फल में पत्थर के नुकीले अग्रभाग लगते थे। परन्तु इस विषय में निश्चय से कुछ कह सकना कठिन है। पत्थर के फाल की तुलना में लकड़ी का फाल अधिक मजबूती से कसा जा सकता था और ताँबे और काँसे का चलन हो जाने पर तो इसके फाल लगाए जा सकते थे।

परन्तु हल में सबसे पहले जिस पशु को जोता गया वह बैल नहीं, गाय थी। साँड़ को काबू में करना आसान न था। बधियाकरण से पहले इसको हल में नहीं

जोता जा सकता था। इसलिए पहले गायों को हल में जोता गया। गायों का कन्धा उतना मजबूत नहीं था, जितना बैलों का। उसमें अकसर घाव हो जाता था, इसलिए गायों के स्थान पर बैलों को इस काम पर लगाने की सूझ पैदा हुई। भैंसे को जोताई के काम में कभी बहुत सफलता से नहीं लगाया जा सका, यद्यपि जिन क्षेत्रों में पशुओं की नस्ल में बहुत जल्द गिरावट आ जाती है, उनमें कुछ मामलों में भैंसों को गाड़ी और हल दोनों में जोतने के उदाहरण पाए जा सकते हैं।

बछड़ों के बधियाकरण की युक्ति चिकित्सा के क्षेत्र में एक बहुत बड़ी उपलब्धि थी, इसे आज शायद हम आँक तक न सकें। बधियाकरण की विधि ऋग्वैदिक काल से बहुत पहले विकसित हो चुकी थी। इसका विकास भी साँड़ की उग्रता को कम करने के लिए किया गया था, यह आभास भी वहाँ मिलता है। अश्व का भी बधियाकरण किया जा रहा था, इसका पता वध्यश्व जैसे नाम से मिलता है। ऋग्वेद के समय तक तीन तरह के हल प्रयोग में आ रहे थे, जिनके लिए लांगल, सीर और वृक्ण शब्दों का प्रयोग हुआ है। हल जोतने का जितना जीवन्त वर्णन ऋग्वेद में है उतना जीवन्त वर्णन महाभारत, रामायण या किसी अन्य कृति में नहीं मिलता। कटी हुई फसल के गट्ठर (पर्ष), खलिहान, अनाज ओसाने आदि का भी हवाला मिलता है, जिससे लगता है कि बीसवीं शताब्दी के मध्य तक खेती की उद्योगविद्या जिस स्तर की थी, उस स्तर पर वह पिछले पाँच हजार वर्ष से लगभग ठहरी रह गई थी।

खाद

धरती को उर्वर बनाने के लिए खाद देने का काम कब आरम्भ हुआ, यह निश्चय नहीं किया जा सकता। पहली बार अथर्ववेद में खाद के लिए करीष शब्द का प्रयोग मिलता है, परन्तु जिन वस्तुओं के नाम ऋग्वेद में नहीं आए हैं, उनका अस्तित्व ही न था, ऐसा सोचना गलत होगा। करीष का यदि कृष से कोई सम्बन्ध है, तो मानना होगा कि जोताई सघन नहीं होती थी। इसके लिए कुछ दूरी पर हलाई बनती थी और उसी में खाद डाली जाती थी। बीच की जमीन से तिनके-मोथे खत्म करने के लिए सम्भवतः बोआई से पहले आग का सहारा लिया जाता था। ऋग्वेद में आग लगाकर भूमि को तृणहीन करने का उल्लेख आया है, परन्तु यह निश्चय के साथ नहीं कहा जा सकता कि ऐसा खेती के लिए किया जाता था, अथवा पुरानी घासों को इसलिए जलाया जा रहा है कि उसमें नई घास उग सके।[61]

बीज

मिट्टी के भांडों का आविष्कार होने से पहले सबसे कठिन समस्या अगली फसल के लिए बीज बचाकर रखने की थी। कारण, जहाँ तक अपने खाने का प्रश्न था, अनाज कुछ घुना हुआ हो तो उसे भी उपयोग में लाया जा सकता था, परन्तु बीज

तो उसी दशा में उग सकता था और अच्छी पौध का रूप ले सकता था जब वह घुना हुआ न हो, अक्षित[62] हो।

छोटे पैमाने पर बीज बचाकर रखने का एक तरीका था उसकी बालियों से दाने को अलग किए बिना उनको छोटी गट्ठरों में बाँधकर घर की धरन या दीवार में लगी खूँटियों या बल्लियों के सहारे टाँग देना। धान की ऐसी पूँजी या छोटे गट्ठर को चिड़ियों के टूँगने के लिए अभी तक लटकाया जाता था और आँगन के भीतर चिड़ियों के कभी-कभार ही आ पाने के कारण यह कई बार एकाधिक साल तक सुरक्षित बना रहता था। मक्के की बालियों का गट्ठर बनाकर आज भी इसी युक्ति से टाँगा जाता है, और इसमें घुन नहीं लगता। इसी तरह कद्दू, करेला, नेनुआ आदि के बीज उनके कोश के साथ ही बचाए रखे जाते हैं। और बोआई का मौसम आने पर उनको तोड़कर बीज निकाल लिये जाते हैं।

परन्तु यह तरीका छोटे पैमाने की खेती पर ही कारगर हो सकता था। अधिक अनाज इस तरह बचाकर नहीं रखा जा सकता। इसलिए बीज को कीड़ों से बचाने का एक तरीका था बीज को राख मिलाकर रखना। राख का क्षार कीटनाशक है, इसका पता सम्भवतः बहुत पहले चल गया था। राख मिलाकर बीज को सुरक्षित करने का उल्लेख *शतपथ ब्राह्मण* में आया है।

चावल को कीड़ों से बचाने के लिए हल्दी का प्रयोग किया जाता है। अक्षत को हल्दी में आज भी रँगा जाता है। परन्तु यह तरीका दूसरे अनाजों के मामले में कारगर नहीं हो सकता था।

एक अन्य तरीका फर्श पर राख बिछाकर उसके ऊपर भूसे की पर्त रखकर उस पर अनाज रखने का था जो हाल तक प्रयोग में लाया जाता था, परन्तु इसमें तनिक भी नमी आने पर बीज पूरी तरह सुरक्षित नहीं रह सकते थे।

जब तक सही ऋतुकाल का निर्धारण नहीं हो सका था, अनुमानित काल के आसपास या तो बोआई का समय तय करने के लिए अथवा बीज की परीक्षा के लिए किसान एक लोटे में पानी लिये अपने किसी खेत पर जाकर उसके एक कोने में फावड़े से गोड़ाई करके बीज डालकर उसे पानी देकर चला आता था। उन बीजों के उग आने के बाद खेत की बोआई आरम्भ होती थी। इस रीति को आज तक कहीं-कहीं निभाया जाता है। दूकानदार दिन की अपनी पहली बिक्री के लिए बोहनी, अर्थात परीक्षा की बोआई कहते हैं।

खरीफ की बोआई का समय बरसात के आगमन से जुड़ा हुआ था, इसलिए उसमें इस तरह की परीक्षा नहीं ली जाती थी। खरीफ की फसलों के बीज भी अपेक्षाकृत अधिक सुरक्षित रहते हैं। क्योंकि इनका खोल या छिलका मोटा होता है। बाजरा और ज्वार इसके अपवाद माने जा सकते हैं जो शुष्क जलवायु के अधिक उपयुक्त हैं।

खेती के आरम्भिक दौर में मानव समाज किसी-न-किसी रूप में प्राकृतिक

साधनों पर ही निर्भर रहा होगा। कृषि की दिशा में इस पहल ने कृषि की नैतिकता, आन्तरिक प्रशासन, आदिम सैन्य संगठन, इन सभी को एक साथ जन्म दिया। इसको भी प्राचीन कथाओं में रूपकीय शैली में प्रस्तुत किया गया है। नैतिकता की पहली शर्त थी कि फसलों को तैयार होने से पहले, फलों में मिठास आने से पहले, दलहनों के गदराने से पहले, और कन्दों और लताओं को तैयार होने से पहले इनको हाथ नहीं लगाया जाएगा। कहें, यह वर्जना प्राकृतिक उत्पाद और अपने श्रम से उत्पादित सभी स्रोतों पर लागू की गई। इसका दूसरा सिद्धान्त था, फसल बोने के बाद पालतू जानवरों को बाँधकर रखा जाएगा, अथवा चरवाहों के बिना नहीं खोला जाएगा, जो जंगली जानवर फसलों को क्षति पहुँचाते हैं, उनका शिकार किया जाएगा। नैतिकता का एक अन्य पक्ष था पारस्परिक सहयोग। यह सहयोग पारस्परिक आवश्यकता के कारण था जो काम कोई व्यक्ति अकेले या अपने परिवार के सदस्यों के बल पर ही नहीं कर सकता था, उन कामों में पूरा समुदाय जुटकर हाथ बँटाता था।

कृषि का आरम्भिक दौर खतरों से भरा और बहुत साहसिक प्रयास था। इसकी पूरी कहानी यदि किसी अन्य सभ्यता में मिलती हो तो हमें उसका ज्ञान नहीं, परन्तु भारतीय सन्दर्भ में यह कहानी अपने मिथकीय कलेवर के कारण आज तक सुरक्षित है।

इस तरह के संकेत भी प्राचीन कृतियों में बचे रह गए हैं कि वर्षा आदि में अनियमितता या किसी अन्य कारण से फसल के नष्ट हो जाने और वन्य साधनों का इससे बहुत कम प्रभावित होने पर स्वयं कृषिकर्मियों में ही अनेक खेती छोड़कर पुनः आहारसंग्रह की अवस्था की ओर लौटने की बात करने लगते थे।

17

नरमेध

हिंसा स्वभावो यज्ञस्य इति मे दर्शयत्यसौ।

(मुझे तो ऐसा प्रतीत होता है कि यज्ञ की प्रकृति में ही हिंसा निहित है।)

वायुपुराण

ओडिशा की ही एक जनजाति, शबर है। इनमें पिछली शताब्दी तक भूमि की उर्वरता बढ़ाने के लिए एक विचित्र और बहुत प्राचीन कुप्रथा जारी थी। इसे मरिया प्रथा कहते थे।

शबर धोखा देकर किसी दूसरे कबीले से किसी शिशु का अपहरण कर लेते थे। उसे बलि-पशु की तरह पालकर रखा जाता था। उसे बचपन से ही मदिरा का आदी बना दिया जाता था। यदि उसकी किसी जिज्ञासा या अन्य लक्षण से इस बात का पता चल जाता कि वह अपनी असलियत जान गया है, तो उसे बन्दी बनाकर रखा जाता। बलि के दिन उसे नशे से धुत कर दिया जाता। उसे ढोल-नगाड़े के साथ गाँव के बाहर ले जाया जाता। वहाँ एक गड्ढा खोदकर, उसमें सूअर की बलि दी जाती। सूअर का रक्त उस गड्ढे में जमा हो जाता। इसके बाद उस लड़के को धक्का देकर उस रक्त में ही इस तरह डुबो दिया जाता कि उसका दम घुट जाता। फिर उसको काटकर उसका मांस प्रसाद के रूप में वितरित कर दिया जाता। विश्वास किया जाता था कि धरती की उर्वरा शक्ति ऐसा करने से बढ़ जाती है।

यदि तंत्र का भी उदय कृषि के साथ ही हुआ था तो सम्भव है आरम्भ में उसमें भी नरबलि की कुप्रथा धरती माता को तृप्त करने के लिए ही आरम्भ हुई हो।

धरती को तृप्त करके उसकी उर्वरता बढ़ाना और इन्द्र को तुष्ट करके वर्षा कराना, वैदिकों की अपनी युक्तियाँ भी थीं। सम्भवत: नरबलि के जो संकेत ऋग्वेद में शुन:शेप की कथा में बने रह गए हैं, वे धरती की उर्वरता बढ़ाने के लिए दी जाने वाली नरबलि से ही सम्बन्धित हैं। *शतपथ ब्राह्मण* में मनुष्य की संवेदनशीलता में

विकास के साथ जो परिवर्तन होते गए हैं, उनका बहुत सटीक वर्णन किया गया है। इसके अनुसार पहले मनुष्य की बलि दी जाती थी। फिर यह यज्ञ के उपयुक्त न रह गया। इसके बाद घोड़े की, फिर गोरू की, फिर बकरे की बलि दी जाती रही। अन्ततः परदुखकातरता के कारण, आटे का पशु बनाकर उसकी बलि दी जाने लगी। इस आटे के पशु का रूपक भी बहुत प्रभावशाली ढंग से गढ़ा गया है।

परन्तु इससे अधिक रोचक है इसके माध्यम से यज्ञ-विधान के कर्मकांड की उस आदिम अवस्था को जानना जिसके क्रमिक विकास से हम बहुत स्पष्ट रूप में नहीं तो सन्तोषजनक रूप में परिचित हैं।

यह रोचक है कि यज्ञ की बलि में कहीं नरबलि का उल्लेख नहीं है। यह भी स्पष्ट है कि यह उस आदिम अवस्था से बहुत आगे की चीज है जिसमें यह सोचा जाता था कि रक्त पिलाकर धरती को उर्वर बनाया जा सकता है। धरती की उर्वरता बढ़ाने के तरीके उन्होंने सीख लिये थे। अतः बलि धरती को तृप्त करने के स्थान पर जल के देवता को तृप्त करने के लिए दी जाने लगी थी, क्योंकि वर्षा कराने में बड़े पैमाने पर आयोजित यज्ञ प्रायः इसलिए सहायक हो सकते थे कि इनके लगातार ऊपर उठनेवाले धुएँ से वायु का निम्न दबाव पैदा होता था। अभी कुछ ही दिन पहले किसी मौसम विज्ञानी ने यह सुझाया है कि यह अनुकूल वर्षा कराने में ही नहीं, साइक्लोनों या झंझावात को नियंत्रित करने में भी उपयोगी हो सकता है।

कुछ यज्ञों में पशुबलि दी जाती थी, परन्तु सामान्यतः घी और दूसरी हवियों से यज्ञ करने के विवरण ही मिलते हैं। जिस शुनःशेप का हमने ऊपर उल्लेख किया है वह अकेला उदाहरण नरबलि के आयोजन का है, परन्तु उसमें भी उसकी बलि नहीं दी जाती, अपितु वह मुक्त हो जाता है। उसका नाम भी कुछ विचित्र है—शुनःशेप अर्थात कुत्ते की दुम। शेप शब्द जननांग से लेकर, अंडकोश और पूँछ सभी का आशय रखता है। इसलिए यह भी पुरूरवा की कथा की तरह का कोई रूपक ही लगता है।

नरवध और नरभक्षण

नरवध भारत की कतिपय जनजातियों में पिछली शताब्दी तक चलता रहा है। कुछ के विषय में आज भी यह निश्चित रूप से नहीं कहा जा सकता कि उनमें नरवध पूरी तरह समाप्त हो गया। एक नृतत्त्वविद[63] के शब्दों में कहें तो—

> शिकार, मछियारी आदि के अतिरिक्त गारो और नागा जनों में अभी हाल तक सिर काटने का चलन रहा है।...परन्तु आज सम्भवतः कुकी जनों को छोड़कर दूसरी किसी जनजाति में इसका कोई प्रमाण नहीं मिलता।...जो भी हो नरबलि देने की प्रथा खासी और जयन्तिया पहाड़ियों में, विशेषतः जयन्तिया जनों में प्रचलित रही है, जिन्होंने यह प्रथा मैदानी भाग के तांत्रिक हिन्दुओं से ली होगी।

नागा जनों को प्राचीन भारतीय साहित्य में वर्णित यक्षों-किरातों के रूप में पहचाना गया है। कच्छ नागाओं को छोड़कर, जिनको उत्तर की ओर से जपवो नामक पहाड़ से आया माना जाता है, नागा जन अपनी परम्परा के अनुसार दक्षिण से हटकर अपने वर्तमान क्षेत्र में आए थे।[64] बंगाल में कुछ नामों के साथ नाग उपाधि पाई जाती है। इनका नागाओं या पुरानी कृतियों में वर्णित नागजनों और नागवंश से कोई सम्बन्ध है या नहीं, यह हमें स्पष्ट नहीं। फिर भी यह असम्भव नहीं है कि ऋग्वेद में वर्णित उन जनों में एक वे भी रहे हों, जिनसे वैदिक व्यापारी आतंकित रहते थे और जिनके समूल नाश की कामना करते रहते थे पर साथ ही यह भी मनाते रहते थे कि उनका उनसे कभी पाला ही न पड़े। यदि पाला पड़ ही जाए तो ये दुष्ट उन पर हावी न हों। ऋग्वेद में नाग शब्द तो नहीं आया है, पर अहि का प्रयोग किन्हीं जनों के लिए जो पहाड़ी क्षेत्रों में रहते थे और उनके लिए समस्याएँ खड़ी करते थे, अनेक बार हुआ है।

नागाओं का विश्वास है कि आत्मा का निवास सिर में होता है, इसलिए किसी का सिर काटने का अर्थ है उसकी आत्मा को अपने वश में कर लेना। अधिक-से-अधिक सिर काटनेवाला अधिक-से-अधिक आत्माओं को अपने वश में किए रहता है, और उनसे जो चाहे करा सकता है। पहले यदि किसी नागा ने किसी का सिर काटा ही नहीं तो उसका विवाह किसी अच्छी युवती से नहीं हो सकता था। इसलिए वे किसी भी तरह का छल-कपट करके किसी का सिर काट लेते थे। उदाहरण के लिए वे पानी के सरोवर के किनारे किसी झाड़ी में छिपकर बैठ जाते। यदि औरत या बच्चा कोई भी पानी भरने या पीने के लिए वहाँ पहुँचा तो पीछे से उस पर हमला करके उसका गला काट देते। महाभारत की वह कथा जिसमें पानी लाने के लिए एक-एक करके जानेवाले पांडवों में से चार को यक्ष मार डालता है, भले रूपक के रूप में आई हो, परन्तु यह उनके इस तरीके की झलक तो देती ही है। कई बार जब किसी गाँव के युवक-युवतियाँ काम करने गए होते, नागाओं का एक जत्था गाँव पर आक्रमण कर देता और बूढ़े, बच्चे बीमार और असहाय जो भी मिलते उनका सिर काटकर वापस आ जाता। एक बार जब मोज़ेमा के लोग कोहिमा गए तो उन्होंने एक आदमी, पाँच औरतों और बीस छोटे बच्चों का सिर काट लिया।[65]

नरवध का एक पहलू बलि से भी जुड़ा हुआ है।

एक ओर तो हम तंत्र (कृत्या और यातु अर्थात जादू) से वैदिक कर्मकांडियों का सीधा विरोध देखते हैं और दूसरी ओर नरमेध और नरबलि में निकटता। जयन्तिया जनों में कुछ समय पहले तक प्रचलित नरवध को तंत्र के नरबलि से जोड़ा जाता है। इसी तरह यज्ञ को तंत्र का अगला चरण तो माना जा सकता है, परन्तु दोनों के अन्त:सम्बन्ध को खारिज नहीं किया जा सकता। नागा और गारो आदि जनों में

प्रचलित नरवध की प्रकृति तंत्र कुछ भिन्न है। जहाँ यह बलि के लिए किया जाता है वहाँ भी उनका देवता थ्लेन या विराट सर्प है, जिसकी तुष्टि के लिए नरबलि दी जाती है। वह अपने बाह्यरूप में काली या मातृदेवी से भिन्न है, बलि की पद्धति भी भिन्न है, पर यह भय कि व्याधियाँ, महामारियाँ और विपत्तियाँ सर्पदेव के क्रुद्ध होने के कारण ही आती हैं, उसी काली या रुद्र के प्रकोप के समान है।

इसका एक पक्ष और भी रोचक है। ऋग्वेद की सामग्री से जो कुछ पता चलता है, सांस्कृतिक विकास के उन्नत चरणों पर पहले के देवों को इसके बाद पैदा किए जानेवाले देवताओं से हीन सिद्ध करने के लिए कहीं तो पुराने देवता को नए देवता का सेवक (जैसा कि वैदिक वृषाकपि में हुआ है जो आगे चलकर हनुमान बन जाते हैं), कहीं साथी और सहायक (जैसा कि मरुद्गण बन जाते हैं) और कहीं वाहन (जैसा कि गरुड़ के मामले में दिखाई देता है) बन जाते हैं। यह सम्भव है कि विष्णु की शैया के लिए महासर्प अर्थात शेषनाग, कृष्ण द्वारा नाथकर अपने अधीन किए जानेवाले वासुकी ऐसे ही किसी जन समाज के प्रधान देवता के वैदिक परम्परा में मिलने का परिणाम हों।

यदि हम उस समाज की निर्मिति पर ध्यान दें जो अनेकानेक जनों और गणों और बोलियाँ बोलनेवालों के मिलने की प्रक्रिया का परिणाम था, तो हम पाएँगे कि उसमें प्रचलित विश्वास और मान्यताएँ भी उन जनों के विश्वासों और मान्यताओं का समग्र रूप हैं। इसमें संख्या, शक्ति अथवा सांस्कृतिक अग्रता की दृष्टि से प्रभावशाली जनों ने अपनी भाषा, संस्कृति, विश्वास आदि को दूसरों पर नहीं लादा। उन्हें अपने तरीके से जीवित रहने का अवसर देते हुए उनको अपनाया और इस क्रम में उनके विश्वासों को भी अपनी धर्म-व्यवस्था का अंग बना लिया। अत: प्राथमिक अवस्थाओं के मिलते-जुलते विश्वास और उनसे जुड़ी कुरीतियाँ तक समानान्तर चलती रहीं और नरवध निषिद्ध होने के बाद भी तांत्रिकों द्वारा चोरी-छिपे बलि देने के समाचार साल दो साल में कहीं-न-कहीं से आ ही जाते हैं।

तंत्र और यज्ञ का मूल अन्तर विकास के दो चरणों का अन्तर हो सकता है। परन्तु इनमें इष्टपूर्ति या इच्छा की पूर्ति का भाव समान है। नरभक्षण वाले समुदायों में भी सम्भव है मनुष्य की बलि देने के बाद ही उसका मांस प्रसाद के रूप में ग्रहण किया जाता रहा हो। मातृदेवी के कतिपय डरावने और अलंकृत दोनों तरह के रूप हड़प्पा के कुछ स्थलों—कुल्ली, झोब आदि—से मिले हैं। इन्हें धरती का ही प्रतिरूप बताया जाता है। इससे मातृदेवी के डरावने, व्याधि और विपत्ति लानेवाले, चंडी रूप और धन-धान्य बढ़ानेवाले, शाकम्भरी और लक्ष्मी रूपों, को समझने में मदद मिल सकती है। बल्कि इसके तीसरे रूप को भी जिसे सरस्वती या ज्ञान की देवी के रूप में जाना जाता है। ऋग्वेद में इनको तीन देवियों—इला, सरस्वती और मही के रूप में याद किया गया है।

ऋग्वेद की एक ऋचा में धरती को दशभुजी बताया गया है।

यत् इत् नु इन्द्र पृथिवी दशभुजि अहानि विश्वा ततनन्त कृष्टयः।
अत्रह ते मघवन् विश्रुतं सहः द्यां अनु शवसा बर्हणा भुवत्॥

(ऋ. 1.52.11)

इसमें दिशाएँ ही धरती की भुजाएँ हैं। यह मान्यता इस ऋचा से कितनी पुरानी है, यह पता नहीं, परन्तु यह काली और दुर्गा के दशभुजी रूप में कल्पित किए जाने का बीज है। सरस्वती और लक्ष्मी चतुर्भुजी और विष्णु चतुर्भुज ही रहते हैं। इनके साथ दिशाओं की कल्पना चारों मुख्य दिशाओं तक सीमित रहती है।

18

कृषिकर्म और कर्मकांड

एतावती वै पृथिवी यावती वेदिः।

तैत्तिरीय ब्राह्मण

यावती वेदिः तावती पृथिवी।

शतपथ ब्राह्मण

यंत्र, तंत्र, व्रत, क्रतु, श्रम, तप, योग आदि जो शब्द आगे चलकर आध्यात्मिक या अमूर्त आशयों के लिए प्रयोग में आते हैं वे सभी उद्योगविद्या से निकले शब्द हैं। इनमें से अधिकांश कृषि के प्राथमिक चरण के शब्द हैं। परन्तु इनके अमूर्तीकरण के पीछे एक पुराना विश्वास भी है। आज भी कतिपय आदिम जनों में, जैसे झारखंड के बिरहोरों में शिकार पर निकलने से पहले उनका ओझा शिकार सुनिश्चित करने और शिकार पर जानेवालों को क्षति से बचाने के लिए कुछ टोटके करता है, जो शिकार की नकल होते हैं। इस तरह के ही टोटके या रीति-विधान कृषि उत्पादन, सन्तान उत्पादन, युद्ध और व्यापारिक यात्रा और आय के साथ भी जुड़ते चले गए।

कर्मकांड को ब्राह्मणों की चालाकी से जोड़कर देखना आसान है, पर इससे हमें कर्मकांड के इतिहास को समझने में मदद नहीं मिलती। कर्मकांड मनुष्य की उस मानसिकता से पैदा हुआ, जिसमें वह परिणाम की अनिश्चितता से बचना चाहता है। वह यह सुनिश्चित करने के बाद कि परिणाम अनुकूल होंगे, श्रम, समय, या धन लगाना या प्रयोग करना चाहता है। उसकी यह प्रवृत्ति आज तक बनी हुई है। कर्मकांड इस अनिश्चितता को दूर करने के लिए किया जानेवाला विधान है, जिसमें कुछ पहलू ऐसे हैं जिन्हें तर्कसंगत अथवा वैज्ञानिक भी कहा जा सकता है। उदाहरण के लिए इससे आत्मविश्वास का बढ़ जाना और इसलिए परिणाम की अनुकूलता की सम्भावना का बढ़ जाना। शिकार पर निकलने से पहले ही आदिम

मनुष्य शिकार का वध रेखाएँ खींचकर कर देता था। सम्भव है यह काम भी उसके यातुधान या जादू जानने वाले करते रहे हों। वह एक तरह से मरे हुए को मारने के लिए निकलता था—निमित्त मात्र बनने के लिए। विशेष मुहूर्त में काम आरम्भ करने या मुहूरत करने के आयोजनों के पीछे भी विफलता से बचने और सफलता प्राप्त करने की यही चिन्ता रहती है।

मनुष्य कुछ क्रियाओं के माध्यम से कुछ परिणामों को सुनिश्चित कर सकता है। ये मंगलकारी भी हो सकते हैं और अनिष्टकारी भी, यह तंत्र से लेकर यज्ञ तक में देखा जा सकता है। यज्ञ तांत्रिक क्रियाओं का ही अधिक लोकतांत्रिक, अधिक परिष्कृत और अधिक जटिल रूप है और इसलिए इसका सीधा टकराव भी तंत्र से रहा है, जिसमें वे ही आयोजन गुह्य रूप में और नितान्त निजी ईर्ष्या-द्वेष और आसक्ति से किए जाते रहे हैं।

यदि वन्य अवस्था में शिकारी चित्रलेखन द्वारा शिकार का वध कर सकता था, तो कृषि के चरण पर वह यज्ञ में देवताओं को प्रसन्न करके अच्छी वृष्टि करा सकता था, उत्पादन बढ़ा सकता था, अपने शत्रुओं का नाश कर सकता था। उसके ये विधान अज्ञान की अवस्था में कल्पना से विज्ञान गढ़ने जैसे हैं। इसका एक उदाहरण लगातार एक ही क्षेत्र में खेती करते रहने पर भूमि की उर्वरता में गिरावट आने को लिया जा सकता है। इसका पुराना तरीका था कि उस क्षेत्र को छोड़कर किसी नए क्षेत्र में जंगल जलाकर उसकी सफाई करके तब तक खेती की जाए जब तक उसकी उर्वरता बनी रहती है। पर दूसरी सोच जो अधिक वैज्ञानिक थी, यह थी कि धरती ने अपनी शक्ति खो दी है, इसलिए उसमें नई ताकत पैदा करने के लिए उसे अच्छा भोजन कराना होगा। उसे बलि देनी होगी। मनुष्य को आहार देने के कारण उसकी यह दशा हुई, इसलिए उसे मानव-बलि देकर ही उससे कुछ पाया जा सकता है।

इस सोच का ही अधिक सुलझा रूप था मनुष्यों और दूसरे जानवरों और क्षयशील पदार्थों से धरती को नई शक्ति प्रदान करना। यहाँ से वह खाद तैयार करने की विधियाँ विकसित करता है। खेती मुख्यत: वर्षा के जल पर और एक सीमित स्तर तक ही सिंचाई पर निर्भर थी। वृष्टि कराने के लिए वर्षा के देवता को तुष्ट करना, उस देवता को पोषक खाद्य और पेय से शक्तिशाली बनाना जरूरी था, जिससे वह उन दुष्ट शक्तियों से जो जल का भक्षण कर जाते हैं या उसे चुरा लेते हैं, लड़कर, उन्हें पराजित करके, जल को धरती पर बरसा सके। यहाँ यज्ञ अपने पूरे कर्मकांड के साथ उपस्थित होता है, या कहें यज्ञ का कर्मकांड अधिक जटिल होता जाता है। कारण, इन्द्र को तुष्ट करने के बाद भी बहुत बार पानी नहीं बरसता, इसलिए इसके विधि-विधानों में कमियाँ तलाशते हुए इसको एक 'विज्ञान' में बदलने के प्रयत्न किए जाते हैं। मनुस्मृति में यज्ञ को विज्ञान ही बताया भी गया है।

यज्ञ केवल पानी बरसाने के विज्ञान तक सीमित नहीं रहता। इसका विवेचन करते हुए और इसकी महिमा बखानते हुए, कहा जाने लगा कि इस विश्व में जितने तरह के क्रियाकलाप हैं, सभी यज्ञ के ही रूप हैं। यज्ञ ब्रह्मांडीय स्तर से लेकर सम्भोग के स्तर तक, विविध रूपों में, निरन्तर चल रहा है। इसका बहुत काव्यात्मक वर्णन बृहदारण्यक उपनिषद में मिलता है। यदि प्राकृतिक से लेकर मानवीय तक, सभी गतिविधियाँ यज्ञ का ही रूप हैं, और किसी भी तरह की घटना या क्रिया उसका ही परिणाम, तो फिर सृष्टि स्वयं भी यज्ञ का परिणाम है। अतः पहले यज्ञ हुआ और फिर सृष्टि हुई। यज्ञ ऋचाओं और यजुर्वेद के विधान और सामगान के साथ सम्पन्न होता है, फिर सृष्टि से पहले का यज्ञ इसके बिना कैसे सम्पन्न हो सकता था? यहीं पर यह दावा आरम्भ होता है कि वेद सृष्टि से पहले अस्तित्व में थे और इसलिए वे अनादि हैं। इसको अधिक दृढ़ता से उन दार्शनिकों ने प्रतिपादित किया जिनको पूर्वमीमांसक कहा जाता है। परन्तु ऋग्वेद के उसी सूक्त में इसका भी उल्लेख है, जिसमें वर्णव्यवस्था को सृष्टि के आरम्भ में ही स्थापित सिद्ध किया गया है। इसको हम पीछे उद्धृत कर आए हैं।

यज्ञों की जटिलता या विस्तार का एक अन्य रूप था, किसी भी कामना की पूर्ति के लिए यज्ञ का आयोजन। इसीलिए इसका नाम ही इष्टि या इच्छा पूर्ण करने वाला पड़ गया। धन, ऐश्वर्य, भूमि-विस्तार, राज्य-विस्तार, पुत्र की प्राप्ति आदि जितनी भी इच्छाएँ हो सकती हैं, उनको यज्ञ कराकर पूरा किया जा सकता है। यज्ञ में जानकार आदमी की इतनी जरूरत थी कि यदि किसी ने एक अक्षर का भी अशुद्ध उच्चारण कर दिया या विधि-विधान में किसी दूसरी तरह की चूक हो गई तो परिणाम प्राप्त होना तो दूर, उल्टे यजमान का सर्वनाश हो सकता था—

विधिहीनस्य यज्ञस्य सद्यः कर्ता विनश्यते।

इसके कारण यदि परिणाम अनुकूल न हुए तो भी यज्ञ की साख बनी रहती थी, यज्ञ करानेवाले के सिर दोष मढ़ दिया जाता था। परन्तु यज्ञ करानेवालों में नाई से लेकर ब्राह्मण तक और ब्राह्मणों में भी ऋत्विक, उद्गाता, ब्रह्मा तक एक पूरा दल था। इतने लोगों में से किसी एक को इसके लिए दोष दिया जा सकता था, इसलिए जो अधिक चालाक होता था, वह अपने अतिरिक्त किसी को भी दोषी बता सकता था। यहाँ तक कि एक नाई भी पंडित के दोष गिना सकता था। इसके कुछ रोचक उदाहरण आज भी विवाहादि सम्पन्न कराते समय दोनों पक्षों के पंडितों की भिड़न्त और नाई तक के हस्तक्षेप में देखने में आ जाते हैं।

यज्ञों से मोहभंग का पहला अवसर उस दौर में आया जब देश में बहुत लम्बे समय तक का अनावृष्टि और अनिश्चित वृष्टि का दौर आया। एक-

पर-एक सारे आयोजन व्यर्थ होते चले गए। अकाल उग्रतर होता चला गया। अन्त में लोगों को पंजाब और हरियाणा छोड़कर उत्तर काश्मीर और तराई के क्षेत्रों, पूर्व के दलदली क्षेत्रों और दक्षिण के तटीय क्षेत्रों की ओर भागना पड़ा। पूर्व की ओर पलायन करनेवालों की यातना *शतपथ ब्राह्मण* में विदेघमाथव के पलायन के रूप में चित्रित है, जिसमें बहुत साफ शब्दों में यज्ञ की विफलता का भी उल्लेख है।

बाह्ययज्ञों का उपहास और जीवन-मृत्यु के रहस्य पर गम्भीरता से विचार यज्ञ की इस विफलता का ही परिणाम है। उपनिषद या वेदान्त, वेद का नहीं, वैदिक कर्मकांड के अन्त की घोषणा हैं।

धर्म और कर्मकांड

19

संस्कार

सावित्री पतिता व्रात्या भवन्ति आर्य विगर्हिताः।

मनुस्मृति

मनुष्य को अपने समाज में स्वीकृति दिलाने के लिए और आधियों-व्याधियों से बचाने के लिए कुछ ऐसे रीति-विधानों से गुजरना पड़ता है, जिनका शास्त्रीय रूप ब्राह्मणवाद में मिलता है। इसे ब्राह्मण की अपनी सृष्टि मानने का प्रलोभन होता है। परन्तु हम पाते हैं कि इसकी जड़ें आदिम समाज में बहुत गहराई में उतरी हुई हैं। जन्म के साथ कुछ जातककर्म शिशु और प्रसूता के स्वास्थ्य और स्वच्छता को ध्यान में रखते हुए जरूरी हो जाते हैं। इनका पालन सभी आदिम समाजों में किया जाता है। इसी तरह पहली बार किसी शिशु को अन्नाहार देने, उसका नामकरण करने, उसके केश (यदि उतारे जाते हों तो) पहली बार उतारने, उसे आदिम संस्थाओं, उदाहरण के लिए घेटुल का सदस्य बनाने, विवाह से पूर्व उसे जीवन-निर्वाह के आवश्यक गुर सिखाने, स्वयं विवाह और अन्ततः अन्त्येष्ठि से जुड़े विधान मोटे तौर पर सभी आदिम जनों में देखे जा सकते हैं। इनकी व्याख्या यह कहकर भी नहीं की जा सकती कि इन्हें आदिम जनों ने हिन्दू समाज से ग्रहण किया है, यद्यपि कुछ जनों के मामले में सीमित और शेष के मामले में गहन प्रभाव को नकारना भी एक तरह की भूल होगी। सच तो यह है कि भारतीय समाज उस महावृक्ष जैसा है जिसकी जड़ों से पत्तियों तक प्राणसंचार निरन्तर बना रहा है और इसके बाद भी जड़, तना, शाखा-प्रशाखा और पत्ते, फूल, फल, सभी अपनी छटा बनाए रहे हैं। अतः एक ओर हम उन्नत समाज में विहित संस्कारों की जड़ें आदिम चरण तक तलाश सकते हैं, दूसरी ओर उन्नत समाज के विधानों का भी कुछ-न-कुछ प्रभाव आदिम रीतियों, विधानों, बोलियों और व्यवहारों पर पड़ता रहा है। हम इसे कुछ ठोस उदाहरणों से समझने का प्रयत्न कर सकते हैं।

20

साहचर्य और विवाह

ब्राह्मो दैवः तथैवार्षः प्राजापत्यः तथासुरः।
गान्धर्वो राक्षसश्चैव पैशाचः च अष्टमोऽधमः॥

मनुस्मृति

यह बात हम सभी जानते हैं कि जहाँ तक कामचेष्टा का प्रश्न है, पहले स्त्री और पुरुष पर कोई बन्धन न था। प्राचीनतम अवस्था के जो विवरण हमारे पुराने ग्रन्थों में मिलते हैं, उनसे यह प्रकट होता है कि स्थिति पशु-जगत जैसी थी। पांडु ने कुन्ती को स्वयं प्रोत्साहित करते हुए कहा था कि वन्य अवस्था में पहले स्त्रियाँ निर्वस्त्र रहती थीं। वे पूरी तरह स्वतंत्र थीं और मनचाहे व्यक्ति से सहवास कर सकती थीं। इसमें किसी तरह की मर्यादा का उल्लंघन नहीं होता था। यही प्राचीन धर्म है, जिसमें यौन आचार पशु-जगत के समान था। इस पुरातन धर्म का महर्षिगण भी सम्मान (पालन) करते हैं :

अनावृता किल पुरा स्त्रियः आसन् वरानने।
कामाचारविहारिण्यः स्वतंत्राः चारुलोचने॥
तासां व्युच्चरमाणानां कौमारात् सुभगे पतीन्।
न अधर्मो भूत् वरारोहे स हि धर्मः पुराभवत्।
तं चैव धर्म पौराणं तिर्यग्योनिगताः प्रजाः।
अद्यापि अनुविधीयन्ते कामद्वेषविवर्जिताः।
पुराणदृष्टो धर्मोऽयं पूज्यते च महर्षिभिः॥

महाभारत 1.113.4-7

इसमें रोचक बात यह भी है कि महाभारत काल में यह प्रथा कुरुओं में प्रचलित थी।

पुराणों का यह विवरण कि पहले मनुष्य जंगलों में, पहाड़ों पर, समुद्रतटों पर रहता था और उसका आचरण उसकी स्वाभाविक प्रवृत्ति से निर्धारित होता था, मोटे तौर पर अधिक प्रामाणिक है।[66]

कुछ समाजों में यदि स्त्री का विवाह से पहले किसी पुरुष से सम्बन्ध न हुआ और यह उसके पति को पता चल गया, तो वह इतने पर ही अपनी पत्नी को तुच्छ मानने लगता है, क्योंकि यदि उसमें कोई आकर्षण होता तो वह अछूती न रह गई होती। कहें, कुछ अवस्थाओं में सौन्दर्यरुचि भी सामाजिक थी और कुछ दूर तक यह आज भी है। उदाहरण के लिए किसी ऐसे समाज में जिसमें सबकी आँखें काली होती हैं, किसी भूरी आँखवाले को न केवल सुन्दर नहीं माना जाता, अपितु इसे एक अंगविकार तक माना जाता है।

विश्व के कुछ आदिम समाजों में आज भी कामक्रीड़ा को अपराध, लज्जा, या दुराव का विषय नहीं माना जाता। होली के जिस पर्व को दुनिया के बहुत सारे आदिम समुदायों में किसी-न-किसी रूप में मनाया जाता है, वह एक कामपर्व था, यह तो होली के सभी लक्षणों से आज भी समझा जा सकता था। उसमें किसी भी व्यक्ति के किसी भी स्त्री या किसी भी स्त्री के किसी भी पुरुष से काम-निवेदन के अधिकार की छाया भी बनी रह गई है। भारतीय परम्परा में पुरुष स्त्री से नहीं, स्त्री पुरुष से काम-निवेदन करती थी और उसके ऐसा करने पर उसे ठुकराना अशोभन माना जाता था। इसकी कुछ झलक इस परम्परा में भी पाई जा सकती है कि वर के चुनाव और विवाह के प्रस्ताव कन्यापक्ष से ही वर पक्ष को जाते हैं। अध्येताओं ने पाया कि कुछ समुदायों में इस सामुदायिक समारोह के अवसर पर रात को कोई स्त्री कुछ अलग जाकर आग जलाती थी। यह किसी भी पुरुष के लिए खुले निमंत्रण जैसा था। उस स्त्री को उन समाजों में पिछली शताब्दी तक, जब कि ये अध्ययन किए गए थे, सबसे सम्मानित माना जाता था, जो अधिक-से-अधिक पुरुषों को झेल सकती थी।

इसकी कुछ छाया प्राचीन कृतियों और आयोजनों में भी देखी जा सकती है। महारानी के लिए महिषी या राजमहिषी का प्रयोग, अश्वमेध के अवसर पर उसका मृत अश्व के साथ सम्पर्क करने की नकल, उसी मूल्य-प्रणाली का अवशेष रहा है। ऐसी स्त्री ही वीरप्रसू हो सकती थी। ऋग्वेद में शिनीवाली को सुन्दर भुजाओंवाली, मोटी जंघाओंवाली, आदि बताने के साथ बहुसूवरी या बहुत अधिक सन्तान देने वाली या अनेकानेक पुरुषों के संसर्ग से सन्तान पैदा करनेवाली के रूप में चित्रित किया गया है। ऐतिहासिक कालों तक में नगरवधू के लिए असाधारण सम्मान भी उसी का अवशेष माना जा सकता है।

विवाह-पूर्व एकाधिक पुरुषों के साथ सहवास का उल्लेख तो हम महाभारत में देख ही आए हैं, इसकी छाया ऋग्वेद के सूर्या सूक्त में पाई जा सकती है। यह उषा के अपने पूरे वैभव के साथ आने और फिर विदा हो जाने के प्राकृतिक दृश्य का वर्णन है। परन्तु इसमें सुदूर अतीत की उस रीति की याद बची रह गई है, जिसमें विवाह से पूर्व युवती को कुछ युवकों के साथ सहवास सम्मान का विषय माना जाता था। सूर्या के विवाह में पहले उसका पति सोम या चन्द्रमा बनता है, दूसरा

पति गन्धर्व बनता है, तीसरा पति अग्नि बनता है, फिर उसका पति मनुष्यजात या कोई मनुष्य बनता है :

सोमः प्रथमं विविदे गन्धर्वो विविदे उत्तरः।
तृतीयो अग्निः ते पतिः तुरीयः ते मनुष्यजाः॥

ऋ. 10.85.40

इसमें 'विविदे' का प्रयोग है, जिसका इस प्रसंग में आशय सहवास से है। परन्तु यह उस चरण का सूक्त है, जब विवाह संस्था स्थापित हो चुकी थी और पत्नी से निष्ठा की अपेक्षा की जाने लगी थी।

विवाह संस्था के अस्तित्व में आने के बाद भी इसके कई रूप रहे हैं, जिसमें एक पति एक पत्नी विवाह, बहुपत्नी विवाह, और बहुपति विवाह इस देश के भीतर आज तक पाए जा सकते हैं। बहुपत्नी विवाह अब हिन्दुओं के लिए वर्जित है, परन्तु कुछ दशक पहले तब समृद्ध लोगों में से अनेक के एकाधिक पत्नियाँ हुआ करती थीं। बहुपति विवाह का आर्य परम्परा में लिखित उदाहरण कुन्ती और द्रौपदी का है, जिनको आदर्श नारियों के रूप में स्मरण किया जाता है। अपनी गिरी हुई आर्थिक दशा के बाद भी आदिम समाजों में से अनेक में बहुपति या बहुपत्नी विवाह देखने में आता है जो सभ्य जगत से प्रभावित भी हो सकता है।

विवाह का बन्धन आरम्भ होने से पहले भी स्त्री-पुरुष सामान्यतः जोड़े बनाकर रहते थे। यह उनके अपने व्यवस्थित जीवन के लिए जरूरी भी था। परन्तु यौनशुचिता या एक पति का बन्धन नहीं था। कोई व्यक्ति किसी की संगिनी को अपने साथ कुछ समय के लिए उसकी अनुमति से भी रखकर उसके बाद वापस उसके हवाले कर सकता था।

कुछ मंत्र जो बहुत बाद तक दुहराए जाते रहे उनमें नक्षत्रों की जो स्थिति थी वह आज से छह-सात हजार वर्ष पुरानी है। उस काल में भी विवाह की प्रथा मजबूत हो चुकी थी। इसे आर्यभाषी समाज में इससे भी बहुत पहले से स्थापित मानना होगा।

यह प्रथा अस्तित्व में कैसे आई इसके विषय में एक कहानी प्राचीन ग्रन्थों में मिलती है। इसमें कहा गया है कि उद्दालक नाम के एक ऋषि थे। उनका श्वेतकेतु नाम का एक पुत्र था। जब वह कुछ सयाना हो गया तो उसने देखा कि एक व्यक्ति आया और उसके पिता से उसकी माँ को माँगकर ले गया। लड़के को बुरा लगा। उसने पिता से अपनी आपत्ति जताई। पिता ने कहा, "बेटा स्त्रियाँ गायों की तरह होती हैं। इनके साथ कोई भी सम्बन्ध कायम कर सकता है।" इसे भी महाभारत में दुहराया गया है :

श्वेतकेतोः किल पुरा समक्षं मातरं पितुः।
जग्राह ब्राह्मणः पाणौ गच्छाव इति चाब्रवीत्।
...मा तात कोपं कार्षीः त्वं एष धर्मः सनातनः।

अनावृता हि सर्वेषां वर्णानां अंगना भुवि।
यथा गाव: स्थिता: तात स्वे स्वे वर्णे तथा प्रजा: ॥

महाभारत 1.113.11, 13-14

जाहिर है कि उस काल में पुरुष भी साँड़ की तरह ही रहते थे। साँड़ का बाद में भी बहुत सम्मान रहा है। ऋषि, ऋषभ और वृषभ तीनों में अर्थ की समीपता है। कहें, तब तक स्त्री-पुरुष के सम्बन्ध पशुजगत से भिन्न नहीं थे।

इस घटना से श्वेतकेतु को बहुत आघात लगा। उसी ने आगे चलकर विवाह संस्था की अथवा 'यौनशुचिता' की स्थापना की। परन्तु संस्थाएँ किसी एक व्यक्ति के आदेश से नहीं स्थापित होतीं। महाभारत के अपने साक्ष्य के अनुसार भी उस काल में कुरुदेश में स्त्री को अनेकानेक व्यक्तियों के साथ सम्बन्ध रखने का अधिकार था। हमारे देश में अधिकांश विधान ऋषियों या चिन्तकों के द्वारा ही किए जाते रहे हैं, इसलिए इसे भी किसी एक व्यक्ति द्वारा स्थापित मान लिया गया।

आदिम समाजों की अपनी विवाह रीतियाँ हैं। इनमें पहले अधिक विविधता रही हो सकती है, परन्तु आज जो रूप देखने में आते हैं, वे हैं प्रेम विवाह (जिसे गान्धर्व विवाह कहा गया है), अपहरण या उढ़ारना (उड़ा ले जाना), बलपूर्वक अपहरण और तयशुदा विवाह। कई बार एक ही समुदाय में सभी तरह के विवाह चलते हैं। उदाहरण के लिए आन्ध्र के चेंचु समुदाय में गान्धर्व विवाह, उढ़ारने या भगा ले जाने, और बातचीत से विवाह तय करने के तीनों तरीकों को स्वीकार किया जाता है। इसी तरह लम्बाडियों में भी प्रेम विवाह, अपहरण, और तयशुदा विवाह प्रचलित है। कुछ जनों में लड़की पसन्द आने पर उसके परिवार की इच्छा के विरुद्ध उसका बलात अपहरण करके विवाह करना भी प्रचलित है। कुछ समुदायों में, जैसे मुटिया, लड़का लड़की के पिता के यहाँ एक निश्चित अवधि तक सेवा करने के बाद उसकी लड़की से विवाह कर पाता है। लड़की के पिता को पैसा चुकाकर विवाह करने की भी रीति कुछ समुदायों, जैसे भीलों में, प्रचलित है। यह एक तरह से इस बात की परीक्षा भी है कि लड़के में लड़की को सम्मान से रख पाने की योग्यता है या नहीं। कुछ मामलों में लड़का या तो लड़की को जबरदस्ती भगा ले जाता है, या दोनों की रजामन्दी से वे गायब हो जाते हैं, अथवा लड़का लड़की को धोखा देकर भगा ले जाता है। ऐसे विवाहों को बाद में पंचायत के द्वारा कुछ दंड लगाकर नियमित कर दिया जाता है।

स्मृतिकारों ने आठ प्रकार के विवाहों को मान्यता दी है। परन्तु इससे यह नहीं सोचना चाहिए कि ये आठों विधान स्मृतिकारों के अपने बनाए हुए हैं। उन्होंने उन सभी विवाह रीतियों का उल्लेख किया है जो समाज में प्रचलित थीं और इनमें अपनी ओर से सबसे श्रेष्ठ उस विवाह को माना है जिसमें पिता वर को स्वयं चुनकर अपनी

कन्या को वस्त्र, आभूषण और कुछ अन्य उपहारों के साथ सौंपता था। इसके भी कुछ भेद कर लिये गए हैं। मोटे तौर पर उन्होंने विवाह की रीतियों को दो वर्गों में बाँटा है। एक जिसे हम जनजातियों में प्रचलित विवाह रीतियाँ मान सकते हैं। इनमें बलप्रयोग से विवाह करने को सबसे गर्हित माना गया है, पर दूसरी रीतियों की भी भर्त्सना की गई है। दूसरी कोटि में आदर्श विवाह हैं। यह रोचक है कि क्षत्रियों के लिए उन विवाहों को भी मान्यता दी गई है जिनको निन्दनीय बताया गया है। यह इस बात का प्रमाण है कि आदिम जनों में से ऐसे गण जो अपने शौर्य और युद्धकौशल के लिए विख्यात रहे हैं, क्षत्रिय समुदाय में बहुत पहले से सम्मिलित होते रहे हैं। आदिम जनों की अपनी पुरानी परम्पराओं में भी इस बात के हवाले आते हैं कि उनके पूर्वजों ने क्षत्रियों के साथ मिलकर युद्ध किया है और इनमें कुछ तो अपने क्षत्रिय होने का दावा भी करते हैं। नृजातिविदों का मानना है कि उनका यह दावा पूरी तरह निराधार भी नहीं है। जो भी हो, क्षत्रियों का किन्हीं आपातिक स्थितियों में जंगलों में शरण लेना, जनजातियों में खप जाना और जनजातियों का अपने क्षत्रिय होने का दावा करना और क्षत्रिय समाज में खप जाना दोतरफा मामला रहा है। क्षत्रियों के लिए विवाह के नियमों में छूट का भी कारण यही लगता है।

परन्तु सामान्यतः सवर्ण परन्तु असगोत्र विवाह जनजातियों से लेकर वर्णसमाज तक प्रचलित दिखाई देता है, जनजातियों में इसके कुछ अपवाद हो सकते हैं। जनजातियों में गोत्र की अवधारणा हिन्दू समाज से पहुँची है अथवा जो उनके जनजातीय समुदाय रहे हैं वे जाति का रूप लेते और एक ही पहचान में खपते गए हैं, यह कह पाना हमारे अधिकार क्षेत्र में नहीं आता। फिर भी इतना तो है ही कि उनमें से अनेक गोत्र का विचार रखते हैं। एक ही पहचान या वंश से जुड़े समुदायों में एकाधिक गोत्र पाए जाते हैं, जैसे आन्ध्र के चेंचुओं में अर्थी, निमाला, कुदुमुला, उदुतल, तोकल, नल्लखथुला, बोज्जा गोत्र पाए जाते हैं और इनका सम्बन्ध इमली, आँवला, गिलहरी, पूँछ, काली बकरी और पेट जैसी चीजों से है, अतः इसे हिन्दू पड़ोसियों से अपनाया हुआ नहीं माना जा सकता। इसी तरह दूसरे अनेक जन एकाधिक गोत्रों में बँटे दिखाई देते हैं और विवाह में गोत्र का बचाव भी करते हैं। इस तरह हम पाते हैं कि सवर्ण-असवर्ण अथवा जनजातीय खानाबन्दियों के चलते हम ऐसी संस्थाओं के विकास को समझ ही नहीं सकते। आश्चर्य की बात यह नहीं है कि बीज रूप में लगभग सभी लक्षण उन्नत समाज में दिखाई देते हैं, अपितु यह है कि आज से पाँच-सात हजार वर्ष पहले उन्नत उत्पादन-पद्धति से जुड़नेवाला समुदाय अपने जनजातीय मूल से इतना आगे बढ़ गया था कि इतिहास में लौटने पर भी हम ऊपरी सतह पर उस ताने-बाने को समझने से चूक जाते हैं।

हमारे प्राचीन ग्रन्थों में पिता के अपनी पुत्री पर रीझने की कथाएँ आती हैं। काशीनाथ राजवाडे ने *विवाह संस्था का इतिहास* में इन्हें प्राचीन अवस्था के यथार्थ

के रूप में देखा है। यह असम्भव नहीं लगता। बस्तर के मुड़िया जनों जैसी कुछ जनजातियों में यद्यपि बड़े भाई की पत्नी, अथवा छोटे भाई की पत्नी से विवाह का निषेध है, परन्तु दादी या पोती के साथ हँसी-मजाक से लेकर विवाह और शारीरिक सम्बन्ध तक की अनुमति है।[67]

हमारे आज के संविधान ने भी विभिन्न परिस्थितियों में सम्पन्न होनेवाली, या विभिन्न समुदायों में प्रचलित रीतियों से सम्पन्न किए जानेवाले विवाह को मान्यता दी है। एक बहुजातीय, बहुसांस्कृतिक देश में विचारों से लेकर व्यवहारों और रीति-विधानों तक की विविधता को सम्मान देना जरूरी भी है।

विवाह ने स्त्री पर जितने बन्धन लादे, उतने पुरुष पर नहीं। इसे जनजातीय समुदायों में भी लक्ष्य किया जा सकता है। उदाहरण के लिए अनेक जनजातियों में कुछ लोग एकाधिक पत्नियाँ रख लेते हैं, और इसके लिए वे लगभग वैसे ही बहाने तलाश करते हैं, जैसे सवर्ण समाज के लोग। इसमें कुछ दूर तक स्त्री के शोषण में अर्थव्यवस्था और स्त्री की अपनी प्राकृतिक भिन्नता का भी हाथ रहा है। परन्तु सभी समुदायों में एकपत्नीव्रत को ही आदर्श माना जाता रहा है। स्त्री का जिस तरह का अनादर दूसरी 'सभ्यताओं' में देखने में आता है, वैसा भारत में कभी नहीं हुआ; इसे हम ईसाई समाज में अभी कुछ शताब्दी पहले तक प्रचलित अन्य अन्यायों के साथ चेस्टिटी बेल्ट को या चीन में लड़कियों के पाँव धातु की जूतियों से कस कर छोटा बनाने या कुछ अन्य समाजों में स्त्री को कुदृष्टि से बचाने के लिए किए गए प्रबन्धों और संगसार जैसी रीतियों में देख सकते हैं। प्रसंगवश यहाँ यह बताना उचित लगता है कि संगसार और कुछ अन्य रीतियाँ जैसे बुरका प्रथा, खतना, जिन्हें इस्लामी जगत में देखकर पहली प्रतिक्रिया यह होती है कि ये इस्लामी रीतियाँ हैं, उनमें से अनेक ईसाई और यहूदी परम्परा से ली गई हैं। ईसाई मूल्य-व्यवस्था और उत्सवों और पर्वों में बहुत कुछ ऐसा है जो ईसा से पहले का है। इसी तरह हिन्दू समाज में कुछ कुरीतियाँ, जैसे बालिकावध, ऐसी हैं जो भारत में पहली बार आक्रमणकारियों के भारतीय समाज में घुलमिल जाने के कारण उनकी रीतियों और मान्यताओं के अवशेष के रूप में शामिल हो गईं। जहाँ तक स्मृतिकारों का प्रश्न है वे स्त्री, बालक, भ्रूण, सुप्त अथवा प्रमत्त व्यक्ति के वध को महापाप मानते रहे हैं।

वर्तमान में स्त्री की दशा में अभी और सुधार अपेक्षित है, यह एक अलग सवाल है। परन्तु इसके आधार पर भारतीय इतिहास को सबसे गर्हित बताना अज्ञान और नासमझी का परिणाम है।

परन्तु इसका यह अर्थ कदापि नहीं कि किसी भी चरण पर भारतीय स्त्री की दशा सन्तोषजनक रही है। कुछ लोग यह बताते रहे हैं कि वैदिक काल में स्त्री को पूरी स्वतंत्रता प्राप्त थी। स्त्रियाँ शिक्षा पाती थीं, कविताएँ करती थीं, विचार-विमर्श

में भाग लेती थीं। इस तरह की बातें विशेष रूप में आर्यसमाज के आन्दोलनकारी दौर में की जाती थीं, परन्तु उनसे भी पहले पाश्चात्य अध्येताओं ने भी इसी तरह के विचार व्यक्त किए थे। आर्यसमाज ने इसको अपने आन्दोलन से जोड़कर स्त्री-शिक्षा और पर्दा-प्रथा के निवारण की दिशा में महत्त्वपूर्ण काम किया। वे बहुत गर्व से गार्गी, मैत्रेयी, अपाला और घोषा आदि के नाम गिनाते रहे हैं।

पर ध्यान से देखने पर हम पाते हैं कि स्त्री के अधिकारों का हनन ऋग्वेद के दौर तक हो चुका था। मनु के जिन विधानों के कारण उन्हें स्त्री के प्रति अनुदार बताया जाता है, वे विधान उनके अपने नहीं हैं, ऋग्वेद के समय से चले आ रहे हैं। इसे कुछ वाक्यों से समझा जा सकता है :

1. स्त्री से दोस्ती नहीं निभ सकती—*न वै स्त्रैण्यानि सख्यानि सन्ति।*
2. तू स्त्री है इसलिए अपने हाथ-पाँव सँभालकर रह, अपने टखनों को ढक कर रख—*उपसंहर...मा ते कशप्लकौ दृशन् स्त्री हि ब्रह्मा बभूविथ।*
3. स्त्री के मन पर अंकुश नहीं रखा जा सकता—*स्त्रियः अशास्यं मनः।*
4. स्त्री का हृदय भेड़िए जैसा कठोर होता है—*सालावृकाणां हृदयानि एताः।*
5. स्त्री की बुद्धि ओछी होती है—*उत ॐ अस्या क्रतुं रघुम्।*
6. पतियुक्त स्त्री ही अनिन्द्य होती है—*अनवद्या पतिजुष्टेव नारी।*
7. स्त्री का अविधवा होना, अदुर्मंगली होना, दोपायों, चौपायों सभी के लिए कल्याणकारी होना जरूरी था। पति के साथ ही नहीं, विवाह के बाद आदमी से लेकर जानवर तक के साथ कुछ घट गया तो उसके लिए दोष उसे ही दिया जाता था।
8. जुआ आदि खेलनेवाला कई बार अपनी पत्नी तक को दाँव पर लगा देता था—अन्ये जायाँ परिमृशन्ति अस्य।
9. स्त्री मुख्यतः पुरुष के भोग की वस्तु थी, और जिन्हें ऋषिका आदि कह कर बहुत सम्मान दिया जाता है, उनके द्वारा लिखे गए सूक्तों का विषय भी यही है।
10. कुछ स्त्रियाँ अपनी प्रशंसा में स्वयं अपने मुँह से कहती है कि वे कामक्रीड़ा में बहुत आनन्द देती हैं। भाषा खासी आदिम है और इसमें उस बहुभोग्या स्त्री का गर्व भी है जिसे हम आदिम कामपर्व के सन्दर्भ में देख आए हैं :

   न मत् स्त्री सुभसत्तरा न सुयाशुतरा भुवत्।
न मत् प्रतिच्यवीयसी न सक्थि उद्यमीयसी॥

   ऋ. 10.86.6

11. सबसे बड़ी बात यह कि जिस समाज में सौतें अस्तित्व में आ चुकी हों, उसमें स्त्री सम्मान के साथ रह ही नहीं सकती थी।

12. स्त्री क्षेत्र है जिसमें पुरुष बीजवपन करता है, जिसका निहितार्थ यह भी है कि सन्तान पर पिता का अधिकार होता है, न कि स्त्री का, यह विधान भी ऋग्वेद में आ चुका है—

तान् पूषन् शिवतमां ईरयस्व यस्यां बीजं मनुष्या वपन्ति।

ऋ.10.85.37।

स्त्री को क्षेत्र और पुरुष को किसान मानने का विश्वास कब और कैसे ईसाई तंत्र में प्रवेश कर गया यह खोज का विषय हो सकता है, परन्तु स्त्रियों के प्रति जितना अपमानजनक व्यवहार वहाँ देखने में आता है, वह तो इससे बहुत आगे जाता है।

इसके बाद भी यह देखकर आश्चर्य होता है कि उसी परम्परा में ऐसे विधान रहे हैं जो दूसरी प्राचीन सभ्यताओं को देखते हुए बहुत प्रगतिशील कहे जा सकते हैं। मनु ने इनका भी उल्लेख किया है। लगता है ये विधान भी पहले से चले आ रहे थे।

उदाहरण के लिए—

1. स्त्री, अपना देह और पुत्र तीनों मिलकर पुरुष होता है, जो भर्ता है वही भार्या है : *एतावानेव पुरुषो यत् जाया-आत्मा-प्रजेति ह।*
2. विक्रय वा त्याग से स्त्री पति से अलग नहीं हो सकती—*न निष्क्रय-विसर्गाभ्यां भर्तुर्भार्या विमुच्यते।*
3. अपने पति से सन्तान न होने पर स्त्री पति की आज्ञा से देवर या अन्य सपिंड पुरुष से पुत्र प्राप्त कर सकती है—*देवरात् वा सपिंडात् वा स्त्रिया सम्यक् नियुक्तया, प्रजा इप्सित अधिगन्तव्या सन्तानस्य परिक्षये।*
4. गुरु के आदेश से कोई पुरुष विधवा से एक पुत्र उत्पन्न करने के लिए सहवास कर सकता है—*विधवायां नियुक्तः तु घृत अक्तो वाक् यतो निशि, एकं उत्पादयेत् पुत्रं न द्वितीयं कथंचन्।*
5. नौकरी आदि करने के लिए विदेश जानेवाला व्यक्ति अपनी पत्नी के पोषण का पूरा प्रबन्ध करके जाए।
6. विदेश से एक नियत अवधि के भीतर न लौटनेवाले पति को स्त्री त्याग सकती है।
7. ऋतुमती कन्या तीन वर्ष तक बाट देखकर स्वयं अपने तुल्य वर को चुन सकती है, यद्यपि इस स्थिति में उसे अपने पिता और भाई आदि से भेंट या आभूषण आदि नहीं लेना चाहिए।
8. साधारण धर्मों को भी पति स्त्री के साथ ही करे।

9. जहाँ स्त्री का सम्मान होता है वहाँ देवता विहार करते हैं, जहाँ इनका अनादर होता है वहाँ सभी क्रियाएँ व्यर्थ हो जाती हैं :

यत्र नार्यः तु पूज्यन्ते रमन्ते तत्र देवता।
यत्र एतास्तु न पूज्यन्ते सर्वाः तत्र अफलाः क्रियाः।

जिस कुल में स्त्रियाँ शोकसन्तप्त रहती हैं उस कुल का शीघ्र ही नाश हो जाता है, और जहाँ वे प्रसन्न रहती हैं वहाँ निश्चय ही निरन्तर उन्नति होती है :

शोचन्ति जामयो यत्र विनश्यन्ति आशु तत् कुलम्।
न शोचन्ति तु यत्र एता वर्धते तत् हि सर्वदा॥

जिन स्त्रियों का आदर नहीं होता वे जिन कुलों को शाप देती हैं वे समग्रतः उसी तरह नष्ट हो जाते हैं मानो मारण मंत्र लग गया हो :

जामयो यानि गेहानि शपन्ति अप्रतिपूजिताः।
तानि कृत्याहतानीव विनश्यन्ति समन्ततः॥

इनमें एक संगति है। एक तर्क और विश्वास है। ये मात्र भावोच्छ्वास नहीं हैं, अनुभूत सत्य हैं। स्मृतिकार आज के मानदंडों के आधार पर स्त्री के प्रति अनुदार कहे जा सकते हैं, परन्तु इतिहास को वर्तमान में उतारकर उस पर निर्णय करना और उसके अनुरूप न पाकर स्मृतिकारों की भर्त्सना करना, वागाडम्बर को तो प्रकट करता प्रकट करता है, समझ को नहीं।

21

प्रसव

विष्णुः योनिं कल्पयतु त्वष्टा रूपाणि पिंशतु।
आ सिंचतु प्रजापतिः धाता गर्भं दधातु ते।

ऋग्वेद

लम्बाडियों में एक बार लड़की का विवाह होने के बाद वह जीवन में शायद ही कभी अपने पैतृक कुल में लौटती रही हो। उनकी पत्नियों की सन्तानें पति के ही घर पर जन्म लेती थीं, यह कहने की आवश्यकता नहीं रह जाती। पर अब पहली सन्तान पिता के परिवार में होती है और बाद के सूतकों में वे अपनी पत्नी को मातृकुल में भेजते हैं। प्रसूति काल में स्त्री घर से अलग पशुओं की घारी में रहती है, जिसे घर के साथ ही इसी प्रयोजन से बनाया जाता है। उनके ही समुदाय की एक दाई जिसे लोमसोनिल कहते हैं, पहले प्रसव कराती थी, परन्तु अब वे सरकारी दाइयों की सहायता लेने लगे हैं। जन्म के तत्काल बाद गर्भनाल को हँसिये से काट दिया जाता है और इसे झिल्ली के साथ घर के सामने ही गाड़ दिया जाता है। प्रतिदिन बच्चे को उसी स्थान पर नहलाया जाता है, जहाँ गर्भलान गाड़ा गया था। जन्म के बाद तीन दिनों तक अशौच रहता है। तीसरे दिन जल्वा दोखनो का संस्कार होता है, जिसमें परिवार के बड़े-बूढ़े पूर्वजों के नाम पर नारियल तोड़ते हैं और प्रसूता के शीघ्र स्वास्थ्य लाभ के लिए प्रार्थना करते हैं। घर के एक कोने में एक गड्ढा खोदकर उसमें पानी भर दिया जाता है और प्रसूता सात प्रकार के अनाज अपने आँचल में लिये उसमें से पूरे रास्ते गिराती हुई उस गड्ढे तक जाती है। औरतें एकत्र होकर चावल के आटे से बना एक प्रमिडा वहाँ जलाती हैं और—'इस गड्ढे तक आँसू बहाती हुई आओ और मुस्कान बिखेरती यहाँ से लौटो'—जैसे आशय वाले गाने गाते हुए उस स्त्री का वहाँ स्वागत करती हैं। गड्ढे के पास पहुँचने पर स्त्रियाँ उसे हरियरा या लपसी बनाकर खिलाती हैं। जब वह लौटने लगती है तो उसे कुछ खीर—पायसम्—खाने को दिया जाता है और वही बच्चों के बीच प्रसाद के रूप में बाँटा जाता है।

नामकरण संस्कार

नामकरण जन्म के तीसरे दिन जल्वा दोखनो के अवसर पर ही किया जाता है और इस अवसर पर ब्राह्मण ज्योतिषी की भी सलाह ली जाती है। मुंडन (यदि किया जाता है तो) आठ-नौ वर्ष की आयु में किया जाता है, पर पहले मुंडन संस्कार का चलन नहीं था।

प्रशिक्षण

लड़कों को बारह साल की उम्र तक किसी तरह का काम नहीं सौंपा जाता। वे खेल-कूद में समय बिताते हैं, पर बारह साल का होने पर उन्हें घर में ही गाय चराने या अपने पिता को खाना पहुँचाने, कुएँ या पास के सोते या झरने से पानी लाने जैसे किसी काम में लगाया जाता है। कुछ समुदायों में इस उम्र तक बच्चा रोजी-रोटी कमाने लगता है। पर मुख्य रूप से इसके बाद के कुछ साल उसके लिए सीखने-जानने के ही होते हैं। 18-19 की उम्र तक उसका प्रशिक्षण पूरा हो चुका रहता है और अब वह किसी भूस्वामी के यहाँ काम करने लगता है।

लड़कियों और लड़कों के मामले में लड़कों को वरीयता दी जाती है। लड़कियाँ घर के भीतर इसी तरह की छूट पाए रहती हैं और फिर धीरे-धीर काम-काज में हाथ बँटाने लगती हैं।

लड़की के जीवन में रजोधर्म एक निर्णायक मोड़ है। इस समय वह पाँच दिनों तक अशुद्ध मानी जाती है और उसे मिट्टी की परई या तश्तरी में खाने को दिया जाता है और घर की किसी चीज को छूने नहीं दिया जाता। अन्त्येष्ठि संस्कार पर हम अलग से कुछ विस्तार से चर्चा करेंगे।

22

अन्त्येष्ठि

> हिन्दू श्राद्ध क्रिया मृतात्मा के निवास के लिए एक नई काया तैयार करने के लिए की जाती है। जनजातीय धर्म में मृतात्मा के लिए की जानेवाली क्रिया ठीक इसके समानान्तर है परन्तु अन्तर यह है कि वह इस विचार के भौतिकवादी विकास के अधिक वस्तुपरक है। अत: माइसो में हस्सलर जनजाति...एक बर्तन इसके निवास के लिए रखते हैं जिसमें उसे भोजन और पानी दिया जाता है। निकोबारी और कुछ नागा जन लकड़ी की आकृति बनाकर उस पर मृतात्मा की खोपड़ी को औंधा करके रख देते जिससे आत्मा खोपड़ी से निकलकर लकड़ी की आकृति में समा जाए। ऐसी ही रीति पहले मेघालय के गारो जनों में प्रचलित रही होगी। ओडिसा के गंजाम जिले के सवर इसी तरह की परन्तु कुछ अधिक रूढ़ आकृति का प्रयोग करते हैं जिसमें मृतात्मा अन्त्येष्ठि और पुनर्जन्म के बीच निवास कर सके। मध्य प्रदेश के कुनबी मृतात्मा की पीतल की आकृति बनाते हैं जिसे वे सँभालकर रखते हैं। जब ऐसी आकृतियाँ इतनी अधिक हो जाती हैं कि उन्हें सँभालना कठिन हो जाता है तो उनको गंगा जैसी किसी पवित्र नदी में समर्पित कर दिया जाता है।[68]

लम्बाडी जनों में मरने के बाद शव को घर से बाहर निकालकर एक चारपाई पर रख दिया जाता है। उसे गर्म पानी से धोने के बाद हल्दी पोती जाती है। विवाहितों की अन्त्येष्ठि की जाती है और अविवाहितों को समाधि दी जाती है। श्मशान स्थल तक जाते समय वे बीच में रुक जाते हैं। मृतक का पुत्र या दाह करने का अधिकारी व्यक्ति किसी पत्थर पर या पेड़ के नीचे कुछ चावल रख देता है। यदि किसी गाय ने उसे खा लिया तो माना जाता है कि मृतक की सभी कामनाएँ पूरी हो चुकी थीं। श्मशान से लौटते समय वे उसी रास्ते नहीं लौटते जिससे गए थे। कोई चारा न रहने पर वे रास्ते की कुछ झाड़ियों और पेड़ों की ही कन्नी काटते हुए टेढ़े-मेढ़े रास्ते बनाकर

लौटते हैं। विश्वास यह किया जाता है कि जिस रास्ते मृतक गया है, उसकी आत्मा उस रास्ते को पहचानती है और इसलिए वापस लौट सकती है। यदि टेढ़ा-मेढ़ा रास्ता अपनाया गया तो वह वापस नहीं लौट सकती। तीन दिन के बाद दाह करनेवाला और कुछ दूसरे सम्बन्धी दाह के स्थान पर जाकर दूध गिराते हैं और थोड़ा सा भात रख देते हैं। मरने के बाद आत्मा का क्या हुआ यह पता लगाने के लिए वे चिता की राख को परखते हैं। यदि राख पर किसी के पाँवों का चिह्न न हुआ तो वे मान लेते हैं कि आत्मा स्वर्ग चली गई। यदि पाँव के निशान हुए तो उसका पुनर्जन्म हो गया। यदि किसी पशु के पाँव का निशान हुआ तो वह उस पशु की योनि में पैदा हो गया। यदि निशान साफ नहीं दिखाई दिया तो मान लेते हैं कि वह प्रेतयोनि में चला गया। जिस घर में मौत हुई रहती है उसमें उन्हें शाकाहारी भोजन खाने को दिया जाता है और इसके साथ ही अशौच खत्म हो जाता है। समाधि देने की दशा में भी अशौच तीन दिन बाद ही समाप्त होता है। आर्थिक दशा बिगड़ने के कारण लम्बाड़ी अब पहले जिन मामलों में अग्निदाह करते थे उनमें भी समाधि देने लगे हैं क्योंकि दाहकर्म अधिक महँगा पड़ता है। समाधि देने में खर्च सात-आठ गुना कम आता है।

हमने अपने विवेचन में लम्बाडी समुदाय को इसलिए लिया है कि ये उन्नत समाज से अधिक सम्पर्क में रहे हैं और अपने को हिन्दू कहते भी हैं। यदि हम लम्बाडियों में प्रचलित रीति-विधानों की बारीकी में जाएँ तो पाएँगे कि इन्होंने हिन्दू संस्कारों और रीति-विधानों को सचेत रूप में अपनाया भी है। इसके बाद भी कुछ बातें हैं जो एक ऐसी व्यवस्था और विधान की सूचना देती हैं जो आदिम अवस्था की हैं और जो प्राचीन वैदिक मान्यताओं में परिलक्षित हो सकती है। हमने आरम्भ में अंडमान से लेकर मध्यप्रदेश तक की विविध जनजातियों के जिन रीति-विधानों का उल्लेख किया है वे ठीक उसी मूल भावना को प्रकट करती हैं जिसके चलते मृतात्मा को वैदिक परम्परा में भी एक निश्चित अवधि तक पिंडा और जल दिया जाता है और उसके प्रेतयोनि से निकलकर किसी नई काया में प्रवेश को सुनिश्चित किया जता है।

लम्बाडियों का अन्त्येष्ठि के बाद रास्ता बदलकर लौटना जिससे आत्मा वापस वही रास्ता पकड़े फिर बस्ती तक न पहुँच जाए और वैदिक विधान में रास्ते में पर्वत के प्रतीक रूप में कोई पत्थर रख देना, जिससे आत्मा फिर उस गाँव में न आने पाए एक ही मूल विश्वास के दो अति प्राचीन रूप हैं। इस दृष्टि से ऋग्वेद मान्यताओं के टकराव और संक्रमणकाल का साहित्य सिद्ध होता है, क्योंकि उसमें उन सभी विधियों का उल्लेख है जो बाद में भी किन्हीं परिस्थितियों में मान्य रही हैं। हम यह भी मान सकते हैं कि वैदिक समाज जिन जनों और गणों के सभ्य समाज से जुड़ते चले जाने के कारण बना था, उसमें उन सभी की पुरानी रीतियों का निर्वाह लम्बे समय तक होता रहा। परन्तु जो इनमें वर्चस्वी समुदाय था, उसकी अन्त्येष्ठि की रीति बहुमान्य या सर्वमान्य हो गई, दूसरी पद्धतियाँ सीमित होती चली गईं।

23

धातुविद्या और अग्निदाह

अग्निः अमृतम्।

शतपथ ब्राह्मण

मनुष्य मरना नहीं चाहता। वह मरने के बाद की जिन्दगी की कामना आदिम अवस्था में ही करने लगा था। यह कल्पना कि पितरों की आत्माएँ बस्ती के पास के पेड़ पर निवास करती हैं, इसी का परिणाम थी। ये पितर दुख-सुख में हिस्सा लेने भी आ जाते थे। यह पुरातन विश्वास आज तक बना हुआ है कि मनुष्य के मरने के बाद भी कुछ बचा रह जाता है। कुछ है जिस पर मृत्यु का प्रभाव नहीं पड़ता। जो मर जाता है, नष्ट हो जाता है, वह नकली है; जो बचा रहता है, वह असली है।

मनुष्य के मर जाने पर उसको समाधि देना सबसे प्राचीन रूप था। उसका सम्बन्ध परिवार से बना रहे, यह सोचकर कभी उसे घर के भीतर ही समाधि दे दी जाती थी। अनुभवों से पता चला होगा कि यह ठीक नहीं है। फिर उसे घर से बाहर, भरसक अपने ही खेत में या अपने पेड़ के नीचे गाड़ना आरम्भ हुआ और फिर इसका भी मोह छोड़कर, या मृतकों की भी एक बस्ती बसाने की चिन्ता ने बस्ती के समाधिस्थल की कल्पना को बल दिया होगा।

परन्तु मृतक को जलाने की कल्पना बहुत चकित करनेवाली है। जो प्राण प्रिय जनों के चाहते हुए भी न बचाया जा सका, उस पर तो कोई वश न था। परन्तु अपनी ओर से नष्ट करना, स्वयं उसे जला देना बहुत क्रूर था। कुछ वैसा ही जैसा मरने के बाद शरीर के ऐसे अंगों को दूसरों के उपयोग के लिए दान करने की कल्पना, आज बहुतों को लगती है। अपनी ओर से उसके शरीर को क्षत-विक्षत क्यों करें। जिस तरह की दार्शनिक सोच शरीर के उपयोग में आ सकनेवाले अंगों के दान के लिए जरूरी है, कुछ उसी तरह की दार्शनिक सोच शवदाह के लिए समाज को तैयार करने में सहायक रही हो सकती है।

ऐतिहासिक दृष्टि से विचार करने पर हम पाते हैं कि धातु के प्रचलन का युग वह संक्रमण का दौर है, जिसमें एक ही समाज में कुछ लोग शव को समाधि दे रहे थे, दूसरे उनको प्रवाहित कर रहे थे, तीसरे शव का दाह कर रहे थे और दाह के बाद की भस्मी या फूल को समाधि दे रहे थे। कल्पना की जा सकती है कि कुछ दूसरे उस भस्मी को प्रवाहित भी कर रहे होंगे। अन्त्येष्ठि की तीन रीतियों के पुरातात्त्विक अवशेष तो मिलते ही हैं।

ताँबे और राँगे के मिश्रण से जो मिश्रधातु तैयार होती है, उसे भी फूल ही कहते हैं। इसमें जंग नहीं लगती। यह बाद की बात हो सकती है, परन्तु ऐसा लगता है कि धातुशोधन के क्रम में मनुष्य को जो अनुभव प्राप्त हुआ, उसी का विस्तार इस सोच में हुआ कि जब मनुष्य को मरने के बाद गाड़ दिया जाता है तो शरीर का बन्धन उसकी आत्मा को पूरी तरह मुक्त नहीं होने देता। वह प्रेतयोनि में पड़ा भटकता रहता है। जिस तरह धातु के अनावश्यक तत्त्वों को जला और गलाकर अलग कर देने के बाद शुद्ध धातु बच रहती है, ठीक उसी तरह यदि मृत शरीर को जला दिया जाए तो नश्वर पदार्थ तत्काल नष्ट हो जाएँगे और शुद्ध आत्मा या ज्योति परमज्योति में मिल जाएगी। धातुओं में भी आत्मा को सोने या चाँदी के शोधित रूप में कल्पित किया गया। सोने और चाँदी को अमृत कहा भी जाता है। ये दो धातुएँ ऐसी हैं जो अपने शुद्ध रूप में क्षरण और जंग से प्रभावित नहीं होतीं, दूसरी धातुएँ मिश्रित होने पर ही क्षरण-प्रतिरोधी बन पाती हैं।

शवदाह के बाद भी भस्मी को समाधि देने की रीति उसके किसी अंश के उस भस्मी में बचाए रखने की कामना की उपज है। इससे उबरने में बहुत समय लगा।

जो भी हो, हड़प्पा सभ्यता के उत्थान और विकास के दौर में हम भारतीय समाज को धातुयुग में प्रवेश करते देखते हैं—ताँबा, काँसा, चाँदी, सोना विविध धातुओं का प्रयोग इस काल में देखने में आता है। इसी में वह संक्रमण भी दिखाई देता है, जिसमें समाधि के विविध रूपों के साथ ही शवदाह के भी प्रमाण मिलते हैं। ऋग्वेद में हम इन धातुओं का उल्लेख तो पाते ही हैं, अन्त्येष्ठि के रूपों की विविधता और अग्निदाह की ओर संक्रमण को भी लक्ष्य करते हैं।

24

पितृपूजा

उत् ईरतां अवर उत् परासः उत् मध्यमाः पितरः सोम्यासः।
असुं य ईयुः अवृका ऋतज्ञाः ते नो अवन्तु पितरो हवेषु॥

ऋग्वेद 10.15.1

आज भी विवाह आदि के विशेष अवसरों पर गाँवों में जो विधि-विधान किए जाते हैं, उनमें से एक है समारोह से कुछ पहले पितरों को उसमें सम्मिलित होने के लिए निमंत्रित करना। इसमें कम-से-कम सात पिछली पीढ़ियों के पितर निमंत्रित किए जाते हैं।

वैदिक साहित्य में विशेष अवसरों पर पितरों को निमंत्रित करने और आकर यज्ञ में भाग लेने के विवरण बहुत स्पष्ट हैं। वैदिक देवशास्त्र पर विचार करने वालों ने इस पर लिखा है, इसलिए इसके विस्तार में जाने की यहाँ आवश्यकता नहीं। यज्ञ में न केवल ये पितर सम्मिलित होते हैं, अपितु इसमें त्रुटियाँ न होने पाएँ, इसका निर्देशन भी करते हैं। ऋग्वेद की एक ऋचा में कहा गया है कि विश्व में जितने भी तरह के कार्य-व्यापार हैं, वे सभी यज्ञ के ही रूप हैं। यज्ञ के असंख्य तार हैं जो समस्त दिशाओं में तने हुए हैं। इसकी वस्त्र बुनने की कला से तुलना करते हुए कहा गया है, इनको हमारे अमर पितर हमें यह निर्देश देते हुए बुन रहे हैं कि आगे की ओर बुनो (प्र-वय), पीछे की ओर बुनो (अप-वय)।[69]

कोसम्बी ने इस तथ्य की ओर ध्यान दिलाया था कि नीलगिरि के टोडा जनों में भी पितरों के विषय में वैदिक पितरों से मिलती-जुलती धारणाएँ पाई जाती हैं। वे भी उसी तरह देवताओं से सीधा सम्बन्ध जोड़े रहते हैं, जैसे वैदिक पितर।

जिन अध्येताओं ने आदिम जनों के विश्वासों को उसी रूप में वैदिक परम्परा में भी लक्ष्य किया है वे एक ओर इस पर चकित होते हैं, दूसरी ओर लेन-देन की बहुत कामचलाऊ व्याख्या देकर अपनी मुश्किल आसान करते हैं। उदाहरण के

लिए देबीप्रसाद चट्टोपाध्याय रिवर्स नाम के मानवविज्ञानी का हवाला देते हैं, जिसने टोडा जनों पर विचार करते हुए लिखा था कि—

> टोडा जनों का अपना विशिष्ट देवता स्पष्टतः मानवीकृत (ऐन्थ्रोपोमार्फिक) है और उसे तेउ कहा जाता है। दन्तकथाओं में उसको उसी प्रकार का जीवन जीते दिखाया जाता है, जिस तरह का जीवन टोडा जीते हैं।...

चट्टोपाध्याय कहते हैं—

> हम फिलहाल टोडा देवताओं पर कुछ और सामान्य टिप्पणी उद्धृत करेंगे, क्योंकि इनसे प्राचीन वैदिक जनों के देवों पर बहुत रोचक प्रकाश पड़ता है।"

और रिवर्स की एक अन्य टिप्पणी उद्धृत करने के बाद वह लिखते हैं—

> यहाँ सबसे विलक्षण है टोडा जनों के तथाकथित देवताओं का नितान्त पार्थिव मानव-स्वभाव और गण के लोगों से उनके सम्बन्ध की प्रकृति, जो भी निपट मानवीय है। यहीं आकर हम उस विस्मयजनक समानता को लक्ष्य करते हैं जो वैदिक देवताओं और टोडा जनों के देवताओं में पाई जाती है...

इससे आगे चट्टोपाध्याय ने वैदिक देवताओं की टोडा देवताओं से समानता को कुछ विस्तार से बयान किया है।[70]

अनेक आदिम जनों में मरणोत्तर जीवन के विषय में यह विश्वास रहा है कि मरने के बाद पितर बस्ती के पास के कुंज में या किसी वृक्ष पर निवास करते हैं। वे अदृश्य रूप में हमारे आसपास उपस्थित रहते हैं, और स्मरण करने पर दुख-सुख में भागीदारी भी करते हैं।[71] इसी विश्वास की परिणति है पीपल के वृक्ष पर यम के साथ पितरों का मधुपान करना और निवास करना।[72]

देवताओं के साथ पान का उल्लेख बहुत रोचक है। इससे कम रोचक पितरों को अर्घ्य देने की रीति नहीं है। पितर सूर्य रश्मियों से पान करते हैं—

इमे नु ते रश्मयः सूर्यस्य येभिः सपित्वं पितरो नः आसन्

(ऋ. 1.109.7)

यह अर्घ्य तो वैदिक काल में बहुत पहले ही आरम्भ हो गया था, पर मधुपान करने वाले पितरों की कहानी भी बहुत पुरानी है। यह उस आदिम अवस्था का अवशेष है जो आज भी कुछ बदले रूपों में अनेक आदिम जनों में पाया जाता है। पितरों को *पदज्ञ* (ऋ. 1.62.2) कहकर उन्हें याद किया गया है। *पदज्ञ* शब्द व्यापक अर्थ

रखता है। पद (चरण) का एक अर्थ स्थान है, दूसरा पदक्रम। एक अर्थ सीमा भी हो सकती है। सम्भव है, सीमा-विवाद छिड़ने पर पितरों की शपथ भी ली जाती रही हो। बैगा जन जंगल साफ करके अपना अधिकार-क्षेत्र निश्चित करने के लिए समय-समय पर सीवान तय (सीमांकन) करते हैं। इस सीवाने पर वे शराब बिखेरते हैं। यह काम बैगा ओझा करता है। वह सीमांकन करते समय स्वयं भी बीच-बीच में शराब पीता रहता है। प्रतीकात्मक रूप में कहें तो यह पितरों को तर्पण है और एक तरह से सीमा की रक्षा के लिए उनकी आत्माओं को साक्षी बनाना है। इस सीमा का उल्लंघन कोई कर नहीं सकता, परन्तु यदि किसी कारण विवाद हुआ तो सम्भवतः ओझा के माध्यम से पितर ही सच्चाई समझाएँगे। गोंड महुआ (मधूक) के चारों ओर एक रीति सम्पादन करते हैं। यही मधु या महुआ है जिसके रस का पान आरम्भिक अवस्था में खमीर उठने के बाद पूरी बिरादरी करती थी और इसे पितरों को तर्पण के रूप में दिया जाता था। यही ऋग्वेद की ऋचा में पितरों का देवताओं के साथ बैठकर मधुपान करना है।[73]

25

देवसमाज

उभये ह वा इदं अग्रे सह आसुः देवाः च मनुष्याः च।

शतपथ ब्राह्मण

यज्ञ के प्रसंग में हम पाते हैं कि इसका सम्बन्ध कृषिकर्म से है। जिस तरह का विरोध असुरों का देवों से रहा है, वैसा ही विरोध रुद्र का यज्ञ से रहा है। उनका एक नाम ही है मखनाशन। उन्हें वे फल और फूल—बेर, बेल, धतूरा, गन्ने की पोरियाँ आदि चढ़ाए जाते हैं, जो कृषि से उत्पन्न नहीं होते। गन्ने में और केवल गन्ने में सोम के सभी लक्षण पाए जाते हैं। आरम्भ में इसकी खेती नहीं होती थी, यह जंगली घास की तरह उगता था। इस सोम के मालिक भी रुद्र ही हैं। आगे चलकर सोम (चन्द्रमा) इनके माथे का आभूषण बन जाता है। सबसे प्राचीन देवता होने के कारण ये महेश, महेन्द्र, देवताओं से ज्येष्ठ और श्रेष्ठ माने जाते हैं, परन्तु आदिम अवस्था से जुड़े होने के कारण इनसे परहेज भी आरम्भ हो जाता है। इनका और काली का स्थान गाँव के बाहर बरगद अथवा नीम के किसी पेड़ के नीचे होता था जो वन का प्रतीक है।

इन दोनों से पुराना यदि कोई देवता रहा होगा तो वह अग्नि स्वयं है। आग का परिचय मनुष्य को लाखों वर्ष पहले चल चुका था। मांस को भूनने और पके हुए अनाज के दानों को भूनकर खाने के लिए इसकी उपयोगिता के विषय में कुछ कहने की आवश्यकता नहीं। आग पर भूनने पर खाद्य-पदार्थ का स्वाद बढ़ जाता है। इसके कारण अग्नि को मधुजिह्व कहते हैं।

चौथा देवता भी वन्य जीवन में ही आ गया था। यह वरुण हैं। अभाव के दिनों में आहारसंग्रही समुदाय के सदस्य प्रायः फल और कन्द और अनाज तैयार होने से पहले ही उन्हें नोचना-खसोटना आरम्भ कर देते थे। परन्तु कुछ समझदार लोगों को यह लगा कि यह अपने ही संसाधनों को नष्ट करने जैसा है। उन्होंने यह बन्धन लगाया कि अमुक समय से पहले इनको खाना या तोड़ना अपराध माना जाएगा।

इससे पाप लगेगा। यदि कोई ऐसा करता पाया गया तो उसे कठोर दंड दिया जाएगा, जिसमें उसके प्राण भी लिये जा सकते हैं। इस वारण या वर्जना के देवता की कठोरता संयम और नियम को लेकर है।

जो भी हो, ये चार देवता आहारसंग्रह के चरण से चले आए हैं, इसलिए इन चारों को बाद तक भी असुर, महादेव, असुर महान कहा जाता रहा। इन चारों महान देवों का असुरत्व एक जैसा है, *महत् देवानां असुरत्वं एकम्।* असुर इन्द्र और मित्र को भी कहा गया है, परन्तु वहाँ आशय शक्तिशाली से है। यह सम्भव है कि जैसे सभ्यता के अगले चरण पर रुद्र घृण्य, जघन्य आदि हो जाते हैं, उनके उपासक अघोरी हो जाते हैं, परन्तु उनकी एक नई पीढ़ी रुद्रों की निकल आती है जो कृषि और पशुपालन में सहायक होती है, उसी तरह सम्भव है, अग्नि, वरुण और शक्ति या काली के भी पूर्वरूप अकेले रुद्र ही रहे हों जो अर्धनारीश्वर भी माने जाते हैं। कारण, अग्नि के अधिकांश पर्याय रुद्र पर घटित होते हैं। उनका तीसरा नेत्र खुलने पर वैसे भी प्रलय हो जाता है। रुद्र का क्रोध वरुण की तरह ही विकट है। यह हमारा अनुमान मात्र है परन्तु यह सच है कि रुद्र की भूमिकाएँ और चरित्र जितना बदला है, उतना अन्य किसी देवता का नहीं।

पशुचारण की अवस्था में रुद्र में कल्याण-भाव जुड़ गया। वह शिव हो गए। वह अब **गोघ्न** या पशुओं को मारनेवाले नहीं रह जाते। अब वह पशुओं के पालक हो जाते हैं। अपनी भयभीत करनेवाली आवाज या रव से हिंस्र पशुओं और चोरों से सचेत करनेवाला कुत्ता अब **भैरव** बन जाता है और वह शिव का रूप हो जाता है। काली तो सभी दृष्टियों से शिव के साथ अपनी भूमिका बदलती रहती हैं। शिव और काली या दुर्गा में अधिक सम्भावना यही है कि काली अधिक प्राचीन हों। पशुचारण के चरण के सबसे महत्त्वपूर्ण और सबसे पुराने देवता पूषा हैं। यह सूर्य के ही एक भिन्न रूप हैं, जो उस समय ही देवता बन गए थे, जब केवल बकरी को पालतू बनाया गया था। इसलिए इनकी सवारी भी बकरा ही है। इनका काम है खोए हुए पशुओं का पता लगाना।

कृषि के चरण पर रुद्र की अपनी भूमिका समाप्त हो जाती है। यहाँ उनके पुत्र या रुद्रगण आ जाते हैं, जिनमें उनसे वर्षा कराने या वर्षक बादलों को लाने की शक्ति है।

देवताओं का जन्म कैसे और क्यों हुआ, यहाँ तक कि ईश्वर का जन्म कैसे हुआ, इसका जितना अच्छा परिचय भारतीय देवशास्त्र में मिलता है, उतना दूसरे किसी देवशास्त्र में नहीं। इसीलिए कभी मैक्समूलर ने वैदिक साहित्य को मानवता के शैशव का साहित्य कहा था। यह शैशव का साहित्य तो नहीं है, परन्तु दूसरी सभ्यताओं को देखते हुए कम-से-कम ऋग्वेद सबसे पुराना ग्रन्थ है। इसलिए विकास की उस अवस्था पर मनुष्य का काम नौकरों-चाकरों और गुलामों से न

चला तो, उसने अशरीरी सहायक पैदा करना आरम्भ कर दिया। जो काम उससे, उसके नौकरों-चाकरों से सम्भव नहीं हो सकता था, उसे भी करनेवाला तो कोई चाहिए ही। अकूत लाभ कमाना हो, या दुर्बल होते हुए भी अपने से बलवान शत्रु को परास्त करना हो, हारी-बीमारी दूर करना हो, या निरे सेवा-टहल के काम, जैसे जानवरों की रखवाली, माल की ईमानदारी से ढुलाई, रात के समय जान-माल की रखवाली, सभी के लिए देवता गढ़ लिये जाते हैं।

धर्म का कारोबार करनेवाले अपनी आवश्यकता के अनुसार आज भी नए देवता गढ़ते रहते हैं। यह स्थिति आदिम अवस्था से लेकर आज तक चली आई है। इसका सबसे रोचक पहलू है वैदिक कवियों का अपने सबसे बड़े देवता इन्द्र को कुशिक का पुत्र बताना। अर्थात सबसे पहले कुशिकों या पँवारे रचनेवालों ने इन्द्र की कल्पना करके इनका महत्त्व बताना आरम्भ किया था।

आ तू न इन्द्र कौशिक मन्दसानः सुतं पिब।
नव्यं आयुः प्र सू तिर कृधी सहस्रसां ऋषिम्। ऋ. 1.10.11

इसके बाद भी यह तो स्वीकार करना ही होगा कि विश्व की अनन्त रहस्यमयताओं से उत्पन्न विस्मय हम किसी ईश्वर या देवता को सौंपकर अपनी मानसिक उलझन को कम कर लेते हैं। इसी के कारण धर्म और ईश्वर हमारी मनोवैज्ञानिक जरूरत बने रहे हैं। इनसे वंचित होने पर लोग अपने सभी निर्णयों और कर्मों के लिए स्वयं उत्तरदायी हो जाएँगे, जिससे वे बचना चाहते हैं।

हम नहीं जानते कि रुद्र या शिव और शक्ति या दुर्गा की कल्पना कब की गई, परन्तु इनका रूप, आकार, आचार सब कुछ आहार-संग्रह और शिकार के चरण से मेल खाता है। उसी तरह का मुक्ताचार शैव और शाक्त सम्प्रदायों में बाद तक चलता रहा है जो आदिम समाज का लक्षण है। वह मनुष्यों और पशुओं, दोनों का शिकार करते हैं। वह **गोघ्न** और **पूरुषघ्न** हैं और इन नामों में उस अवस्था की याद बचाए हुए हैं जब बाद में सभ्य जीवन जीनेवाला समाज भी नरवध करता था। वह **व्याध** और **विव्याध** के रूप में भी याद किए गए हैं। मनुष्यों से लेकर पशुओं तक को जो व्याधियाँ और महामारियाँ सताती हैं, वे सभी उन्हीं के प्रकोप से आती हैं। उनके गणों में भूत और पिशाच हैं, आहारसंग्रह के चरण के कुपोषित क्षुधातुर मानव। परन्तु उनकी कृपा से बीमारियाँ ठीक भी हो सकती हैं, वह **जलाषभेषज** भी हैं।

यदि हम भारतीय जनजातियों के देव समाज को देखें तो पाएँगे, उनमें पशुपालन, कृषि और वाणिज्य की अवस्था में पैदा हुए देवता नहीं हैं। यह अभाव उनमें भी पाया जाएगा जो प्राथमिक स्तर की खेती और पशुपालन करने लगे हैं।

आदिम अवस्था से लेकर उच्चतम अवस्था तक एक विशेषता भारतीय समाज में पाई जाती है। यह है देवताओं के साथ सख्यभाव और इसके कारण

उनके साथ विनोद करने की छूट। उनकी ऐसी लीलाओं का रस लेकर वर्णन जो सामान्य मनुष्यों के समान हैं। इसी देश में राधा के साथ रमण करनेवाले, गोपियों का चीरहरण करनेवाले, चोरी करनेवाले, झूठ बोलनेवाले भगवान तलाशे जा सकते हैं और राधे-राधेश्याम मिला दे कहकर झूमनेवाले भक्त मिल सकते हैं। विष्णु आवश्यकता पड़ने पर विश्वमोहिनी का रूप धारण कर सकते हैं। मूस की सवारी करनेवाले अपने कमजोर पाँवों पर मोटी तोंद लिये और हाथी जैसा मुँह पाकर भी एकदन्त रह जानेवाले गणपति वाप्पा मिल सकते हैं। हनुमान भी कुछ कम नहीं हैं। इन्द्र तो ईर्ष्या, कामुकता, विलासिता के मूर्त रूप बन जाते हैं। लक्ष्मी की तुलना पुंश्चली से कर दी जाती है। इन सभी में आदिम अवस्था के अवशेष तलाशे जा सकते हैं।

ऋषियों-मुनियों का भी, जो देवताओं से कुछ ही नीचे पड़ते हैं, वही हाल है। घोर क्रोधी और बददिमाग परशुराम और दुर्वासा, तपस्या भंग कराने की पूरी तैयारी के साथ तप करनेवाले विश्वामित्र, वरुण के घर में चोरी करनेवाले वसिष्ठ, दो-दो पिताओं-मित्रवरुण—से जन्म लेनेवाले वसिष्ठ और अगस्त्य, राह चलते योजनदुर्गन्धा पर फिदा हो जानेवाले पराशर, नंग-धड़ंग रहनेवाले सनत, सनातन और सनन्दन, और सबसे ऊपर नारद। देव-समाज और देवमन्य पूर्वजों के प्रति यह विनोदभाव धर्म के प्रति भारतीय दृष्टि को इतना समारोही बना देता है कि यह आत्मिक उत्थान का काम करने से अधिक लोकरंजन का काम करता दिखाई देता है। इसने धर्म को भी सेक्युलर या ऐहिकता से इस तरह ओतप्रोत रखा है कि एक भारतीय को, वह आदिम अवस्था में जी रहा हो या उन्नत समाज का अंग हो, किसी अन्य धार्मिक समुदाय से किसी प्रकार की असुविधा नहीं होती।

परन्तु यह सहनशीलता विविध आदिम समुदायों के सांस्कृतिक सक्रियता के क्रम में घुलने-मिलने और उनके देवी-देवताओं के क्रमशः सभी के द्वारा स्वीकार होते जाने का परिणाम है। इसका एक पक्ष है बिच्छू, साँप, बन्दर से लेकर सर्वशक्तिमान भगवान तक को देवता मानना। दूसरा है एक ही कार्यभार वाले एकाधिक देवताओं की उपस्थिति। उनमें अपनी श्रेष्ठता के लिए एक प्रतिस्पर्धा भी दिखाई देती है। दूसरों की तुलना में संख्या, समृद्धि या जानकारी की दृष्टि से आगे पड़नेवाले वर्ग के देवताओं का इन दृष्टियों से कमजोर पड़नेवाले समुदाय के देवताओं पर दबदबा भी कायम होता जाता है। उदाहरण के लिए वर्षा करानेवाले पर्जन्य, मातरिश्वा, वृषाकपि, मरुद्गण, वरुण और इन्द्र आदि को लिया जा सकता है। ये एकाधिक समुदायों के अथवा विकास के कई चरणों के देवता हैं। इन्द्र सबसे बाद में आते हैं, परन्तु दूसरों पर भारी पड़ते जाते हैं। मरुद्गण इन्द्र के अनुगामी सेवक बन जाते हैं। वरुण स्पर्धा में डटे रहते हैं, पर उनका वर्षकवाला रूप पहले से ही ओझल हो चुका है, यद्यपि समुद्र से सम्बन्ध बना रहता है। वृषाकपि इन्द्राणी को माता कह

कर पुकारते हैं, जिनका अर्थ है कि उनका महत्त्व घट गया है। परन्तु इनके बीच स्पर्धा की झलक ऋग्वेद में बची रह गई है। कुछ लोग इन्द्र के देवत्व को स्वीकार ही नहीं करते—*न इन्द्रं देवं अमंसत।* दूसरी ओर इन्द्राणी बार-बार दुहराती है कि इन्द्र सभी से ऊपर हैं—*विश्वस्मात् इन्द्र उत्तरः।*

आगे चलकर मरुद्‌गणों का चरित्र भी इन्द्र में घुल जाता है। हनुमान का वर्षा से दूर-दूर का सम्बन्ध नहीं रह जाता और वह इन्द्र के स्थान पर विष्णु के अवतार के अनन्य सेवक बन जाते हैं।

ऋग्वेद में वृषाकपि एक ओर इन्द्राणी को अम्ब कहते हैं, दूसरी ओर उन पर कामुक नजर भी रखते हैं। इसी तरह की बात हनुमान की कुछ कथाओं में भी आती है। ये उस पुरातन अवस्था के अवशेष हैं जिनका उल्लेख हम विवाह के प्रसंग में कर आए हैं।

26

सर्वात्मवाद

ईशावास्यं इदं सर्वं यत् किं च जगत्यां जगत्।

ईशावास्य उपनिषद

अपने को हिन्दू कहनेवाले आदिम जनों को हिन्दू समाज से अलग करने का एक प्रयत्न उन्नीसवीं शताब्दी से इस रूप में आरम्भ हुआ कि हिन्दू तो देववादी, मूर्तिपूजक आदि हैं, जब कि आदिम जन *सर्वात्मवादी*। इसके आधार पर जनगणना भी कराने के प्रयत्न किए गए। पहली बात तो यह कि सभी आदिम जन सर्वात्मवादी नहीं हैं, या हैं तो उनमें भी उसी तरह देवता या देव-समाज सर्वात्मवाद के साथ-साथ देखा जा सकता है। जेमी नागाओं के बारे में दास बताते हैं कि यद्यपि जेमी जन आत्माओं में विश्वास करते हैं, पर उन्हें एनिमिस्ट या सर्वजीववादी नहीं कहा जा सकता। उनके अपने देवता और देवियाँ हैं। उनका विश्वास है कि ये देवता और देवियाँ लोगों का पूरा ध्यान रखते हैं। उनका मानना है कि इनसे ऊपर एक ईश्वर है जिसे वे तिंगवांग कहते हैं। वह सभी देवताओं (हेरा) और देवियों (हेरुई) से ऊपर है। यह परमेश्वर सर्वदर्शी, सर्वशक्तिमान, और सर्वव्यापी है। उसकी उपासना और वन्दना की जाती है और उससे डरा जाता और उसका सम्मान किया जाता है। अच्छा-बुरा जो कुछ है, सब उसके करने के कारण है। यदि कोई धनी या गरीब है, छोटा या बड़ा है, तो इसलिए कि उसने उसे ऐसा ही बनाया है।

दूसरी बात यह कि सर्वजीववाद, सर्वात्मवाद, या सर्वेश्वरवाद हिन्दू धर्म का अभिन्न अंग है। बट, पीपल, नीम, आँवला और तुलसी की पूजा, साँपों, गायों, बन्दरों, बिल्लियों आदि के प्रति विशिष्ट रुझान में यह प्रकट होता है। कलम, कागज, दावात, बटखरे, तराजू, हथियार, जो भी उपयोगी वस्तुएँ हैं, उसमें प्राणत्व ही नहीं, देवत्व की छाया मानकर उनकी पूजा आज भी होती है। भगवान कण-कण व्यापी है, कुछ ऐसा है ही नहीं जिसमें वह विद्यमान न हो। इसके विषय में कहा जाता रहा है कि इस विचार को आर्यों ने स्थानीय जनों से ग्रहण किया होगा।

पर जिन विचारकों ने इस पर गम्भीरता से सोचा है, वे यह मानते हैं कि यह वैदिक समाज का प्राण है। उदाहरण के लिए देबीप्रसाद चट्टोपाध्याय इस बात को अनेक स्थलों पर कई रूपों में दुहराते हैं कि ये तत्त्व आम तौर पर "स्वयं सभ्य समाज के अपने ही अतीत के ऐसे तत्त्व हो सकते जो आज तक बचे रह गए हैं।"[74]

ऋग्वेद के सबसे प्राचीन स्तरों से ही नदियों, पहाड़ों, वृक्षों, यहाँ तक कि मनुष्य द्वारा निर्मित वस्तुओं—दुन्दुभी, धनुष, ज्या, वर्म, रथ, आदि—को भी देवता माना गया है। अतः यह एक नकली भेद है जो औपनिवेशिक हितों और ईसाई पादरियों की अपनी जरूरत के तहत गढ़ा और प्रचारित किया गया था और ठीक आज के दौर में धर्मनिरपेक्षता की धार्मिक समझ के तहत इसे बार-बार दुहराया जाता है, जिससे हिन्दू कट्टरपन को खूराक भले मिलती हो, सांस्कृतिक समझ नहीं पैदा होती। केवल भारतीय आदिवासी ही नहीं, पूरा हिन्दू समाज पूर्ववैदिक काल से लेकर आज तक एनिमिस्ट रहा है। बहुदेववाद, सर्वजीववाद या सर्वेश्वरवाद की ही तार्किक परिणति है।

आदिम समाज में भी सर्वात्मवाद का कोई एक रूप नहीं पाया जाता। विकास की स्थितियों के अनुरूप इसमें अनेकानेक तत्त्व मिलते गए हैं। इन तत्त्वों से भी सभ्य समाज मुक्त नहीं रहा है, यद्यपि मुक्त होने के लिए संघर्ष अवश्य करता रहा है।

सर्वात्मवाद[75] एकेश्वरवाद का प्रतिलोम है। यूँ तो सभी प्राचीन धर्मों से एकेश्वरवाद का विरोध रहा है, पर सर्वात्मवाद से इसका सीधा टकराव रहा है। यह टकराव भी एकतरफा रहा है। एकेश्वरवाद की ओर से सर्वात्मवाद पर ही नहीं सर्वात्मवादियों पर भी लगातार आक्रमण होते रहे हैं। ये हमले आज भी जारी हैं।

सर्वात्मवाद आज संसार के पाँच महाद्वीपों में विभिन्न रूपों में, सभ्यता के विभिन्न स्तरों पर पाया जाता है। एकेश्वरवाद न केवल एक तानाशाही अवधारणा है जिसका उदय ऐसे समाज में ही हो सकता था, जिसमें या जिसके परिवेश में गुलामी प्रथा की जड़ें बहुत मजबूत रही हों, अपितु यह अपूर्ण और एकांगी अवधारणा है। यह मिस्र के फराऊनों की छवि में गढ़ा गया ईश्वर है। इसमें ईश्वर एक तानाशाह या बड़े बादशाह के रूप में कल्पित किया जाता है जो अपनी प्रजा को सही रास्ते पर लाने के लिए सन्देशवाहक या पैगम्बर भेज सकता है, पर स्वयं पूरे ब्रह्मांड से अलग और दूर बैठा या सोया रहता है और दो सन्देशवाहकों के बीच के समय

सर्वात्मवाद—इसके लिए प्रायः सर्वजीववाद या एनिमिज्म का प्रयोग होता है। कहते हैं कि आदिम जनों में यह विश्वास प्रचलित था और उन्नत धर्म इससे आगे की अवस्था को प्रकट करते हैं। इसलिए इसे पिछड़ा भी मानते रहे हैं। परन्तु यह मानव-जाति और प्राकृतिक पर्यावरण दोनों के सम्मान और रक्षा की दृष्टि से सबसे वैज्ञानिक विश्वास है। हम जब कहते हैं कि कण-कण में ईश्वर है तो इसी को प्रकट करते हैं। उपनिषदों का चिन्तन और सन्तों का चिन्तन इससे गहराई तक प्रभावित रहा है।

में उसका सम्पर्क संसार से कटा रहता है। पैगम्बरों से उसका सम्पर्क देवदूतों या फरिश्तों के माध्यम से बना रहता है और जब पैगम्बर भी चला जाता है तो संसार से उसका नाता उस पुस्तक के माध्यम से बना रहता है जिसमें उसका पैगाम या सन्देश दर्ज है। इस बीच वह अपनी ओर से कुछ नहीं करता, या जो कुछ भी हो जाए उसे उसका किया मान लिया जाता है।

स्वतंत्रचेता समाज इस तरह के धर्म को अपना नहीं सकता, क्योंकि इसे स्वीकार करने का अर्थ ही है अपनी तर्कबुद्धि का परित्याग और एक किताब की इबारतों और उस किताब की व्याख्या करनेवालों की इच्छा और निर्णय के सम्मुख पूर्ण समर्पण।

एकेश्वरवादी धर्मों का जन्म एक ही अंचल में हुआ और इन्होंने अपने जन्म के साथ ही न केवल अपने समाज में ही आतंक पैदा करके लोगों में समर्पण भाव पैदा किया, अपितु अपने इतिहास और पुराने विश्वासों की भी हत्या कर दी, ताकि इनकी जड़ता को चुनौती देनेवाला कोई विचार बचे ही नहीं। इसका उदय यहूदी समाज में हुआ जो पहले स्वयं बहुदेववादी था। इस तथ्य को बाइबिल में आदम और हौवा की कथा में भी देखा जा सकता है। पर मूसा या जिस भी धर्मदेष्टा को जिन भी कारणों से बहुदेववाद विकृत लगा, उसने बहुदेववादियों के विरुद्ध इतना कठोर अभियान चलाया कि इसके सबसे पहले भुक्तभोगी यहूदी ही हुए। उन्हीं से इसे ईसाइयत ने अपनाया और फिर इस्लाम ने, जब कि इससे पहले ये सभी समाज बहुदेववादी थे। इसके चलते इन्होंने अपने ही पुस्तकालय, अपनी प्रतिमाएँ, अपनी पुरानी परम्पराएँ और इतिहास तक को जला, तोड़, भुला और मिटा दिया। इसका एक ही उदाहरण पर्याप्त होगा। चौथी शताब्दी तक रोम में 424 मन्दिर, 304 धर्मस्थान थे। इनमें 80 मूर्तियाँ सोने और चाँदी की थीं, 64 हाथीदाँत की, 3700 काँसे की और हजारों संगमरमर की। अगली शताब्दी तक इनमें से लगभग सभी गायब हो गईं। "सेंट जान क्रिस्टोस्टम ने वर्षों की तोड़-फोड़ और ध्वंस के बाद गर्व से दावा किया, 'पुराने जमानों के दर्शन और साहित्य को हमने धरती से गायब कर दिया।' उसका यह दावा बहुत गलत भी नहीं था। ईसाई उत्पीड़न के परिणाम स्वरूप 'बहुदेववादी काल के विशाल ज्ञान और धार्मिक साहित्य की कुछ चिन्दियों को छोड़कर कुछ नहीं बचा जो हमारे अपने धर्म के आरम्भ पर प्रकाश डाल पाता। धर्मस्थलों को जिनमें इतने सुन्दर मन्दिर थे जैसे दुनिया में कहीं न होंगे, नष्ट कर दिया गया। उन मन्दिरों को धराशायी करने के बाद उनके मलबे पर ईसाई संन्यासी शौच करके उन्हें अपवित्र करते जिससे उनका पुनर्निर्माण न हो सके।"[76] धर्म के नाम पर पागलपन के जितने विकट रूप एकेश्वरवादी जाहिलों के कारण देखने में आते हैं, उनको ध्यान में रखें तो पता चलेगा कि सर्वात्मवाद अपनी ओझैती और टोने-टोटके की विकृतियों के बाद भी उतना बर्बर कभी नहीं रहा।

मानवीय स्वतंत्रता के निषेध का यह हाल कि कोई भी ऐसा काम यदि अपनी समझ से सही लग रहा हो तो भी उसे तब तक नहीं किया जा सकता, जब तक यह पता न चल जाए कि इसका विधान धर्मग्रन्थ में है।

ग्रन्थ बाद में आए, बहुत हाल में, मानवता इससे लाखों वर्ष पहले से चली आ रही है। किताब के आने से पहले किताब की इबारत का सवाल ही नहीं हो सकता था, इसलिए लगभग सभी पुराने धर्मों से एकेश्वरवादी धर्मों का विरोध रहा है। एकेश्वरवादी मतों का यदि दूसरे एकेश्वरवादी मतों से विरोध न होता तो कम-से-कम यही उनकी उपलब्धि हो सकती थी, परन्तु उनका सबसे सीधा टकराव एकेश्वरवादी मतों से ही हुआ है। सबसे अधिक रक्तपात एकेश्ववादियों द्वारा एकेश्वरवादियों का ही किया गया है और सबसे अधिक अविश्वास एकेश्वरवादियों का एकेश्वरवादियों के प्रति ही रहा है। उनका एकमात्र दावा यह रहा है कि क्योंकि वे दूसरे प्राचीन धर्मों के बाद पैदा हुए हैं, इसलिए वे अधिक विकसित हैं। स्थिति इससे ठीक उल्टी है। इनमें तर्क और विचार और चुनाव की सबसे कम गुंजायश है, इसलिए इनमें फेथ या विश्वास प्रधान हो जाता है—विचार और औचित्य गौण।

सर्वात्मवाद या समस्त भूत जगत में ईश्वर की उपस्थिति या जीवन की उपस्थिति की अवधारणा अधिक वैज्ञानिक है और हजारों वर्ष बाद एक पैगंबर भेजकर आराम फरमानेवाले ईश्वर या अल्लाह की कल्पना निहायत आदिम और बचकाना है। ऐसी ही बचकानी है बैकुंठ या स्वर्ग और नरक की कल्पना, किसी ब्रह्मा, या विष्णु या शिव और काली की अवधारणा। ये सभी किसी एक व्यक्ति द्वारा या एक स्वार्थी समुदाय द्वारा पूरे समाज को भुलावे में रखने और ठगनेवालों के कारनामे हैं।

सर्वात्मवाद और सर्वेश्वरवाद विविध मानव समुदायों द्वारा वैज्ञानिक क्रिया के दौर में अनुभव किए गए सत्य पर आधारित हैं। हम इसकी चर्चा कुछ रुककर करेंगे। इससे पहले यह कि आज के युग में आत्मा और भूत जगत, ईश्वर और सृष्टि पर बात द्रव्य और ऊर्जा के सन्दर्भ में ही की जा सकती है। प्रत्येक अणु में द्रव्य और ऊर्जा—प्रोटोन और इलेक्ट्रान—दोनों हैं। यदि रूपक को खींचना ही चाहें तो प्रलय के दूत भी, क्योंकि न्यूट्रान भी तो वही हैं। अत: यदि कण-कण में भगवान की बात कभी भी मनुष्य की चेतना में आई तो उसकी सोच बाद के किसी अवतारवादी या एकेश्वरवादी सोच से अधिक वैज्ञानिक थी।

ज्ञान-विज्ञान में बहुत आगे बढ़ जाने का एक दुष्परिणाम यह है कि पिछड़ी अवस्थाओं के मनुष्यों को हम बौद्धिक रूप से हीनतर समझते हैं। आदिम समाज के साथ तो यह हीनतम तक हो सकता है। परन्तु सच्चाई यह है कि हम उनके द्वारा सोचे और किए की बुनियाद पर खड़े होकर, या उनके ही कन्धों पर खड़े और अपने कन्धों पर पाँव रखनेवालों को सँभालनेवालों से बनी मीनार के शिखर पर पहुँचने के कारण इतने ऊपर उठे हुए हैं। एक बार बुनियाद से उनको, या उनके

द्वारा किए गए आविष्कारों और खोजों को खिसक जाने दें तो पूरी मीनार हमें लिये दिए धराशायी हो जाएगी। प्रकृति का जितनी सूक्ष्मता से वे अवेक्षण करते हुए उससे सीखते रहे, वैसा हम केवल प्रयोगशालाओं में ही कर पाते हैं। उनके लिए पूरी प्रकृति एक प्रयोगशाला थी। बौद्धिक रूप में वह आज के मनुष्य से हीनतर नहीं थे। इसलिए उन्होंने कुछ ऐसे अवेक्षण न किए हों या ऐसे नतीजों पर न पहुँचे हों, जिनकी प्रकृति वैज्ञानिक हो, यह सोचना हमारी शिशुता हो सकती है।

वह क्रिया जिसके माध्यम से आदिम समाज को एक ही सत्ता की सर्वत्र उपस्थिति का आभास हुआ, हम पाषाण काल के दौर में उस अवधि की मान सकते हैं, जब मनुष्य ने सम्भवत: अरणिमन्थन से आग पैदा करना सीख लिया था। अपने पाषाणी हथियार तैयार करते समय उसने पाया कि पत्थर पर चोट करने से चिनगारी निकलती है। दावानल के समय उसने लक्ष्य किया था कि काष्ठ को यदि काष्ठ से घिसा जाए जो उससे आग पैदा होती है। दावानल में उसने उसी अग्नि की प्रलय-लीला देखी थी। हथियार बनाने के क्रम में उसने उसी अग्नि का सबसे सूक्ष्म रूप देखा था। उसने पाया कि हर बार, पत्थर के किसी भी कोर पर चोट करने पर, उसी तरह की चिनगारी निकलती है। काठ कोई भी हो, एक बार अग्नि के स्पर्श होने के बाद वह स्वयं भी आग में बदल जाता है। बादलों से तो पानी गिरता है, पर पानी से भरे बादलों में उसने बिजली को चमकते देखा और बिजली गिरने पर आग लगने, पेड़ों को क्षणमात्र में सूखते भी देखा या इसकी कहानियाँ सुनी थीं। वह खाता नहीं था, पेट भरता था, इसलिए जब कहीं प्रचुर मिल गया तो ऊँट की तरह कई दिनों के लिए निश्चिन्त होने के लिए ठूँस लिया, नहीं तो फाँका। पर अधिक खाने के क्रम में हो या अन्यथा, उसने पेट की जलन या एसिडिटी का अनुभव किया, जिसके लिए उसके पास जलने को छोड़कर कोई शब्द न था। उसने इसे जठराग्नि या पेट की आग का नाम दिया।

यह अग्नि गूढ़ रूप में सभी पदार्थों में विद्यमान प्रतीत हुई। वस्तुओं का व्यक्त रूप एक आवरण है, जिसके भीतर वही एक सत्ता है। कोई वस्तु, जड़ या चेतन उससे शून्य नहीं है। जरूरी नहीं कि इसे उसने ब्रह्म और माया के रूप में देखा हो। पर ब्रह्म और माया की अवधारणा इसी तर्क से सामने आई। इसी बोध को बहुत बाद में, पर युगीन अनुभवों और विचारों को सूत्रबद्ध करते हुए, वैदिक कवि ने अग्नि को सम्बोधित करते हुए कहा था :

त्वमग्ने द्युभि: त्वमाशुशुक्षणि: त्वमद्भ्यस्त्वमश्मन: परि।
त्वं वनेभ्य: त्वमोषधीभ्य: त्वं नृणां नृपते जायसे शुचि:। ऋ. 2.1.1

हे अग्नि तुम एकाएक प्रज्वलित हो जाते हो, आकाश से पैदा होते हो, पत्थर से पैदा होते हो, लकड़ी से पैदा होते हो, ओषधियों या अन्न से पैदा होते हो और मनुष्यों

के बीच तुम्हीं तेजस्वी राजा के रूप में पैदा होते हो। इस सूक्त में कवि ने बताया है कि देवों या प्राकृतिक शक्तियों के जितने भी रूप हैं, सभी अग्नि के ही रूप हैं। यही सर्वेश्वरवाद है और यही अद्वैतवाद है।

यदि यह सबसे पहले किसी एक को सूझा तो यह एक तार्किक और वैज्ञानिक उद्गार था और सभी के अनुभव का अंग था। इसकी याद दिलाने मात्र से वे सभी इसे समझ और मान सकते थे। यह किसी पुजारी या पादरी या धर्मज्ञ पर किसी अहंकारी व्यक्ति की दुर्लालसा का प्रदर्शन न था। इससे केवल दुनिया को देखने का नजरिया बदलता था। यह इतना खुला सच था कि इसे समझने के लिए उन्हें किसी तत्त्वज्ञ के पास पहुँचने की आवश्यकता न थी।

भाषा और उद्योगविद्या

27

भाषा की निर्मिति

नए आविष्कार की तरह नया शब्द, नया विन्यास, नई शैली का आविर्भाव भी आसान नहीं होता। सृष्टि की अपनी प्रकृति को समझने और उस समझ के अनुसार उसमें उपलब्ध उपादानों के परिष्कार, संयोजन और वियोजन के द्वारा नए आविष्कार सम्भव होते हैं। प्रकृति में उपलब्ध रंगों और आकृतियों के संयोजन, वियोजन से नए चित्र और आकृतियाँ सम्भव होती हैं। प्रकृति में उपलब्ध गतियों के ही एक नए रूप में गठन से नृत्य का जन्म हुआ है। इसी तरह प्रकृति में उपलब्ध नादों के संयोजन, वियोजन, संस्करण से भाषा और संगीत का आविर्भाव हुआ है। मनुष्य कुछ नया पैदा नहीं कर सकता, वह नए की खोज कर सकता है और उसकी क्षमता का उद्‌घाटन कर सकता है। वह प्रकृति का उपयोग कर सकता है, पर कुछ ऐसा पैदा नहीं कर सकता जिसका कच्चा माल प्रकृति में पहले से उपलब्ध न हो। इसीलिए विश्व के महानतम भाषाविद ने ध्वनियों का उत्स माहेश्वर नाद के रूप में कल्पित किया था। शिव के डमरू का ही नाद प्रकृति में विविध प्राणियों, पदार्थों और गतियों से उत्पन्न अर्थहीन ध्वनियों का संकुल है।

प्रकृति में उपलब्ध ध्वनियों की एक सीमा थी। वे अपने स्रोत की संज्ञा, या क्रिया और उसकी विशेषता के बोधक मात्र हो सकते थे। इस सीमा को वे तोड़ नहीं सकते थे। परन्तु जहाँ से मनुष्य ने स्वयं प्रकृति में हस्तक्षेप करना आरम्भ किया, उसकी क्रिया के क्रम में उत्पन्न ध्वनियाँ इस सीमा को तोड़कर ऐसी वस्तुओं और क्रियाओं के लिए भी संज्ञा, क्रिया और क्रियाविशेषण तैयार कर सकती थीं, जिनसे कोई ध्वनि उत्पन्न नहीं होती, या जिनकी मात्र भावसत्ता होती है। इसने अब वस्तुजगत के पदार्थों में भी ऐसे ही अर्थ-विस्तार की ओर उसका ध्यान आकृष्ट किया। सम्भव है कि जानवरों की तुलना में अधिक स्पष्ट और कुछ आशयों को प्रकट करनेवाली भाषा मनुष्य ने बहुत पहले बोलना आरम्भ कर दिया हो, परन्तु उसकी चेतना, भाषा, सौन्दर्यदृष्टि और चिन्तन सभी को उद्योगविद्या ने प्रभावित

किया और पहले की तुलना में लगातार प्रखर बनाया। हमने काष्ठशिल्प और पाषाणी शिल्प के विकास के क्रम में अनुकारी, रूढ़ और व्यंजक शब्दावली के चरणों का उल्लेख अलग से किया है।

यहाँ एक पक्ष पर ध्यान देना जरूरी है। प्रकृति की ध्वनियों का तदनुरूप उच्चारण सम्भव होता तो भी उससे भाषा जन्म नहीं ले सकती थी। संगीत तक नहीं। इसके लिए उन ध्वनियों का कुछ सीमित कंठ्य और वाद्य ध्वनियों में मूर्त होना जरूरी था। इसी रूप में यह बोधग्राह्य हो सकती थी। इसी रूप में यह ऐसी सूक्ष्म व्यंजनाओं को प्रकट कर सकती थी, जिनको ध्वनि से परे माना जा सकता है। पर इस सीमा के कारण ही एक ही ध्वनि अनेक क्रियाओं और उपादानों को प्रकट कर सकती थी। कारण, अनेक स्रोतों की ध्वनियों का एक रूप में अनुकरण किया गया। फिर ध्वनि से अलग हटकर, गुण के आधार पर दो स्रोतों की ध्वनियों को एक-दूसरे का बोधक बना दिया गया।

इस दृष्टि से सबसे रोचक है **पत्/पट्** की ध्वनि। जिस भाषा में दन्त्य के स्थान पर मूर्धन्य ध्वनि प्रयोग में आती थी, उनमें **पत् पट्** हो गया। फिर दोनों भाषाभाषी समुदायों के परस्पर घुल-मिल जाने और कोई एक भाषा अपना लेने के बाद **पत** और **पट** दोनों उसके शब्दभंडार में आ गए। वस्त्र के विकास के क्रम में हमने इस पक्ष पर विचार किया है कि **पत्/पट्** दोनों पत्ते के लिए प्रयोग में आए। इनका आधार था पत्ते के गिरने की ध्वनि का अनुकार। परन्तु **पत्/पट्** की ध्वनि पानी की बूँद गिरने से भी पैदा होती है। पाँव के जमीन पर पड़ने से भी **पत्/पद्** की ध्वनि पैदा होती है। इसे पद्, भद्, पत्, पट्, पड् किसी रूप में कल्पित किया जा सकता था। अतः ध्वनि अनुकार के आधार पर पत् समूह का अर्थ हुआ पत्ता, पाँव, पानी। पक्षी उड़ने के लिए पंख **पटपटाता** या **फड़फड़ाता** है। इस ध्वनि को भी पर्/पड़/फड् के रूप में कल्पित किया गया। इस ध्वनि के कारण पक्षी की संज्ञा परेवा, सं. पर्ण (पंख), ते. **परैवु**, अं. **बर्ड** हुई। परन्तु पक्षी उड़ता है, पत्ता भी उड़ता है, इसलिए उड़ान के आधार पर पत्ते के लिए भी पर्ण शब्द का व्यवहार होने लगा। उड़ने या आकाश में चलनेवाले पक्षी, पतंग, सूर्य के लिए भी पतंग शब्द का व्यवहार देखने में आता है। आगे चलकर **पर्ण** एक विशेष वृक्ष के पत्ते के लिए, और फिर उस पेड़ के लिए भी प्रयोग में आने लगा। **पर्णकुटी, पर्णशाला** में सामान्य पत्ते का आशय है, पर **पर्णवृक्ष** में केवल पलाश गिना जाता है, जिसकी पत्तियाँ बड़ी और पात्र बनाने की दृष्टि से अधिक उपयुक्त थीं। पलाश का **पल** भी **पर** का ही बदला हुआ रूप है। पलाश का अर्थ है, 'पत्तोंवाला वृक्ष'। **पल्लव** को केवल आम के पत्तों से भरी टहनी के लिए प्रयोग में लाया जाता है, और **पलई/पुलुई** भोजपुरी में वृक्ष या पौधे के सिरे के लिए। अब यदि हम कोई चित्र बनाएँ तो वह इस प्रकार होगा :

पत्—पानी, सम्मान (मेरी पत राखो गिरधारी), **पत्तन**—घाट, बन्दरगाह; **पतवार**—पानी हटाने का यंत्र, **पतला**—सान्द्रता में कम (पतला घोल), **पतुआ**—कच्चा।

पत्=पन्, पानी, पान, पा/पी/पे—पीतु—जल; **पूत**—पवित्र, **पूत**—सड़ा हुआ (पूत पर्युषित), **पीयूष**—पानी, अमृत; **पेय**—पीने योग्य, **पीत**—पीला रंग।

पत—पात—**पाथ**—जल (पाथोज)।

पत्=पद्—पानी; **पद्म**—जलज; **पट्**—पानी/**पट्टन/पाटन/पटना**—घाट, बन्दरगाह।

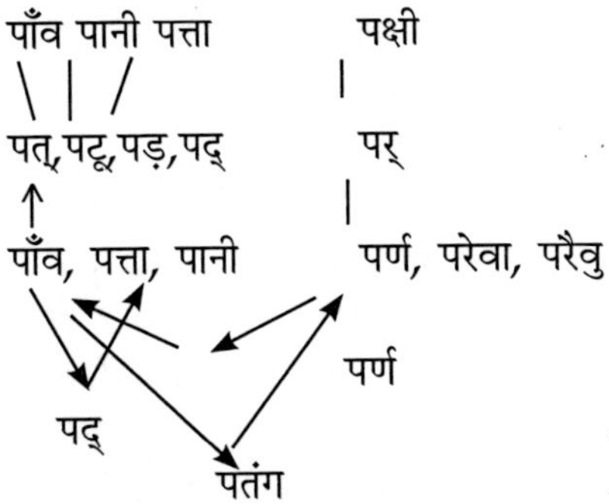

पत/पट का ध्वनिविपर्यय **तप्/टप्**—बूँद गिरने की ध्वनि। **पत, पात, पान, पाथ, पीतु, पूत, बूद, पू,** आदि शब्दों की एक पूरी शृंखला है, जिसमें से कुछ किसी दूसरी क्रिया से उत्पन्न ध्वनि के कारण, अथवा उसके हस्तक्षेप से—जैसे पानी पीते या खाना खाते समय होंठों से निकलनेवाली आवाज। इन सभी का विवेचन यहाँ सम्भव नहीं, परन्तु पू को लेकर कुछ चर्चा उपयोगी हो सकती है।

1. पत/पद/पन—**पादुका—पाद**-त्राण; **पदाना**—दौड़ाना; **पदिक**—पैदल सैनिक; **पदाति**—वही; **पद्धति**—मार्ग, तरीका; **पद**—पाँव, स्थान; **पनही—उपानह; बान**—आदत।

पत्=पट्—**पाट**—जलमार्ग, **बाट**—रास्ता, **बटोही**—राहगीर।

पत=पथ—**पथ**—मार्ग, **पथ्या**—गली, **पथिक**—राहगीर।

2. पत—**पत्ता, पत्तल, पतीला, पतूखी, पतुकी, पात्र, पात्रता, पत्र, पत्रा, पत्री, पत्रिका, पन्ना, पन्नी, पत्ति। बटुली, बटुला, पट**—वस्त्र, **पट्टी**—घाव आदि पर बाँधने के लिए कपड़े की चीर, **पटुआ**—रेशेदार पौधा; रेशम; **बटुआ, पटु** आदि।

पतला—पत्ते जैसा, **पट्ट**—पटिया, तख्ती, पीढ़ा, अभिलेख पत्र (ताम्रपत्र आदि), **पट्टा**—भूमि आदि का अधिकार-पत्र, **पट्टा लिखना**—अधिकार-पत्र लिखना; **पटवारी**—भूलेखपाल; पटेल-पट्टधारी; **पट्टी**—भाग (गाँव का एक हिस्सा);

पट्टा/पट्टी—पाठ; **पटल/पटरा, पट**—चौड़ा तख्ता (श्यामपट—ब्लैकबोर्ड) **पटरी—पाटी, पटरी बैठना**—मेल बैठना, ठीक से जुड़ना, **पटिया**—पत्थर या लकड़ी की पतली चौड़ी और लम्बी फट्टी।

पट=**पठ**—पढ़; **पाठ**—जिसमें अंग्रेजी के तीन आशय आते हैं।—टेक्स्ट (पाठान्तर, पाठभेद), रेसिटेशन (काव्यपाठ), रीडिंग (पहला, दूसरा पाठ आदि);—**पाठी**—पाठ करने वाले, पढ़े हुए; **पठित** (बहुपठित)—पढ़े हुए; **पढ़ना; पढ़ाना; पढ़ाई, पढ़ाकू, पढ़ीश, अनपढ़**। पर सबसे रोचक है **पट्ठा**—जिसमें एक ओर तो पढ़ा का भाव है—'उस पट्ठे को मैं सबक सिखाऊँगा', 'उस पट्ठे ने मुझे चूना लगा दिया' और दूसरी ओर मूर्खता का भाव। **बुद्धि** और **बुद्धू** की तरह (यद्यपि बुद्ध बौद्ध मत से ब्राह्मणवादी खीझ के कारण बुद्ध और बौद्ध को मूर्ख सिद्ध करने के प्रयास में गढ़ा हुआ शब्द हो सकता है)।

परन्तु यहाँ एक अन्य तथ्य की ओर ध्यान दिला दें कि इतिहास में पाठ शब्द लेखन के अस्तित्व का भी प्रमाण है, भले इसका पुनः अर्थविस्तार जबानी उच्चारण करना, पढ़ना/पढ़ाना, जैसे तोते को पढ़ाना, आदि हो गया हो। इसी तरह अंग्रेजी का टेक्स्ट और इसके पूर्वरूप लेखन के प्रमाण हैं, भले इनका भी प्रयोग याद दिलाने आदि के लिए होता रहा हो। कारण एक **पाटी/पट/पत्र** किसी भी सामग्री पर लिखने से निकला है (तमिल में आज भी पटम् का अर्थ है चित्र, रंगीन वस्त्र), दूसरा नुकीली धार से कुछ उकेरने (**तक्षण**) से। **लिख** का सम्बन्ध कठोर और नुकीली कलम (जैसे साही का काँटा) से ताड़पत्र आदि पर रेखांकन से है और **दिपि** का सम्बन्ध कोमल सिरे से—जैसे पक्ष, तूली आदि से—रँगने या लिखने से है, तो लिपि का रेखन या लेखन पर रंग या कालिख का लेप करके उसे दृश्य बनाने से।

इसी तरह भाषावैज्ञानिकों ने ध्वनि-परिवर्तन के नियम बना लिये और इस बात की ओर ध्यान ही न गया कि ये नियम जैसे क्यों लगते हैं। यह सोचा ही न गया कि इनका रहस्य किसी मूल अनुभूति और उसकी वाचिक प्रस्तुति में है। ध्वनि—परिवर्तन वाले बताएँगे कि 'प' के 'फ' में बदलने के कारण (अघोष के घोष में बदलने के कारण), 'पट' फट हो गया। पर इसके मूल में है किसी चीज के द्विभाग होने के क्रम में उत्पन्न ध्वनि का **फट्** के रूप में अनुकरण। इसका **पत्** के **पट्** से कोई सम्बन्ध नहीं। इसका स्रोत अलग है। इसलिए **पट्टी** और **फट्टी/फट्ठी** में पहली नजर में कोई अर्थगत भेद न होते हुए भी दोनों में सूक्ष्म अर्थभेद भी है और दोनों के स्रोत भी अलग हैं। यह उसी तरह है जैसे पतला—'सान्द्रता में कम' और **पतला**—'पत्ती जैसा', 'लम्बाई-चौड़ाई के अनुपात में मोटाई में कम'। ध्वनिभेद होने के कारण यहाँ हमें यह समझने में मदद मिलती है कि चिराई या दरकन का कोई भाव **पत्** से निकले शब्दों में नहीं है, जब कि दूध के फटने से

लेकर दिल के फटने तक अलगाव का ही भाव है। अंग **फड़कने** के साथ पक्षी के उड़ान भरने के समय पंख फड़काने का आशय है।

कहें, **पट/फट** का ध्वनि स्रोत अलग है जिसमें पटरी बैठने, पटाने, पट जाने जैसा कोई भाव नहीं है, टूटने, फटने, फाड़ने, और अलग करने जैसा भाव है। **पटाखा, फोड़ना, फूट, फट्टा/फट्ठा, फाँड़, बँगला फांड़ी—तिराहा, फटकिरी/फिटकरी**, जिसके डालने पर दूध आदि फटकर अलग हो जाते हैं, आदि का स्रोत यही है। अब यदि कोई वस्तु किसी भिन्न ध्वनि से फटती है, या उसके फटने का अनुकरण किसी भिन्न ध्वनि से किया गया है, तो उसके लिए भी फटने का प्रयोग हो सकता है। जैसे कपड़ा फट गया। कपड़े के फटने की ध्वनि का अनुकार **चर्र, चर्** या **चिर्** सं. **जर्, जिर्** से किया गया है। जैसे फटने का प्रयोग चिरने के लिए किया जा सकता है उसी तरह चिरने का प्रयोग फटने के लिए भी। ओड़िया **चिरिबा**—फाड़ना, हिं. **चीरा, चिलक**, लकड़ी की **चिराई**, स. चर् **चीर्ण, जर, जरा, जीर्ण**—पुराना, फटा हुआ, गला हुआ।

अब इस बात पर ध्यान दें कि जब हम कहते हैं तुम कहाँ से बीच में टपक गए, या वह पट से बोल पड़ा तो एक में **टप** बूँद के टपकने या ऊपर से आ गिरने का भाव है तो दूसरे में **फट्** या **झट** का भाव।

फट की ध्वनि कई अन्य क्रियाओं से भी हो सकती है, जैसे सूप से अनाज पछोरते (अनाज पछोरना अर्थात अनाज को पीछे की ओर लाते और भूसा-भूसी को आगे की ओर बढ़ाते) हुए। अत: **फटकना, फाटक** (हाटक लेकर फाटक देना); बाँस के फटे हुए डंडे की आवाज, डंडा फटकारते हुए आना आदि प्रयोग देखने में आते हैं। परन्तु पट का **फट**, चट का **झट**, कट का **खट**, आदि रूप उसी भाषा में हो सकता है, जिसमें घोष ध्वनियाँ हों।

जब हम एक ही शब्द, जैसे फटना, के अनेक अर्थ कोशों में देखते हैं, तो हमारा ध्यान प्राय: इस ओर नहीं जाता कि एक दिखाई और सुनाई देते हुए भी यहाँ हमारा पाला कई स्रोतों से आए एक ध्वनिवाले अनेक शब्दों से पड़ रहा है। **सोना** (शयन), **सोना** (स्वर्ण), **सोना**—बहरा (**श्रोण**, स्वन), पं. **सोना** (सुहावना)—सुन्दर चार शब्द हैं, जिनकी ध्वनि एक है। कोश में इनका सही निरूपण इनका चार बार उल्लेख करते हुए ही किया जा सकता है।

इस बात को हम एक दूसरे उदाहरण से स्पष्ट करना चाहेंगे। जबान के तालु से चिपकने और तेजी से अलग होने से एक आवाज निकलती है जिसकी नकल **चट्** के रूप में की गई है। यदि हमने काठ की **चटपटी** पहन रखी है तो चलते समय उससे भी चट की आवाज निकलती है। हलवाहा बैल को जिससे मारते हुए उसे तेज चलने को उकसाता है, वह एक डंडा होता है, जिसके सिरे पर चमड़े की लड़ें लगी होती इसे चटाकी कहते हैं। गीली चिकनी जमीन पर चलते समय भी **चट् चट्** की

आवाज होती है। इस आवाज के मूल में है किसी चीज का दूसरी से चिपकना और फिर तेजी से अलग होना। पर यह अनुकार कई स्रोतों की ध्वनियों के साथ किया गया है, इसलिए इसके अर्थभेद भी अनेक हो जाते हैं। जीभ के साथ, **चटखारे लेना**—स्वाद लेकर खाना, **चाटना, चटनी, चटना**—स्वादपरायण, चाट—आदत, **चटु/चाटु/चाटुकार**—प्रिय या सुखद बातें करने वाला, **चाड़**—चुगली करनेवाला, **चाड़ी**—चुगली। **चटपटा, चुटपुटा** का भी सम्बन्ध जीभ से ही है, **चटक** अर्थात तेज स्वादवाला। पर यह **चटक** रंग बनकर एक नई व्यंजना पा जाता है।

पर अँगूठे को मध्यमा पर रखकर तेजी से फिसलाने पर जो आवाज होती है, उसकी नकल भी चुट के रूप में है। यह चुपपुटा वाले चुट से अलग है। **चुटकी बजाते** काम का होना, **चुटकुला** का सम्बन्ध इससे है।

चटाकी से निकलनेवाली ध्वनि को **चट्** और **सट्** दोनों रूपों में पाया जाता है इसलिए **चटाकी, सटाकी** भी हो जाती है। **चट्** से **चंट, चंड, चंडाल**—हिंसापरायण, **चोट, चोट्टा**—डाकू, मार-पीटकर सामान छीन लेनेवाला, जो छिपकर बिना हिंसा के माल गायब करनेवाले के आशय में रूढ़ हो गया। **सट** की ध्वनि से **सोटा**—लम्बी हरी टहनी का डंडा, पतला डंडा, और **संड** या **साँड़**—मारनेवाला हो जाता है।

तेजी से अलग होने के आशय के कारण **चट**—तुरत, **झट**, सं. **झट** (झटिति), **चटपट** आदि निकलते हैं। पर चिपकने के साथ जहाँ कई बार आसानी से अलग न हो पाने की स्थिति है उसको **सटपटा** जाना, या **सिटपिटा** जाना प्रकट करता है।

सबसे रोचक है **चट/सट** का चिपकनेवाला भाव। **चटाई, चट्टा, चोटी, चुटिया, चट्टान, सटना, साटना, सटाना, सट्टा, सट्टेबाजी** आदि में इसे देखा जा सकता है।

चट/सट के **जट्** बन जाने पर **जटा, जटिल, जूट** (जिस पर युज/युग का भी प्रभाव आदि शब्द और फिर **ज** के **झ** में बदलने पर **झोंटा, झूंटा, झंझट** आदि शब्द देखने को मिलते हैं।

28

भाषा में पानी के रंग और रस

भारतीय चिन्ताधारा में समूची सृष्टि ही पानी से हुई। इस पर हमने अलग से कुछ लिखा है। समूची सृष्टि पानी से हुई हो या नहीं, पर भाषा का बहुत बड़ा भाग पानी से ही निकला है।

पानी भाषा का प्राण है।

पानी और वायु दो ही शक्तियाँ ऐसी हैं जिनमें गति है। ये दोनों अपने प्रवाह के क्रम में विविध गतियों से, विविध पदार्थों से, विविध परिस्थितियों और संयोगों में जिस तरह रगड़ खाते निकलते हैं, उनसे अनन्त ध्वनियाँ पैदा होती हैं। इन सभी को सही नाम या कहें वाचिक ध्वनि भी नहीं दी जा सकती।

इस मामले में पानी वायु से इसलिए आगे पड़ता है कि पानी में वायु के लगभग सभी गुण हैं। विविध गतियाँ और उनसे उत्पन्न होनेवाली ध्वनियाँ भी, स्पर्श भी, पर इससे अधिक भी कुछ है। पानी का अपना रूप है, जो वायु में नहीं है। पानी पर प्रकृति के समस्त वैभव की छाया पड़ती है। समस्त रंग उसमें अलग-अलग समयों पर घुल और धुल जाते हैं। उसका पान करते समय उसका स्वाद भी लिया जा सकता है और यह स्वाद पानी की शुद्धता या अशुद्धता के अनुरूप मधुर, कषाय, कटु, कुछ भी हो सकता है। विविध फलों में उनका रस ही उनका स्वाद है। इनमें स्वाद के सभी प्रकार सिमट आते हैं।

यही कारण है कि रूप और रस के, रंग, सौन्दर्य, खाद्य और पेय पदार्थों के लगभग सभी नाम पानी के किसी-न-किसी पर्याय से जुड़े हैं। वे पर्याय पानी के किसी-न-किसी गुण और ध्वनि से जुड़े हैं। सभी द्रव पदार्थ मूलतः जलवाची रहे हैं, इसलिए मधु से लेकर माहुर तक के आशय इससे जुड़ जाते हैं।

बँगला में जल भी खाया जाता है। संस्कृत में भी रस चबाया जाता था—रसचर्वणा होती थी। चबाना, खाना और पीना तीनों के बीच प्राथमिक अवस्था पर अभेद दिखाई देता है। अन्न का भी मूल अर्थ जल ही है। विष और तेल का भी मूल अर्थ जल ही है। फिर दूसरे खाद्य-पदार्थों की तो बात ही क्या।

अर् अर्—पानी के तेज धार से गिरने का अनुकार (अरराकर पानी गिरना), **अर**—जल, सेवार; **अरक**—सेवार, **अरघा**—कुएँ की जगत पर पानी के निकास के लिए बना हुआ रास्ता, **अरिया**—पानी के किनारे रहनेवाला एक पक्षी, **अर्क**—आहार, सूर्य, अग्नि, मदार; **अर्घ**—पूजने के लिए दूध आदि मिला हुआ जल, प्रच्छालन के लिए दिया हुआ जल; **अरित्र**—डांड; **अरिष**—लगातार वृष्टि, **अर्थ**—धन, **अर्जुन**—सफेद रंग, स्वच्छ; **अरुण**—लाल, **अरुष**—ललौंहा, श्वेत, ज्वाला, सूर्य।

हर/सर—जल; **हरि**—बादल, मेढक, **हरिद्वार**—सरिता का द्वार; **हरित**—सुनहला, हरा, भूरा, पीला।

कम्—जल, **कम्बु**—जल में उत्पन्न होनेवाला (शंख), **कम्बोज/कमल/कंज**—जल में पैदा होनेवाला, **कमंडलु**—जलपात्र, कमनीय—सुन्दर। काम—जल, (कामस्तदग्रे समवर्तताधि), **कामना**, वासना; **काम्य**—आकांक्षित, **कामदेव, कामुक**—इन्द्रिय परायण, वैदिक **कोम्य/कोम्या**—सुन्दर। **कम्** के कुम् हो जाने पर **कुमकुम**—रंगविशेष, **कुम्भ**—कलश

कं—जल, **कंज**—जलज, **कंचन**—चमकनेवाला (सोना), **काँच/काच**—चमकने वाला (शीशा), **कंस**—चमकनेवाला, **काँसा, कांस्य, कंसल**—ठठेरा, **कन्त**—प्रिय, **कान्त**—सुन्दर, द्रवित होनेवाला (चन्द्रकान्त, सूर्यकान्त आदि), **कान्ति**—चमक, सुन्दरता।

अं/अम्—जल, **अम्र, आम्र**—रसीला, रसाल, **अम्बु**—पानी, **अम्बुधि**—सागर, **अम्ब**—माँ, दूध पिलानेवाली, **अम्बर**—बादल, आकाश, **अमृत**—पानी, **अमृत**—पीयूष, **अमत्र**—(जल) पात्र, **अम्मत**—खट्टा; **अम्ल, अमला, अमली** (इमली)।

चम/जम/चर/चर्म/चम—पानी। **चमु जमु** अदने।

चम—पानी, **चम्**—पीना, सुड़कना, खाना; **चमन**—खाना, पीना; चमस—द्रव उठाने का पात्र, **चम्रिष**—चमस में रखा आज्य, **चमचम**—रसीला, मिष्ठान्न विशेष; **चमरक**—मधुमक्खी, **चम्पक**—फूल विशेष, **चम्प/कम्प**—चंचल, सिहरन, चम्पा—जल से सटा क्षेत्र, **चामीकर**—सोना, चमक, चमत्कार। **चम्म** (देखें सं. चर्म)—**रूप, त्वचा, अं. चार्म**—सौन्दर्य, आकर्षण, चम्बल (देखें सं. चर्मण्वती)—जलवाली, नदी विशेष।

चर्म (चर्-म)—चलनेवाला, जल; सं. **चर्मण्वती**—नदी विशेष, **चरु**—आहुति के लिए पकाया हुआ अन्न, हव्यान्न; **चारा**—पशु का आहार, **चारण**—चराना, **चारु**—रुचिकर, **चारुता**—सुन्दरता।

जम—पानी, **जमनिका**—काई, सं. **जमन**—भोजन, **जीमना**—भोजन करना, **जमकातर**—पानी का औंढ़ा, **जमुई, जमुना**—नदी नाम, **जमना**—एकत्र होना, द्रव का गाढ़ा या ठोस होना, **जमाव**—भीड़, एकत्र होना, **जाम**—ठहराव; अं. **जैम-**दबाकर मिलाना, भीड़, **जैम**—गाढ़ा बनाया हुआ रस, फा. **जमा**—जोड़, जमात;

जामन—जमाने का छाछ, **जामना**—पैदा होना, उगना; **जामा-पुत्री, जामाता**—दामाद, **जामुन**—फलविशेष, **गुलाब जामुन**—मिठाई विशेष।

छम्/छल्—पानी, **छमाछम** पानी बरसना (पानी गिरने की ध्वनि का अनुकार छम् छम्) छलकना—द्रव से भरे पात्र के हिलने पर द्रव का बाहर आ जाना, **छल**—अपने रूप को छिपाना, **छल पिलाना**—राह चलते को पानी पिलाना, सं. क्षम, क्षमता, क्षमा, क्षाम।

नर—चलनेवाला; **नरक**—पाताल, यातनालोक; **नरम**—मुलायम, **नर्मठ**—परिहास कुशल, **नम्र**—मृदु, **नर**—पुरुष, मनुष्य; **नल/नली**—पानी का पाइप, **नाला/नाली, नारिकेल**—नलिकावृक्ष, **नरकुल**—खोखले तनेवाली सरकंडे जैसी एक घास, **नाल**—कमलदंड, **नारा**—तटीय स्थल, वै. **नार्मर**—एक असुर का नाम (ये नाम जलशोषक या जलअवरोधक का अर्थ रखते हैं।), **नृम्ण**—धन।

नीर—जल, **नील**—नीला रंग, अं. **नीट**—शुद्ध; सं. **नीलोपल—नीलम;** फा. **नीलोफर**—नीलोत्पल, नील कमल।

मत—जल, त. **मुत्तु**—जल मे उत्पन्न, मोती, **मत**—नशीला द्रव, **मतियाना**—खमीर उठता, **मत्त**—छककर पिए हुआ, **मातना, मतवाला, मद**—जल, रस, द्रव; **मदिरा**—आनन्ददायक, नशा देनेवाली, मध=मधु-मीठा, नशीला, **मधुर**—मीठा, स्त्रैण, **महुल, मउल, मउर**,—आम की **बौर, बौराना**—नशे में आना, पागल होना; बउरहा—मदहोश, गड़बड़ दिमागवाला, **बं. बाउल**—भक्ति में पागल, विभोर, **माहुर—विष, मेहु, मेध, मेह**—जल, वृष्टिजल, **मेहरा, मेहराना**—नमी से मुलायम होना, **मेहरी**—माध्वी, स्त्री, **मेहरारू, मधूक**—मधुआ, महुआ, **मउग/मउगा**—स्त्रैण, **मउगी**—स्त्री; **महोख**—मधुभक्षी, एक पक्षी आदि।

चू/सू—पानी; **चूना/च्यवन/सवन**—टपकना; **सूद**—रसा, रसोइया, हनन, पंक, कुआँ, झरना; **सूप**—रसा, जूस; अं. **सूप**—जूस, रसा; **सोर्स**—नदी या धारा का उत्स; **सूना**—नदी, प्रकाश रश्मि; **सुधा**—अमृत, रस, दूध, जल, चूना, **सूस**—पानी का एक जानवर, डाल्फिन; **च्युत, सुत, सुवन**—पुत्र, **सूक**—कमल; **सूकर**—सूअर, एक मछली, **सूकरक**—एक तरह का धान, **सुधा**—अमृत, जल, चूना, **सौध**—सुधालेपित, चूना पुता हुआ; **शुद्ध**—धुला हुआ, साफ, पवित्र, शुक्र, शुचि। **सूप**, अं. **सपर**, त. **साप्पाडु** का स्रोत खाते समय मुँह से उत्पन्न ध्वनि भी हो सकती है जिसका अनुकरण **चपर—चपर, चभर—चभर, चप्-चप्** के रूप में किया जाता है।

इतिहासकारों और भाषावैज्ञानिकों द्वारा यह दावा किया जाता रहा है कि भारतीय आर्यभाषा मध्येशिया से भारत में आई। पर हम अपने विवेचन में लगातार यह पाते हैं कि इस भाषा का विकास भारतीय परिवेश में हुआ है। यह कोई नई सूझ भी नहीं है। श्रेडर ने इंडोजर्मन जनों की शब्दावली का तुलनात्मक विवेचन करते हुए यह पाया

था कि मूल भाषा का विकास एक ऐसे भौगोलिक परिवेश में हुआ था, जिसमें वर्ष के कुछ महीनों में तेज वर्षा होती थी और कुछ महीनों में बहुत तेज गर्मी पड़ती थी।

भाषा में हमारा पूरा संसार सुरक्षित रहता है—हमारा खान-पान, वेश-भूषा, आवास और प्रमोद, आचार और विचार, कल्पनाएँ और भावनाएँ, हमारा भौगोलिक परिवेश और ऐतिहासिक दाय। सब कुछ।

ठंडे देशों की भाषाओं में भूखा तो मिलेगा पर 'भूखा-प्यासा' जैसा प्रयोग व्यवहार में नहीं मिलेगा। यहाँ हवा के बाद पानी और फिर भोजन का क्रम आता है, क्योंकि भोजन के बिना मनुष्य कुछ दिनों तक जीवित रह सकता है, गर्मी के मौसम में पानी के बिना एक दिन में मर सकता है। प्रतिवर्ष लू लगने से अर्थात डिहाइड्रेशन से जितनी मौतें होती हैं, उतनी भूख से नहीं। धूप और हवा के बाद जल ही सर्वसुलभ है, इसलिए प्यास मिटाना भूख मिटाने से आसान है। पर फिर भी **तृषा**—प्यास, उत्कट कामना—**तृष्णा, तरसना**—से लेकर घोर वेदना—**त्रास** और **संत्रास, त्रस्त**—तक जैसी संकल्पनाओं को भी जन्म देती है। **मन की प्यास, आँखों की प्यास, दिल की प्यास** जैसी कल्पना किसी ठंडे या समशीतोष्ण जलवायु में सम्भव नहीं। यह एक ऐसी जलवायु है जिसमें **घृणि**—धूप इतनी तेज होती है जिसमें बहनेवाले पसीने से अपने को ही घृणा हो जाए और इसके साथ ही घृणि का अर्थ क्षरण और दीप्ति दोनों हो जाए।

29

इतिहास का काष्ठयुग की

पेड़ की, जातिवाचक संज्ञा के, दो आदिम स्रोत हैं। एक में पैदा होने, बढ़ने का भाव है। **बिरवा, वीरुध,** को **वीर**—भाई, **वीर**—बहादुर, वीर्यवान, **वीर्य** आदि से जोड़कर देखना उचित है। पेड़ शब्द स्वयं इसी श्रेणी में आता है। इसका अधिक स्पष्ट अर्थ द्रविड़ भाषाओं से खुलता है—त. **पेरु**—बढ़ना, मोटा होना; **पेरुक्कम्**—बढ़त, विस्तार, **पेरुमै**—बड़प्पन, विस्तृति; **पेरियवन्**—बड़ा आदमी; **पेरियर्**—वृद्ध, महान; **पेर्**—बड़ा, विशाल; ते. **पेरुगु**—बढ़ना, अधिक होना; **पेरुमाळ्ळु**—परमात्मा।

दूसरा स्रोत कटना, फटना, टूटना आदि है। वन का पुराना अर्थ है, वह 'जिसे काटा जाए', अर्थात पेड़। आगे चलकर यह जंगल के लिए प्रयोग में आने लगा। काटने का अर्थ गढ़ना, सुन्दर बनाना भी हो जाता है। क्योंकि कोई व्यर्थ तो किसी वस्तु को काटता, चीरता नहीं। इसलिए वन का हिन्दी के **बनाने, बनावट, बनना** और **बनी**—सुन्दरी, वनस्थली; **वनिता/बनिता**, आदि से सम्बन्ध है। **बनक—बनावट,** और **बानक**—वेश; **बान** (आन-बान)—सजावट, आदि भी इससे बने लगते हैं।

फटने, चिरने से उत्पन्न ध्वनि का एक अनुकार **व्र/वृ** था जिससे वृक्ष निकला है। वृक्ष का अर्थ है छितराया हुआ, फैला हुआ, पर साथ ही घेरनेवाला, ढकने वाला भी। सं. धातु व्रश्च इससे बहुत बाद में कल्पित हुई—**तष्टेव वृक्षं वनिनो नि वृश्चसि परश्वेव नि वृश्चसि** (ऋ. 1.130.4)। **वक्ष** भी वृक्ष ही है। शाखाओं की तरह फैली पसलियाँ और उसके भीतर सुरक्षित मर्म भाग। इस साम्य को लेकर बहुत पहेलियाँ बुझाई गई हैं, जिनमें एक ही वृक्ष पर सटे बैठे दो पक्षियों—आत्मा और जीव—में से एक फलों का स्वाद चखता जाता है और दूसरा भोग के प्रति उदासीन बना रहता। इसी से शरीर के ढाँचे की कल्पना अस्थियों से बने **पिंजड़े** या अस्थिपंजर के रूप में की गई। मृत्यु की कल्पना आत्मा रूपी पक्षी के पिंजड़े से उड़ जाने के रूप में की गई।

तोड़ने, काटने, चीरने, गढ़ने से जुड़े वृक्ष नामों से इतना तो प्रकट ही है कि तकनीकी विकास में काष्ठशिल्प की बहुत सार्थक भूमिका रही है। यह भूमिका पाषाणी कला के उदय से पहले आरम्भ होती है।

मनुष्य ने पत्थर के हथियारों का उपयोग आरम्भ किया उससे पहले वह लम्बे समय तक केवल लकड़ी के औजारों का उपयोग करता रहा। पेड़ों और इनकी प्रकृति को वह करोड़ों वर्ष पहले से जानता आया था और कहें धरती से अधिक जानता था। इसलिए स्वाभाविक था कि वह अपने आरम्भिक औजार/हथियार भी इन्हीं से बनाता। तरीका आसान था। किसी भी लम्बी टहनी या पतली डाल को तोड़ा, उसे इच्छित आकार दे दिया और उससे डंडा बना लिया। यह डंडा तब से आज तक काम आ रहा है। विविध निर्मितियों में आज भी उपादान भेद के साथ **स्थूण** या **थूनी, स्कभ** या **खम्भ, स्तभ** या **स्तम्भ** बनकर डंडा आज तक सहायक बना हुआ है।

काष्ठयुग तो यूँ भी धातुयुग में इस तरह घुसा हुआ है कि यह जानते हुए कि जंगलों का सफाया प्रकृति के विनाश और प्रकृति का विनाश अपनी धरती और अपने विनाश को निकट लाते जाना है, प्रतिवर्ष हजारों किलोमीटर जंगल कटते जा रहे हैं।

अपनी प्राथमिक अवस्था में मनुष्य मांसाहारी नहीं बन पाया था। उसे शिकार के लिए नहीं, अपने बचाव के लिए या प्रकृति से अपना आहार जुटाने के लिए हथियार की आवश्यकता थी। तरीका आसान था। किसी **झाड़** (पेड़) की डाल को तोड़ा और **झटहा** या क्षेप्यास्त्र बना लिया। इसका उपयोग आज भी किया जाता है। टेढ़ी डाल के झटहे ने तो **चक्रायुध** या **बूमरैंग** का रूप ले लिया। हाथ की पहुँच से अधिक ऊँचाई के फल आदि खींच गिराने के लिए लग्गी बना ली। अपेक्षाकृत मजबूत डाल तोड़कर जानवरों को मार भगाने का डंडा बना लिया। टहनी को पंखे की तरह झलते हुए मक्खी-मच्छर उड़ा लिया जो काम कई जानवर पूँछ से करते हैं। और जिनसे बचने के लिए जिन जानवरों को सघन रोओं की सुरक्षा नहीं मिली होती है, और पूँछ भी छोटी होती है, वे अपने शरीर को कीचड़ और धूल से लपेट लेते हैं (सूअर, भैंस, हाथी), वह काम वह झाड़ियों और टहनियों से करने लगा। कौन जाने इसी चक्कर में उसने अपनी पूँछ भी गँवा दी हो।

चिम्पांजियों के व्यवहार को देखकर हम समझ सकते हैं कि काष्ठयुग नरवानर के ऊर्ध्वमेरु बनने से पहले आरम्भ हो गया होगा और इसने उसकी रीढ़ को तन कर सीधा होने में भी मदद की होगी। लम्बे समय तक यह उसका तीसरा पैर भी रहा होगा।

डंडा मनुष्य का सबसे पुराना हथियार है। सबसे पुराना औजार भी। परन्तु वह बाँस का डंडा नहीं हो सकता था। किसी पेड़ की डाली से तैयार किया गया डंडा न तो बहुत सुथरा होता है, न ही इसका आघात उतना प्रभावकारी होता है। यह बोध तो डाली से डंडा बनाते समय ही हो चुका था कि डाली जितनी सीधी हो, उसकी चोट उतनी ही गहरी होती है। अत: बाँस की ओर उसका ध्यान जाना ही था। कठिनाई यह कि बाँस काटने के लिए जितने पैने औजार की आवश्यकता थी उतना पैना हथियार उसने धातुयुग में ही तैयार किया। पत्थर के पैने औजारों से भी बाँस कटने

के क्रम में फट तो सकता था, पर कट नहीं सकता था। इसकी अपेक्षा बेंत को काटना आसान था। बेत जिन क्षेत्रों में सुलभ है उनमें बाँस की अपेक्षा बहुत पहले से डंडे के रूप में काम में आ रहा है। **दंडपाणि** के प्रतिरूप **वेत्रपाणि** हैं। बाँस के डंडे में फल लगाकर गोड़ने या खोदने के लिए औजार पहले बेंत के डंडे में फल लगाकर तैयार किए गए। **बेंट/बेंठ**—मुठिया, उसी अवस्था का द्योतक है। बाद में काटने और छीलने के धातु के औजार बन जाने पर बेंट लकड़ी और बाँस दोनों का बनने लगा। वजन में हल्का और चोट में बाँस के डंडे से भी अधिक असरदार होने के कारण, डंडे के रूप में इसको आज भी पुलिस बल प्रयोग में लाता है।

बेंत और बाँस के डंडे का चलन हो जाने के बाद भी कुछ पुरातनपन्थी पेड़ की डाल से बने डंडे को छोड़ने को तैयार न थे। पुरानी और गतप्रयोग वस्तुओं के साथ पवित्रता का भाव जुड़ जाता है। विकास के निचले सोपानों के लोग आज भी पुरानी टेक छोड़ने को तैयार नहीं होते और यह आग्रह निम्नता के क्रम में अधिक बढ़ा मिलता है। इसलिए संन्यासियों, ब्रह्मचारियों के लिए **पलाशदंड** बाद तक जारी रहा। परन्तु यहाँ मात्र लकड़ी और बाँस या बेंत का प्रश्न नहीं था। इसका प्रतीकात्मक अर्थ अधिक महत्त्व का था। बाँस का डंडा शक्ति और युयुत्सा का द्योतक था, लकड़ी का डंडा पशुओं आदि से आत्मरक्षा और यात्रा में सहायता के लिए अपेक्षित था। कहें एक के साथ हिंसा और दूसरे के साथ हिंसा से विरति का भाव जुड़ा हुआ था।

डंडे के बाद जिस औजार का विकास हुआ, वह थी **मुगड़ी** या पीटने का डंडा जिसका आयुध के रूप में विकास **मुग्दर** के रूप में हुआ। **मुग्दर** पहले पीटकर दाना अलग करने—अन्नमोचन—के लिए बनाया गया था। आगे चलकर इसका गदा या आयुध के रूप में प्रयोग होने लगा। ऋग्वेद में इसके लिए **द्रुघ्ण** शब्द प्रयोग में आया है, जिससे प्रकट है कि यह लकड़ी का बनता था। पर युद्ध के उपयोग के लिए इसके मूठ के आगे पत्थर का गोलक लगाया जाने लगा और इसकी चोट को अधिक प्रभावकारी बनाने के लिए इसमें नुकीले उभार बनाए जाने लगे। हड़प्पा के अवशेषों से **मुग्दर** या **गदा** के नमूने भी मिले हैं। **वज्र** या पत्थर के गोलक के कारण यह वज्र बन गया। ऋग्वेद में नुकीले उभार के **वज्र** के लिए **शतपर्व वज्र** या सौ नोकोंवाला वज्र पद का प्रयोग हुआ है।

लकड़ी के टूटने से जो ध्वनि पैदा होती है उसके लिए हम दो व्यंजकों का प्रयोग करते हैं। वह 'तड़ से टूट गया', 'खट् से टूट गया'। अर्थात उसके टूटने के साथ तड़ या खट् की ध्वनि हुई। इसमें जो तड़ की ध्वनि है उसी से **तंड, तांड्य, ताड़ना, तड़ित, दंड, डंड, डंडा** आदि शब्द प्रकट हुए हैं। तड़ के वैकल्पिक उच्चार **तर/टल/दर/दल** हैं। यह बोलियों की अपनी ध्वनि-सीमा के कारण है। **तर्** से पेड़ के लिए नाम तरु, अं. **ट्री**; पेड़ और लकड़ी के लिए **दारु** (देवदारु), फा.

दरख्त, और फटने और फाड़ने की क्रिया के लिए **दारण, दारुण, विदारण, दीर्ण, विदीर्ण** आदि शब्द निकले हैं। **दारिद्र्य** का भी इससे सम्बन्ध है या नहीं, यह विचारणीय है। **डार, डाल** और **डाली** का सम्बन्ध निश्चय ही है, जिसका अर्थ है मूलाधार या तने से अलग होनेवाली शाखाएँ, प्रशाखाएँ। **डलिया**—पतली टहनी से बुनी हुई टोकरी, **दर/द्वार—दरवाजा, दरी—घाटी, दर्रा**—घाटी और संकरा पहाड़ी मार्ग जो जलधाराओं के कारण पहाड़ के फटने से तैयार होता है, फा. दरिन्दा—फाड़ खाने वाला, हिंस्र पशु, आदि बहुत से शब्द इससे जुड़े हैं। **तर/तड़, दर/डर**—हिं. तड़कन, फा. **दर्द, दरिन्दा,** हिं. **डर**—भय में मूल व्यंजना फटने की है। परन्तु टलना—हटना; टालना और **टालमटोल, तल्/दल, टल/डल** का सम्बन्ध जल सूचक तर (तर्पण, तरावट)/**तल (ताल, ताल—आब, तल्ली-ताल)/तड़ (तड़ाग, तलपना, तड़पना**—पानी के बिना छटपटाना)/**टर/टल** (टलमल)/**डल** (झील विशेष)/**ढर** (ढरकना) **ढल/ढाल** से हो सकता है। पत्तियों (तुलसी दल) और पंखड़ियों (कमल दल) तथा **दलहन** में दल के भाव स्पष्ट हैं। तोड़ने का भाव बनाने और जोड़ने में बार-बार दिखाई देता है अतः **दल** समूह (सैन्यदल) का भी वाचक बनता है। परन्तु मूल आशय दलकने या दरकने का ही है। **दलन**—उत्पीड़न दाल दलने के यंत्रों के विकास के बाद की अभिव्यक्ति है। परन्तु सबसे रोचक है **दलाल,** दो पक्षों के बीच पड़नेवाला, मध्यस्थता करनेवाला।

दलने के लिए चकिया के आविष्कार से पहले दाने को अलग करने के लिए और दलहनों के छिलके उतारने के लिए भी सम्भवतः मुगड़ी का ही प्रयोग होता था।

लकड़ी को तोड़ने के क्रम में उत्पन्न ध्वनि **कट्** और जिन बोलियों में मूर्धन्य ध्वनियाँ नहीं थीं, उनमें **कत्** और जिनमें महाप्राणन की प्रवृत्ति थी उनमें **खत्/खट्**। अर्थ हुआ काटना, तोड़ना; इस ध्वनि से टूटनेवाली वस्तु—**काट/काठ/काष्ठ; खत्-क्षत्, खता—क्षति**। जिसे हम संस्कृत में **कुठार** के रूप में जानते हैं। वह मूलतः **कठार** लकड़ी चीरने/काटने का औजार था। त. **कट्टम्**—जंगल; **कट्टंगम्**—गदा, **कट्टाञ्जि**—पेड़।

कट्/खट् को ऐसी बोलियों में **कत्/खत्,** और इन्हें उलटकर **तक्/तख्** भी कहा जा सकता था। त. **कत्ति**—छुरी, छुरा, **कत्तु**—जोड़, गाँठ, **कत्तिमुनै**—तलवार की धार, **कत्तरि**—कतरना, ते. **कत्ति**—छुरी, छुरा; भोजपुरी **कतरना**—काटना, **कतरा**—फाँक, हिं. कुतरना, सं. **कर्तन**—काटना, **कृत्त**—कटा हुआ (Eng. clipt), **कृत्ति**—चमड़ा, और सम्भवतः अरबी का **क़त्ल/क़ातिल/मक़तूल** बना हो सकता है।[77] जो भी हो, कतरने की क्रिया के साथ एक फाँक दूसरे से अलग हो जाती है और **कतराना** का उससे सम्बन्ध स्वाभाविक लगता है।

तक्/तख से सं. **तक्वा**—रन्दा, **तक्षण**—तकड़ी काटना, चीरना, छीलना, **तक्षा**—बढ़ई और लातिन **तेख्ने**, जिससे **टेकनीक** और **टेकनालोजी** निकले हैं।

तख्—तख़्त—लकड़ी की चौकी, **तख़्ता**—लकड़ी का पटरा, **तख़्त**—राजासन या गद्दी, **तख़्तगाह**—राजधानी तक में भी विराजमान है। रोचक बात यह कि यह तख्त, तख़्ती लिखने की पटरी से छलाँग लगाकर कागज के ताव, तख्तए काग़ज़ तक पहुँच जाता है। यहाँ तक कि **तख़्तियः**—किसी के काम में गलती निकालना भी तख़्ती के कारण इससे आ जुड़ता है। पर **तक्** का **तख्** रूप केवल पारसी में हुआ हो ऐसा नहीं। जहाँ **तक्षा** है वहाँ **ताख** या **ताखा**—दीवार में बना दर्जा भी देखने में आता है। **तक्का**—सहारा, **टेक**—थूनी, सहारा, **टिकाना**—किसी सहारे खड़ा करना भी काष्ठयुगीन शब्द हैं।

धातु से परिचय होने से पहले तक **काठ** सबसे मजबूत पदार्थ था, यह **कठोर**—**काठ** जैसा; **कट्टर**—काठ जैसा पक्का, झुकने और मुड़नेवाला नहीं; **कठिन/काठिन्य**—कठोर/कठोरता आदि शब्दों से प्रकट है। **काठी** का आशय भी हड्डी का ढाँचा है। दृ—**दारु-दृढ़** की शृंखला पर ध्यान दें तो दृढ़—आसानी से न कटनेवाला, मजबूत काठ के हीर या पक्के भाग अथवा गाँठ का आशय रखता था। पत्थर लकड़ी की तुलना में अधिक भंगुर था। इसके साथ ही काठ पत्थर की तुलना में बहुत हल्का था। अतः काटने और तोड़ने के औजारों के रूप में पत्थर का प्रयोग होता रहा, और पत्थर के बर्तन आदि भी बनाए जाते रहे। परन्तु अन्य दृष्टियों से लकड़ी को अधिक भरोसे का माना जाता रहा।

लकड़ी के डंडे के सिरे को पैना करके पहली बार **अर** या **अल** भूमि की जोताई के लिए तैयार किया गया, जिससे **आर्य** शब्द का सम्बन्ध है। इसमें कुछ जोड़-मिलाकर **लांगल** तैयार किया गया जिसकी चर्चा हमने कृषि के प्रसंग में की है।

सोने के लिए लकड़ी के पटरे पत्थर की पटिया से इसलिए भी अधिक अनुकूल क्योंकि ये मौसम के साथ जल्द गर्म नहीं होते। **खाट/खट्वा/खटिया**—काठ की बनी हुई, पहले तख्ते के रूप में तैयार की गई। त. **कट्टिल**—तख्ता, में यह भाव अधिक स्पष्ट है। इसने आगे चलकर ही बुनी हुई चारपाई का आशय ग्रहण किया। यह सबसे पुराना टिकाऊ आसन था जो कीट-पतंग और साँप आदि से सुरक्षा प्रदान करता था। अन्यथा तो घास, कुश और बेंत आदि के आसन पहले से बनते आ रहे थे।

भाले और बरछे के रूप में भी लकड़ी के डंडे धातु युग से पहले तैयार होने लगे होंगे। इनका सिरा पैना बनाने के लिए इनको समतल पत्थर पर घिसना जरूरी होता था। इस घिसाई के क्रम में ही सम्भवतः यह पता चला कि लगातार लकड़ी की रगड़ से पत्थर इतना चिकना बनाया जा सकता है कि लगे इस पर पालिश किया गया है। स्वयं लकड़ी पर भी इस तरह की चिकनाई लकड़ी को लकड़ी से घिसकर पैदा की जा सकती है यह अनुभव मनुष्य को परस्पर रगड़ खानेवाली डालियों के रगड़वाले स्थलों को देखकर हो गया था। पत्थर और लकड़ी को

चिकना बनाने की दिशा में यह एक महत्त्वपूर्ण कदम था, जिसका भरपूर उपयोग आगे के दौरों में किया गया।

काठ के विविध पात्रों का उल्लेख भांडों के सन्दर्भ में करेंगे। काठ के खिलौने, काठ की मूर्तियाँ, काठ की पेटियाँ, काठ के विविध औजार, और भवन-निर्माण में काठ का प्रचुर उपयोग। ऋग्वेद में **धर्णि**—धरन, **विषुव**—मुंडेर, **विषूवृत**—बँड़ेर, आदि का उल्लेख आता है। उत्कृष्ठ कोटि के काठ की प्रचुर सुलभता ने भारतीय वास्तुशास्त्र को बहुत गहराई से प्रभावित किया है। लम्बी धरनों की सुलभता के कारण मेहराब (आर्क) का यहाँ विकास ही नहीं हो सका। जब पत्थर की शिलाएँ उपयोग में आने लगीं तो उन्हें भी धरन और टोड़े आदि के रूप में ही प्रयोग में लाया गया। इसे केवल भारत ही नहीं, पौर्वात्य वास्तु की भेदक विशेषता माना जा सकता है कि इनमें काठ का अधिकतम और पत्थर का अल्पतम उपयोग होता रहा है। कहते हैं, अशोक का पूरा महल ही लकड़ी का बना हुआ था जो अपनी कला में बेजोड़ था, जब कि उनके समय में पत्थर का काम उत्कृष्ट स्तर का हो रहा था। तिब्बत, बर्मा, श्याम, कम्बोज, आदि की कलाओं में भी जहाँ पत्थर का उपयोग हुआ है, वह काष्ठ-निर्मितियों की ही अनुकृति है। जैसा कि मार्शल ने लक्ष्य किया था, मोहनजोदड़ो की निर्मितियों में भी लकड़ी का और पटाव में मिट्टी और सरकंडे और मिट्टी के लेप का प्रयोग होता था।

जो भी हो, यह विशिष्ट भारतीय वास्तु है जो प्राचीनतम साहित्य (ऋग्वेद) और हड़प्पा आदि की वास्तु-निर्मितियों में प्रतिबिम्बित है। परन्तु यह इसका आरम्भ नहीं है। इससे पीछे जाने पर भी कहीं मेहराब के दर्शन नहीं होते। दीवारों और दरवाजों की निर्मितियाँ धरन और चौखटे के अनुरूप हैं।

परन्तु काष्ठ संस्कृति की सबसे महान उपलब्धि चक्रनिर्माण है। उसके महत्त्व को देखते हुए हम उस पर एक अलग खंड में चर्चा करना चाहेंगे।

30

पाषाणी शिल्प

लकड़ी के टूटने से मिलती-जुलती आवाज पत्थर के टूटने से भी होती है, जो भिन्नता है, उसकी पूर्ति मनुष्य की श्रुतिसीमा और वाचिक सीमा से हो जाती है, इसलिए इसका अनुकरण भी *कळ/कड्/कल्/खल्/खड्* आदि रूपों में किया गया।

पाषाणयुग के विषय में भी मोटे तौर पर वही बात की जा सकती है, जो काष्ठयुग के विषय में। यह आरम्भ तो लाखों वर्ष पहले हुआ, पर आज भी हम पत्थर का किसी-न-किसी रूप में उपयोग करते ही हैं। हम मानते हैं कि पत्थर को बिना गढ़े एक साधन के रूप में काम लाने की आवश्यकता जानवरों द्वारा छोड़ी गई कठोर हड्डियों के भीतर की मज्जा निकालने के लिए पड़ी होगी। आगे का काम मानव हाथ से या लकड़ी के सहारे कर सकता था। आगे जब वह स्वयं शिकार करने लगा तब शिकार करने से लेकर पशु को काटने, उसका चमड़ा उतारने, मांस के टुकड़े करने, चमड़ा खरोंचकर साफ करने आदि विविध प्रयोजनों के लिए औजारों की जरूरत पड़ी। इसके लिए पत्थर के उपकरण किसी अन्य पदार्थ के उपकरण की तुलना में अधिक सुविधाजनक थे। उदाहरण के लिए आर्द्रता के सम्पर्क में लकड़ी के नुकीले औजार भी बहुत जल्द अपना पैनापन खो देते, पर पत्थर पर नमी का असर नहीं हो सकता था। इसी तरह आग पर पकाने के मामले में लकड़ी के बर्तन स्वयं आग बन सकते थे, अतः उन्हीं आकृतियों में पत्थर के बर्तन भी बनाए गए जिनमें पहले पत्थर के औजारों की सहायता से लकड़ी के बर्तन बन चुके थे, क्योंकि उनके नाम काठ से जुड़े हैं न कि पत्थर से। परन्तु कूटने-पीसने के अधिकांश उपकरण पहली बार पत्थर के ही बनाए गए। अतः **दृषद्**—पत्थर और सिल, या शिलाखंड (**दृ-षद्**—तोड़ने या पीसने का यंत्र। **उपल**—पत्थर और बट्टा या लोढ़ा (उपल अर्थात ऊपर का पत्थर)। यह याद दिलाना जरूरी नहीं कि बट्टा का अर्थ भी 'तोड़नेवाला', 'खंडित करनेवाला', 'तोड़ा हुआ', 'बँटा हुआ' है। **खड़>खल**—पत्थर, कूटने का यंत्र, मारपीट करनेवाला, दुष्ट। इसी का विकास उलूखल और मूसल में हुआ, जब इसे

कुछ विशेष प्रयोजनों से लकड़ी का बनाया जाने लगा। इसलिए इनके विशेषण के रूप में इसे वानस्पत्य कहा गया है।

कल्/कळ्—प्रयोग पत्थर के लिए, विशेषतः नगीने के पत्थर के लिए होता रहा है—त. **कल्**—पत्थर, रोड़ी; **कल्लकम्**—चट्टानी पहाड़, कल्लकाय्—ऐसा फल जो पत्थर जैसा कड़ा हो, **कल्लेट्टु**—संगतराशी, **कलनेञ्चु**—पत्थर-दिल; **कल्लेरि**—पत्थर फेंकना। जिस यांत्रिक समझ से कुछ शब्दों की शृंखला द्रविड़ में पाकर विद्वान उन्हें द्रविड़ मान लेते रहे हैं, और हिन्दी में उन्हें द्रविड़ से आया सिद्ध करते रहे हैं, उसमें इसे भी द्रविड़ सिद्ध किया जा सकता है। परन्तु ऐसे शब्दों को आर्य या द्रविड़ सिद्ध करने से अच्छा है, इन्हें भारतीय मानना। कारण कुछ ध्यान देने पर उनकी वैसी ही शृंखला बहुत पीछे तक जाती हुई, आर्य भाषाओं में भी दिखाई देती है और इनमें से अनेक का प्रसार यूरोप तक देखने में आता है। **कल**—पत्थर, **कलन**—तोड़ना, जोड़ना, गढ़ना; **काल**—नाश, मृत्यु, समय; अंग्रेजी **किल**—जान से मारना, **कैलैमिटी**—आपदा; सं. **कला**—तोड़ने-बनाने की विद्या; **कलन**—एकत्र करना, जोड़ना; लातिन **कैल्क्स**—पत्थर; **कैल्सिडोनी**—चूनापत्थर, **कैल्शियम**—चूना; **कैल्केरियस**—पथरीला, **कैलस**—कठोर, **कैलकुलेट**—जोड़ना, **कैलिबर**—माप, लम्बाई, चौड़ाई आदि। ये विकास लगभग समानान्तर हैं, और तोड़ने और जोड़ने के अनिवार्य सम्बन्ध को न समझ पाने के कारण विद्वानों ने यह अटकल भिड़ा रखी थी कि पहले लोग पत्थर की बजरियों से गिनने का काम लेते थे, इसलिए **कैल्क्स** से **कैलकुलेशन** निकला। इस विधि से गणना असम्भव नहीं है, पर जरूरी भी नहीं है। यह सम्बन्ध कला के अपने स्वभाव में निहित है और इसे विविध रूपों में पाया जा सकता है।

उदाहरण के लिए **कळ्** का उच्चारभेद कुछ बोलियों में **कण्/कन्** भी था, जिससे निर्मित शब्द भी सभी में फैल गए। औजार गढ़ते समय पत्थर के टकराने से सूक्ष्म अंश अलग होते हैं, अतः **कण्/कन**—उस सूक्ष्म अंश का भी द्योतक है। हमारे सुविदित कण और इसके भी सूक्ष्मांश अणु में एक का अर्थविस्तार है, तो भोजपुरी के कन-खुद्दी के कन में दूसरे का। पत्थर तोड़ते समय चमक और चिनगारी भी पैदा होती है। अतः **कण्/कन्** दृष्टि का भी बोधक हुआ। अतः त. **कण्**—आँख, **कण्कट्टु**—आँख पर पट्टी बाँधना, हि. **कन्**—आँख, **काणा/काना**—एक आँख का अन्धा, **कंजा**—ऐंचा; **कनीनिका, कण्व**—दूरदर्शी, **प्रस्कण्व**—अतिदूरदर्शी; भो. **कंडा**—जलाने के लिए सुखाया गया गोबर, उपला; फा. **कन्दील**—आकाश दीप, अं. **कैंडल**—दीयाबत्ती, **कैंडेसेंट**—जगमग, **कैंडिड**—उज्ज्वल, **किंडल**—जलाना, दीप्त करना, **कैनी**—विज्ञ आदि में इसे देखा जा सकता है।

कंड/खंड—टुकड़ा, **कांड**—पोर, दो गाँठों के बीच का हिस्सा, **कांड**—खंड, भाग, **कंडिका**—अध्याय, अनुच्छेद। **खाँड़**—खंड, रवा, फा. **कन्दा**—चीनी का

रवा। लौकिक भाषाओं से संस्कृत के विकास में एक तत्त्व था, **महाप्राणन** का। इसमें ऐसी बोलियों की प्रधान भूमिका रही हो सकती है जिनमें किसी कथन को प्रभावशाली बनाने के लिए या ध्वनि-सीमा के कारण **घोषमहाप्राण** ध्वनियों का व्यवहार होता था। अत: जिस तरह **काठ** का **काष्ठ** बनाया गया, उसी तरह **कण/खण (खंड, खाँड़)** का **क्षण** बनाया गया।

कुछ दृष्टियों से पत्थर किसी अन्य पदार्थ से अधिक कठोर था। कठोर लकड़ी भी इसी से काटी जाती थी, इसलिए **कड़ा** शब्द उसी तरह **कळ/कड़**—पत्थर से निकला है जैसे **कठोर** और **कठिन काठ** से और दृढ़ दारु से। **कड़ाके की ठंड** वह ठंड है, जिसमें पानी पत्थर बन जाए; ओले पड़ने लगें। ओले को बोलचाल में पत्थर भी कहते हैं। अंग्रेजी **कूल**—का भी सुदूर सम्बन्ध कल् पत्थर से हो सकता है, यद्यपि कूल बहुत अधिक ठंडे के अर्थ में प्रयोग में नहीं आता, इसलिए इसे **कल**—पानी से व्युत्पन्न मानना अधिक उचित होगा। इसके लिए **चिल** का प्रयोग होता है जो भी भारोपीय शब्द है, इसे त्रिलोचन का अवधी प्रयोग '**चिल्ला जाड़ा**' पढ़कर समझा जा सकता है।

करका—ओला में ड़ का र हो गया है। गुज. **करा**—ओला, **कराड**—बड़ी शिला, **कराडी**—पहाड़ी कन्दरा; **कल्लीचूना/चूनाकल्ली**—पत्थर का चूना; **कल्**—तोड़ना, **कलह**—झगड़ना, **काल**—मारनेवाला, **कलि**—कलह का युग, **कलि**—जोड़ना, **कली**—सम्पुटित, बँधी हुई, त. **कण्णि**—कली, **कड़ी**—जोड़, साँकल; **कल्ला**/कलाई—गट्टा, **कड़ा**—कलाई का कंगन, **कल्याण**—विवाह बन्धन, **कला**—गढ़ने की विधि, **कलित**—गढ़ा हुआ, सुन्दर, **कला**—खंड, सोलहवाँ (कलामान)/पन्द्रहवाँ (चन्द्रकला) भाग, **कलन**—जोड़ना (**आ/व्यव/वि/संकलन**)।

हम अपने विषय पर आएँ तो पत्थर के बड़े और छोटे विविध प्रकार के औजार मनुष्य लम्बे समय तक बनाता रहा। पत्थर के पैने टुकड़े वह बाण के सिरे या फल के रूप में प्रयोग करता रहा। पत्थर से पत्थर काटने, छेद बनाने, पालिश करने आदि के भी औजार बनाता रहा। ऋग्वैदिक काल से पहले उसने खराद के लिए **शाण** या **क्ष्णोत्र** बना लिया था। परन्तु पहली बार यदि उसने पत्थर का यन्त्र बनाया तो वह था **जाँत**। जाँत तो यंत्र का बदला हुआ रूप है ही। हड़प्पा काल तक जाँत या पीसने की चक्की का आविष्कार हो चुका था, यह अवशेषों में मिले जाँत के निचले हिस्से से प्रकट होता है, परन्तु यह कितना प्रचलित था, यह तय करना आसान नहीं। ऋग्वेद में **चक्रिया** या चक्की शब्द को प्रयोग शत्रुओं का दलन करनेवाले के आशय में हुआ लगता है, यद्यपि इसका अर्थ विचित्र रूपों में किया गया है। उदाहरण के लिए दिन और रात को चक्की के पाटों के रूप में कल्पित

महाप्राणान घोष महाप्राण ध्वनि—उच्छ्‌वास के साथ उच्चारण (घ, झ, ढ, ध, भ आदि ध्वनियाँ)

करते हुए कहा गया है कि इनमें (पहले) ऊपर कौन है और (बाद में) नीचे कौन यह तय करना कठिन है, परन्तु ये दोनों अपने को चक्की की तरह घुमाते हुए पूरे विश्व का भरण करते हैं। ये न चलती हुई भी अपने गर्भ में चलनेवाले को धारण किए हैं। इनके पाँव नहीं है, पर वह चलता हुआ बाहर आता रहता है। चक्की में पिसते हुए आटे के बाहर निकलने का रूपक दिन-रात की चाक के भीतर से चलने वाले सूर्य के निकलने के रूप में आया है।

कतरा पूर्वा कतरा परायोः कथा जाते कवयः को वि वेद।
विश्वं त्मना बिभृतो यत् ह नाम वि वर्तेते अहनी चक्रियेव। 1.185.1

भूरिं द्वे अचरन्ती चरन्तं पद्वन्तं गर्भं अपदी दधाते।
नित्यं न सूनुं चित्रोः उपस्थे द्यावा रक्षतं पृथिवी नो अभ्वात्। 1.185.2

ऋ. 2.34.9 में भी शत्रुओं को चक्की की तरह पीसकर चारों ओर फेंक देने का वर्णन है। परन्तु तकनीकी विकास से जोड़कर न देखने के कारण इनके असंगत अर्थ किए जाते रहे हैं।

काष्ठकला में जो स्थान लांगल, पहिया और रथ-निर्माण का है, पाषाणी कला में वही स्थान चक्की का है, जो पहिए के निर्माण के बिना बन नहीं सकती थी और लकड़ी की मूठ और कीली के बिना काम कर ही नहीं सकती थी।

मनके, मूर्ति, स्तम्भ, आकृतियाँ आदि बनाने के क्षेत्र में पाषाणी कला ने काष्ठ कला का मार्गदर्शन किया हो सकता है। काठ पर तक्षण का काम धातुयुग से पहले नहीं हो सकता था। धातुयुग में पत्थर पर भी तक्षण का कार्य सुधरा। परन्तु पत्थर पर अधिक कठोर पत्थर के औजारों से काम हो सकता था और धातुयुग में भी होता रहा। काष्ठकला का तक्षण तो **तक्षणी** या धातु की **रुखानी** (रूख या वृक्ष अर्थात काठ पर चलनेवाली, कहें **वृश्चनी**) है।

शिल्प या पाषाणी कला का जन्म शिला/सिल या पत्थर से हुआ है। यहाँ यह स्मरण दिलाना उचित लगता है कि **चिल, शिल, शिला, शिल्प, छिल्क, छिलका,** शल्क एक ही शृंखला के शब्द हैं। परन्तु क्या हमने कभी इस पक्ष पर ध्यान दिया है कि पत्थर तोड़ने के क्रम में पैदा होनेवाली चिनगारी के कारण आग रखने के पाइप, चिलम का और फिर झिलमिलाने का भी सम्बन्ध पाषाणी कला से है? आग वाले आशय में **चिल** का ही सम्बन्ध **चिढ़** में है। चिनगारी का अपना सम्बन्ध भी **चिन्न/छिन्न** से है, जिससे **छेनी**—पत्थर काटने का औजार का भी सम्बन्ध है। इसी से ते. **चिन्नमु**—छोटा, हि. **चीनी**—छोटे दानेवाली, **चिन्दी**—छोटा टुकड़ा, **चींथना/चिथना, चीन्हा**—लकीर, द्योतक, सूचक वस्तु, **चिह्न**, भो. **चिन्हार**—परिचित, **चिनार**—अग्निवृक्ष, जिसकी पकी पत्तियों से लगता है जंगल में आग लगी है; सं.

छिन्न, क्षीण और हिं. **झीन** और **झीनी** और **झिलंगा** (चारपाई)—जिसके तार जगह-जगह टूटे हुए हों, निकले हैं। **चिल** ही **चीड़** और **चीरना** भी है।

छिन्न, क्षण, क्षीण, क्षणिक, क्षाम, आदि अभिव्यक्तियाँ छेनी से निकली हैं। सच कहें तो **क्षोणी**—धरती का भी अर्थ जुती हुई भूमि है और यह इस बात का द्योतक है कि हल या लांगल में फाल के रूप में छेनी से तराशे हुए फाल ही लगाए गए। वैदिक व्याख्या में पृथ्वी का अन्त है, वेदी, यही पृथ्वी की नाभि भी है, और यह स्वयं उर्वरा भूमि का प्रतीक है। धरती को तीन-चार अंगुल गहराई तक ही जोता जाता है, इसलिए वेदी का चौक भी तीन-चार अंगुल का होना चाहिए। उत्कृष्ट **शिल्प (सुशिल्प)** और **तक्षण** का उल्लेख ऋग्वेद में आया है। उत्कीर्णन, उत्खचन किरोने/खरोचने की संकल्पना से जुड़े लगते हैं, और इसलिए मूलतः पाषाणी शिल्प की देन हैं।

भारतीय पाषाणी कला पर टिप्पणी करते हुए डॉ. भगवतशरण उपाध्याय ने लिखा है :

> "अशोक के पहले स्तम्भ बनते थे या नहीं, इसमें सन्देह हो सकता है। पर यह निःसन्देह है कि वे पत्थर के कभी नहीं बने... ।" (भारतीय कला, 1980, पृ. 31)

वह भारतीय प्रस्तर स्तम्भों को ईरानी प्रभाव से निर्मित सिद्ध कर रहे थे। ईरान से प्रभावित होना असम्भव नहीं है, अपितु नितान्त स्वाभाविक लगता है, भले यह यूनानियों के माध्यम से हुआ हो, परन्तु स्तम्भों के निर्माण की प्राचीन भारतीय परम्परा वैदिक काल तक जाती है, जहाँ ऐसे विशाल स्तम्भ की कल्पना की गई है, जिस पर भुवन या संसार टिका हुआ है। यह वृक्ष का स्तम्भ है, इसमें सन्देह नहीं, क्योंकि इसका वहीं उल्लेख भी है। परन्तु पत्थर के स्तम्भ अपनी पूरी सुघड़ता के साथ ढोलावीरा से प्राप्त हुए हैं जो परिपक्व हड़प्पा काल के हैं। इसी तरह उन्होंने अशोक कालीन पालिश के काम को भी ईरानी अवदान माना है, परन्तु ईरानी पालिश अशोक कालीन पालिश से भिन्न थी और उसमें ढाई हजार वर्ष बाद भी दर्पणवत प्रतिबिम्बता है, जब कि अशोक के स्तम्भों के रवे इस तरह दिखाई देते हैं कि इनको छूने पर, इनकी हाथीदाँत जैसी चिकनाई का पता चलने पर ही यह विश्वास हो पाता है कि ये खुरदरे नहीं हैं। पत्थर पर पालिश की एक भिन्न परम्परा भारत में हड़प्पा काल से चली आ रही है। सभ्यताएँ परस्पर एक-दूसरे से लेन-देन करती रहती हैं। अक्सर ऐसा होता है कि सभ्यता के पिछले चरण पर जिस सभ्यता से नई सभ्यता ने अपनी दक्षता प्राप्त की थी, उसे ही वह बहुत अधिक परिष्कार के साथ वापस करती है। हड़प्पा कालीन यात्राओं का अनुमान तो होता है, पर मार्गों के विषय में कुछ स्पष्ट पता नहीं चलता। ऋग्वेद में रथगम्य मार्गों का और दूसरे अनेक प्रकार के सुदूरगामी

मार्गों का उल्लेख आता है। इतना ही नहीं, मार्ग तैयार करनेवालों **(पथिकृत्)** और मार्गरक्षकों **(पथिरक्षी)** के साथ बीच पड़ावों का भी संकेत है। यह सर्वविदित है कि दारयावहु ने ईरान में जितने अच्छे और दूरगामी मार्गों का निर्माण कराया था उससे ही यूनानियों और रोमनों ने मार्गनिर्माण के महत्त्व को समझा था। चन्द्रगुप्त के समय में सड़कों के जाल और उससे पहले सुदूर आवागमन के हवाले मिलते हैं। यदि यह माना जाए कि इन पर ईरान का प्रभाव पड़ा होगा तो इस पर आपत्ति नहीं की जा सकती, परन्तु यह जरूरी नहीं। भारतीय परम्परा में दूसरी सहस्राब्दी के दौरान लुप्त हो चुकी अनेकानेक प्राचीन उपलब्धियाँ एक-पर-एक उभरने लगती हैं। और उनमें आशय तक पुराने बने रह जाते हैं, जिसकी ओर मेहरगढ़ की खुदाई करने वाले पुरातत्त्वविद जैरिज ने संकेत किया है। परन्तु सांस्कृतिक दाय और समृद्धि दोनों अपने स्थान बदलते रहते हैं। इसी अर्थ में सभ्यता और संस्कृति दोनों अपनी प्रकृति में ही स्थानीय या देशज नहीं, वैश्विक हैं। इनमें पूर्व और पश्चिम का सवाल भी सफलता और रक्षणवादिता के दौरों में सापेक्ष रूप में उठ सकता है।

हम यहाँ पाषाण कला के पूरे विकास की चर्चा नहीं करना चाहते। हमारा काल परिपक्व हड़प्पा से पहले की अवस्थाओं तक सीमित है, इसलिए यहाँ इतना ही कि पाषाणी कला मनकों के, विशेषत: अन्तर्खचित ढोलकाकार और अनुखंडित मनकों—इनसाइज्ड सिगमेंटेड बीड्स—में हड़प्पा काल में एक आश्चर्यजनक ऊँचाई तक पहुँच चुकी थी। इनको पत्थर के बरमों से छेदना, और धागा पिरोने के पतले से छेद से भीतर इस तरह नक्काशी करना कि बाहर से चिकने मनके बाहर से खचित होने का भ्रम पैदा करें, अपने समकालीन जगत में अनन्य है।

31

शिल्प और शैली

कलाल का अर्थ तो पथरकट या संगतराश होना चाहिए, हो गया कुम्हार। कुम्हार के लिए **कलाल** शब्द के प्रचलन में कहीं कल/गल—पानी, और गीली मिट्टी का हाथ भी हो सकता है। यह रहस्य अं. क्ले (clay)—गीली मिट्टी, में अधिक खुलता दीखेगा, सं. **क्लेद** में कम। सं. में **क्लेद, क्लेदी, क्लिन्न** आदि शब्दों की शृंखला अवश्य मिलेगी, जो अंग्रेजी या यूरोपीय भाषाओं में क्षीण मिलेगी। परन्तु इसके बाद भी इसका प्रयोग संगतराश के लिए हो सकता था। आखिर अनेक ऐसे शब्द हैं, जिनकी ध्वनि एक है, पर स्रोत भिन्न। उनके दो आशय निकलते हैं, जिन्हें हम प्राय: लक्ष्य तक नहीं कर पाते, जैसे **पतला**—पत्ती जैसा, और **पतला**—पानी जैसा। एक मोटाई में बहुत कम, दूसरा सान्द्रता में कम। एक **पत** अर्थात पत्ते से निकला हुआ और दूसरा **पत्** पानी से निकला हुआ। यदि ऐसा नहीं हुआ तो इसका कारण यह है कि भांडनिर्माण से बहुत पहले पाषाणी कला और काष्ठकला विकसित हो चुकी थी और पथरकट के लिए **शिल्पी** शब्द पहले से आ चुका था।

हम कलाकृतियों, विशेषत: साहित्यिक कृतियों के प्रसंग में **शिल्प, शिल्पविधान, शिल्पविन्यास, संरचना** आदि शब्दों का प्रयोग करते रहते हैं। ये सभी वास्तुशास्त्र के शब्द हैं। **शिल्पविधान** का शाब्दिक अर्थ है तराशी हुई शिलाओं का एक योजना के अनुसार विन्यास, जिससे उनकी चिनाई मजबूत रहे और निर्मिति सुन्दर बन सके। ऋग्वेद में **सुशिल्प** शब्द का प्रयोग हुआ है।

पाषाणी सभ्यता तो बहुत पुरानी है, पर औजार बनाने तक इसमें सुकरता का पक्ष अधिक प्रधान था, सौन्दर्य का गौण। इसलिए जहाँ तक गढ़ाई और नक्काशी का प्रश्न है, यह काष्ठकला के विकास के बाद, उसी की अनुकृति में आरम्भ हुई। पत्थर काटनेवाले ने इसे लिया भले **तक्षा** या **तरखान** से, पर इसे उस ऊँचाई और बारीकी पर पहुँचा दिया जो अच्छे-से-अच्छे काठ पर सम्भव न था। हम कह आए हैं कि हड़प्पा काल में एक ऐसी मनका बनती थी जिसमें डोरा डालनेवाले छेद के

भीतर से नक्काशी की जाती थी। मनका ऊपर से चिकनी पर भीतर की नक्काशी के कारण उत्खचित-सी दीखती थी। यह लकड़ी में कहाँ सम्भव था।

हम पत्थर की **शिला** और **सिल** (सिल-बट्टा) की बात करते हैं, और लकड़ी की सिल्ली की। दोनों में समानता तकनीक की है, आशय है छिली हुई, तराशी हुई, गढ़ी हुई। इनमें छीलने या छिलके उतारनेवाला आशय उभयनिष्ठ है। **चर्र, चिर्र, चिल्ल, शिल्ल, दर, दिर** जैसी ध्वनि डाली के टूटने, तोड़ने या पेड़ का छिलका उतारते समय तो होती है, पत्थर की कटाई करते समय नहीं होती। चिराई तो केवल लकड़ी की ही की जाती है इसलिए सोचना होता है कि कहीं शिल्प शब्द भी पाषाणी कला में उसी तरह तो नहीं ले लिया गया, जैसे हमने पाषाणी कला से स्थापत्य में आए **शिल्प, शिल्पविधान, संरचना** आदि को साहित्य की आलोचना में ले लिया है।

इतना ही नहीं, लकड़ी काटने पर निकले टुकड़ों को **चैली, चैला** और कभी—कभी **चिप्पी** भी कहते हैं। यह **चैल—शैल**, पहाड़, से कितना गहरा सम्बन्ध रखता है, यह बताना जरूरी नहीं। **शिला** के समानान्तर **शैल** को रखकर देखें तो **शैल** का आशय हुआ विशाल **शिला**, अथवा वह जिसे काटकर शिला निकाली जाती है। जंगलों से हरे-भरे पहाड़ को शैल नहीं कहा जा सकता। रॉकी चट्टा और पर्वत के लिए ही इसका प्रयोग हो सकता है। शिल्पविधान की तरह ही हम लेखन में **शैली** की भी बात करते हैं। **शैली** का आशय हुआ विशेष ढंग की कटाई, तराश। पर **चैला छैला** बनने के बाद एक नया अर्थ पा जाता है, यद्यपि इसका भी मूल अर्थ है तराशा हुआ, बना हुआ, सुन्दर बना या बनाया हुआ।

मूर्त क्रियाओं और वस्तुओं से अमूर्त संकल्पनाओं और विचारों के लिए किस तरह शब्द बनते गए हैं, इसे **कल्पना, शैली और शिल्पविधान** से समझ सकते हैं। **संरचना, संयोजन** भी एक ओर उद्योगविद्या के शब्द हैं, तो दूसरी ओर विचार-जगत के शब्द।

द्रविड़ भाषाओं में शिल्प से मिलते-जुलते शब्द बहुत कम हैं। पर **चिलंगम्**—एक विशेष वृक्ष की छाल, **चिलमानकल्**—एक मूल्यवान पत्थर, गोमेद; **चिल्लर/चिल्लरै**—बिखरी हुई चीज, छोटी चीज। मराठी आदि में रेजगारी के लिए **चिल्लर** शब्द का प्रयोग इसी से आया है।

हम शिला की बात कर रहे हैं, तो बाण के पर्याय **शिलीमुख** को कैसे छोड़ सकते हैं। **शिलीमुख** किसी बाण को नहीं कहा जा सकता। यह उस युग का बाण है जब बाण का फल या सिरा पत्थर का बनाया जाता था और गोंद-करायल आदि के सहारे बाण पर चिपकाया जाता था।

32

वस्त्र का विकास

शीत वात आतपैः तीव्रैः ततः ता दुखिता भृशम्।
द्वन्द्वैः ताः पीड्यमानाः तु चक्रुः आवरणानि च।

वायुपुराण, 8.95

वस्त्र और वसन का शाब्दिक अर्थ है आच्छादन या आवरण। यही अर्थ वेश और वेश्म (घर) का भी है।

भारत में कुछ क्षेत्रों में आज भी अनेक जन निर्वस्त्र रहते हैं। ओडिसा के **पतुआ** जनों का यह नाम ही पत्ते से शरीर ढकने के कारण पड़ा। भारत के दूसरे भागों में भी इस तरह के जन रहते रहे हैं। उदाहरण के लिए, अंडमान निकोबार में ओंगे लोगों को अपने अंग छिपाने की जरूरत नहीं महसूस होती।

यह भी एक रोचक बात है कि आदमी जब तक निर्वसन था, तब तक देवता था। देवता नहीं तो देवताओं के बीच रहता तो था ही। जहाँ उसे यह बोध हुआ कि शरीर के कुछ अंगों को छिपाकर रखा जाना चाहिए, उसे देव समाज से निकाल दिया गया। वह आदमी बन गया। कम-से-कम आदम और हौवा की कहानी में तो यह है ही।

पुराणों के अनुसार मनुष्य पहले निर्वस्त्र रहता था। उसने तीखी सर्दी और लू की जलन से अपनी रक्षा के लिए वस्त्र अपनाया। पर यह बात सभी पर लागू नहीं होती। केवल ठंडी जलवायु के लोगों के लिए या सर्दी के मौसमों में बचाव के लिए वस्त्र से शरीर को ढककर रखना जरूरी था। आरम्भिक अवस्था के वस्त्र तीखी गर्मी या लू से किसी का बचाव नहीं कर सकते थे। आरम्भ में उसे या तो अपने गुप्तांगों को सजाने अथवा लज्जाबोध के कारण मात्र अपने गुप्तांगों को छिपाने की जरूरत अनुभव हुई।

लज्जा का बोध उसे आज से कितने हजार वर्ष पहले हुआ, यह तय करना आसान नहीं है। यह एक सापेक्ष प्रश्न है। आज भी कुछ जन तो नग्न रहते ही हैं।

आदम-हौवा की कहानी में अंगगोपन के लिए पत्ते का सहारा लिया गया। ओडिसा में अभी हाल तक पतुआ जन अपने अंग गोपन के लिए पत्तों का उपयोग करते थे। इसी से इनका नाम पतुआ पड़ा था। पत्तों को एक करधनी या मेखला से फँसाकर नीचे लटका दिया जाता था और इस तरह एक सीमा तक लाज ढक जाती थी। अंडमान की ओंगे महिलाएँ और पुरुष भी पत्तों से अपने अंग ढंकते हैं।[78]

साहित्यिक साक्ष्यों से पता चलता है कि यह करधन या मेखला पहले मूज की बनी होती थी। यहाँ प्रसंगवश यह उल्लेख जरूरी है कि गर्म जलवायु के क्षेत्र में जहाँ सिले वस्त्र जरूरी नहीं थे, वहाँ कपड़े को लटकाने-कसने के लिए करधनी का और जिस जलवायु में सिले कपड़ों के बिना काम चल ही नहीं सकता था, वहाँ इसके लिए इजारबन्द या बेल्ट का प्रयोग होता रहा है। अत: करधनी का प्रयोग जलवायु के निर्धारण में भी सहायक है।

मूज की करधन पहननेवाला नंगा या अधनंगा **'मौंजी'** साधु आज भी कुम्भ आदि के अवसर पर देखा जा सकता है। पतुआ जनों की तरह बहुत पहले करधन में पत्ते लटकाकर वे भी अपनी लाज बचाते थे, जिनकी सन्तानों ने आगे चलकर संस्कृत भाषा और वैदिक संस्कृति का निर्माण किया।

निर्लज्ज के लिए **निरपत्रपा** (निर-पत्र-पा), और **व्यपत्र** (वि-अ-पत्र) शब्दों का प्रयोग वाल्मीकि रामायण में कैकेयी के लिए आया है।

अथ चीराणि कैकेयी स्वमाहृत्य राघवम्।
उवाच परिधत्स्वेति जनौघे निरपत्रपा। 2.37.6

निरपत्रपा का शाब्दिक अर्थ है वह जिसके शरीर की लज्जा ढकने के लिए पत्ते तक का आवरण नहीं है। **व्यपत्रमाण** का वाचिक अर्थ है 'जो पत्रावरण तक उतार कर नंगई पर आ गया हो।'

हिन्दी पत—सम्मान, गुज. **पत्तर**—पत्ता, लज्जा का सम्बन्ध तो इससे है ही, गु. **पतराज**/-जी—बड़ाई भी इससे जुड़ा हो सकता है। वाचिक अर्थ हुआ सुवेशता। इस पत्ते के वसन के कारण ही इसके रूढ़ हो जाने पर वस्त्र या किसी भी आवरण के लिए **'पट'** शब्द प्रचलित हुआ। चाहे वह घूँघट का पट हो या द्वार का पट अथवा स्वयं पेड़ का छिलका—ते. **पट्ट**—पेड़ की छाल, **पट्टा**—भीतरी छाल। सभ्य समाज का **पतुआ** गण से अन्तर यह है कि पतुआ अपने उसी चरण पर टिके रह गए, जब कि विकास की दिशा में बढ़नेवालों ने एक के बाद एक कई तरह के प्रयोग जारी रखे और नए आवरण अपनाते चले गए।

यह याद दिलाना भी जरूरी है कि पतुआ जनों की अवस्था से भी पूर्ववर्ती अवस्था का परिचय बोलियों में प्रयुक्त **लत्ता** (कपड़ा-लत्ता) में आज तक बना रह गया है। यह सम्भवत: उस अवस्था का द्योतक है जिसमें अभी रस्सी बटने का भी

आविष्कार नहीं हुआ था। **लतावरण** के लिए उसकी जरूरत भी न थी। निकोबार के ओंगे जन लतावरण का ही प्रयोग करते हैं। मूज की रस्सी बटना और इसकी मेखना बनाना और इसमें पत्तियों को टाँगना, इससे अगले चरण की बात है।

पुरानी रीति पर कायम रहना समाज के भीतर श्रेष्ठता और वरिष्ठता का भी सूचक माना जाता था। अपने को दूसरों से विशिष्ट और ऊँचा सिद्ध करने के लिए साधुओं, संन्यासियों और धर्मगुरुओं में नए विकास के बाद भी पुरानी परिपाटी के निर्वाह के नमूने आज तक मिलते हैं।

रोचक बात यह कि वही समाज जो सभ्यता की यात्रा में शामिल रहा और आगे की मंजिलें पार करता रहा, ऐसे दिगम्बरों या नागाओं को असाधारण सम्मान भी देता रहा। दिगम्बर जैन मत में तो आज भी ऐसे साधु सार्वजनिक रूप से भी देखे जा सकते हैं। पर यह केवल जैन परम्परा की अपनी विशेषता नहीं रही है। नागाओं के विषय में हम जानते ही हैं, यद्यपि यह पता नहीं चलता कि वे सनातन पन्थ से जुड़े रहे हैं, या उनका अपना अलग कोई मत रहा है। पर सनक, सनातन, सनन्दन शिशुवत (निरावरण) रहनेवाले और देवलोक-भूलोक सभी को तुच्छ गिननेवाले मुनि तो थे ही, जिनकी वेदान्ती परम्परा में इतनी महिमा है।

शीतप्रधान जलवायु या ठंड के मौसम में वस्त्र का प्रधान उपयोग शीत निवारण के लिए होता रहा है। लोग जाड़े के दिनों में कुछ जानवरों की खाल, जिनमें मुख्य बकरी और मृग हैं, भारत में भी प्रयोग में लाते रहे हैं। भेड़ की खाल उनकी जलवायु में असह्य थी। मृगचर्म या बाघम्बर-धारी भी इसे कौपीन की ही तरह पहनते रहे हैं। कुछ स्थितियों में वे इनको कवच के रूप में पहनकर छाती का भी बचाव करते थे। हिमालय में निवास करनेवाले देवता शिव का एक पर्याय **कृत्तिवास** अर्थात 'चर्मवस्त्र धारी' है। चर्म का ही एक वैकल्पिक रूप शर्म है। जब मनुष्य अजिनधारी होता है, तक खाल को **चर्म** कहते हैं और उसे ही जब देवता धारण करते हैं, तो उसे शर्म कहा जाता है (*अजिनस्य चर्मेति मानुषं नाम शर्मेति दैव नाम। महीधर, वाजसनेयि संहिता* 1.14 पर भाष्य)। हम नहीं जानते कि ब्राह्मणों के लिए शर्मा उपाधि अजिनधारी ब्राह्मणों के कारण पड़ा या किसी अन्य कारण से। बीसवीं शताब्दी में भी कभी-कदा मैदानों में उतरनेवाले ऐसे लोग दुर्लभ नहीं थे जो मृगछाला या बाघम्बर लपेटे दिखाई देते थे और इसी के कारण अपने को सामान्य वस्त्र पहननेवालों से अधिक ऊँचा और श्रद्धेय मानते और माने जाते थे।

जिस एक चमड़े का प्रयोग बाद में बिछावन, आसनी या गात्रावरण के लिए कहीं देखने में नहीं आता, वह गोचर्म है। इसका प्रयोग ऋग्वेद के समय तक बिछावन, आस्तरण आदि के लिए हो रहा था। जूते बनाने में तो इसका प्रयोग होता ही रहा है। यह कुछ विचित्र है कि सबसे पवित्र माने जानेवाले पशु का चमड़ा ऐतिहासिक कालों में पवित्र नहीं रह गया।

ऊनी वस्त्र में उनके प्रारम्भिक प्रयोग सम्भवत: अपने ही केश मुड़ाने के बाद उसे गूँथ-पिरोकर तैयार किए गए वस्त्र से आरम्भ हुआ। आरम्भ में लम्बे तारों को गूँथना-बुनना आसान था। बौद्ध काल के अजित **केशकम्बलि** के नाम से प्रकट है कि इस काल में भी यह चलन में था। यह मात्र एक सम्भावना है। कारण, हो सकता है गेसूदराज की तरह यह नाम उनके बहुत लम्बे और घने बालों के कारण पड़ा हो जिनके बाद किसी आवरण की जरूरत ही न समझते रहे हों।

कौशेय जो आगे चलकर रेशमी वस्त्र के लिए प्रयोग में आने लगा, विकास के एक चरण पर **कुश** के **वल्श** या गर्भपत्र के बारीक तार बनाकर तैयार किया गया वस्त्र था। रामायण में राम के वनगमन के सन्दर्भ में **कुशचीर** का उल्लेख भी है।[79] यह चीर वस्त्र न होकर सम्भवत: एक पतली पट्टी जैसा होता था, जिसे आगे से पीछे की ओर ले जाकर करधनी में खोंस लिया जाता था। एक तरह का **लँगोट**। लँगोट शब्द में **लंग** गुप्तांग का सूचक है, **ओट** तो आवरण है ही।

कुछ लोग ध्वजा आदि में भी कुश की पट्टी प्रयोग में लाते रहे हैं जो **कुशध्वज** में सुरक्षित है। इससे यह भी ध्वनित है कि कुश से भी बहुत बारीक वस्त्र बना लिया जाता था, अन्यथा यह लहरा नहीं सकता था।

कुश का बारीक वस्त्र बुनना आसान न था। सम्भव है कुछ लोग उस समय भी जीविका के साधन के रूप में वस्त्र ही बनाते रहे हों। वस्त्र बनाने की इस दक्षता के कारण उन्हें '**कुशल**' और उनकी विशेषता को '**कौशल**' कहा जाता था। अर्थविस्तार होने पर यह गढ़ने, जोड़ने, कलात्मक निपुणता का भी अर्थ वहन करने लगा। इसी तर्क से कुशिक और कुशीलव शब्द बने प्रतीत होते हैं। इनका अनर्थ करते हुए **कुशीलव** को 'कु-शील' या 'कदाचारी' का द्योतक बताया गया है। परन्तु सबसे विलक्षण है हिन्दी की कुछ बोलियों में चलनेवाला शब्द 'अनकुस'। क्या इसका **कुश** और **कौशेय**=कुश का बना वस्त्र (न कि रेशम) से कुछ सम्बन्ध हो सकता है? **अनकुस** असुविधा-असमंजित-नागवार के बीच का एक भाव है। इसमें इन सभी की छाया है। यदि **निरपत्रपा** से **अनकुस** को मिलाकर देखें तो कोई अर्थ पैदा होता है, या नहीं? यदि आपने किसी भी स्थिति में नंगा हो जाने का स्वप्न भी देखा हो तो उससे अनकुस का कोई सम्बन्ध बनता है या नहीं। अनकुस का अर्थ अनकुशल या कुशल-मंगल का अभाव नहीं है, पर बेचैनी इसके निकट है, जो नंगा हो जाने की बेचैनी में ही पाई जा सकती है।

आगे चलकर रेशमी वस्त्र के लिए '**कौशेय**' शब्द का प्रयोग होने लगा। जाहिर है, अपने समय तक के विकास को देखते हुए कुश का वस्त्र सर्वोत्कृष्ट था और आगे भी उत्कृष्टता से जुड़ने का अधिकारी बना रहा। जब सूत के वस्त्र बनने लगे तब भी कुश का तिरस्कार नहीं हुआ। कुश की चटाई, आनुष्ठानिक अवसरों पर कुश की अँगूठी, इसके सूचक हैं।

फिर रेशेदार छिलकेवाले पौधों के छिलके उतारकर उनको भी उसी तरह बारीकी से गूँथकर वल्कल वस्त्र बनाए जाने लगे। इनकी विशेषता यह थी कि ये नहाने-धोने के क्रम में भींगने पर कुश से अधिक समय तक चल सकते थे। परन्तु इसका एक अधिक कुशल उपयोग यह था कि रेशेदार छिलके के ऊपर की हरी पर्त को खुरचकर साफ कर लिया जाता था और फिर उसके बचे हुए भीतरी स्तर को पटिया की तरह बुनकर वस्त्र बनाया जाता था। इनके पुराना पड़ने के साथ छिलके का गूदा पूरी तरह उतर जाता रहा होगा और रेशा बच जाता होगा। प्रसंगवश रेशा किस भाषा का शब्द है? फारसी या संस्कृत का? संस्कृत में रेशा नहीं है, रश्मि है, जिसका अर्थ है रस्सी या पतला धागा या रेशे को कात-बटकर तैयार की हुई चीज। इससे आगे का ज्ञान तो हमें भी नहीं है। यह अवश्य कुछ रोचक हो सकता है कि **शर्म** और **रेशा**, में वैदिक **श** फारसी में **स** में परिवर्तित नहीं हुआ।

वल्कल से मिले अनुभव के बाद पाट या पटसन को पानी में लम्बे समय तक भिगोकर उसका गूदा अलग करके रेशे या सन निकालकर वस्त्र बनाने की चुनौती सामने आई। सम्भवतः इस चरण तक मनुष्य ने रेशों को ऐंठ-बटकर रस्सियाँ तैयार करना सीख लिया था। कुश का वसन बनानेवाला यदि **कुशल** था और निपुणता का पर्याय **कौशल** था, तो पटसन का वस्त्र बनाने वाला **'पटु'** और उसका गुण **पटुत्व** या **पटुता**।

रस्सी 'बटने' की कला तो उसी समय आ गई थी जब मौंजी बननी आरम्भ हुई। वर्तन (वृत्त में या गोल-गोल घुमाने) या बटने की कला जानने वाला **'वटु', वटुक**। पर सम्भवतः इस वटुता का सम्बन्ध जाल और जालीदार बुनाई (तु. **'बटुआ'**) से है। अर्थविस्तार होने पर **वटु** और **वटुक** मेधावी या शिक्षा प्राप्त कर रहे बालक के लिए भी प्रचलित हो गए।

पटसन के रेशे से बना वस्त्र अब तक के प्रयोगों में सबसे उत्कृष्ट वस्त्र था। आगे चलकर कौशेय की ही तरह **पाटम्बर** और **पटुआ** भी रेशमी वस्त्र के लिए प्रयोग में आने लगे।

सम्भव है पटसन या पटुआ की खोज से पहले रेशेदार छिलकेवाले कुछ दूसरे पौधों की तलाश की गई हो, पर इसके विपरीत यह भी सम्भव है कि पटुआ के रेशों की रुक्षता के कारण अधिक कोमल रेशों की खोज में अन्य पौधों की ओर ध्यान गया हो। **अथर्ववेद** में **तार्प्य** का वस्त्र के लिए प्रयोग हुआ है। इसे **तृपा** नाम की लता से तैयार किया हुआ वस्त्र बताया जाता है। **तत् त्वं यमस्य सादने वसनाः तार्प्यं चर, अथर्व.** 5.29.15। हुआ जो भी हो पर यह एक सच्चाई है कि पटसन के अतिरिक्त भाँग, यहाँ तक कि तीसी या अलसी (क्षुमा) जैसे पौधों के रेशों से भी वस्त्र बनाए गए। क्षुमा या अलसी के रेशे से बने वस्त्र को **क्षौम** कहा जाता था। **छाम (क्षुत्छाम,** क्षुधार्तता के कारण पतला या अस्थिकाय हो चुका व्यक्ति)

बारीक, सम्भवतः इसी से व्युत्पन्न शब्द है। इससे प्रकट है कि यह वस्त्र अपने समकालीन वस्त्रों में अधिक पतला रहा होगा। आगे चलकर **क्षौम** का भी प्रयोग रेशमी वस्त्र के लिए होने लगा।

हम यह मान सकते हैं कि इस तरह के कोमल रेशों से बने वस्त्र सर्वसुलभ न रहे होंगे। इन्हें, तत्कालीन अभिजात लोगों के लिए ही बनाया जाता रहा होगा। टिकाऊपन के मामले में कमजोर पड़ने और कोमल रेशों से भी अधिक कोमल विकल्पों के आने के बाद ये किसी के भी उपयोग के न रहे। परन्तु अपने समय में भाँग, और क्षुमा के रेशे किसी अन्य तन्तु से अधिक कोमल तो रहे ही होंगे।

इस तरह हम पाते हैं कि ऊन और कपास को छोड़कर इससे पिछले चरणों पर जिन भी रेशों का प्रयोग वस्त्र बनाने के लिए होता था, वे सभी बाद में रेशम के लिए प्रयोग में आने लगे क्योंकि अपने समय को देखते वे सर्वोत्कृष्ट थे और अपने समय पर रेशम या चीनांशुक सबसे महीन था। **अंशु**—किरण, अंशुक बहुत पतले रेशे से बना वस्त्र, **रेशा**—पतला तन्तु, **रश्मि**—पतला धागा या पतली रस्सी, **रेशम** सभी अपने-अपने समय के बारीकी के कीर्तिमानों के कारण बाद में भी बचे रहे, परन्तु रेशम के लिए प्रथम प्रयोग चीन का ऋण स्वीकार करते हुए **चीनांशुक** ही रहा।

ऊन के धागे तैयार करना और उनसे बुनाई करना भी आरम्भ में आसान काम न था। इन्हें उस तरह ऐंठा नहीं जा सकता था जैसे कपास को ऐंठते हैं। ऊन का धागा बहुत आसानी से खुलकर अलग हो सकता था। माना जाता था कि बहुत निपुण व्यक्ति ही ऊनी कपड़ा बुन सकता था—**ऊर्णासूत्रेण कवयो वयन्ति**।

कर्पास, कर्पट (कर्प-पट), आदि में प्रयुक्त **कर्प/कल्प**—गढ़ना, बनाना, (आगे चलकर कल्पना करना अर्थात मनसा, गढ़ना, बनाना) से प्रकट होता है कि तत्कालीन मनुष्य के लिए तकली, **तर्क,** का आविष्कार एक लम्बी प्रौद्योगिक छलाँग थी। **तर्कु** चलानेवाला पहला **तार्किक** था। वह अलग-अलग रेशों या तारों को पिरोकर एकसूत्र कर देता था। मन्था या मथानी का भी पुराना नाम तर्क ही रहा लगता है जो **तक्र** से पता चलता है। **तर्कु** से सूत कातने को **तर्कन** कहा जाना चाहिए, पर **तर्क** के लिए इसके प्रयोग के बाद उसे **कर्तन** कहा जाने लगा। तन्तु (**तनु विस्तारे**) तो उसे कहेंगे ही जिसे (कातकर) बढ़ाया गया हो। इस विस्तार से जो गुण, पतलापन, पैदा होता है वही **तनुता** है। तन्तु से पहले **तंत्र** की, जो एक ओर तो हमारे लोकतंत्र की ओर आता है और दूसरी ओर **तांत्रिक** की क्रियाओं की ओर, कल्पना नहीं की जा सकती थी।

कर्पट का अर्थ था सूती वस्त्र या आवरण। गृहनिर्माण में हम इसके एक अन्य विकास को आगे देखेंगे, पर **कपट, कापटिक** और **कपटी** शब्द कर्पट या कपड़े का अर्थ विस्तार हैं।

कपास की खेती के प्रमाण पाकिस्तान के बोलन तट पर स्थित बस्ती मेहरगढ़ के अवशेषों से आज से सात हजार वर्ष पहले या पाँच हजार ईसा पूर्व से मिलने लगते हैं। एक बार प्रयोग में आने के बाद इसने दूसरे सभी तन्तुओं और रेशों को वस्त्रनिर्माण के क्षेत्र से क्रमशः किनारे कर दिया। विरल अपवादों को छोड़कर दूसरे रेशों से बननेवाले वस्त्रखंड आगे की अवस्थाओं में भी समाज के किसी-न-किसी हिस्से में, या किसी-न-किसी प्रयोजन से, काम में आते रहे। पर कपास और रेशम ही सबसे प्रधान बने रहे।

यह कुछ कम रोचक नहीं है कि वस्त्र की प्राथमिक अवस्थाओं के शब्द भी उस भाषा के हैं जिसे भारतीय आर्यभाषा कहा जाता है। त. **वस्तिरम्, अंगवस्तिरं**—अँगोछा, दुपट्टा, पटु—रेशमी कपड़ा, तह; पट्टै-पेड़ का छिलका, आदि से पता चलता है, सामान्यतः इसी के शब्दों को दूसरी भाषाओं ने भी अपनाया है। उनके अपने भी शब्द हैं जो वस्त्र या आच्छादन के लिए प्रयोग में आते रहे हैं, जो तमिल का **आडै**—वस्त्र, जो हिन्दी में पर्दा या **आड़,** छिपाव, और **आड़े आना** खुद सामने आकर किसी को आक्रमण आदि से बचा लेना या छिपा लेना आदि में देखने में आता है। ऐसा ही शब्द **ओट** है जो किस बोली का है, यह हम नहीं जानते, पर यह और इससे बने संज्ञा और क्रियार्थक **ऑढ़ना, ओढ़ना** हिन्दी में प्रयोग में आते ही हैं। सम्भव है **ढक** या **ढाक** जो पलाश (के पत्ते) के लिए प्रयोग में आता रहा है, पर्दे या वस्त्र के लिए प्रयोग होता रहा हो। हिन्दी में यह **ढक्कन**, और क्रि. **ढकना** के रूप में आत्मसात हो गया है। परन्तु वस्त्र सम्बन्धी मुख्य शब्दावली आर्यभाषा की ही है और यह भारतीय उपमहाद्वीप में ही इस भाषा की दसियों हजार वर्ष पहले से चली आ रही विकासरेखा को समझने में मदद देती है। कतिपय दूसरी भाषाओं के हिन्दी में पाए जानेवाले शब्द सांस्कृतिक विकास के दौरान उस गहन अन्तर्क्रिया को समझने में मदद कर सकते हैं जिसका हम प्रायः हवाला देते हैं। जिसे हम भारोपीय या इंडोयूरोपियन भाषा के रूप में जानते हैं वह इस भाषा की प्राचीनतर नहीं अपितु बहुत बाद की अवस्था का सूचक है जब इस भाषा का प्रयोग करनेवालों ने कातना, बुनना और सूत और ऊन दोनों के वस्त्र बनाना सीख लिया था। जहाँ कपास उपलब्ध न था वहाँ उन्होंने लिनन का सहारा लिया। जैसा कि लिनसीड या तीसी से ध्वनित होता है, लिनन का शाब्दिक आशय **क्षौम वस्त्र** या तीसी के रेशों से बना वस्त्र है, यद्यपि इसके लिए दूसरे उपयोगी रेशों का भी प्रयोग होता था और अब कपास से बने वस्त्रों के लिए भी प्रयोग में आ जाता है।

33

बर्तन

पहले लोगों के पास खाना पकाने को बर्तन नहीं थे और वे कोई चीज पानी में उबाल नहीं सकते थे। जब वे बरसात के दिनों में इधर-उधर जाते तो उनके पाँवों में कीचड़ जम जाती और उससे उनका पोर-पोर भर जाता और जब वे वापस आकर आग तापते तो पाते कि कीचड़ की परत कड़ी हो गई है। एक बार उनमें से एक आदमी ने सोचा कि यदि मिट्टी आग से कड़ी हो जाती है तो इससे कुछ बनाया क्यों न जाए। उसने एक बर्तन बनाया और इसे धूप में सुखाकर, उसमें पानी भरकर, उसमें मांस डालकर तीन पत्थरों के एक चूल्हे पर रख दिया। लेकिन जब उसने आग जलाई तो बर्तन टूट गया और पानी बह गया। इससे आग बुझ गई। अब उसे मालूम हुआ कि धूप की गर्मी ही काफी नहीं है। उसने सोचा, यदि हमें आग पर खाना पकाना है तो पहले हमें बर्तन को आग में पकाना होगा। इसलिए उसने बर्तन को आग पर पकाया और इस बार वह नहीं टूटा। इसके बाद से लोग आग से बर्तन पकाने और बर्तन में खाना बनाने लगे।

मध्यभारत के कवर्धा जनों में प्रचलित कथा

मनुष्य ने मिट्टी के बर्तन बनाना बहुत बाद में सीखा। उसने पत्थर पर अधिकार कर लिया। हड्डी को सेंक और तराशकर हथियार बनाना सीख लिया। पत्थर के औजारों से ही लकड़ी काटने, छीलने-तराशने, के गुर सीख लिये। धातु बनाना और धातु की वस्तुएँ बनाना भी सीख लिया।[80] स्थायी बस्तियाँ बसा लीं, इसके बाद भी उसके पास मृद्भांड बनाने की युक्ति नहीं सूझी थी। धातु गलाने में यदि ताप कम या अधिक हुआ तो उससे अधिक अन्तर नहीं पड़ता था, जो कमी रह गई उसे पूरा किया जा सकता था। पर मिट्टी के बर्तन या ईंट पकाने में यदि ताप अधिक हो गया, तो वह गल-पिघलकर टेढ़ा और बेकार हो जाएगा। उसका

कोई उपयोग सम्भव नहीं। ताप और भी अधिक हो गया तो उफनकर अपने पास के बर्तन या ईंट से सट भी सकता है। कम हुआ तो कई मामलों में मिट्टी से भी कमजोर रह जाएगा।

मिट्टी के बर्तन बनाना आसान था। कुछ प्रयोजनों के लिए हाथ से ही ऐसे बर्तन बनाए भी जाते थे, ठीक वैसे ही जैसे ईंटें पकाने की कला जानने से पहले कच्ची ईंटें प्रयोग में आती थीं। पर यह सूझ कि मिट्टी के इन्हीं बर्तनों को आग में तपाकर मजबूत तो बनाया ही जा सकता है, इससे वे पानी में गलेंगे भी नहीं, आसान न थी। इसे कितने सोच-विचार, कितने प्रयोगों के बाद और कितने चरणों में हासिल किया गया, यह केवल अटकलबाजी का विषय हो सकता है। पुरातत्त्व से मिलनेवाले प्राचीनतम अधपके बर्तन भी प्रयोग के अनेक चरणों के बाद ही उतने पके हो सकते हैं। सही तरह के आँवे या भट्ठे का निर्माण, उपयुक्त ताप पैदा करने के लिए पर्याप्त किन्तु केवल उतने ही ईंधन आदि की समस्याओं से निबटने में मनुष्य को लम्बा समय लगा। पर यह एक युगान्तरकारी विकास था। मिट्टी के बर्तन बनाने की कला में दक्ष हो जाने के बाद काँचल भांड और चीनी मिट्टी के पात्र बनाने में फिर हजारों वर्ष का समय लग गया।

मृदभांड पूर्व के चरण में जिन पात्रों का उपयोग किया जाता रहा वे बाद में भी किसी-न-किसी रूप में जारी रहे। इस मामले में आदिम समाज और उन्नत भारतीय समाज में पिछली शताब्दी के पूर्वार्ध तक अन्तर यह दिखाई देता है कि पिछड़े समुदायों में अगले चरणों के पात्र नहीं मिलते। इन पात्रों में सामान रखने और खाने-पीने के काम आनेवाले सभी तरह के पात्र रहे हैं। पूर्वोत्तर के मिकिर जनों के उपयोग में आनेवाले लगभग सभी पात्र आज भी मिट्टी के भांडों से पहले की अवस्था के हैं—**हाक**—बाँस की टोकरी, **खैलुम**—झाँपी जिसका पेंदा बाँस की तीलियों से और ऊपर का भाग बेत से बुना जाता है, **लिनखोइ**—तिल दलने का लकड़ी का उपकरण और उसका बेलन, **लैंगबोंग**—पानी रखने का बड़ा तूम्बा, लमहर—डोंगिया, **सोहक**—चावल परसने के लिए लकड़ी का कलछा, **आंथोंग**—भात रखने की कठौत, **किन्दोर**—पूजा के लिए चावल रखने का बाँस का बर्तन, **इंगटोन**—खाने का सामान रखने का बाँस का पात्र, **बुरुप्सो**—बाँस का बना एक प्यालानुमा पात्र, **साए**—मंडा छानने के लिए बाँस की छलनी, **हरबोंग**-मंडा परोसने के लिए छोटी तूम्बी, **लोंगपोंगसी**—पानी लाने के लिए बाँस का पाइप, **लोंग-लेंगपोंग**—धान की भूसी अलग करने के लिए लकड़ी का उपकरण, **थेरंग** और इसके उपकरण—बुनाई के लिए।

खाने के लिए सबसे पुराने 'बर्तन' चौड़े आकार के पत्ते रहे हैं, जिनमें से कुछ (जैसे पुरइन और केले के पत्ते) सामूहिक भोज के अवसर पर भोजन परोसने के लिए आज भी काम में आते हैं। पत्ते अधिक बड़े न हुए तो अपेक्षाकृत बड़े पत्तों

को गूँथकर उनका पत्तल, दोना, दोनिया बनाकर प्रयोग किया जाता था और आज भी किया जाता है। अपने इन रूपों में ये स्थाली या थाली अर्थात चौड़े पेंदे का पत्तल, जिसके साथ लुढ़कने का खतरा न हो; **पतूखी**—कुछ बड़ा दोना, जिसकी नकल पर बाद में मिट्टी की **पतुकी** बनाई जाने लगी; **दोना**, जिसकी आकृति में बाद में **कटोरे** अर्थात काठ के दोने बने, और **द्रुणा** (दोनिया)—जिसने बाद में **कटोरी** की शक्ल ली, प्रयोग में आते रहे हैं। गूँथने के लिए नीम की सींक का प्रयोग आज तक होता है। पत्तल तैयार करने के लिए कोई भी चौड़ा पत्ता उपयुक्त नहीं हो सकता था। इसका चीमड़ होना भी जरूरी था। अत: पलाश या साल के पत्ते ही इसके लिए सबसे उपयुक्त थे।

जैसे कुश-चीर बनना आरम्भ होने के बाद से कुश के साथ पवित्रता का भाव जुड़ गया, उसी तरह लगता है पलाश के साथ इसके पत्तों के कारण जुड़ा होगा। इसका शाब्दिक अर्थ है पत्तों वाला वृक्ष।

पत्ते का बर्तन, **पात्र**, आगे सभी प्रकार के भांडों के लिए, यहाँ तक कि योग्यता या उपयुक्तता-**पात्रता**-तक के लिए प्रयोग में आता रहा। यदि किसी व्यक्ति में किसी अन्य भोक्ता के मनोभाव भरे जा सकें तो वह कहानी से लेकर नाटक तक का **पात्र** बन जाता है।

पत्ते के भी सभी प्रकार के बर्तन एक साथ नहीं आरम्भ हुए। उदाहरण के लिए दोना भले पत्तों का बना लिया जाए, पर इसका अर्थ है, लकड़ी का बना हुआ। **द्रु**—निर्मित **द्रोण/द्रोणी>डोंगा, डोंगी** सभी में यह आशय बना हुआ है। लगता है, लकड़ी का डोंगा बनाने के बाद कभी उसी की तरह चारों ओर से उठी कोर का पत्ते का भी पात्र (दोना, दोनिया) बनाया गया। **डोंगा, डोंगी** शब्द तो आज चीनी मिट्टी और शीशे के वैसे ही आकार के बर्तनों के लिए प्रयोग में आते हैं।

पानी रखने के लिए लौकी का **तुम्बा** या **कमंडल** सबसे आसान, ताप कुवाही तथा वजन में हल्का और प्रचुरता से सुलभ होने के कारण यात्रा में सबसे उपयुक्त जलपात्र था। पुरानी परिपाटी को जीवित रखनेवाले साधु-संन्यासी आज भी इसका उपयोग करते हैं। बाद के कालों में यह उतना लोकप्रिय इसलिए नहीं रह गया कि इससे कुएँ से पानी नहीं निकाला जा सकता। तुम्बे का प्रयोग आज भी आदिम जन जलपात्र के रूप में करते हैं।

पर इन सभी से विशिष्ट थे कुछ क्षेत्रों में चलनेवाले धीया पत्थर के बर्तन—**पथरी** या **प्रस्तरी पात्र**। ये उन सभी प्रकारों के बनाए जा सकते थे, जिनमें लकड़ी के बर्तन बनते थे। वजन और भंगुरता की दो सीमाओं के कारण ये बड़े आकार के नहीं बनाए जा सकते थे। आगे चलकर जिस तरह के भंडारण पात्र, कूंडे, मिट्टी के बनने लगे, पहले पत्थर के बन सकते थे और आज भी इन्हें कुछ क्षेत्रों में विरल रूप में पाया जाता है। जानवरों के खाने या पानी पीने के पत्थर के नाद भी देखने

को मिल जाते हैं। पत्थर के इन सभी बर्तनों का प्रयोग आज भी होता है, यद्यपि चीनी मिट्टी के बर्तन क्रमशः इनका स्थान लेते चले गए हैं।

ऐसा लगता है कि पौधों की टहनियों की टोकरियाँ बनाकर उनको नीचे-ऊपर से मिट्टी का लेप देकर भी वे ऐसे अनाजों—सरसों, मसूर, साँवा, कोदो—का संग्रह करने के लिए बर्तन तैयार करते थे, जिनके दाने इतने छोटे होते थे कि वे टोकरी के छेदों से नीचे गिर सकते थे।

इस दौर की एक बड़ी उपलब्धि **करायल** या **राल** (बिटुमिन) की खोज है। इसकी बदौलत सरकंडे और कुश की सींक को सटाकर ताँत से गूँथकर और इन पर करायल का लेप करके सूप, ठोस दौरी, ढाका, जैसे पात्र बनाए जा सकते थे। बाँस की पत्तियाँ और तीलियाँ बनाकर दौरी और सूप बनाए जाते थे और इन पर राल पोतकर मजबूत और अछिद्र बना लिया जाता था। कुछ क्षेत्रों में पानी की आरम्भिक डोंगियाँ भी इसी विधि से तैयार की गईं।

मृदभांडपूर्व अवस्था के पात्रों में कुश और सरकंडे के वल्श या उस गाभे से जिससे इनके फूल निकलते हैं, सूखी वस्तुएँ, जरूरी सामान रखने के लिए विविध आकार के पात्र बनाए गए। डलिया, दौरी आदि के अतिरिक्त सन्दूक के रूप में मोनिया, झाँपी, पिटारी बाजारवाद से पहले तक प्रचलन में देखे जा सकते थे। लकड़ी की पिटारी और बड़े आकार से सन्दूक कब से बनने लगे यह तय करना कठिन है।

मिट्टी के आरम्भिक बर्तन हाथ से बनाए गए। बड़े बर्तन आज भी चाक पर नहीं, हाथ से बनाए जाते हैं। सही आकार देने के लिए सम्भवतः इच्छित आकार और बनावट की डलिया बनाकर उन पर गीली मिट्टी लेप दी जाती थी। जिन्हें पुराने भांडों पर बाहर की ओर से रस्सी के निशान के रूप में पहचाना जाता है, वे मूज की डलिया आदि के निशान हो सकते हैं। मेहरगढ़ से मिले पात्रों में इसे कुछ दूर तक देखा जा सकता है।[81] भूसी को मिट्टी में सानना इसलिए जरूरी था कि बर्तन सूखते समय दरकने न पाए। पकाने का विचार भी सम्भवतः आग जिलाए रखने के लिए तैयार किए गए गड्ढों को देखकर ही आया हो, जिनके किनारे इतने पक जाते थे कि वे पानी से गलते न थे। यह भी सम्भव है कि आरम्भ में बने बर्तन घरेलू अंगीठी या कौड़े की आँच में ही पकाकर तैयार किए गए हों। क्रमिक प्रयोगों से सही मिट्टी की पहचान, सही ताप और आँवें की आकृति और आकार का निर्धारण हो सका।

बर्तन बनाने और पकाने का काम जरूरी नहीं कि ठीक उसी स्थल पर आरम्भ किया गया हो, जहाँ इसके सबसे पुराने नमूने पाए गए हैं। जिस काल से ऐसे नमूने मिलते हैं, उस काल तक मृद्भांड उत्पादन में दूसरे लोग भी उसी अवस्था तक पहुँचे हों यह भी जरूरी नहीं। मिट्टी के बर्तन के सबसे पुराने नमूने अभी तक विन्ध्य की **बेलन संस्कृति**—कोल्डिहवा, महगरा, चौपानी मांडो—से मिले हैं जो आज से

आठ हजार साल पुराने बताए गए हैं। मेहरगढ़ से आज से साढ़े छह हजार साल पहले मृद्भांड का चरण आरम्भ होता है। खम्बात की खाड़ी से प्राप्त अवशेषों में बर्तन का एक टुकड़ा भी है। यदि यह उसी काल का हो जिस काल की यह बस्ती है तो यह भांड निर्माण का दुनिया का सबसे पुराना नमूना सिद्ध होगा।

बेलन संस्कृति से मिले पात्र हाथ के बने हैं। जिनमें कुछ सेवर (अधपके) हैं। दूसरे कुछ अपेक्षाकृत पतले और अच्छी तरह पके हैं। इनके बाहर की ओर रस्सी का आभास देनेवाले डलिया के निशान हैं। इनकी बनावट भी डलियानुमा है।

भारत में चाक पर बने बर्तनों के अब तक उपलब्ध सबसे पुराने नमूने हमें मेहरगढ़ (पाँचवीं सहस्त्राब्दी ईसा-पूर्व) से मिले हैं। यद्यपि चाक के प्रचलन के बाद छोटे बर्तन चाक पर ही बनते रहे हैं, पर बड़े कूंडे जिन्हें भंडारण का पात्र माना जाता है, आज तक हाथ से बनाए जाते हैं। गोल पेंदे के छोटे बर्तन भी आधे चाक से और आधे हाथ से साँचे में रखकर थपकी से पीटकर बनाए जाते हैं। बड़े पात्र तो दो हिस्सों में बनाए जाते हैं। जिनको जोड़ वाली रेखा पर पीटकर एकसार किया जाता है।

हड़प्पा काल तक बीसियों प्रकार और विविध आकार के मिट्टी के बर्तन बनने लगे थे, जिनमें से कुछ में कोल्डिहवा वाली आकृति भी बनी रह गई थी और कुछ बिलकुल अलग किस्म के प्रयोग थे। यह कहने की जरूरत नहीं कि इनमें गोल पेंदी से लेकर चौड़ी और ऊँची पेंदी के बर्तन तो थे ही, कुछ बर्तन ऐसे भी थे जिन्हें किसी आधान के भीतर टिकाकर ही खड़ा रखा जा सकता था, क्योंकि इनकी पेंदी बहुत पतली थी।

ऋग्वेद में मिट्टी के बर्तनों के प्रचुर उपयोग के हवाले मिलते हैं। इनमें दर्जन से अधिक का उल्लेख तो सोमसवन के उपलक्ष्य में ही हुआ है। **चन्द्रबुध्न**—गोल पेंदे का; **अबुध्न**—बेपेंदी का या पतली पेंदी का, ढुलमुल; **पृथुबुध्न**—चौड़े पेंदे का; **उच्चाबुध्न**—ऊँचे पेंदे का, **उपरिबुध्न**—जिसका मूल या पेंदा ऊपर की ओर हो, **अपिधान**—ढक्कन, आदि शब्दों का प्रयोग तो इतर प्रसंगों में हुआ है, पर इनका स्रोत भांड निर्माण ही हो सकता है।

इनमें कुछ आकार में बड़े थे जैसे **खारी, कोश** और कुछ सामान्य आकार के जैसे **कलश, कलशी, सोमधानी, सुराधानी, उखा**। कुछ का आकार छोटा था जैसे **ग्रह भरुका** या कुल्हड़। सभी बर्तनों के आकार के विषय में हम उनके नाम से पूरी तरह सन्तुष्ट नहीं हो सकते। पर वैदिक पात्रों में सबसे रोचक है **कपाल**। यह बाद में **खप्पर** के रूप में जीवित रहा। मूल अर्थ यदि खोपड़ी रहा हो तो आश्चर्य की

बेलन संस्कृति—विन्ध्य की उत्तरी पहाड़ियों में बेलन नदी के किनारे के अनेक स्थल—महगरा, कोल्डीहवा आदि—इसमें आते हैं। यहाँ आज से सात-आठ हजार साल पहले खेती और पशुपालन तथा स्थायी निवास का पता चलता है। मिट्टी के बर्तन यहाँ तैयार होने लगे थे।

बात नहीं, पर यह भी सम्भव है कि खोपड़ी या **कपार** के लिए यह बाद में प्रयोग में आने लगा हो। पहली स्थिति में इस बात के प्रमाण हैं कि कुछ प्राचीन कबीले, जैसे हूण, खोपड़ी को पात्र के रूप में भी प्रयोग करते थे। कपालकुंडला काली खप्पर या कपाल में भरकर रक्तपान करती है। हड्डी के उपकरणों को पहले कई रूपों में प्रयोग में लाया जाता था और बोनचाइना में सम्भवतः हड्डी की भी कुछ मात्रा मिलाई जाती हो। यदि ऐसा है तो इस शब्द का अर्थ-विकास बहुत रोचक हो जाता है। एक ओर तो यह नारियल के फल के खोल के लिए प्रयोग में आता है, जिसके कारण नारियल की गिरी तक का नाम **कोपरा** पड़ गया। दूसरी ओर यह कपाल से मिलती आकृति के मिट्टी के पात्र के लिए प्रयोग में आता रहा। एक बार पात्र और ढकनेवाले के आशय में प्रयुक्त होने के बाद यह खपरैल या **कर्पर/खर्पर** का द्योतक हुआ पर यहाँ इसमें **कर्पट** या कपड़े से भी मदद मिली हो सकती है। अं. में **कप, कैप, केप, कैप्रिस, कैपिस, कैपिटल, कैपिचुलेट, स्कल, सेफाले** (सेफैलिक—कापालिक), **कैपोटे**, आदि की व्युत्पत्ति रोचक है और लातिन में **काप्पा**—पोशाक को कुछ बाद में आया बताया जाता है, पर कर्पट से इसका साम्य केवल संयोग नहीं भी हो सकता है।

34

आवास

> पहले लोग पेड़ों के नीचे रहते थे। उस समय उनका कद बहुत छोटा हुआ करता था। बहुत हुआ तो दो हाथ ऊँचा। बरसात के दिनों में उनको बहुत परेशानी होती थी इसलिए उन्होंने खरगोश की तरह जमीन में बिल बनाकर उसमें रहने की ठानी। ऐसा करते समय ऊपर से छत धँस गई और उनमें से कई जीते-जी दब गए और दुनिया के लोगों की संख्या पहले से कम हो गई।
>
> *उड़ीसा के सवर जनों में प्रचलित कथा*

आरम्भ में ऊष्ण कटिबन्ध के मनुष्य के लिए शीत और ताप की समस्या उतनी असाध्य नहीं थी, जितनी बरसात से बचाव की। शीत से वह आग जलाकर बच सकता था। धूप से बचने को पेड़ों की छाया थी। पर बरसात में पेड़ कुछ पल को ही सुरक्षा दे सकते थे। लगातार होनेवाली वर्षा में उसके सिर पर कोई छत चाहिए थी।

सबसे पहले भारतीय मानव ने इसके लिए शिलाश्रयों, कन्दराओं और गुफाओं का सहारा लिया। पर न तो सर्वत्र पहाड़ हो सकते थे, न ही शिलाश्रय। कृत्रिम शरणस्थल की तलाश इसी सीमा की देन है। भारत में ऐसे शिलाश्रय हैं, जिनकी प्राचीनता दसियों हजार वर्षों में आँकी जाती है, परन्तु इनका प्रयोग भी बहुत बाद के समय तक होता रहा है। इस सातत्य के कारण इनकी प्राचीनता के विषय में कई तरह के सवाल भी उठाए गए हैं, फिर भी आदिमतम अवस्था से ही गुहावास सबसे उपयोगी थे। यदि गुहाचित्रों का बारीकी से विश्लेषण किया जा सके तो इनमें हजारों वर्षों के इतिहास की क्षीण झलक मिल सकती है।

पुराणों का कहना है कि मनुष्य पहले पेड़ों की छाया में अपना गुजर करता था। बाद में घर बनाने की कला पेड़ों को देखकर सूझी। बहुत सोच-विचार करने के बाद, उन्होंने उन्हीं की नकल करते हुए, अपने आवास बनाए। यहाँ तक कि उन्होंने अपने आवास का शाला नाम भी वृक्षों के नाम पर रखा।[82]

फूस-कास बिछाकर, उन्हें टहनियों के साथ बाँधकर, खम्भों पर टिकाकर, एक आश्रय बनाया गया। यह मानव-निर्मित ऐसा वृक्ष था जिसकी प्रेरणा वटवृक्ष से मिली होगी, जिसकी जड़ें तने बनकर उसे सँभाले रहती हैं। मराठी का **चाल, शाल** का ही आधुनिकीकरण है। **शाल**—छाया, घर, (आगे चलकर घेरा) टाटी, चारदीवारी के अर्थ में भी प्रयोग होता रहा और फिर **शाल** और **दुशाला**, ऊनी, सूती, रेशमी सभी प्रकार के आवरणों के लिए भी।

कृत्रिम वृक्ष बनाने या वृक्ष की नकल पर कुटीर बनाने की याद **चिति**—चिनाई (आगे चलकर ईंट की चिनाई), **छवाई** और **चैत्य** में बचा रह गया है। **चैत्य**—कुंज (खास करके गाँव के सिवान का, जिस पर पितरों की आत्माओं का निवास माना जाता था) या वृक्ष (विशेषत: पीपल का जिसके विषय में भी विश्वास रहा है कि इस पर पितरों की आत्माओं का निवास होता है) और गृह और 'बौद्ध विहार' इन विविध अर्थों में प्रयोग में आता है।

आवास के लिए प्रयुक्त पुराने नामों में एक **शरण** भी है। **शरण**—शर या मूज की सींक से बनाया गया आश्रय है, जिसके लिए आज **सिरकी** का प्रयोग होता है। इसका प्रयोग घुमक्कड़ कबीलों द्वारा आज भी किया जाता है। इसके विषय में राहुल जी लिखते हैं—

> यूरोप में उनके पास तम्बू और छोलदारी हुआ करती है और हमारे यहाँ सिरकियाँ। हमारे यहाँ की बरसात में कपड़े के तम्बू बहुत अच्छी किस्म के होने पर ही काम दे सकते हैं, नहीं तो वह पानी छानने का काम करेंगे। उसकी जगह हमारे यहाँ सिरकी को छोलदारी की जगह टाँग दिया जाता है। सिरकी सरकंडे का सरा है जो सरकंडे की अपेक्षा कई गुना हल्की होती है। एक लाभ इसका यह है कि सिरकी की बनी छोलदारी कपड़े की छोलदारी की अपेक्षा बहुत हल्की होती है। पानी इसमें घुस नहीं सकता, इसलिए जब तक वह आदमी के सिर पर है, भींगने का कोई डर नहीं। लचीली होने से वह जल्दी टूटनेवाली भी नहीं है और पचकने वाली होने से एक-दूसरे से दबकर चिपक जाती है और पानी की बूँद दरार के पार नहीं जा सकती। इन सब गुणों के होते हुए, सिरकी बहुत सस्ती है।...वर्षा-बूँदी में चार हाथ लम्बी और तीन हाथ चौड़ी सिरकी के घरों में दो-तीन परिवार बैठे होंगे।[83]

यह एक तरह का **आ-शय**—सोने का स्थान था। जो भी हो, आरम्भिक आवास एक तरह का छाजन था, मात्र **मंडन**। ऊपर से छाया कर ली गई। ऊपर से मढ़ी हुई चीज। शादी-विवाह के अवसर पर आज भी अस्थायी आवास के रूप में आँगन में जो छप्पर डाला जाता है, उसे मंडप या माँड़ो कहते हैं।

कुट/कूट के अनेक अर्थों—वृक्ष, घर, गढ़, दुर्ग, पर्वत—में सबसे पुराना अर्थ क्या रहा हो सकता है, इसे आसानी से समझा जा सकता है। आरम्भ यहाँ भी वृक्ष से है। **कुटल** का अर्थ है छप्पर, छाजन। **कुटल** निवासी, **कुटिल** जिसे **कौटिल्य** भी कहा जा सकता है। कौटिल्य की कूटनीतिक चतुरता के विषय में कोई टिप्पणी जरूरी नहीं। पर इस नाम को लेकर जो खींच-तान की जाती रही, उसमें कहीं यह सुझाव नहीं दिया गया कि इसका अर्थ कुटिया का निवासी भी हो सकता है। बौद्धमत के प्रति तीव्र घृणा के कारण ही कुटिल और कौटिल्य का उसी तरह अर्थ परिवर्तन कर दिया गया, जैसे **पाषंड**—धर्म का। कौटिल्य चन्द्रगुप्त मौर्य का मंत्री है, जिसके वंश में दुष्ट (चंडाशोक) और मूर्ख (देवानांप्रिय इति मूर्खः) और बौद्धधर्म का संरक्षक अशोक पैदा हुआ। इस अपराध के कारण वह दुष्ट और कुटिल सिद्ध किया जाता रहा। परन्तु फिर भी वह है तो ब्राह्मण ही। इसलिए उसी कौटिल्य से चन्द्रगुप्त को अपनी रचनाओं में अशोभन गालियाँ **दाक्षीपुत्र, वृषल** कहलाकर वे अपनी जलन भी मिटाते रहे। इसमें इतिहास का सच क्या है, पता ही नहीं चलता।

हिंसक पशुओं से बचाने के लिए लकड़ी के खम्भों की घेराबन्दी को भी कुट कहा जाने लगा और फिर तो आगे चलकर यह प्राकार, प्राचीर, गढ़ के अर्थ में—**कुट/कोट**—प्रयोग में आ ही सकता था। गढ़ या दुर्ग यथासम्भव ऊँचाई पर, पहाड़ियों पर बनाए जाते थे, इसलिए पर्वत के लिए **कुट** और **कूट** (चित्रकूट) प्रयोग होने लगा होगा। प्राथमिक अवस्था के तीन अर्थ—वृक्ष, घर, घेरा—हैं। शेष सांस्कृतिक विकास में पैदा होते गए हैं।

अंग्रेजी में **कोटे** (Cote)—गरीबों का छोटा सा घर, जानवरों की घारी; **कॉटेज** (Cottage) नौकरों का आवास तो मिलते ही हैं, **कोट** (Coat)—पलस्तर, आवरण, पोशाक विशेष, आदि भी मिलते हैं।

झोंपड़े भी हैसियत के अनुसार कई तरह के बनाए जाते रहे। ऋग्वेद में एक ऋषि को बल्बज नामक घास के सौ गट्ठर और इसके साथ सौ बाँस, सिझाए हुए सौ चमड़े, भी दिए गए हैं। और चार सौ गाएँ भी।[84] गायों की बात छोड़ दें, तो एक शानदार कुटीर बनाने का पूरा सामान दान में दिया गया है। एक स्थल पर चमड़े (कृत्ति) के आश्रय या शरण का स्पष्ट उल्लेख भी है।[85]

कुश-कास-सरकंडे के अतिरिक्त छाजन के लिए पत्तियों का भी प्रयोग बहुत कौशल से किया जाता रहा है। नारियल, ताड़ आदि के पत्ते तो आज भी प्रयोग में आते ही हैं, किसी चरण पर **छत्र** या छतरी बनाने की विधि से पत्तियों को सजा और जोड़कर पलाश आदि की पत्तियों की भी छाजन बनती रही। उसी तरह झोपड़ी के लिए भी **छत्र—छत**। अर्थ तो सीधा सा 'ढकनेवाला या वाली' है। इसलिए 'मर्मस्थलों को ढकने वाली' छाती। **छत/छद्** के ढकनेवाले भाव का भी अर्थविस्तार घेरे या चारदीवारी के अर्थ में हुआ। इसका एक रूप छर्दि भी हो गया, जिससे भोजपुरी का

छल्ली—चारदीवारी निकला है। नगर प्राचीर के लिए इसका प्रयोग ऋग्वेद में हुआ है और प्राचीर रक्षक या द्वारपाल के लिए **छर्दिष्पा** प्रयोग में आया है।

भुँइधरा में **भुँइ** (भूमि) और धरा एक-दूसरे के पर्याय नहीं हैं। यह **भूमि**-गृह का बदला हुआ रूप है। सम्भवत: माँद में रहनेवाले जानवरों से प्रेरित होकर मनुष्य ने भूमिगृह का भी प्रयोग किया था, पर बरसात के जिन दिनों में उसे आवास की सबसे अधिक आवश्यकता होती थी, उसमें यह सबसे अनुपयुक्त था। इस विषय में एक बहुत रोचक कहानी कुछ पहाड़ी जनों में मिलती हैं। उड़ीसा के शबर जनों में प्रचलित जिस कहानी का उल्लेख हम आरम्भ में कर आए हैं उसी कहानी में आगे यह बताया गया है कि समय बाद जंगू शबर नाम के एक आदमी को मकान बनाने की बात सूझी। उसने ताड़ के पत्ते लेकर उनसे छाते के आकार का घर बनाया। यह एक ही खम्भे पर टिका था। इसकी छत गोलाकार थी और इसमें दीवारें नहीं थीं। मनुष्य बहुत लम्बे समय तक ऐसे ही मकानों में रहते रहे और शबर आज भी अपने मन्दिर इसी तरह बनाते हैं। इसके बाद वे लकड़ी और गीली मिट्टी के मकान बनाने लगे।

यह कहानी वायुपुराण की कहानी की याद दिलाती है। जो भी हो, भूमिगृह सूखी जलवायु में तो काम के हो सकते थे, परन्तु बरसात में यदि इनकी छत अपने-आप न भी दबे तो भी इनमें पानी रिसकरभर जाने का कोई इलाज नहीं हो सकता था, इसलिए यह आगे नहीं चल सका। अब भूमिगृह तहखानों और आधुनिक आवासों के बेसमेंट आदि के रूप में बचा रह गया है।

जिस तरह मृद्भांडपूर्व चरण के बर्तनों की बात की जाती है, उसी तरह मिट्टी के घरों से पहले की भी बात की जा सकती है। आवास की दिशा में ऊपर के सभी प्रयोग उस अवस्था के हैं, जब मनुष्य ने यह नहीं सोचा था कि मिट्टी की दीवारें भी बनाई जा सकती हैं और इन दीवारों में इतनी मजबूती हो सकती है कि वे छज्जे का भार सहन कर सकें।

यद्यपि हमारे पास इस विषय में अभी स्पष्ट भाषिक संकेत नहीं है, पर लगता है गीली मिट्टी की पिंडियाँ बनाकर इन्हें एक के ऊपर एक सजाते हुए, कामचलाऊ दीवार बनाई गई। किसान, विशेषत: गर्मी की फसल उगानेवाले, जब कि जानवर खुले छोड़ दिए जाते हैं, इस तरह की दीवार अपने खेतों में चारदीवारी के रूप में आज भी बनाते हैं। इसके सूख जाने पर इस पर आसानी से झोंपड़ा डाला जा सकता है। पर ऐसी दीवार अधिक ऊँची नहीं हो सकती थी।

दीवार की दिशा में पर्वतीय क्षेत्रों में एक अन्य प्रयोग था, पत्थर के टुकड़ों को एक-दूसरे पर सजाते हुए घेरा बनाना। किसान मेंड़ के रूप में आज भी अपना खेत अलग करने के लिए ऐसी चिनाई करते हैं। चिति इसी चरण से आरम्भ हो गई, ईंटें तो बहुत बाद में आईं। इस चिनाई से भी बहुत ऊँची दीवार नहीं बन सकती

थी। इसके साथ वह सीमा भी जुड़ी हुई थी कि इसकी फाँकों से होकर लू और ठंडी हवाएँ तो भीतर आ ही सकती थीं, कीड़े-मकोड़ों पर भी कोई रोक न थी। इस अभाव को दूर करने के लिए और पत्थरों को सन्तुलित करने के लिए मिट्टी के रद्दे रखते हुए अपेक्षाकृत मजबूत और ऊँची दीवारें बनाने का प्रयोग आरम्भ हुआ।

संस्कृत में दीवार के लिए एक शब्द **कुड्य** है। यह पहले ऐसी ही दीवार के लिए प्रयुक्त हुआ लगता है। कारण, गिरी दीवार के मलबे के लिए **कुड्याश्म** शब्द प्रयोग में आता है। इसमें आया **अश्म** प्रयोग हमें ऐसा सोचने को प्रेरित करता है।

ऐसा लगता है कि दीवारों को मजबूत बनाने के लिए अथवा किसी विश्वास के कारण मिट्टी में वे हड्डी आदि के टुकड़े भी मिलाया करते थे। इस तरह के टुकड़े ढोलावीरा के कोट के एक द्वार के बाजू में भी पाए गए हैं। **अमरकोश** में **कुड्य** और **एडूक** दोनों को ऐसी दीवार बताया है जिसमें हड्डी मिलाई जाती थी, पर यदि अश्म के आधार पर हमारा अनुमान सही है, तो हड्डी मिली दीवार के लिए प्रथमतः **एडूक** ही चलता रहा होगा। बाद में दोनों में उसी तरह का घाल-मेल हो गया होगा, जो अर्थविस्तार के चलते हम दूसरे मामलों में भी देख आए हैं।

सम्भव है पत्थर के टुकड़ों की चिनाई में आई समस्याओं से निबटने के लिए पत्थर के सुथरे आयताकार या चौकोर टुकड़े गढ़कर तैयार किए गए हों और इनसे भी कुछ समृद्ध लोगों के आवास की दीवारें चिनी गई हों, पर यह इतना श्रमसाध्य था कि इसका लाभ सभी को नहीं मिल सकता था।

सबकी पहुँच में आनेवाली दीवार तो कच्ची मिट्टी की ही हो सकती है और इस दिशा में सम्भवतः **कुड्य** से आगे बढ़ते हुए ही प्रयोग किए गए। प्रयोग इसलिए कि इसके साथ कई ज्यामितीय समस्याओं से निबटना जरूरी था। **आयत**—जिसके कारण घर का एक नाम आयतन भी है, वर्ग, लम्ब, और इनको अचूक तैयार करने और जाँचने की युक्तियों का विकास हुए बिना मिट्टी की ऊँची दीवार नहीं बन सकती थी। इसका एक समाधान था लकड़ी के सीधे खम्भे तैयार करके उन्हें गाड़ना और उनके साथ मिट्टी की दीवार उठाना। खम्भों को सीधा रखना आसान था और इनकी ही सीध में दीवार उठाते जाना सीधी दीवार बनाने का आसान उपाय था। आगे चलकर खम्भे की लम्बता जाँचने का जो तरीका उन्होंने निकाला उसी से साहुल या प्लम्ब का भी आविष्कार हुआ जिससे एक बहुत कठिन समस्या का समाधान हो गया।

मकान बनाने और मकान बनाने से पहले जमीन की विविध रूपों में पैमाइश करने के हवाले कई रूपों में ऋग्वेद में आए हैं। एक बार इस दिशा में कदम बढ़ने के बाद दूसरे सारे विकास बहुत कम समय में हो गए होंगे और फिर अपनी शक्यता तक पहुँचकर स्थिर भी हो गए होंगे। इस ज्यामितिक विकास का ही एक परिणाम कच्ची ईंटों का निर्माण भी था।

मेहरगढ़ भांडपूर्व अवस्था में अर्थात आज से आठ-नौ हजार साल पहले कच्ची ईंटों की दीवारें बननी आरम्भ हो गई थीं। इनका इतिहास कितना और पीछे जाता है, यह तय करना आज की तिथि में कठिन है। ईंटों को पकाने की कला मिट्टी के बर्तनों को पकाने की कला विकसित होने के बाद ही सम्भव थी। इसमें हजार-दो हजार साल लग गए।

भांडों को पकाने के बाद ही खपरैल आदि बनाने और पकाने का चरण आ सकता था। कपाल भी एक तरह का आवरण है। यह भी कपड़े के, अर्थात कपास निर्मित वस्त्र के बाद प्रयोग होना आरम्भ हुआ होगा। संस्कृत **कर्पट, कपट, कापटिक** और **कपाट** के बीच गहरा सम्बन्ध है। ऐसा ही सम्बन्ध कर्पर, खर्पर, खप्पड़ और खपरैल का है, यह हम पहले भी संकेत कर आए हैं। अं. **कैप**—टोपी, और **कैपिटा**—सिर, खोपड़ी की व्युत्पत्ति को वेब्स्टर की डिक्शनरी में अनिश्चित (Ancertain) बताया गया है, पर **कैपिटल**—'सिर सम्बन्धी' को लातिन कैपुट—सर से जोड़ा गया है। **सेफैलिक** (कापालिक) का पूर्व रूप ग्रीक **केफैलिकोस** और **केफाले**—'सिर' दिया गया है। ये सभी यूरोपीय प्रतिरूप अल्पतम विकारों के साथ कपाल से ही जुड़े शब्द हैं। ये इस बात के द्योतक हैं कि अपने नए देश में उन्हें भले कपास सुलभ न हुई हो, पर मूल देश में वे इससे परिचित थे। नए क्षेत्रों की जलवायु और आवश्यकता दोनों इसके अनुरूप न थी, परन्तु स्पार्टन महिलाएँ जो साड़ी ठीक भारतीय शैली में बाँधती थीं, वह सूती ही रही हो सकती है। यूरोप और एशिया के भीतरी भाग में इसे भुला दिया गया। अंग्रेजी **कॉटन**, फ्रेंच से और फ्रेंच अरबी **क़ुतुन** से व्युत्पन्न बताया गया है और इन सभी का मूल **कर्तन** है।

ऋग्वेद में भवन-निर्माण और नगर-योजना के बहुत स्पष्ट वर्णन मिलते हैं। आवास के लिए जिन पर्यायों का प्रयोग हुआ है, उससे लगता है नितान्त विपन्न या कामचलाऊ आवासों से लेकर विशाल और भव्य भवन उसी समाज में थे, जो आर्थिक विषमता के बहुत बढ़े होने का सूचक है। यहाँ हम बिना अतिरिक्त टिप्पणी के इन शब्दों का उल्लेख कर सकते हैं : गुहा—छिपने की जगह, खोह, **गर्त**—गड्ढा, नया अर्थ 'ऊँचा आसन', 'छाया हुआ रथ', **नीळ**—रैन बसेरा, **घोंसला** (घुसने की जगह, तुलना करें 'घर घुसरा' से), **क्षय**—छायादार स्थान, घर, **छदि**—छत, रथ का छाजन, **सदन**—वह स्थान जहाँ आराम से बैठा या टिका जा सके, (तत्कालीन अर्थ—आरामदेह मकान), **शुशुक्वान् सद्म**—'ऐसा मकान जहाँ प्रकाश का समुचित प्रबन्ध हो', **वस**—छाया, मौसम से बचाव की जगह **(वस् आच्छादने)**, आवरण, जिससे वस्त्र और वसु-खनिज पदार्थ का आशय आगे चलकर प्रकट हुआ। **वास**, (राजस्थानी बासा), **(आवास, निवास, प्रवास, सहवास)**, **वसति**—रैन बसेरा, (आगे चलकर, बस्ती या बसावट), **वेश्म**—मकान (तुलना करें, वेश, आवरण), देवमान **वेश्म**—सुथरा, सँवरा आवास, **छर्दि**—छल्ली, चारदीवारी, **गृह**—घर, भद्र

गृह—सुथरा और आरामदेह घर, **बृहद्मान सहस्त्रद्वार गृह**—बृहदाकार बहुत सारे दरवाजोंवाला मकान, **सहस्त्रस्थूण गृह**—बहुत सारे खम्भों पर टिका घर, **अतस्ताति/अस्ता**—घर, ओक—घर, आवास; **शरण**—शर या सरकंडे की झोंपड़ी, (तत्कालीन आशय श्रीमन्तों का निवास), **वीळु शर्म**—मजबूत आश्रय, **कृत्ति**—चमड़े की छाजनवाला आवास, क्षय—आवास, **पृथु क्षय**—बड़ा मकान, **क्षिति**—निवास, **गय**—सम्पन्न घर, **अर्य मंहमान गय**—व्यापारियों के विशाल भवन, **दम**—घर (मूल भाव **तम**—छाया, अँधेरा), **दुरोण**—आवास, **धाम**—निवास, **निवेश**—सिर छिपाने की जगह, कोई भी शरणस्थल, **वसति**—रैन बसेरा, ठहरने का स्थान, **शर्म**—शरण, मकान, **पस्त्या**—आवास, **वस्तु/वास्तु**—निवास, **सदन/सद्म/भुवन**—भवन, **वरूथ**—वरेण्य आवास, **त्रिवरूथ**—तीन तल्ले की कोठी, **अनर्व वरूथ**—विशाल भवन, **बृहद् वरूथ**—बहुत बड़ा घर, **उपमं वरूथ**—उपमा देने योग्य भवन, **चित्र उक्थ्य वरूथ**—अद्भुत प्रशंसनीय भवन, **वीळु शर्म**—मजबूत मकान, **देवमान वेश्म**—सुन्दर स्वच्छ सुरुचिपूर्ण आवास, **शुशुक्वान सदन**—ज्योतिमान भवन, **अभ्व**—विशाल भवन, **रयीणां सदन**—कोषागार, भांडारागार, **महासदन, इनस्य सदन**—राजभवन, **ऋतस्य सदन/ऋतस्य सद्म**—न्यायालय, **दीर्घ पृथु पार्थिव सद्म**—विशाल, लम्बा चौड़ा भवन, **आद्यां अरुक्षत उत्तराणि सद्म**—गगनचुम्बी या अभ्रंलिहाग्र भवन, **हर्म्य**—विशाल भवन, **अस्कृधोयु छर्दिस**—विशाल प्राचीर। भवन-निर्माण से जुड़े कुछ अन्य शब्द हैं, **अधिष्ठान**—नींव, **आता**—दरवाजे का चौखटा या फ्रेम, **छन्द**—आकृति, छाजन; **द्वार; धर्णि**—धरन; **वास्तोष्पति**—गृहदेवता; **स्कम्भ**—खम्भा; **स्तम्भ**—चिना हुआ खम्भा। इनका कुछ ब्यौरे के साथ हमने अन्यत्र (*The Vedic Harappans*, 1995, पृ. 281-319 तथा *हड़प्पा सभ्यता और वैदिक साहित्य*, 1997 संस्करण, पृ. 570-580) किया है।

35

गृहसज्जा

गर्म जलवायु में मनुष्य धरती के निकटतम रहकर सोना-बैठना चाहता है। छाया में हवा की तुलना में धरती अधिक ठंडी रहती है, इसलिए गर्मी के मौसम में चारपाई छोड़ फर्श पर चटाई बिछाकर सोना अधिक सुखद प्रतीत होता है। ठंडी जलवायु में यह सम्भव नहीं। जब कि गर्म जलवायु में ठंडे मौसम में भी फर्श पर पुआल आदि बिछाकर सोना चारपाई पर सोने से अधिक सुखद रहता है। ठंडे देशों की जमीन बर्फ की चादर-सी है, जिस पर नंगा पाँव तक नहीं रखा जा सकता। इस भिन्नता से पूरी दुनिया में गर्म देशों और ठंडे देशों में, उस पूरे साज-सामान के मामले में, जिसे फर्नीचर के रूप में जाना जाता है, एक सीधा अन्तर दिखाई देगा।

विगत कुछ शताब्दियों से शिक्षित और सम्पन्न वर्ग के लोगों द्वारा यूरोपीय वेशभूषा अपनाने और उसी के अनुरूप साज-सामान जुटाने के कारण भारतीय मकानों में भी साज-सामान की वैसी ही बहुलता और विविधता देखने को मिल जाएगी, जैसी यूरोपीय मकानों में। इसके बाद भी कुछ रूढ़िवादी परिवार अपनी सम्पन्नता के बाद भी दफ्तर में गद्दी और मसनद, तथा घरों में फर्श का प्रयोग करते मिल जाएँगे। इस अन्तर को ध्यान में अवश्य रखा जाना चाहिए कि भारतीय जलवायु में कुश-काँटों से बचने के लिए भले जूते की आवश्यकता पड़े, अन्यथा उग्र शीत और गर्मी को छोड़कर जिनमें खड़ाऊँ, चटपटी, और चप्पल से लेकर जूते तक काम में लाए जा सकते हैं, वर्ष के शेष महीनों में नंगे पाँव चलना अधिक सुविधाजनक लगता है। इसके विपरीत ठंडी जलवायु के व्यक्ति का नंगे पाँव रहना मृत्यु के मुख में प्रवेश करने जैसा है।

आसन-डासन में प्रयुक्त **डासन** का क्या अर्थ है? एक शब्द है, दासा। सीढ़ियों से ऊपर पत्थर या काठ का वह मजबूत आधार, जिसके ऊपर खम्भे खड़े किए जाते थे। अत: **डासन** का आशय हो सकता है 'नीचे बिछा हुआ', 'नीचे रखा हुआ', मिसाल के लिए पत्थर या लकड़ी की सिल्ली और बाद में

कोई वेदी, कोई पीढ़ा। और फिर अर्थविस्तार दास या सेवक। स्थिति उल्टी भी हो सकती है, दास, भारवाही और फिर दासा जो डासन बन गया। परन्तु उस स्थिति में हमें दासप्रथा की कल्पना इतने पहले करनी होगी कि उसकी अर्थव्यवस्था इसके अनुरूप न मिले।

डासन का बिस्तर और चारपाई दोनों के लिए प्रयोग में आना, रोचक है। **चारपाई** एक विवशता है। शीत से, कीड़े-मकोड़ों से, सीलन आदि से बचने का उपाय। असल चीज तो बिस्तर ही है। आरम्भ में तो चारपाई और बिस्तर दोनों के नाम पर बिस्तर ही था। इसलिए तल्प, जो सम्भवतः तूल या रूई भरे गद्दे का सूचक था, तख्त और शय्या के लिए प्रयोग में आने लगा। आज भी, आदिम समाज में, चारपाई बहुत कम घरों में मिल सकती है। यदि मिली भी तो खटोले जैसी, जिस पर वे आच्याजानु या शरीर को सिकोड़े घुटने को छाती से लगाए सोते मिल जाएँगे। परन्तु यह भी मानना होगा कि निरन्तर बढ़ते दबाव के कारण उनकी आर्थिक दशा खराब होती चली गई है और यह उसका परिणाम हो सकता है।

बिस्तर के नाम पर सबसे प्राचीन आविष्कार चटाई थी। शिकार किए गए जानवरों का चमड़ा भी इस काम में आ सकता था। चटाई के लिए कुश, कास, पुआल, नारियल, खजूर, ताड़ आदि की पत्तियों का प्रयोग होता आया है।

आरामदेह बिस्तर के लिए आरम्भ में सूखी पत्तियाँ या सूखी घास बिछाई जाती रही होगी। राख कीटाणुनाशक है, इसका ज्ञान मनुष्य को वस्त्र के आविष्कार से बहुत पहले हो चुका था। जाड़े के दिनों में फर्श पर राख बिछाकर उस पर पुआल की मोटी तह बिछाने के बाद उस पर बिस्तर लगाने का चलन गाँवों में आज भी पाया जा सकता है। यह विधि बहुत पुरानी हो सकती है। सम्भवतः पुआल आदि की छाँटी या कुट्टी का भी उपयोग फर्श को आरामदेह बनाने के लिए किया जाता था। ऋग्वेद में कटी हुई घास या वृक्त बर्हि (ऋ. 8.5.17; 8.7.20 आदि) का प्रयोग आया है। बिस्तर के लिए कटी घास बिछाना इसी रूप में हो सकता है कि नीचे कटी हुई घास और ऊपर किसी जानवर की खाल या कपड़ा या टाट।

पर जहाँ बर्हि बिछाने या स्तरण के प्रसंग (स्तीर्ण बर्हिस्) हैं, वहाँ 'गोनरी' या घास/पुआल की चटाई का आशय प्रतीत होता है। इसका विकल्प एक ही हो सकता है कि यह पाट या सूत की खोलवाला ऐसा बिछावन हो, जिसमें कटी हुई घास भरी गई हो और उसके गद्दे को बैठने, सोने या लेटने के लिए बिछाया जाता हो।[86]

छाँटी से आगे बढ़ने पर खोल में '**तुषा**' या भूसी भरकर इसे अधिक आरामदेह बनाया गया था। इससे मिलने वाले '**तोष**' या '**तुष्टि**' से इसका

नाम 'तोषक'—आरामदेह गद्‌दा बना, जो अब रूई भरे गद्‌दे के लिए प्रयोग में आता है।

परन्तु रूई भरे गद्‌दे बहुत कम लोगों को ही सुलभ हो सकते हैं। परम्परागत भारतीय अर्थदृष्टि में किसी भी वस्तु का अधिकतम उपयोग करने की प्रवृत्ति बहुत पहले से दिखाई देती है। सामान्य लोग पहनने के सूती कपड़ों के पुराने होकर फट जाने के बाद उनको सी-टाँककर, पैबन्द लगाकर, चलाते रहते थे। सूई-धागे का प्रमुख रूप से मरम्मत के लिए ही उपयोग होता था। फिर जब ये बहुत कमजोर हो जाते थे, तब एक पर एक कई तहें डालकर उनकी सिलाई गुदड़े के रूप में की जाती थी और यह **गुदड़ा** ही आरामदेह बिछावन का काम देता था। **गुदड़ा** में जो पूर्वपद **गुद** है, वह आराम का सूचक है। **गद्‌दा**—मुलायम बिस्तर और **गद्‌दी**—मुलायम आसन भी उसी **गुद्**—कोमल, आरामदेह से निकले हैं।

गुदड़े के भी फट जाने पर इसके टुकड़े पाँव पोंछने के काम में लाए जाते थे और इसके भी फट जाने के बाद घर की लिपाई के पोताड़े के रूप में इसका उपयोग किया जाता था। कन्थारी या कन्था में कन्थ, कन्त का ही बिगड़ा हुआ रूप है। कन्त का भी अर्थ है, प्रिय, आनन्द देनेवाला। **गद्‌दा** और **गद्‌दी** का भी सम्बन्ध **गुद्** या **गुदाज** से ही है। अर्थ है आनन्द देनेवाला आसन या बिछावन।

आसनी का सबसे पुराना रूप तो कुश की छोटी चटाई ही है, जो आज तक चलती है, पर कुछ ऊँचे और अधिक आरामदेह आसन के लिए पीठ या पीढ़े का प्रयोग होता रहा है। **आसन्दी** कभी कुछ ऊँची वेदी थी, जिसकी जगह बाद में मचिया, और आरामकुर्सी ने ले ली। यह आसनी कुशासन से लेकर कुर्सी तक हो सकती थी। कुर्सी शब्द स्वयं भी **कूर्चा** या **कूर्चासन**—'पुआल या किसी अन्य घास का मोढ़ा' का आधुनिक रूप है। तेलुगु में कुर्सी के लिए आज भी **कूर्ची** ही चलता है। रोचक यह है कि उसमें दो कदम आगे बढ़कर बैठने के लिए 'कुर्सिआना' अर्थात कूर्चोंडुट प्रयोग में आता है। आगे चलकर इसमें बेंत के मोढ़े आदि भी शामिल हो गए। कुर्सी का प्रयोग किसी सभागार में क्रम से बनी सीढ़ियों या श्रेणियों के लिए भी होता था, जिसमें उच्चता के अनुसार पद-क्रम का बोध होता था। **कुर्सीनामा** में कुर्सी का यही भाव है। परम्परागत मकानों में दासे के नीचे बैठने के लिए एक कुर्सी पूरी लम्बाई में बनी होती है।

मनुष्य को अपने आवास की समस्या हल करने में पक्षियों से भी कोई प्रेरणा मिली हो सकती है या नहीं, यह मात्र अनुमान का विषय है। बरसात से या हिंस्र पशुओं से बचने के लिए उसने ऐसे पेड़ों के ऊपर जिनके तने से कुछ ही ऊँचाई पर डालियाँ निकली हों, डालियाँ, टहनियाँ और तिनके सजाकर रात का ठिकाना बनाया हो सकता है। पुरानी कहानियों में जंगल से गुजरते हुए रात हो जाने पर पेड़

पर चढ़कर रात काटने के हवाले आते हैं। इससे भी अधिक रोचक है निवास के लिए ऋग्वेद में **नीळ** या **नीड** का प्रयोग। **नीड** का कोशीय अर्थ है, 'रहने या ठहरने की जगह', 'आश्रय', 'घोंसला', 'माँद'। आगे चलकर इसी से **निलय**, शब्द बना जिसमें भी प्राचीन अर्थ सुरक्षित रह गया। सम्भव है इसी द्रुमवास ने आगे **मंच** या **मचान** के निर्माण का रास्ता तैयार किया हो।

खटिया और **मचिया** बनाने से पहले मनुष्य ने **मंच**—मचान बनाया। जंगली जानवरों आदि से बचाव के लिए उस अवस्था में यह उसकी जरूरत थी जब अभी मकान झोंपड़ी से आगे नहीं बढ़ा था, इसलिए कीड़े-मकोड़ों से लेकर हिंसक जानवरों से बचाव का इससे अच्छा उपाय न था। मणिपुर आदि में, मचानयुक्त आवास का आज भी चलन है। मचान से ही आगे चलकर **चारपाई**, और **मचिया** (**खाट** और **खटोला**) बनाने का विचार आया। बरसात के दिनों में खेत की रखवाली के लिए आज भी किसान मचान बनाते हैं।

36

घरेलू उपकरण

कुटाई के यंत्र के रूप में ओखली और मुसल का आविष्कार कब हुआ इसका ठीक अनुमान नहीं है। ऋग्वेद में कुटाई और पेराई के लिए **उलूखल**—ओखली और मुसल का प्रयोग तो मिलता ही है, वैकल्पिक रूप में पत्थर के खरल और मुसली—**दृषद्** और **उपल**—का भी चलन था, जो आज भी जारी है।

भारतीय मनुष्य ने वन्य अनाजों का संग्रह धान और साँवा से किया था। उस समय कूटने-पीसने के लिए जो तरीके अपनाए जाते थे उनमें श्रम अधिक लगता था। जिन अनाजों को हथेली से मसलकर उनका छिलका अलग किया जा सकता था, या दालवाले अनाज जिनकी छीमी को खोलकर उसमें से दाना निकाला जा सकता था, उनके साथ विशेष समस्या नहीं थी। समस्या धान जैसे मोटे छिलकेवाले अनाज के साथ थी जिसे न हथेली से रगड़कर उसका छिलका उतारा जा सकता था, न ही कूटकर भूसी सहित चूरा बनाकर खाया जा सकता था। अत: उसका छिलका नाखून से उतारा जाता था और आनुष्ठानिक प्रयोजनों से बहुत बाद तक इसी तरह उतारा जाता रहा। निर्ऋति के चरु के लिए सोकन धान का छिलका नाखून से उतारने का उल्लेख काठक संहिता में आता है—*स तु कृष्णानां व्रीहीणां नखैर्निर्भिद्य नैर्ऋत्यं चरुं श्रपयति।* नाखून से छिलका उतारने के कारण चावल उस तरह टूटता नहीं था, जैसा कि बाद में ओखली में कूटने पर टूटने लगा। टूटा चावल खाने के काम तो आ सकता था पर आनुष्ठानिक प्रयोजनों में पुरानी रीति का निर्वाह जरूरी था। ओखली का आविष्कार हो जाने के बाद भी पूजा और चढ़ावे के लिए चावल नाखून से ही निकाला जाता रहा। कुटाईवाले चावल से अलग, इसका नाम अक्षत था। पर यह श्रमसाध्य विधान नए साधनों के सुलभ हो जाने के बाद अधिक समय तक चल नहीं सका। अत: चावल जैसा भी हो, सामान्य उपयोग के समय उसे चावल कहते हैं, पर जब उसका उपयोग किसी आनुष्ठानिक प्रयोजन से हो रहा हो तो उसे आज भी **अक्षत** ही कहते हैं। इसमें इस बात का ध्यान अवश्य रखा जाता है कि भरसक टूटे चावल को अलग कर लिया जाए। चावल को कीड़ा

लगने से बचाने के लिए उसे हल्दी में रँग देते थे। अक्षत के मामले में यह विधान आज भी जारी है।

धान की भूसी अलग करने की चुनौती ने उन्हें कई तरह के प्रयोग करने के बाद ओखली और मुसल की खोज तक पहुँचाया। सम्भवत: इससे पहले वे कठोर जमीन पर, या लकड़ी के फलक पर किसी बेलनाकार लकड़ी से इसे रगड़कर लगभग उसी क्रिया से भूसी अलग करते रहे हों जैसे हथेली से पतले छिलके या टूँड़ वाले अनाजों के मामले में करते थे। इससे आगे बढ़कर मिट्टी के गड्ढे में धान एक साथ रखकर कूटने और फिर अन्त में मिट्टी के गड्ढे की जगह लकड़ी में गड्ढा बनाकर कूटने का तरीका अपनाया। ओखली और मूसल इसी का विकसित रूप था। इसके अधिक विकसित यंत्र ढेकी में नीचे का गड्ढा फिर मिट्टी या पत्थर के गड्ढे के निकट आ गया।

लगातार चोट पड़ते रहने के कारण सामान्यत: दूसरी कोई लकड़ी सूखने के बाद फट सकती थी। कई तरह की लकड़ियों के साथ प्रयोग के बाद वे इस नतीजे पर पहुँचे कि दूधवाले पेड़ों के हल्के काठ से बनी ओखली के साथ यह समस्या नहीं थी। ओखली के विषय में स्पष्ट उल्लेख है कि यह गूलर या पीपल की लकड़ी की बनाई जाती है। मुसल किसी चीज का हो सकता था। यदि पलाश का हो तो और भी अच्छा।

दाल दलने के लिए भी सिल और लोढ़े या बट्टे का ही सहारा था। बट्टा शब्द उतना व्यंजक नहीं है जितना **लोढ़ा**, अर्थात लुढ़कनेवाला पत्थर। इसे गोलाई में लुढ़काते हुए दलहन को दला जाता था। लुढ़कने के इस गुण के कारण ही गाड़ी को भोजपुरी में लढ़िया (लोढ़िया) कहा जाता है। **लोढ़ा** छिलका उतारने की इस विधि में पत्थर इस तरह घुमाया जाता था जिससे दबाव इतना अधिक न पड़े कि दाल के टुकड़े हो जाएँ। इस हल्केपन के कारण ही भोजपुरी में फूल तोड़ा या नोचा नहीं जाता, **लोढ़ा** जाता है। सँभालकर डाली से अलग किया जाता है। लोढ़े से इस दलाई के लिए भोजपुरी में एक शब्द **दरकचना** है, अर्थात कच्चे या हल्के हाथ से दलना। अब दले जानेवाला अनाज दलहन, अलग हुए भाग दाल, एक-दूसरे से अलग हो जानेवाली पंखड़ियाँ दल तो हो ही जाती हैं, शायद उनके एक साथ जुड़े होने के कारण बहुत सारे लोगों का संगठित गिरोह भी दल बन जाता है।

कूटने, पीसने, घिसने के लिए पत्थर के खरल, चाक, सिल-बट्टे आज तक काम में लाए जाते हैं। जब तक चाक या पहिए का आविष्कार नहीं हुआ था, तब तक पीसने की चक्की का भी अस्तित्व नहीं था। परन्तु जिस समय से हमें चाक पर बने हुए बर्तन मिलने लगते हैं, उसके कुछ ही आगे-पीछे चक्की का भी आविष्कार हुआ होगा। चक्की के लिए भोजपुरी में जाँत अर्थात यंत्र शब्द प्रयोग में आता है। कहें यह मनुष्य द्वारा तैयार किया हुआ पहला यंत्र था।

आटे के लिए जो शब्द प्रयोग में आते हैं, उनमें से कोई ऐसा नहीं है जो चक्की से पिसे होने का सूचक हो। पिसान (पृष्टान्न) जाँत या चक्की के आविष्कार के बाद का नाम प्रतीत होता है, पर जब हम देखते हैं कि सिल पर मसाले आदि के लिए भी पिसाई का ही प्रयोग होता है, कूटकर सोम का रस निकालने के लिए भी पिसाई का प्रयोग मिलता है, तो भ्रम टूट जाता है। **चूर्ण** जिससे पंजाबी के **चून** का सम्बन्ध है, स्पष्टतः कुटाई से तैयार किए गए आटे का सूचक है। **अट्ट** का एक अर्थ मारना, घायल करना भी है। अतः आटा भी कुटाई का, न कि पिसाई का, संकेत देता है। बँगला में पिसाने को **गुणा** कराना और **भंग** कराना कहा जाता है। ये भी कुटाई की याद बनाए रह गया हैं। **पीसने** के लिए चक्की का प्रयोग आरम्भ होने के बाद कोई नया शब्द गढ़ा ही नहीं गया। पुराने शब्दों से ही काम चलाया जाता रहा।

जो भी हो, जाँत या यंत्र का आविष्कार एक आश्चर्यजनक छलाँग था। यह सही अर्थ में मानव-निर्मित यंत्र था, क्योंकि इसकी क्रिया के साथ एक ऐसा सिद्धान्त जुड़ा हुआ था जिसको सूत्रबद्ध करने की क्षमता अभी नहीं आई थी। विविध प्रकार के जोड़-तोड़ करने के बाद इसमें सफलता मिली थी।

आटा चालने के लिए जिस उपस्कर का वैदिक काल में प्रयोग किया जाता था, उसे **तितउ** कहा गया है। यह किस पदार्थ का बनाया जाता था, या कब से प्रयोग में आ रहा था, यह तय करना कठिन है। कृषिकर्मी होने से पहले मनुष्य वन्य अनाजों का संग्रह करता और उनका भोजन में प्रयोग करता था। ऐसी दशा में पीसने और कूटने का खरल या दृषद और उपल मध्यपाषाण काल के अवश्य होने चाहिए। चलनी या छलनी भी उस काल से चली आ रही हो सकती है। जड़ी-बूटी आदि को आज भी उसी रीति से कूटकर उसका चूर्ण तैयार किया जाता है। इसमें कुछ अंश जब बहुत बारीक हो जाता है उस समय भी दूसरे टुकड़े खड़े या दानेदार रह जाते हैं। चूर्ण इनकी कुटाई में बाधक बनता है क्योंकि उसके नीचे एक तह तैयार हो जाती है, जिसके कारण मोटे अंशों पर सीधी चोट पड़ ही नहीं पाती। अतः चालने की प्राथमिक जरूरत आटे से भूसी को अलग करने की नहीं, अपितु बारीक पिसे-कुटे चूर्ण को छानकर अलग करने की थी जिससे बचे हुए दर्रे (दले हुए भाग) की ठीक से कुटाई हो सके। यह काम कई बार करने के बाद ही पूरा आटा तैयार हो पाता था। दवा के चूर्ण को देखकर हम कह सकते हैं कि कुटाई से तैयार किया गया आटा पिसे आटे से कम बारीक न होता था, और चक्की से पिसाई में जिस तरह पूरा छिलका अलग हो जाता है और उसे अलग करना जरूरी होता है, वैसी स्थिति कूटकर तैयार किए गए चूर्ण में न थी। खरल की चोट से भूसी का भी चूरा बनकर उसी में मिल जाता था।

आटा चालने के लिए आज जिस तरह की छलनी प्रयोग में लाई जाती है वह तब सम्भव न थी। परिस्थिति के अनुसार चालने का काम कपड़े, कम्बल आदि से

ले लेते थे। परन्तु चालने के लिए विशेष रूप से बने उपकरणों में, बाँस की पतली पट्टियाँ तैयार करके उनकी बुनाई में बारीक छेद छोड़ते हुए बहुत अच्छी चलनी तैयार की जाती थी, जिसका चलन आज भी कुछ जगहों पर देखा जा सकता है। पशुओं की अँतड़ी की झिल्ली को किसी गोलाकार मेखला पर मढ़कर उसमें पतले छेद करके छलनी बनाई जाती थी। धातु की सूइयों से पहले हड्डी की सूइयों से यह काम सन्तोषजनक रूप में हो सकता था। पर **तितउ** के मामले में अधिक सम्भावना है कि यह बाँस को चीर कर बनाया जाता रहा हो। ज्ञानमंडल के हिन्दी कोश में इसका अर्थ छलनी और छाता किया गया है। आप्टे के कोश में **शीव** और **पैरासोल** दिया गया है। मोनियर विलियम्स ने **शीव** (छलनी) व **क्रिबल** (आखा) किया है। इनमें से किसी से इसकी बनावट का सही अनुमान नहीं हो सकता।

सूप की आवश्यकता आहारसंग्रह के दिनों से ही थी। वन्य अनाज पकने पर बिखर जाते हैं। इसलिए उन्हें जमीन से बटोरना होता है। इसमें कुछ खर-कतवार सहज ही आ जाता है। इसे फटककर साफ करने के बाद ही काम में लाया जा सकता था। सूप और सुपोली बाँस के और कुश की सींक के बनाए जाते हैं।

अनाज छानने के लिए—जव, गेहूँ आदि के दानों में से सरसों या घास आदि के दाने अलग करने के लिए, या धूल गर्द साफ करने के लिए जिस छलनी का प्रयोग किया जाता है, उसे भोजपुरी में **आखा** कहते हैं। यह वैदिक **उखक्षित्** का बदला हुआ रूप है। **उखा** का आकार कड़ाहीनुमा होता था और आखे की बनावट भी उससे मिलती-जुलती है। क्षित् का अर्थ यहाँ छिद्रित से है। पर आखा में छिद्र के स्थान पर अक्ष या आँख का प्रयोग हुआ है। आखा के अतिरिक्त इसके लिए एक अन्य शब्द भी प्रयोग में आता है। यह है झरना, जिसके विषय में कुछ कहने की आवश्यकता नहीं।

जाँत के आविष्कार से पहले अनाज को खरल जैसे पात्र में कूटकर उसका आटा तैयार किया जाता था, उसी तरह तेल निकालने के कोल्हू से पहले बालों को चिकना करने के लिए रेड़ी आदि से तेल भी पत्थर से कूटकर निकाला जाता था। तेल निकालने की सूझ अरंडी से ही मिली या तिल से यह तय करना आसान नहीं फिर भी तिल या तेल या आर्द्रता वाला दाना तो तिल को ही कहा गया। **तिल** और **तेल** का पुराना अर्थ जल है न कि तेल। भोजपुरी में बाढ़ आदि के समय लम्बे समय तक जलमग्न भूमि से जब पानी हट जाता है तो ऊपर के दबाव के कारण जमीन के भीतर का पानी जगह-जगह से ऊपर आने लगता है। इसके लिए **तेलगगरा** शब्द का प्रयोग होता है। इसमें तेल में जल का पुराना भाव आज तक बना रह गया है। तिल का पुराना अर्थ **तिलसर** जैसे स्थाननामों में भी बचा रह गया हैं। यह एक पहेली ही है कि कुछ ही सौ वर्ष पुराने गाँवों के नामों में कई हजार साल पुराने अर्थ कैसे बचे रह जाते हैं। **तेलगगरा** में **गगरा**

सम्भवतः **ओगरना** अर्थात **उद्गीरण** या ऊपर निकलना से सम्बन्ध रखता है। ऋग्वैदिक काल तक तेल या तिल का प्रयोग जल के लिए हो रहा था। इसमें **तिल्विल**—नम भूमि, तिलु (आद्र) इल (भूमि)-जैसा प्रयोग मिलता है। स्नेह की जरूरत घी से ही पूरी होती लगती है और हो सकता है कि बालों और चमड़ी को चिकना रखने के लिए भी तोदा जनों की तरह लोग घी का ही प्रयोग करते रहे हों। बहुत बाद में जब शरीर पर लगाने के लिए तेल का प्रयोग होने लगा था, तब भी कुछ पुरातन विधानों में शरीर में घी लगाने की बात की गई है। उदाहरण के लिए मनु जो घोर नारी-विरोधी माने जाने लगे हैं, यह व्यवस्था देते हैं कि यदि किसी विधवा को सन्तान न हो, और उसे सन्तान की कामना हो तो, गुरु आदेश से, उसका देवर अथवा उसका कोई सम्बन्धी रात्रि के समय अपने शरीर में घी लगाकर उसके पास जा सकता है और उसकी सन्तान होने तक उसके साथ सहवास करता रह सकता है।

विधवायां नियुक्तः तु घृत अक्तः वाग्यतः निशि।
एकं उत्पादयेत् पुत्रं न द्वितीयं कथंचन। *मनुस्मृति 9.60*

पर इससे यह तो सन्देह से परे है ही कि मथानी का आविष्कार बहुत पहले हो चुका था। कब? यज्ञ के प्रयोजन के लिए जो घी काम में लाया जाता है, उसे **आज्य** कहते हैं। इसके तीन अर्थ हैं। एक तो यह कि गोपालन आरम्भ होने से पहले, या गाय के उत्पादों से परिचित होने से पहले, उस अवस्था में ही जब भारतीय मनुष्य **अज/अजा** का पालन करता था, उस समय से मथानी का प्रयोग हो रहा था। कारण, गाय के घी और अन्य उत्पादों के लिए प्रयुक्त शब्द गो और गव्य है, न कि आज्य। मथानी का आविष्कार अजपालन के दौरान किस चरण पर हुआ, यह हम नहीं बता सकते। दूसरा यह कि यज्ञ का कोई-न-कोई रीति-विधान उस समय ही आरम्भ हो गया था, जब मनुष्य ने गोपालन आरम्भ नहीं किया था। इसका तीसरा आशय भी यह है कि कृषि कार्य गोपालन से पहले आरम्भ हो चुका था, क्योंकि यज्ञ के रीति-विधान का सीधा सम्बन्ध कृषि से है।

मथानी अर्थात मन्था का प्रयोग ऋग्वेद में एक विचित्र सन्दर्भ में आया है जिसने हमें बहुत उलझन में रखा है। यह है तेल निकालने के पुराने कोल्हू का यथातथ्य वर्णन, परन्तु इसमें तेल नहीं निकाला जा रहा है, अपितु सोमरस निकाला जा रहा है। ठीक इसी तरह कोल्हू का प्रयोग पूर्वी उत्तर प्रदेश के गन्ना उत्पादक क्षेत्रों में गन्ने का रस निकालने के लिए होता था। अन्तर यह था कि तेल के कोल्हू में कोल्हू का आधान या निचला हिस्सा जिसमें घानी डाली जाती है, लकड़ी का होता है, जब कि गन्ने का रस निकालनेवाले कोल्हू का निचला हिस्सा पत्थर का होता है। परन्तु ऋग्वेद में जिस उलूखल और मन्था का उल्लेख आया है वह काठ का

बना होता था। यह कुछ विस्मय की बात है कि कोल्हू का आविष्कार हो जाने के बाद भी लम्बे समय तक इसका प्रयोग तेल निकालने के लिए नहीं हुआ। सम्भव है यह बात किसी को सूझी ही न हो कि तिलहनों से तेल निकल सकता है। ठीक उसी तरह जैसे तिलहनों से तेल निकालने के अनुभव के बाद भी किसी को यह नहीं सूझा कि धान की भूसी से भी तेल निकाला जा सकता है। महुआ, रेंड़ी ऐसे दो बीज थे जिनमें जल से भिन्न द्रव को आसानी से लक्ष्य किया जा सकता था। इसलिए रेंड़ी को कूटकर उसकी चिकनाई का उपयोग होता रहा, पर इसका तेल निकालना तिलहनों से तेल निकालने से भी कठिन था। जो भी हो, गन्ने का रस निकालने के लिए बने यंत्र से ही आगे चलकर तेल निकालना आरम्भ हुआ।

मांस आदि पकाते समय यह देखने के लिए कि यह पक गया या नहीं, **शूल, अंकी, नीक्षण** (कलछी) आदि का उल्लेख मिलता है। पहले दो उपकरण बहुत पुराने, कहें उस समय के हो सकते हैं, जब मांस को सीधे आग पर भून कर खाया जाता था और वह पूरी तरह भुन गया या नहीं यह देखने के लिए गोफनी और उसे आग से बाहर निकालने के लिए टेढ़ी नोकवाले डंडे या अंकी का सहारा लिया जाता रहा होगा। कलछी की आवश्यकता मांस को उबालकर पकाने की कला विकसित होने के बाद ही हुई।

बच्चों और रोगियों को खिलाने-पिलाने के लिए सीपी का एक फलक चम्मच के समान ही था। सीपी के पीठ के हिस्से को कुछ घिसने के बाद इसका इतना कारगर 'पीलर' या छिलनी तैयार होती है, जिसका आज भी जवाब नहीं। काजल आदि रखने के लिए भी सीपी, घोंघे और छोटी शंख का उपयोग होता था, यह तो पुरातत्त्व से भी पता चलता है।

मृद्भांडपूर्व अवस्था में पोपले बाँस के एक पोर का बर्तन द्रव रखने का सबसे पुराना बोतल (ढरकी) था। जानवरों को दवा आदि पिलाने के लिए अपेक्षाकृत पतले बाँस की ढरकी आज भी सबसे उपयुक्त मानी जाती है।

मृदभांग पूर्व दौर में सींग के खोखल का भी पात्र के रूप में प्रयोग किया जाता था, जो बाद में लगभग पूरी तरह समाप्त हो गया, यद्यपि चिकित्सा में कुछ सींगों का प्रयोग जर्राहों द्वारा आज भी होता है।

सामान इकट्ठा करने के लिए टोकरी और खँचिया बनाना मृदभांडपूर्व अवस्था में बहुत पहले आरम्भ हो गया था, जो आज तक जारी है। अनाज और दूसरे पदार्थ रखने के लिए डेहरी या कच्ची मिट्टी के अन्नधान उन्होंने बना लिये थे। सम्भव है इसे ही ऊर्दर कहा जाता रहा हो। इसका दर या दरवाजा ऊपर का ढक्कन खोलने पर खुलता था, यह इसके नामकरण से प्रकट है। पहले जमीन पर ही खानेदार कोटरों या कोठारों का निर्माण कर लिया जाता था। इस तरह के कोटर मेहरगढ़ काल से मिलने लगते हैं। इसका उन्नत विकास मोहनजोदड़ो का धान्यागार है। इसके लिए

भी पुराने ऊर्दर शब्द का प्रयोग होता रहा हो सकता है। ऋग्वेद में राजकीय ऊर्दर को अनाज (यव) से भरने का एक हवाला आता है।

परन्तु भंडारण के लिए सबसे व्यापक उपयोग में आनेवाले पात्र वे ही रहे हो सकते हैं, जिन्हें हड़प्पा आदि में पाया गया है। नलों के प्रचलन से पहले लोग मिट्टी के एक बड़े पात्र, कुंड या कूँड़े (हौज) में पानी एकत्र करते थे। पानी के संग्रह के लिए विशाल पात्र भी उसी की नकल पर बनाए जाते थे, जिनका एक नमूना फतेहपुर सीकरी से भी मिला है। जो भी हो, मिट्टी के इन कूँड़ों को होली के अवसर पर बदल दिया जाता था और अब ये अन्न के भंडारण के उपयोग में आने लगते थे। हड़प्पा आदि के कूँड़ों का भी इसी तरह उपयोग होता रहा हो तो आश्चर्य नहीं। उनमें इनका एक अतिरिक्त उपयोग शवाधान (Coffin) के रूप में होता था जो अग्निदाह के सर्वस्वीकृत हो जाने के बाद जरूरी नहीं रह गया।

मिट्टी के पात्रों से यदि भोजन किया गया अथवा पानी पिया गया तो वे जूठे हो जाते थे। परन्तु यदि उनमें भोजन पकाया या पानी रखा गया तो वे अपवित्र नहीं होते थे। भोजन पकाने या दूध उबालने के बाद इन बर्तनों को आग पर तपाकर कीटाणु रहित बना लिया जाता था। यह एक रोचक तथ्य है कि पात्रों के विषय में लगभग ऐसा ही विश्वास बहुत अरबों में भी पाया जाता था। कम-से-कम हड़प्पा काल में पीने के लिए बने मिट्टी के प्यालों के ठीकरों को देखकर खुदाई करनेवाले इसी निष्कर्ष पर पहुँचे थे। किसने किससे सीखा था और यह प्रभाव कब का है, इस विषय में अलग से टिप्पणी की आवश्यकता नहीं। जो भी हो, थाली के स्थान पर पत्तों, दोनों और पत्तलों का चलन सामान्य व्यवहार में जारी रहने का एक कारण था, जूठे की यह अवधारणा। यह इतनी प्रबल थी कि शीशे और चीनी मिट्टी और तामचीनी के पात्र चलन में आ जाने के बाद भी और स्वच्छता की दृष्टि से अधिक अनुकूल होने के बाद भी पुरातनपन्थी लोगों ने इसे बहुत विलम्ब से, झिझकते हुए अपनाया और कुछ परिवार आज भी ऐसे मिल सकते हैं जो इनसे परहेज रखते हों।

37

मान और बाट

यदि हम अपनी भाषा में पाए जानेवाले प्रयोगों पर ध्यान दें तो पाएँगे कि गणना की तरह आरम्भ में मान और बाट के लिए भी मनुष्य ने अपने शरीर के अंगों से ही मदद ली। चुटकी-भर नमक, मुट्ठी-भर आटा, चुल्लू-भर पानी, बित्ते-भर का आदमी, चार कदम की दूरी, कमर तक पानी, जैसे पद आज भी व्यवहार में आते हैं। ऐसा अन्य संस्कृतियों में भी हुआ होगा, पर जरूरी नहीं कि उनमें इन आदिम प्रयोगों को भाषा में सुरक्षित भी किया जा सका हो। यद्यपि हमारी भाषाएँ इस मामले में अनन्य नहीं हैं। अंग्रेजी में ही भार की माप में **ग्राम** (चना) और **ग्रेन** (दाना), **क्यूबिट, फुट,** जैसे प्रयोग आज भी बचे ही नहीं रह गए है, इन्हें मानकीकृत भी किया जा चुका है। हमारी अपनी भाषाओं में फुट की अवधारणा नहीं रही है, यद्यपि **डग** या **पद** अर्थात कदम का प्रयोग होता रहा है। लम्बाई के लिए हमारे यहाँ **अंगुल,** बालिश्त **(वितस्ति),** हाथ (**हस्त, प्रहस्त, अरत्नि,** और **गज**) से काम चलाया जाता रहा।

लम्बी दूरी के लिए एक मोटा हिसाब था, इतने दिनों की यात्रा, या अमुक वाहन से इतने दिनों की यात्रा आदि का सहारा लिया जाता रहा है। आज भी हम दो घंटे की चढ़ाई, या दो दिन की यात्रा, जैसे पदों का प्रयोग करते हैं। परिमाण की माप के लिए **चुटकी, मुट्ठी, पसर** (**हस्तप्रसार** या खुला हुआ एक हाथ), अंजली—दो पसर, दोनों हाथों को जोड़ने से बना मान, का प्रयोग होता रहा है।

ऊँचाई या गहराई नापने के लिए टखना **(कशप्लक)**, घुटना या जानु **(आजानु)**, कमर या कटि **(उपकक्ष)**, छाती **(आवक्ष)**, सिर **(आशीर्ष)** और खड़ा होने पर हाथ उठाने के बाद मध्यमा उँगली के सिरे तक की ऊँचाई, भोज. **पोरसा** (पुरुषप्रमाण) को मानक बनाया जाता था।

आदिम अवस्थाओं में द्रवों की माप का कोई विधान था या नहीं, इसका आभास नहीं मिलता। यह कमी भांडनिर्माण के बाद पूरी हुई लगती है। परन्तु हम आगे देखेंगे कि इसके लिए सम्भवत: पत्तों को गूँथकर कुछ मानक तैयार किए गए हो सकते हैं। चुल्लू और अंजलि से पानी पिया जाता था, चुल्लू-भर पानी में डूब मरने का मुहावरा

आज भी सुनने को मिल जाएगा, परन्तु किसी विनिमय में इसका कोई अर्थ नहीं था। किसी अवस्था पर सींग और बाँस की नलकी से भी यही काम लिया गया हो सकता है।

ये बहुत कामचलाऊ मानक थे। एक तो अपनी या किसी अन्य की काया से जुड़े होने के कारण, इन सभी मापों में व्यक्ति के आकार में अन्तर के अनुसार भारी अन्तर की सम्भावना बनी रहती थी। दूसरे व्यक्ति से अलग न हो पाने के कारण इनसे सही ढंग की इकाइयाँ और उनके अंश या भाग नहीं तैयार हो सकते थे।

अपने से अलग हो सकनेवाले मानदंड की तलाश में विविध क्षेत्रों में कितने तरह के प्रयोग किए गए, यह बहुत स्पष्ट नहीं है। दूरी और परिमाण मापने के लिए सम्भवत: गो को इकाई बनाया गया। इसका सही मान क्या था, यह हम नहीं जानते। इतना स्पष्ट है कि इसका मानकीकरण कर लिया गया था। उदाहरण के लिए धरती से आकाश की ऊँचाई एक हजार गो के बराबर बताई गई है। यह मात्र अनुमान था, परन्तु तो भी ऊँचाई मापने के लिए गाय या बैल को एक-दूसरे पर नहीं रखा जा सकता था। सम्भव है धरती से उनकी पीठ या कूबड़ तक की ऊँचाई का कोई मान निर्धारित किया गया हो।

दूरी मापने के लिए गोचर्म के उपयोग की बात कही गई है। यह पता नहीं चलता कि किसी निश्चित माप की लम्बाई के चमड़े की पट्टी की बात की जा रही है (*औक्ष्णै: चर्मभि: पश्चात् प्रांच: विभजमाना, शतपथ ब्राह्मण,* 1.2.5.2), अथवा एक प्रौढ़ साँड़ के थूथन से लेकर पूँछ के सिरे तक को लम्बाई का मानक बनाया गया।

विनिमय में **गाय** या **धेनु** के उपयोग को लेकर तो विद्वान लोग इतने आश्वस्त रहे हैं कि वे सुझाते रहे हैं कि वैदिक काल तक समस्त विनिमय गायों से ही होता था। दुनिया का कोई ऐसा अविकसित समाज भी नहीं होगा जिसमें समस्त वस्तु विनिमय किसी एक ही वस्तु या प्राणी से किया जाता हो। हमने इसकी अव्यावहारिकता को विस्तार से अपनी पुस्तकों में दिखाया है। यहाँ केवल इतना ही कि गो के विभागों में विनिमय या भुगतान के जो हवाले आए हैं, उनको कुछ समय पहले तक प्रचलित मानक्रम के समानान्तर रखकर देखना उपयोगी होगा :

गो	-	इकाई
गवार्ध	-	1/2 गो
पाद (पाँव)	-	1/4 गो
शफ (खुर का एक भाग)	-	1/8 गो
कला (शफ का आधा)	-	1/16 गो
शेर/सेर	-	इकाई
अधेसरा	-	1/2 सेर
पाव	-	1/4 सेर
अधपई	-	1/2 गो पाव

गो का विभाग गवार्ध, पाद, शफ और कला में किया गया है। गाय के एक पाँव में जो खुर होता है, वह फटा हुआ होता है, इसलिए पाद के आधे (**शफ**) की कल्पना तो की जा सकती है, परन्तु उस **शफ** का विभाग नहीं होता, अत: कला तो निश्चय ही काल्पनिक अवधारणा है। फिर इसमें जो विभाग हैं वे अंग के रूप में पूर्ण के उस भाग को नहीं प्रकट करते। यह सम्भव नहीं है कि जब भी किसी वस्तु की आवश्यकता पड़ती रही हो, कोई गाय ले जाकर काटकर उसका उतना हिस्सा विनिमय में देकर इच्छित वस्तु और गाय का बचा हुआ हिस्सा लेकर लौट आता रहा हो। अत: गाय के जैव रूप में यह हास्यास्पद सिद्ध होता है, पर एक मानक के रूप में यह गाय से अलग कोई माप सिद्ध होता है जिसका विभाजन हो सकता हो किलोग्राम के चलन से पहले हम इसके निकट की जिस इकाई का प्रयोग करते थे, उसे सेर (शेर) कहा जाता था, जिसको हमने तुलना में रखा है। लम्बाई के लिए मीटर के निकट की जिस इकाई का प्रयोग करते थे उसे गज (हाथी) कहा जाता था। दूरी मापने के लिए प्राचीन काल में जिस इकाई का प्रयोग किया जाता था उसे **धनु** (धेनु) और **गव्यूति** कहा जाता था। अत: वैदिक काल में जहाँ इस बात के संकेत मिलते हैं कि माप, तौल, और विनिमय बहुत परिष्कृत रूप ले चुका था, विनिमय के लिए गाय का नहीं, मानक के रूप में गो नामक इकाई का प्रयोग किया जाता था।

जिस समाज में चाँदी और सोने का बहुत बड़े पैमाने पर उपयोग हो रहा हो, उसमें छोटी इकाइयों, उनके छोटे-से-छोटे अंशों को तोलने का और उनके किन्हीं निश्चित भार के खंडों या पिंडों का चलन जरूरी है। ऋग्वेद में **शतमान** और **निष्क** का उल्लेख तो आया ही है, **हिरण्यपिंडों** का, सुवर्णों (**हिरण्यानि**) और चाँदी के टुकड़ों (**चन्द्राणि**) का भी जिक्र मिलता है।

हमने गो से लम्बाई मापने के जिस प्रसंग का उल्लेख किया है वह सम्भव है एक काठ या कट्ठे के बराबर रहा हो। काष्ठा का अर्थ है सीमा या अधिकतम, जो सम्भवत: साँड़ की थूथन से लेकर पूँछ तक की अधिकतम लम्बाई थी।

पूर्ण के लिए गो या वृषभ का उल्लेख अथवा चारों पाँवों से युक्त वृषभ का उल्लेख प्राय: आता है, जैसे कृतयुग में धर्म का वृषभ चतुष्पाद था। त्रेता में उसके तीन ही पाँव रह गए। द्वापर में वह द्विपाद हो गया। कलि में वह एकपाद या पाव—भर रह गया है।

सूक्ष्म विभाजन और विशाल माप की आवश्यकता सभ्यता की उन्नति के बाद ही सम्भव थी। इसमें भारत में समय की जितनी विराट कल्पना की गई थी और इसके जितने सूक्ष्म विभाग किए गए थे, वे किसी अन्य सभ्यता में देखने में नहीं आते। एक ओर ब्रह्मांड की अनन्तता की कल्पना और दूसरी ओर अणु और कण की अवधारणा। एक ओर दूरी की माप के लिए उन्होंने मानकों के बहुत सूक्ष्म विभाग किए हैं और दूसरी ओर विराट दूरियों—**सहस्त्र अश्वीन** घोड़े से हजार दिनों की दूरी, या **शतयोजन** सौ दिनों की दूरी का सुझाव रखा है। इसलिए विद्वानों

को उन्नीसवीं शताब्दी तक ये अवधारणाएँ या तो हास्यास्पद लगती रहीं, अथवा कल्पनाविलास, जिनका वास्तविकता से कोई मेल नहीं था। अल्बरूनी, जो भारतीय गणित और विज्ञान के प्रशंसक थे, उनका भी ऐसा ही विचार था।

परन्तु बीसवीं शताब्दी में हड़प्पा संस्कृति से प्राप्त सूक्ष्म विभागवाले मानक, और असाधारण परिशुद्धता वाले मान और बाट देखकर भी चकित रह जाना पड़ता है। इसमें सन्देह नहीं कि अतिविशाल और अतिसूक्ष्म अवधारणाओं का मानक्रम में स्थान नहीं हो सकता था। उदाहरण के लिए अणु जिसे ऋग्वेद में रात में गिरने वाली ओस के एक कण के रूप में कल्पित किया गया है, इतना सूक्ष्म है कि इसका आगे विभाग सम्भव नहीं, और वह आँखों से दिखाई नहीं दे सकता।

जो भी हो, जिन सूक्ष्मतम विभागों और मानों का हमें हड़प्पाकाल में प्रमाण मिलता है, उनका विकास कितने लम्बे समय में और किन चरणों में हुआ इसके विषय में हमें कोई जानकारी नहीं। बाद में काल, स्थान, पदार्थ, द्रव्य आदि की माप के जो विवरण हैं उनका उल्लेख हम यहाँ नहीं करेंगे।

हम जिस पक्ष पर यहाँ विशेष बल देना चाहते हैं वह है परिमाण—वह द्रव का हो या शुष्क का—एक क्रम मूल्यवान वस्तुओं के सन्दर्भ में प्रचलित रहा है, दूसरा सामान्य उपयोग की वस्तुओं के लिए। उदाहरण के लिए तोला, भार (भर) यदि सोने-चाँदी के सन्दर्भ में आता है तो उसका मान भिन्न रहता है, जब वही अनाज आदि की माप के सन्दर्भ में आता है तो वह उससे हजारों गुना बढ़ जाता है। कह सकते हैं कि पहले के मानों के नाम जो अपेक्षाकृत बड़े विभागों के लिए काम में लाए जाते थे, उन्हें ही मूल्यवान वस्तुओं के सूक्ष्म मानक्रमों के लिए भी अपना लिया गया।

दूसरा यह कि भांडों का प्रयोग इस देश में आज तक माप के लिए होता है। बाट का अर्थ ही है विभाजन, या बाँटना। संस्कृत में इसके लिए 'वर्तन' प्रयोग में आता है। तेलुगु में वर्तकुडु—व्यापारी के आशय में भी प्रयुक्त होता है। अतः बर्तन का बाट के रूप में प्रयोग सर्वथा स्वाभाविक ही है।

प्राचीन सभ्यताओं में से किन-किन में बर्तन माप-तौल के लिए और एक सुनिश्चित आकार या पात्रता के बनाए जाते रहे हैं, यह हमें पता नहीं। हमारे पुरातत्त्वविदों ने भी इस दृष्टि से भांडों का वर्गीकरण और विश्लेषण नहीं किया, जिससे हमें कुछ मदद मिल सके।

यदि हम इन भांडों के लोक-प्रचलित नामों को लें, तो पाएँगे इनका नामकरण भी मानक्रम के अनुसार किया गया है। पहले संस्कृत में **सुवर्णभार** का उल्लेख आने पर कुछ अटपटा लगता था। कारण, जिस भार से परिचय था, वह दो **तौलों** के बराबर हुआ करता था और प्रत्येक तौला आठ **परई (भरी)** के बराबर होता था। एक **परई** में लगभग एक सेर अनाज आ सकता था, इसलिए पूरा भार सोलह सेर या एक **मानी** के बराबर होता था। सोने-चाँदी की तौल में तोला और **भर** एक ही

भार के होते हैं, अतः ये पर्याय हैं। परन्तु अनाज आदि की तौल में **तौला**, आठ सेर का होता था और **भार** दो तौलों का होने के कारण उससे दूना। तौला तुला के एक पल्ले पर रखा सामान हुआ और भार तुला के दोनों पल्लों के बराबर। द्रव पदार्थों की माप के लिए भरुका (भारक)—पौए के बराबर, **मेटिया**—सेई या लगभग लिटर के बराबर, **मेटा**—दो लिटर के बराबर, हँड़िया (घटिका/घंटिका)—चार सेर और तौला या तोल—लगभग आठ लिटर के बराबर रहा प्रतीत होता है।

अनाज मापने के लिए जिस पात्र का उपयोग होता था वह लकड़ी का बना होता था, इसे **सेई** अर्थात सेरी—सेर की माप, कहते थे, जिसके चतुर्थांश को पाव न कहकर **मनही** कहा जाता था। यह भी ध्यान देने योग्य है कि मनही, मानी और **मान** अर्थात **मन** में दो मानक्रम एक में मिल गए है। इनमें एक दाशमिक क्रम है, दूसरा द्विगुण क्रम। दाशमिक क्रम के अनुसार यदि कोई बड़ा मान बनता था तो वह सौ का अर्थात **शतमान** (क्विंटल) हो सकता था, न कि **मन** जो चालीस सेर का होता था। द्विगुणमान में यदि मानी से आगे कोई बड़ा मान हो सकता था, तो वह 16×16 अर्थात 256 जिसके लिए द्रोण या दोन का प्रयोग होता था। समस्या तब खड़ी होती है जब हम पत्ती के दोने अर्थात द्रोण को और एक लघुतर इकाई **द्रोणी—दोनिया** को क्रमशः अधिक बड़े मानों के लिए प्रयोग में आते देखते हैं। द्विगुण क्रम में 256 सेर या **द्रोण** के लिए कोई पात्र नहीं हो सकता था। यह **डेहरी** ही हो सकती थी। हाँ, इसके चौथाई 64 और आधे 128 सेर के भंडारणपात्र **हंडे** और **कुंड** (कूँड़ा) हो सकते थे।

जाहिर है कि मान और बाट का यह विकास आहारसंग्रह के चरण से काम—चलाऊ रूप में आरम्भ होकर, क्रमशः, उस परिष्कार तक पहुँचता है, जिसे हम *चान्हूदड़ो* के मानों और बाटों में पाते हैं।

मान और बाट की परिशुद्धता किसी सभ्यता का मानदंड मानी जा सकती है। इसके बिना वैज्ञानिक प्रयोग और औद्योगिक और आर्थिक प्रबन्धन अपेक्षित स्तर का हो ही नहीं सकता। हड़प्पा सभ्यता के अवशेषों में जो बाट मिले हैं उनकी परिशुद्धता अनन्य है। मैकाय नाम के एक प्रख्यात पुरातत्त्ववेत्ता सुझाते हैं कि *चान्हूदड़ो* से मिले बाट इतने निखोट हैं कि ये दूसरे बाटों की जाँच के लिए काम में लाए जाते रहे होंगे।

चान्हूदड़ो—मोहनजोदड़ो से दक्षिण की ओर कुछ ही आगे का एक छोटा पर औद्योगिक दृष्टि से महत्त्वपूर्ण स्थल। यहाँ बटखरे तैयार किए जाते थे और इनकी शुद्धता अपने समय को देखते हुए आश्चर्यजनक लगती है।

चिन्तन और दर्शन

38

संगीत और श्रम

संगीत और नृत्य, अर्थहीन प्रतीत होने वाली गहन अर्थवत्ता से जुड़ी ध्वनियाँ और वायु और जलप्रवाह की अपनी और उनके प्रभाव से विविध पदार्थों की गतियाँ तथा जीवधारियों के नैसर्गिक कल्लोल कला की आदिम प्रेरणाएँ हैं। इसकी विविध अभिव्यक्तियाँ विश्व के सभी समाजों में पाई जाएँगी। परन्तु संगीत और नृत्य का विकास अलग-अलग सभ्यताओं में अलग-अलग दबावों में हुआ है, इसलिए इनके रूप भी अलग हैं। इतनी भिन्नता हम साहित्य के मामले में नहीं पाते।

हम इस बात की कल्पना भी नहीं कर सकते कि शोक और पीड़ा के साथ भी संगीत और नृत्य का कोई सम्बन्ध हो सकता है। हम मातम के क्षणों में, संचार-माध्यमों की सुविधा से, अफ्रीका के कुछ समुदायों को गाते और लय में झूमते देखते हैं, तो अपनी कुंठित या जड़ीभूत सौन्दर्य-दृष्टि के कारण अपनी आँखों पर विश्वास नहीं कर पाते।

ईरानियों ने, और उनकी ही अनुकृति में शोक को कलात्मक ऊँचाई तक पहुँचाने वाले नौहाख्वाँ ने, इसे एक पेशे तक का रूप दे दिया। यह नहीं कि घरवाले आहें नहीं भर रहे, या उन्हें दुख नहीं है, पर एक कलाकार उस दुख को प्रकट करके जिस तरह उनके मन को द्रवित कर सकता है, और उनके रुद्ध आवेगों को द्रवित करके बहा सकता है, उपस्थित सभी जनों को उस दुख का भोक्ता और भागी बना सकता है, वह स्वजन नहीं कर सकते थे। इसके पीछे कर्बला की शहादत की पीड़ा को कलात्मक ऊँचाई तक पहुँचाने के इतिहास को देखा जा सकता है। भारतीय उपमहाद्वीप में सुन्नी बहुमत भले हो, मुस्लिम समुदाय ने भाषा और संस्कृति अरब से नहीं, ईरान से ली। इसलिए हो सकता है नौहाख्वाँ की जरूरत सुन्नियों को भी पड़ती रही हो। परन्तु सम्भव है ईरान ने इस्लाम के आगमन से भी पहले, दारयावहु के समय में इस मिस्री तत्त्व को आत्मसात कर लिया हो और इसी ने अफ्रीका में भी लोकप्रियता पाई हो। मिस्री सभ्यता मूलतः अफ्रीकी थी, जिसमें भी अवसाद को नृत्य और संगीत के माध्यम से व्यक्त किया जाता रहा होगा। अतः यह भी सम्भव

है कि अवसाद को भी कलात्मक अभिव्यक्ति देने की पश्चिम एशियाई संस्कृति ईरानी संस्कृति का अंग बन गई हो और वही मर्सिया में, नौहाख्वाँ और मीरासियों की संस्कृति में प्रवाहित होती रही हो।

यदि ध्यान दें तो पाएँगे कि दुख हो या सुख—ये दोनों अपनी चरम अभिव्यक्ति के क्षण में कला में बदल जाते हैं या उसके निकट पहुँच जाते हैं। इस रहस्य को कुछ सभ्यताओं में केवल स्त्रियों ने बचा रखा है। पुरुष युद्ध और मृत्यु के सम्मुख भी कातर न होने के निश्चय के कारण, अपने सहज भय और दुख की अभिव्यक्ति का भी दमन कर जाता है। दो-चार शब्द जब विगलित होकर बोल पड़ता है तो उसमें भी आवेग की सघनता कला का रूप ले लेती है, भले वह इतनी ऊँचाई पर पहुँच जाए कि हम उसकी कलात्मकता को भाँप ही न पाएँ। परन्तु किसी प्रिय की मृत्यु पर स्त्री जब उसको याद करते हुए उसके एक-एक शब्द अथवा कार्य को दुहराते हुए चीत्कार करती है, तो वह गाने लगती है। इसे संगीत के आलाप के ही एक भेद के रूप में विलाप कहा जाता है।

आँसू, अनियंत्रित अंगचेष्टाएँ व क्रियाएँ इसे उस भ्रम से मुक्त रखती हैं, जिसे अफ्रीकी अपने शोक प्रकाशन में पैदा कर लेते हैं। परन्तु यह सोचकर विस्मय होता है कि अफ्रीकी जिन्हें अन्धलोक का वासी माना जाता रहा उनमें दुःख की अभिव्यक्ति इतनी नियंत्रित है कि वह एक उन्नत कला का रूप ले ले, जब कि अपने को सबसे सुसंस्कृत माननेवालों का नौहाख्वाँ का चलन अपनी प्रभावोत्पादकता के बाद भी अस्वाभाविक लगता है। इसमें दुख की अभिव्यक्ति नहीं दिखाई देती, दुखी व्यक्ति की हैसियत और आडम्बर की अभिव्यक्ति दिखाई देती है।

जिस पहलू पर हम यहाँ बल देना चाहते हैं, वह है भारतीय उपमहाद्वीप में श्रम का संगीत से जुड़ाव। आज के समय में भी एक मेठ कुछ श्रमगीत गाता हुआ और टेक देता हुआ चलता है और बोझ उठाने या खींचनेवाले उसी की लय पर अपना पेशीय बल लगाते हैं। लगेगा यह उनके जोर लगाने को एकबद्ध करने के लिए है, जो गलत नहीं है। यह दूसरे समाजों में भी देखने को मिल जाएगा। परन्तु श्रम के साथ संगीत यहाँ विविध कार्यों के साथ जुड़ा दिखाई देता है। महिलाएँ आटे की चक्की चला रही हों, या कुटाई कर रही हों, या पौध रोप रही हों या निराई कर रही हों, काम के साथ गाना चल रहा है। विवाह हो या यज्ञ, या युद्ध पर प्रस्थान या युद्ध का मोर्चा। संगीत—दमामा, सिंहा, तुरही, शंख, घंटा—बज रहा है और युद्ध चल रहा है। मृत्यु पर महिलाओं का गाते हुए आर्तनाद करना, अफ्रीकी शोक-प्रकाशन से भिन्न होते हुए भी उससे संगति रखता है। शोकयात्रा तक में शंख और घंटा-ध्वनि के साथ राम नाम की सत्यता का लयगान चल रहा है।

श्रम और उल्लास और शोक का संगीत से जुड़ाव नया नहीं है। ऋग्वेद में कपड़ा बुन रही स्त्रियों के काम के साथ गाने का संकेत है, उषा और निशा

बुनकरियों की तरह अपने तार फैलाए हुए गीत गाते हुए सलीके से वस्त्र बुन रही हैं—*उषाषा नक्ता वइ एव रण्विते तन्तु ततं संवयन्ते समीची*। युद्ध के समय गगनभेदी शोर का भी उल्लेख मिलता है—*सं भूम्या अन्ता ध्वसिरा अदृक्षत इन्द्रावरुणा दिवि घोष आरुहत*। ये आदिम अवस्था से चले आ रहे विधान हैं और इन्हें भी अनेक आदिम से लेकर सभ्य समाजों तक पाया जा सकता है। परन्तु श्रम के साथ संगीत का जुड़ाव भारत-विशिष्ट है। हो सकता है, एशिया के दूसरे समुदायों में भी यह पाया जाता हो। आनन्द कुमार स्वामी के शब्दों में यहाँ सवाल यह नहीं है कि आप अपनी पसन्द का काम करेंगे, यह सवाल जरूर है कि आपको जो भी काम मिला है उसे आपको पसन्द करना है।[87] अतः श्रम की ओर से ध्यान हटाकर संगीत की लय की ओर मोड़ देने पर काम रुचिकर होने के साथ अधिक सलीके से भी निपट जाता है।

39

सौन्दर्यदृष्टि

भारतीय सौन्दर्यदृष्टि का एक पक्ष भारतीय अलंकारशास्त्र से प्रकट होता है। काव्यालंकार अन्य देशों के साहित्य में भी पाए जाते हैं, परन्तु **रूप**—उपमा, **रूपक, उत्प्रेक्षा**—और **नाद पक्ष-अनुप्रास** आदि-पर इतना बल कम भाषाओं में मिलेगा। उर्दू कविता जिसकी आत्मा ईरानी और, इस खास अर्थ में, दरबारी है, उसमें मुख्य बल जबान की चुस्ती पर है। इस दृष्टि से फारसी संस्कृत, ग्रीक और रोमन की तुलना में और उर्दू भारत या यूरोप की किसी भी आधुनिक भाषा की तुलना में अधिक प्रवाहमय सिद्ध होगी। उर्दू सरलोक्ति और व्यंग्योक्ति का अधिक प्रयोग करती है और रूपक, उत्प्रेक्षा और नाद-सौन्दर्य के प्रति उदासीन दिखाई देती है। उपमाएँ भी इसमें कम मिलती हैं।

इसको कुछ और पीछे ले जाएँ तो दैनिक जीवन के जिस तरह के सीधे विवरण सुमेरियाई, मेसोपातामियाई और मिस्री अभिलेखों में मिलते हैं, उस तरह के विवरण प्राचीन भारतीय अभिलेखों तक में नहीं मिलते। यह अन्तर हमें इन दो प्राचीन संस्कृतियों के अन्तर पर सोचने को विवश करता है।

हड़प्पा काल से ही इस बात के प्रमाण तो मिलते हैं कि भारतीय माल पश्चिम एशिया में निर्यात हो रहा था, परन्तु इसके बदले में वहाँ से क्या आता था, यह पता नहीं चलता। आधुनिक काल से पहले तक की यही स्थिति है। माल भारत से जा रहा है और सोना-चाँदी पश्चिमी देशों से आ रहा है। भारतीय उद्यमी अफगानिस्तान और उससे आगे के क्षेत्रों से विविध प्रकार के रत्न और खनिज पदार्थ अपनी पहल से ला रहे थे, उनका स्रोत ठीक उनके पड़ोस में ईरानियों तक को पता नहीं था। ये ही तराश और पालिश करके उन देशों को भी निर्यात हो रहे थे। खाड़ी क्षेत्र में रास-अल जुनैज में भारतीय खनिकर्मी एक प्रतिस्पर्धी के रूप में वहाँ का ताँबा निकालकर वहाँ से ही खाड़ी देशों को निर्यात भी कर रहे थे। अत: खाड़ी क्षेत्र से व्यापार में भारत माल का निर्यात कर रहा था और वहाँ से बदले में सोना-चाँदी और छुहारे आदि प्राप्त कर रहा था। कारण वहाँ ऐसा कुछ भी पैदा नहीं होता था

जिसका आयात भारत के लिए जरूरी हो। भारतीय पौराणिक स्मृति में भी सुमेरिया सोने का पहाड़ या भंडार है—सुमेरु गिरि। यही स्थिति हेमकूट पर्वत या अल्टाई पहाड़ की है, जहाँ से वे स्वयं खनिज द्रव्य निकाल रहे थे।

पश्चिम एशिया के वैभव का रहस्य यह प्रतीत होता है कि यह अपने समय का विश्वबाजार बन गया था। विनिमय का सबसे प्रधान केन्द्र। अत: भारतीय अपना माल पश्चिम एशिया को पहुँचाते रहे हों अथवा पश्चिम के जहाज भारतीय माल अपने यहाँ ले जाते रहे हों, भारत उत्पादन क्षेत्र तो था, पर बाजार नहीं। हड़प्पा के दौर से ही यह बात औद्योगिक उत्पादनों पर भी लागू होती है और प्राकृतिक उत्पादों पर भी।

अत: सौन्दर्यदृष्टि भी दोनों की इसी के अनुरूप विकसित हुई। कहें एक के पास कारखाने की भाषा है, जिसमें रूप पक्ष पर बल है, प्राकृतिक परिवेश की झलक है, रंग और नाद पर अधिक बल है; दूसरे के पास बाजार और दरबार की भाषा है, जिसमें कम-से-कम समय में काम की बात कहने और उसे तंज और तराश से प्रभावशाली बनाने का शिल्प विकसित हुआ। ईरानी सौन्दर्यदृष्टि इस मामले में पश्चिम एशियाई अभिव्यक्ति शैली से प्रभावित है, जिसमें वैभव प्रदर्शन और रागरंग और अदब-कायदे पर असाधारण बल को भी लिया जा सकता है।

कारीगर जिसे दिनों, महीनों में तैयार करता है, या किसान जिसे महीनों में उगाता है, उसे व्यापारी चुटकी बजाते बेचकर किनारे कर देता है। यदि माल उसके गोदाम में पड़ा रहे तो भी उसकी चिन्ता केवल उसकी सुरक्षा की होती है, उससे अन्य कोई रागात्मक सम्बन्ध नहीं बन पाता। उसका रूप, उसका रंग, उसकी शुद्धता की परख के लिए ही जरूरी रह जाता है। इसके विपरीत उसे बनाने या उपजानेवाले का उसके साथ गहरा रागात्मक सम्बन्ध उसके उत्पादन के पूरे क्रम में बना रहता है। किसान अपनी फसल में बालियाँ लगने के समय ही नहीं, पौधों के अंकुरित होने से लेकर पकने तक के प्रत्येक चरण पर उससे आत्मिक लगाव बनाए रहता है। यही स्थिति कारीगर और उत्पादन के दूसरे रूपों की है। इसी का प्रभाव हम दोनों की सौन्दर्यदृष्टियों में पाते हैं। एक की अभिव्यक्ति में चुस्ती, सफाई, वेधकता मिलेगी तो दूसरे में रूप और नाद और सुकरता पर इतना बल जो आडम्बर और लद्धड़ता तक का रूप ले लेता है।

उर्दू कविता से एक शिकायत की जाती रही है कि इसमें भारतीय प्रकृति का चित्रण नहीं मिलता। सच तो यह है कि इसके बाजारी और दरबारी माहौल में प्रकृति लुप्त-सी है। उसके यहाँ इसे निहारने की फुर्सत ही नहीं। इसके दोष भी दरबारी ही हैं—लफ्फाजी और फिकरेबाजी। हमें ईरानी साहित्य की जानकारी नहीं, परन्तु अधिक सम्भावना है कि फारसी साहित्य में भी प्राकृतिक सौन्दर्य लगभग नदारद ही हो।

यही कारण है कि भारतीय सौन्दर्यदृष्टि में अलंकृति इतनी प्रधान है कि यह अकसर अभिव्यक्ति तक में बाधक बन जाती है। यह कुछ उसी तरह की बात है

जैसे आभूषणों का बोझ इतना बढ़ जाए कि सामान्य गतिशीलता भी बाधित होने लगे। कलाई से लेकर कोहनी तक और कभी-कभी पहुँचा तक कंगन, टखने से लेकर घुटने के पास तक गोड़हरे या दूसरे अलंकार; अँगूठियों से कसी हुई उँगलियाँ; गले और कमर तक के विविध अलंकार। नाक, कान, माथा सब कुछ अलंकृत। अलंकृति की यह अति बोझ-सा बन जाती है। यह कविता में भी है, आभूषणों में भी, वास्तुकृतियों में भी और नृत्य आदि में भी। यह विशेषता आदिम समाजों में भी वैसी ही है, जैसा उन्नत समाज में।

उदाहरण के लिए यदि हम पश्चिम के नृत्य को लें तो उसमें एक्शन या झटके के साथ अंगचालन पर बल मिलेगा, भारतीय नृत्य में लास्य पर अधिक बल दिखाई देगा। वास्तुकृतियों में नक्काशी-पर-नक्काशी। यहाँ वे सीधे तने हुए विशाल स्तम्भ जो अपनी सादगी में भी बेढब लगते हैं, नहीं मिलेंगे। इसके कारण पश्चिम एशियाई वास्तुकृतियों में अलंकरण का स्थान वैभव और विराटता ले लेती है, जिसका भारतीय वास्तुशिल्प में इस सीमा तक अभाव मिलता है कि कुछ पुरातत्त्ववेत्ता कहते हैं कि हड़प्पा सभ्यता अपने समय की पश्चिम एशियाई सभ्यताओं से आगे भले बढ़ी दिखाई दे, इसमें मान्युमेंटल या भव्य भवन हैं ही नहीं।

इस विशेषता को हम वैदिक कविता में भी पाते हैं, मोहनजोदड़ो की नर्तकी के अलंकरण में भी और कुछ दूर तक मातृदेवियों में भी तथा मुहरों पर खचित आकृतियों में भी। अपने गुण और दोष दोनों ही में यह विशिष्ट भारतीय सौन्दर्यदृष्टि है जो अरुणाचल से लेकर कन्याकुमारी तक देखी जा सकती है।

40

दर्शन

यूरोपीय विद्वान वेदों से परिचित होने के बाद एक बहुत मजेदार बात करते थे। उनके अनुसार प्राचीन भारत दार्शनिकों का देश था। इस मजाक का दूसरा पहलू यह था कि इसके साथ ही वैदिक भारत को वे निरक्षर भी बताते रहे और उसकी अर्थव्यवस्था को पशुचारी भी सिद्ध करते रहे। दार्शनिक चिन्तन का एक भौतिक आधार होता है, जिसमें ऐसे बुद्धिजीवी वर्ग का निर्वाह सम्भव हो सके जो अपना समय खोज, चिन्तन, विश्लेषण और साहित्य-सर्जना को दे सकें। ये विद्वान इस तथ्य से अपरिचित रहे हों, ऐसा नहीं है, परन्तु भारत पर बात करते समय वे लगातार असम्भव को नियम और नियम को अपवाद मानते रहे हैं।

मनुष्य आदिम अवस्था से ही कुछ प्रश्नों को लेकर सोचता रहा है। इसमें तरह-तरह की अटकलें लगाई जाती रही हैं। इन अटकलबाजियों को जब-तब इतनी लोकप्रियता मिल जाती रही है कि ये एक सत्य के रूप में अथवा एक मान्यता के रूप में बहुत विशाल क्षेत्र में स्वीकार कर ली जाती थीं। चिन्तन या अटकलबाजी के इन आदिम रूपों को हम दर्शन का बीज कह सकते हैं। परन्तु दर्शन के लिए अपेक्षित है एक व्यवस्थित चिन्तन जिसमें कल्पना को वस्तुगत अनुभवों से जाँच कर परिष्कृत कर लिया जाता है।

आदिम अवस्था से चले आए बहुत सारे विश्वास हमारे समाज में प्रचलित रहे हैं। इनमें से अनेक का अंकन प्राचीन ग्रन्थों में भी हुआ है। इनकी पूरी पड़ताल यहाँ सम्भव नहीं, परन्तु कुछ पर दृष्टिपात करना उपयोगी होगा। दर्शन की आदिम समस्याएँ पहेलियों के रूप में सामने आती थीं और पहेली सुलझाने के रूप में ही इनका समाधान होता था। ऋग्वेद, उपनिषद, अवेस्ता, आदि में ऐसी पहेलियाँ प्रचुरता से पाई जाती हैं। परन्तु यहाँ पहेलियों का रूप बदल गया है। यहाँ विदित को उलझा कर रहस्यमय बनाने का प्रयत्न है। इसके विपरीत आदिम पहेलियाँ प्राकृतिक रहस्यों को समझने का प्रयत्न थीं।

1. सूर्य दिन में गर्म रहता है, परन्तु उगते समय ठंडा क्यों रहता है?
2. पानी दिन में ठंडा रहता है परन्तु रात में गर्म क्यों प्रतीत होता है?
3. सूर्य दिन में दिखाई देता है, फिर रात को कहाँ चला जाता है?
4. आग दिन में दूर से दिखाई नहीं देती परन्तु रात में बहुत दूर से दिखाई क्यों देती है?
5. ये चारों पहेलियाँ ऋग्वेद में भी दुहराई गई हैं। इन सभी का उत्तर यह है कि सूर्य दिन को अपने ताप से विकल होकर ठंडा होने के लिए जल में प्रवेश कर जाता है। इसलिए रात के समय पानी दूर से ही चमकता है। इसीलिए पानी रात में गर्म लगता है। पानी से निकलकर उगनेवाला सूर्य इसीलिए शीतल रहता है। रात के समय सूर्य अपना प्रकाश अग्नि को दे देता है, इसलिए रात में आग दूर से चमकती है। दिन में सूर्य अपना प्रकाश वापस ले लेता है इसलिए दिन में अग्नि का प्रकाश नहीं फैलता।
6. एक लम्बे ज्ञान और अनुभव के बाद मनुष्य ने जाना कि धरती के चारों ओर अथाह पानी है। धरती के भीतर भी पानी है। आकाश से पानी बरसता है, इसलिए आकाश में भी पानी है। कोई भी भारी वस्तु पानी में डूब जाती है, फिर भी यह धरती डूबती नहीं। यह टिकी किस पर है? पानी में मजबूत पीठवाले जिस जीव से उसका परिचय था और जो अपने धैर्य के लिए भी जाना जाता था, वह था कछुआ। एक विशाल कछुए की कल्पना की गई जो समुद्र में है और जिसकी पीठ पर यह धरती टिकी है। कुछ अन्य आदिम समाजों ने इसके विषय में दूसरी कल्पनाएँ कीं, जिनमें एक विशाल सर्प की कल्पना भी थी। भारत में ये दोनों कल्पनाएँ जीवित रहीं।
7. एक दूसरी समस्या थी कि कभी-कभी धरती हिलने क्यों लगती है? इसका समाधान करने के लिए जो उद्‌भावनाएँ की गईं, उनमें से एक यह कल्पना थी कि जिस भी आधार पर धरती टिकी हुई है, वह हिलता-डुलता होगा तो उसके ऊपर टिकी धरती भी हिलने लगती होगी। यह चाहे शेषनाग हो, या वह महाकच्छप जिस पर धरती टिकी है। यहाँ यह समझ लें कि सबसे पहले धरती की कल्पना किसी गोलक के रूप में नहीं की गई थी। इसे चपटा या पृथु—फैला हुआ—माना गया था। अतः एक समानान्तर कल्पना यह भी थी कि इसकी सभी दिशाओं में विशाल हाथी हैं जो इसे हिलने-डुलने नहीं देते। इसका सन्तुलन बनाए रहते हैं। पर कभी-कभी वे भी हिलते-डुलते हैं और तब धरती भी हिलने लगती है। इन हास्यास्पद लगने वाली कल्पनाओं के भीतर भी एक

वैज्ञानिक सोच थी। यह थी किसी भी क्रिया के लिए किसी कारण का होना। अनायास कुछ नहीं होता।

8. एक समस्या थी कि सूर्योदय से पहले जो आभा फूटती है, वह सूर्य के उदय के बाद कहाँ चली जाती है? इसे सूर्य की बेटी के रूप में कल्पित किया गया और यह कल्पना की गई कि इसे चाँद अपना लेता है। फिर गन्धर्व (सूर्य की किरणें) अपनी पत्नी बना लेते हैं। सूर्य की सतरंगी रश्मियों या चाँद से कम सुन्दर पति उसके योग्य हो कैसे सकता है। फिर इसमें कुछ गर्मी आ जाती है, इसका नाम ही उषा जो ठहरा। अत: इसे अग्नि अपनी बना लेता है। यह उस अवस्था की कल्पना है जब एक युवती क्रमश: एक के बाद एक कई पतियों का वरण कर सकती थी। सूर्या के विवाह का वर्णन ऋग्वेद में भी है और इसके मंत्र आज भी विवाह के अवसर पर पढ़े जाते हैं। सूर्या के विवाह की कथा भारत के आदिम समाजों में से भी कुछ में प्रचलित है जो निश्चय ही ऋग्वेद से नहीं ली गई होगी, अपितु उस प्राथमिक चरण से चली आ रही होगी, जिसकी स्मृति वैदिक कवियों को भी थी। उदाहरण के लिए पूर्वोत्तर के पहाड़ी क्षेत्रों में सूर्य और चन्द्रमा को देवता माना जाता है। ये पति-पत्नी के रूप में कल्पित हैं, जिनमें सूर्य स्त्री है और चन्द्रमा पति। यह किसी मातृप्रधान समाज की कल्पना है, जिसमें रोब-दाब स्त्री का होता था। वैदिक कवियों के समय का समाज पितृप्रधान था इसलिए सूर्य का नारीत्व तो समाप्त हो गया, पर सूर्योदय की लाली को सूर्या के रूप में कल्पित ही नहीं किया गया, इसके पति के रूप में सोम या चन्द्रमा को भी रखा गया।

ऋग्वेद में दूसरी तरह की भी अनेक पहेलियाँ और कहानियाँ हैं, जो बीच की अवस्था की हैं। इनमें वर्षा कैसे होती है? वायु जो मन्द-मन्द बहती रहती है कभी-कभी भयानक रूप लेकर मजबूत पेड़ों, झोंपड़ों, और दूसरी चीजों को क्यों उड़ाने लगती है? आकाश में बादल छाए रहते हैं फिर भी पानी क्यों नहीं बरसता? वह कौन है जो इन बादलों से युद्ध करके पानी को उनके बन्धन से मुक्त कराता है और जिसकी हुँकार और ललकार और वज्रप्रहार घनगर्जना और बिजली की चमक के रूप में सुनाई देती है? इसको लेकर पहले तूफान के देवता की अलग-अलग समुदायों में हनुमान या वर्षा करानेवाले कपि—वृषाकपि, प्रभंजन के देवता या रुद्र के रूप में कल्पना की गई। आगे चलकर कुछ और सोच-विचार करने के बाद ध्यान आया कि वायु के तो अनेक रूप हैं, इसलिए एक रुद्र का यह काम नहीं हो सकता। अब रुद्र की सन्तानों, मरुतों, या रुद्रगणों की कल्पना की गई जो ही इन्द्र से पहले वृष्टि के भी देवता थे। वही

बादलों को उड़ाकर लाते हैं और वृष्टि कराते हैं। वे भी बादलों से युद्ध करके पानी बरसाते हैं। उनका हथियार ऋष्टि है। आगे चलकर खेती आरम्भ होने पर इसी विषय को लेकर वृत्र और इन्द्र की कहानियाँ गढ़ी गईं। इन्द्र को पुकार कर वर्षा कराने के लिए प्रार्थनाएँ रची गईं। वृत्र के अलग-अलग रूप, हो सकता है, एकाधिक बोलियों के क्षेत्र में कल्पित किए गए। हमें जल को चुराकर रखनेवाले, आसानी से पानी न देनेवाले, जल को लेकर भाग जानेवाले बादलों के बहुत से नाम—शम्बर, चुमुरि, धुनि, नमुचि, कुयव, आदि मिलते हैं जिनमें से कुछ दूसरी बोलियों के हैं। ऋग्वेद की रचना से बहुत पहले ये उद्‌भावनाएँ की जा चुकी थीं। वैदिक देवसमाज का विकास इसी तरह की समस्याओं से टकराते हुए हुआ था। हनुमान के पिता पवन हैं, जिन्हें रुद्र भी कह लिया जाता है, और माता अंजनी या विद्युतरेखा। वह पैदा होते ही सूर्य को खा जाते हैं। काली आँधी के उठते ही सूर्य कैसे ओझल हो जाता है और चारों ओर अँधेरा छा जाता है, उसी का यह रूपक है। वह समुद्र को पार कर जाते हैं, और पहाड़ों को भी उसी तरह उखाड़ लेते हैं जैसे मरुद्‌गण अथवा रुद्रिय करते हैं—*य ईंखयति पर्वतान् तिरः समुद्रं अर्णवं, मरुद्‌भिः इन्द्र आ गहि।*

10. परन्तु खेती आरम्भ होने के बाद जिस तरह की पहेलियाँ और समाधान दिए जाने लगे, उनमें जिज्ञासा के समाधान के साथ ही जीविका का पक्ष भी आ जुड़ा था। अब शब्दों या नामों के पीछे भी एक दार्शनिक सूझ आ जाती है। इन्द्र मघवा हैं, धनी हैं। वह महाधनी हैं। वह मघवन्तम या सबसे धनी हैं। क्योंकि जल न हो तो कोई वनस्पति जीवित ही नहीं रह सकती। उनके दिए जल से ही फसलें उगती हैं, घास हरी-भरी रहती है, गाय-घोड़े और दूसरे सभी पशुओं का पालन होता है। उस जल से ही भूमि उर्वरा होती है, इसलिए उन्हें अब्जित या पानी जीतनेवाला ही नहीं कहा गया है, गोजित, अश्वजित, धनजित, सत्राजित, उर्वराजित आदि भी कहा गया है।
11. इस दौर की सबसे रोचक पहेली है इस धरती की नाभि क्या है? इसका परम अन्त क्या है? इसका उत्तर दिया जाता है इस धरती की नाभि या केन्द्रीय शक्ति यज्ञ की वेदी है, क्योंकि वेदी कृषिभूमि का प्रतीक है। जितनी भी कृषिभूमि है वह यज्ञ की वेदी है। उसमें श्रम और कर्म करते हुए अनाज पैदा किया जाता है। अनाज न हो तो लोग भूखों मर जाएँ, इसलिए यज्ञ की वेदी ही धरती का केन्द्र है और यही इसका परम अन्त भी है।

12. परन्तु ऋग्वेद से पहले ही जिज्ञासा सृष्टि की रचना और विकास को लेकर आरम्भ हो गई थी। इसे किसने बनाया? किस तरह बनाया? कितने समय में बनाया? किस योजना के अनुसार बनाया? वेरियर एल्विन के शब्दों में "भारत के पहाड़ों और जंगलों में बसे लोगों के बीच दुनिया की सृष्टि के बारे में तरह-तरह की कथाएँ पाई जाती हैं। कुछ का कहना है कि यह एक बहुत विशाल अंडे के फूटने से निकली। दूसरों के अनुसार इसे विधाता ने अपने हाथों से गढ़कर बनाया। लेकिन अधिकांश का मानना यह है कि पहले-पहल पानी का एक विराट समुद्र था। धरती उसी की तलहटी से निकाली गई और उसे उस समुद्र के ऊपर फैला दिया गया। यदि हम ध्यान दें तो इसमें सृष्टि की वे अधिकांश कथाएँ आ जाती हैं जिनका वर्णन वैदिक साहित्य में मिलता है। परन्तु कथा के विस्तार में जाने पर हम पाते हैं कि इन कहानियों का मिजाज बहुत अलग है और आदिम स्वभाव और सोच के निकट है। यह हमें सोचने को बाध्य करता है कि वैदिक साहित्य का सृष्टि-चिन्तन आदिम सोच का उन्नत और तर्कसंगत विकास है, न कि आदिम जनों की कहानियाँ वैदिक साहित्य के प्रभाव का परिणाम हैं।

13. एक चिन्तन धातुयुग आरम्भ होने के बाद आरम्भ हुआ लगता है जिसमें यह कल्पना की गई कि जैसे धौंकनी चलानेवाला कर्मार धातु को तपा और गलाकर चीजें बनाता है, उसी तरह स्रष्टा ने संसार और उसकी विविध वस्तुएँ गढ़कर तैयार कीं। एक दूसरी उद्भावना आकाश को धरती का छाजन मानते हुए आरम्भ हुई थी और इसमें आश्चर्यजनक विश्वभवन या भुवन की कल्पना की गई जिसमें यह समझ में नहीं आता था कि आकाश को किस वृक्ष के स्तम्भ पर टिका रखा गया है जो यह गिरता नहीं है। वह कौन सा बढ़ई है जिसने इसे बनाया। बनाने से पहले माप जरूरी होती है। इस विशाल भवन का आकार किन रस्सियों से मापा गया होगा? नतीजा यह निकाला गया कि यह सत्य और ऋत के आधार पर टिका हुआ है और इसकी माप सूर्य की किरणों से की गई है, क्योंकि उनसे ही इसका विस्तार मापा जा सकता है। यदि गुरुत्व के स्थान पर सत्य या ऋत कहें तो कोई हर्ज न होगा, कारण यह अनुमान तो कर ही लिया गया था कि कोई सूक्ष्म और अदृश्य तत्त्व है, जिसके कारण यह विश्व अपनी स्थिति में विद्यमान है और कतिपय अपरिवर्तनीय नियमों के अनुसार चलता है। परन्तु सूर्य की मयूखों से सृष्टि के विस्तार को मापने।

14. परन्तु इन आरम्भिक कल्पनाओं ने वैदिक काल में बहुत सूक्ष्म विवेचन का रूप ले लिया था। इनमें से एक को हम संसार की सबसे कठिन

पहेली मान सकते हैं। इससे खगोलविज्ञानी आज भी टकरा रहे हैं और इतने सूक्ष्म अध्ययनों और अवेक्षण के परिष्कृत साधनों के बाद भी उनकी स्थापनाएँ बदलती रहती हैं। यह चिन्तन कि जो चीजें परिवर्तनीय हैं उनका एक आदि और अन्त होता है, वैदिक साहित्य में ही नहीं आदिम समाजों में भी मिलता है। इस सृष्टि का सब कुछ परिवर्तमान है, अतः इसका भी कोई आदि और अन्त होगा। फिर इस सृष्टि से पहले क्या था, जिससे सृष्टि उत्पन्न हुई। वह सृष्टि तो हो नहीं सकती। इसका कोई बीज रूप ही हो सकता है। उसका रूप क्या था और किस तरह व्यक्त होता चला गया? इस पहेली पर वैदिक कवियों ने बहुत गम्भीरता से विचार किया था। हम इसकी कुछ विस्तार से चर्चा आगे करेंगे।

41

गणना का विकास

भाषा के आविष्कार के बाद गणना-चिह्न वैचारिक स्तर पर मनुष्य का सबसे पुराना और महत्त्वपूर्ण आविष्कार है। आविष्कारों में महानतम आविष्कार। भाषा के आविष्कार के बाद सबसे कठिन आविष्कार भी यही है। कुछ मामलों में इसकी प्रकृति भाषा से भिन्न है। भाषा में ध्वनि-प्रतीक पहले आते हैं और दृश्य-प्रतीक उससे पचासों हजार साल बाद। अंक दृश्य प्रतीक के साथ आरम्भ होता है और वाचिक प्रतीक या अंकनाम इसके हजारों साल बाद के आविष्कार हैं।

एक अन्य भिन्नता यह है कि आदिम अंकचिह्न विश्व के विविध समाजों में बहुत दूर तक एक समान थे। यही बात विश्व की भाषाओं के वाचिक प्रतीकों के विषय में नहीं कही जा सकती, यद्यपि दृश्य भाषिक प्रतीकों अर्थात लिपि चिह्नों की व्याप्ति अनेक भाषाओं तक हो सकती है।

एक तीसरी भिन्नता यह है कि भाषा में संचार की या अपनी बात दूसरों तक पहुँचाने की प्रवृत्ति प्रधान रही है, छिपाने की गौण। इसके विपरीत अंकों के साथ गोपनीयता अधिक प्रधान रही है, संचार गौण। कारण, भाषा मनुष्य की अस्तित्वरक्षा से जुड़ी है। गणना के साथ गण्य वस्तु या 'सम्पत्ति' का क्षीण या स्पष्ट बोध सदा लगा रहा है। सम्पत्ति के साथ छिपाव और दुराव और रक्षा का प्रबन्ध जरूरी हो जाता है। इसकी कुछ प्रवृत्ति जानवरों तक में होती है। चूहे के कोठे के बारे में तो हम सभी जानते ही हैं। चींटी, मधुमक्खी, गिलहरी, तेन्दुआ आदि अनेक जीव छिपा और बचाकर अपनी सम्पदा रखते हैं। एक बार नैनीताल मैं मैंने एक कुत्ते को एक होटल से हड्डी का टुकड़ा लाकर जमीन खोदकर उसमें उसे रखकर मिट्टी और पत्तियों से उसे छिपाते देखा था। वह कुछ देर तक मुझे भी उधर से गुजरते समय सन्देह भरी नजरों से देखता रहा—आदमी का क्या भरोसा। किसी की हिसाबबही और निजी सम्पत्ति की सूची भी उतने ही जतन से दूसरों से बचाकर रखी जाती है, जैसे धन और सम्पत्ति। इस दृष्टि से भाषा अधिक सामाजिक और अंक अधिक

निजी हैं। पर इन दोनों का किसी प्रणाली में ढल पाना, इनके सामाजिक हो पाने पर ही निर्भर है। इन दोनों में गड्डमडड् नहीं किया जाना चाहिए।

गणनाचिह्न हजारों साल पहले से प्रयोग में थे, इसलिए इनसे लिपिचिह्नों को प्रेरणा मिली हो सकती है। लिपिचिह्नों में गणनाचिह्नों की धुँधली छाया आज भी देखी जा सकती है। कुछ सभ्यताओं में लम्बे अरसे तक संख्याएँ वर्णों में ही लिखी जाती थीं। संख्याओं के लिए अलग चिह्न नहीं मिलते। भारतीय गणना प्रणाली से परिचित होने से पहले यूनानी और रोमन अंकप्रणाली में I, V, X, L, C, D और M अक्षर ही क्रमशः 1, 5, 10, 50, 100, 500 और 1000 के लिए प्रयोग में आते थे और कुछ स्थितियों में आज भी प्रयोग में आते हैं।

लकीर आदिम अवस्था में जिस जमीन, चट्टान या पेड़ की छाल पर खींची जाती थी, वहाँ से हट नहीं सकती थी। भाषा और प्रतीक चिह्नों का एक काम है, जहाँ वस्तु न हो, वहाँ भी उसका बोध कराना। इसलिए इसका अगला विकास तीन रूपों में हुआ। अचल आधार का स्थान चल आधार ने ले लिया। जैसे छड़ी, हड्डी या शलाका पर निशान बनाते जाना। इसका मानदंडों के अंशभाग में आज तक प्रयोग किया जाता है। दूसरा था लकीर के स्थान पर तिनकों या शलाकाओं का प्रयोग। भारतीय गणराज्यों में निर्वाचन या मत-विभाजन के समय इनका बाद तक उपयोग होता रहा। तिनकों या शलाकाओं के साथ यह कठिनाई थी कि इन्हें सँभालकर रखना कठिन था। आगे चलकर इसके कई रूप विकसित हुए, जिनमें अनाज के किसी दाने या रोड़ी के सहारे सही संख्या को बताना प्रमुख है। 'कल्' (कळ्/कड़) का अर्थ है पत्थर, कंकड़। लातिन कैल्क्स का भी यही अर्थ है। कुछ लोगों का मानना है कि इसका कारण यह है कि कभी गणना में पत्थर की रोड़ियों का सहारा लिया जाता था। इसके दूसरे आशय भी हो सकते हैं, परन्तु *कलन, अवकलन, व्यवकलन, आकलन, कैलकुलेशन, कैलकुलस,* आदि क्रियाएँ और संकल्पनाएँ, इस एक ही स्रोत से निकली हैं।

दूसरा तरीका था गाँठ लगाना। काश्मीरी में ग्रन्द का अर्थ है, अंक। संस्कृत में भी आँख का गाँठ (अक्ष) से अभेद है। तमिल की एक कहावत है, एण्णुं एळुत्तुं कण्णे नत्तगुम्। अंक और अक्षर ये दोनों आँखों के समान हैं। यह सूत्र जिस बोध से जुड़ा है उसी से अक्ष/अक्षि और अंक भी जुड़े हैं।

आगे चलकर गाँठ ने अक्षमाला, मनके, सुमिरनी, तसबीह और रोज़री का रूप लिया। हम रोजरी के साम्य पर यह अनुमान लगा सकते हैं कि फूलों की माला, और फिर मनकों की माला आदि की प्रेरणा इस गाँठवाली पद्धति से मिली होगी, जिसने आगे कंठाभरण का भी रूप लिया। सदा याद रखने के लिए गाँठ बाँधने का मुहावरा आज भी चलता है। ये विविध प्रयोग जहाँ भी हुए हों, एक बार चलन में आ जाने के बाद ये किसी एक समाज तक सीमित नहीं रहे। ये

सभ्यता से हजारों साल पहले के प्रयोग हैं। गाँठ का सबसे विकसित रूप है ऐबेकस, या गिनतारा।

गाँठ लगाने के लिए भी एक रस्सी या लतर चाहिए थी—कुछ ऐसा जो गिनने वाले से वियुक्त या अलग हो सकता हो। विकास के किसी चरण पर मनुष्य का ध्यान अपने हाथों की ओर गया। गाँठों से गिनती करनेवालों की नजर उँगलियों पर गई भी तो सबसे पहले उँगलियों की संख्या पर नहीं, उनकी गाँठों, या पर्वों की संख्या पर। इसलिए लम्बे अरसे तक सबसे बड़ी संख्या तीन मानी जाती रही। जिन भाषाओं में बहुवचन में तृतीया का प्रयोग होता है, उनमें तीन का अर्थ अनगिनत या समस्त था।

उँगलियों से गणना एक क्रान्ति थी। जैसा कि हम देख आए हैं, इससे पहले मनुष्य के पास संख्या के नाम पर एक था। एक अथवा एक भी नहीं, एक अथवा शून्य। बाइनरी पद्धति। एक-एक चीज के लिए एक-एक दाना, या रोड़ी या गाँठ, या लकीर, या सलाई। कुछ स्थितियों में दो भी, अर्थात एक जोड़ा, जैसे स्त्री-पुरुष का, जिसके कारण द्विवचन की अलग आवश्यकता पड़ी। अब पहली बार उसने एकाधिक संख्या को नाम दिया और तीन सबसे बड़ी संख्या बनी।

पूर्णता या समग्रता के लिए तीन का यह चरण केवल संस्कृत बहुवचन में ही नहीं मिलता, अपितु तीन का प्रयोग समस्त के आशय में बहुत बाद तक जीवित रहा है। तीनों (समस्त) लोक। तीनों (समस्त) देवता, तीनों (समस्त) योनियाँ या स्थान।[88] तीन की संख्या को तो वैसे भी जादुई संख्या कहते हैं। इस जादू के पीछे इसका समग्रता या सर्वोच्चता का बोधक होना और इसलिए कई चीजों से जुड़ जाना भी है।

आगे की सभी संख्याएँ वही आशय रखती हैं, जो इससे पहले तीन की संख्या रखती थी, अर्थात समस्त, सबसे बड़ा। चतुरानन या ब्रह्मा चार मुखोंवाले नहीं हैं। वह विश्वतोमुख हैं। सभी दिशाओं पर नजर रखनेवाले। वह किसी चरण पर पंचानन भी हुए। अंकों के मान में इस परिवर्तन को लेकर कथाएँ बनाई गईं, जिनके विस्तार में जाने का यह स्थान नहीं है। पर चतुरानन का एक मुँह ऊपर की ओर भी था, यह पौराणिक कथाओं में भी बचा रह गया है, जिसे रुद्र ने क्रुद्ध होकर काट लिया था।

लगता है, लम्बे समय तक अँगूठे को गिनती में लिया ही नहीं गया। इसलिए गाँठ से उँगली की ओर दृष्टि गई तो तीन से भी 'एक बड़ी', चतुः, 'विस्तृत', की एक संख्या आई। *चतुःशृंगोऽवमीद् गौर एतत्,* (ऋ. 4.58.2) में चतुः का अर्थ वही है जो *'यत्र गावः भूरिश्रृंगा अयासः'* में 'भूरि' का या अन्यत्र 'सहस्र'—*सहस्रशृंगो वृषभस्तदोजा,* (ऋ. 5.1. 8) का है। चार के सबसे बड़ी संख्या बनने के समय का सबसे रोचक अवशेष गंडा या चार के क्रम में गिनने की पद्धति है। कौड़ी और पैसे की गणना में यह बीसवीं शताब्दी के पूर्वार्द्ध तक व्यवहार में आता था।

जब ध्यान आया कि अँगूठे को भी इसमें शामिल किया जा सकता है तो, सबसे बड़ी संख्या पाँच हुई। यह गणना का अन्त था। पंच का अर्थ हुआ, 'चार से भी एक अधिक' और पाँच का अर्थ हुआ समस्त। आज भी 'पाँच पंच मिल कीजे काज' या पंचायत में 'सभी' या 'बहुत से' का आशय बना रह गया है। ऋग्वेद में यही आशय 'पंच जना:', 'पंच कृष्टी', 'पंच चर्षणय:' में है, जिसकी भिन्न व्याख्याएँ की जाती रही हैं। अंग्रेजी के बंच (Bunch) में 'पंच' और पंच (Punch) में मुष्टि या एकमुश्त पाँचों उँगलियों का भाव है। जब पाँच सबसे बड़ी संख्या था, तब पंचमान क्रम में गिनती आरम्भ हुई, जो गाही अर्थात एक पाँच, दो पाँच के क्रम से चलती है। बड़ी संख्याओं का ज्ञान हो जाने के बाद भी पंचमान के जारी रहने के कारण, इसका एक अन्य गणना मान पचीसी का चलता था, जो आगे नहीं चल पाया, पर पता नहीं कैसे कागज के दस्ते में चलता है, जिसके कोड़ी का एक रिम बनता है।

परन्तु केवल हाथ, उँगलियों और पोरों के सहारे हम अंक-प्रणाली के जटिल विकास को नहीं समझ सकते। क्योंकि पाँच के बाद गणनामान सीधे दस पर नहीं पहुँचा। छह, या षष्ट, अर्थात षड् या छ: भी 'पाँच से आगे की संख्या' और 'समस्त' दोनों का बोधक बना।[89] षड्क या छ: आधारित गणना के उल्लेख महाभारत और गृह्यसूत्रों आदि में मिलते हैं। षड्यन्त्र में 'षड' समस्त सम्भावित गुप्त जोड़तोड़ का आशय है न कि छ: का, जैसे खटकर्म में सभी कर्मकांडीय विधानों का।

सात या सप्त का भी आशय था, छ: से एक अधिक, परन्तु इससे बड़ी कोई दूसरी संख्या उस समय तक न होने के कारण, यह अनेक और समस्त का भी बोधक था। ऋग्वेद में सप्त मर्यादा[90], सप्त सिन्धव:[91], सप्त स्वसा[92], सप्त धाम[93], आदि प्रयोगों में आशय सात से नहीं, समस्त से है।

इसी तरह सबसे बड़ी संख्या सात से भी आगे जाकर 'अष्ट' बनती है। अर्थ वही रहता है, अन्तिम। अस्त। सात से एक अधिक, अर्थात बहुत। वह संख्या जिससे ऊँची कोई दूसरी संख्या नहीं।[94]

नौ (नया) तो तीन को तीन बार जोड़ने से बनी एक बड़ी संख्या है। यह मूल अंकों में आज तक सबसे बड़ा अंक है। दश का भी यही अर्थ है। बड़ा, विशाल, सबसे बड़ा। दशरथ का अर्थ है बड़े रथवाला। दशानन, बड़े सिरवाला, अत्यन्त मेधावी। हम यह सोच सकते हैं कि यह दोनों हाथों की समस्त उँगलियों के कारण है। जब हाथ और पाँव की सभी उँगलियाँ जुड़ जाती हैं तो कोटि (कोड़ी), जिसे बाद में सबसे बड़ी संख्या कोटि (करोड़) के लिए प्रयोग में लाया गया, बनी हो सकती है। कुछ वस्तुओं की कोड़ी में गिनती का आधार यही हो सकता है, यद्यपि गिनती में सदा केवल हाथों का ही प्रयोग होता रहा है और कुछ लोग आज भी पोरों से गिनती करते हैं।

सोलह के गणनामान में चारों उँगलियों के सभी पोरों की भूमिका हो सकती है। पहाड़े तो अपनी-अपनी संख्याओं के मानक्रम को ही प्रकट करते हैं।

सप्त, दश और शत में नई संज्ञाओं के लिए पुरानी संज्ञाओं का मामूली परिवर्तन के साथ प्रयोग किया गया, यह स्पष्ट है। कुछ दूर तक हम सहस्र को भी शत या शतस्र कह सकते हैं, क्योंकि अपने समय की सबसे बड़ी संख्याओं की तरह इसका प्रयोग हजार के लिए तो होता ही था, समग्र या बहुत अधिक के लिए भी होता आया है। अतः शतदल और सहस्रदल, शतपाद और सहस्रपाद में कोई अर्थभेद नहीं। पर इससे आगे की संज्ञाएँ अपनी निर्मिति में एक दम अलग हैं।

हम छोटी संख्याओं की ओर लौटते हुए प्रत्येक लघुतर गणनामान के साथ शताब्दियों, सहस्राब्दियों पीछे चले जाते हैं। अंकों का विकास बहुत मन्द गति से और उलझे रूप में हुआ है। इतिहासकारों ने इसे अल्प कालावधि में कसते हुए, इतने सपाट ढंग से समझने-समझाने का प्रयत्न किया है कि उनके समझाने पर हम उससे अधिक भ्रमित अनुभव करते हैं, जितना उनकी सहायता के बिना।

आगे के इतिहास को भी यांत्रिक रूप में समझा जाता है। इसमें यह मान लिया जाता है कि जिन सभ्यताओं में एक गणन-पद्धति प्रचलित थी, उनमें दूसरी गणन-पद्धति नहीं चलती थी। इस तर्क से बताया जाता है कि वैदिक सभ्यता में दशमान क्रम चलता था और हड़प्पा सभ्यता में द्विमान क्रम। एक तो इन दोनों सभ्यताओं के अभिन्न होने के इतने ठोस और बहुआयामी प्रमाण दिए जा चुके हैं कि इस तरह की बातों को आज दुहराना विषय और सभ्यता-सन्दर्भों से अनभिज्ञता प्रकट करना है। दूसरे गणना-प्रणाली और मानक्रम में यहाँ अन्तर नहीं किया जाता। मान मेय वस्तु की अपनी प्रकृति और बनावट से निर्धारित होती है और गणना-प्रणाली एक सुकर व्यवस्था है, जिसमें विविध मानक्रमों को यथासम्भव समाहित करके हम उनको जोड़ते, घटाते, भाग करते और गुणित करते हैं।

42

शून्य की अवधारणा से जुड़ी पहेली

आज के युग में गणित की पहेलियाँ इतनी कठिन हैं कि उनको सुलझाने में कम्प्यूटर भी चक्कर खा जाए। पर हम जिस पहेली की बात करने जा रहे हैं उसे दुनिया की सबसे कठिन पहेली कहने का एक कारण यह है कि चार-पाँच हजार वर्षों से इस पर लगातार विचार होते रहने के बाद भी इसे इसलिए नहीं समझा जा सका कि इसको उस क्रान्तिकारी गणितीय अवधारणा से जोड़कर देखने का प्रयत्न, दार्शनिक व्याख्याओं में, किया ही नहीं गया। यह है नासदीय सूक्त।

शून्य की अवधारणा से भारतीय दार्शनिकों ने सृष्टि का एक विस्मयजनक समाधान प्रस्तुत किया। यह है असत् (Nothingness) और सत् (Being) दोनों से परे एक स्थिति जो अस्तित्व का अभाव नहीं है; ऐसा भाव भी नहीं कि कह सकें कि कुछ है, फिर भी इन दोनों में से कुछ भी न होने के कारण स्वतः कुछ है। यह अवधारणा बिन्दु की तरह है जिसमें न तो लम्बाई होती है, न ही चौड़ाई फिर भी वह होता है। *न सद् आसीत् न असत् आसीत् तदानीम्*। इसमें असत् और सत् से परे है, सम्भावना (Possibility), यच्च भाव्यं। इसकी स्थिति शून्य जैसी है—होकर भी कुछ न होना। यह जब तक अकेला है, होकर भी न होने जैसा, निष्क्रिय पड़ा सा है। कुछ कर ही नहीं सकता। कुछ जन ही नहीं सकता। परन्तु किसी के सम्पर्क में आने पर, एक से बहु और बहुधा होने लगता है। इससे सत या सत्ता के बहुत सारे संयोजनों-वियोजनों का चक्र आरम्भ हो जाता है। यह दार्शनिक पहेली शून्य की अवधारणा के बिना सम्भव ही न थी और शून्य की अवधारणा पहिए की नाभि अथवा धुरी के छेद के बिना सम्भव न थी। छिद्र में कुछ भी नहीं है, फिर भी इसमें धुरी के जुड़ने से पहिए में गति आ जाती है। यहाँ से केवल सृष्टि की एक नई अवधारणा ही नहीं, सृष्टिचक्र की अवधारणा भी जन्म लेती है।

ठीक इसी तरह शून्य की अवधारणा के बिना, मायावाद के विरुद्ध, जीवन और जगत की सत्यता की कल्पना नहीं की जा सकती थी, जो उपनिषदों में आई है :

पूर्णमदः पूर्णमिदं पूर्णात् पूर्णमदुच्यते। पूर्णस्य पूर्णमादाय पूर्णमेवावशिष्यते।

पूर्ण से पूर्ण ही निकल सकता है, अन्य कुछ नहीं। उसकी पूर्णता ऐसी है कि उसमें से पूर्ण निकाल लेने के बाद पूर्ण बचा भी रह जाता है। यह है शून्य की शून्यता, शून्य से केवल शून्य और किसी दूसरे अंक का न निकल पाना, और शून्य से शून्य के निकल जाने के बाद भी शून्य का बना रह जाना। दूसरे सभी अंक अपूर्ण हैं। उनमें उनको जोड़ें या घटाएँ तो वे वही नहीं रह जाते। ब्रह्म पूर्ण है, सृष्टि का आदि बीज, हिरण्यगर्भ अंडा और उसमें से सृष्टि या दूसरा अंडा निकलता है, जिसे हम ब्रह्मांड कहते हैं। ब्रह्म पूर्ण है तो ब्रह्मांड भी पूर्ण ही हो सकता है, क्योंकि पूर्ण से पूर्ण ही निकल सकता है। शून्य के तर्क से ब्रह्म से ब्रह्मांड के निकलने के बाद भी ब्रह्म की पूर्णता बनी रहती है। इस तरह ब्रह्म सृष्टि के बाद भी ब्रह्म के रूप में बना हुआ है। ब्रह्म शून्य है, ब्रह्मांड महाशून्य। अंडा कहने के पीछे भी शून्य का ही आशय था, पर निराकार निर्गुण होते हुए अनन्त हो सकने की सम्भावना वाला शून्य। अंडा शून्य का एक रूपक मात्र है और उसकी आकृति के निर्धारण में सहायक भी।

शून्य की संख्या पूर्ण है। इसके संयोग में आने पर कोई भी चीज बहुगुणित या दशगुणित होने लगती है। वृत्त पूर्ण है। रेखा, त्रिभुज या चतुर्भुज की किसी भुजा को आगे बढ़ाया जा सकता है पर वृत्त में रेखा जहाँ से आरम्भ होती है वहीं आ मिलती है और अनन्त काल तक उसी पर घूम सकती है। वे सभी पूर्ण हैं जो अनन्त काल तक अपनी गति से चलते रह सकते हैं और इसके बाद भी अपनी कक्षा का अतिक्रमण नहीं करते। यहीं से शून्य की अवधारणा विकसित हुई।

शून्य की अवधारणा पहिए के आविष्कार से जुड़ी हुई है। पहिए के आविष्कर्ता आर्यभाषी थे। भारोपीय भी नहीं, निपट आर्य। भारतीय आर्यभाषा बोलनेवाले। इस पर पिछले दिनों बहुत दिलचस्प बहसें होती रही हैं, जिनमें उत्साह और आत्मसम्मोहन की मात्रा प्रधान रही है। यह सच्चाई फिर भी अपनी जगह है कि चक्र का ही अंग्रेजी प्रतिरूप सर्कल, सर्कुलेशन और साइकिल है।

शून्य की अवधारणा, इसका दार्शनिक विस्तार, इसके लिए एक विशेष आकृति का निर्धारण, सभी पहिए के आविष्कार से सम्बन्धित हैं। द्वादशार चक्र का उल्लेख एक दार्शनिक सन्दर्भ में भले वेदों में है, पर यह जरूरी नहीं कि सभी पहिए द्वादशार ही बनाए जाते रहे हों। उनके अनेक रूप रहे हो सकते हैं।

कुछ लोग मानते हैं कि वैदिक काल में गणना की दशमान पद्धति तो थी, परन्तु शून्य की अवधारणा न थी। यहाँ तक कि ऋग्वेद में शून्य शब्द का प्रयोग तक नहीं हुआ है। परन्तु ऋग्वेद में 'ख' शब्द का उन्हीं अर्थों में प्रयोग हुआ है जिन अर्थों में यह बाद में प्रयुक्त होता रहा, अर्थात नाभि, छिद्र, आकाश, ब्रह्मांड और शून्य।

इस सूक्त का महत्त्व यह है कि आधुनिक खगोलविदों ने भी उससे बहुत निकट पड़ने वाली संकल्पना का प्रस्ताव रखा है।

43

आग का आविष्कार

एक साल बाँस की ब़ीमारी फैली और बाँसों में फूल आ गए और इसी के साथ वे सूख गए। हवा में बाँस इधर-उधर झूमने लगे और आपस में रगड़ खाने लगे और इससे आग पैदा हो गई। पूरा जंगल तो पहले से ही सूखी लकड़ी का ढेर बन चुका था। वह धू-धूकर जलने लगा। जब आग बुझ गई तो लम्बे नाखूनवाले मानुस आए और देखा बहुत सारे जानवर राख में भुने पड़े हैं। उनमें से एक ने कहा, "यह क्या है?" उसने भुने हुए शरीर को अपनी उँगली से छुआ तो यह गर्म मांस के भीतर चली गयी और उसमें जलन होने लगी। उसने इसे झट वापस खींच लिया और अपने मुँह में डाल लिया। उसने मन-ही-मन सोचा, इसकी गन्ध तो बहुत अच्छी है और क़ितना अच्छा है इसका स्वाद। खाने का तो यही तरीका ठीक है। उत्तेजना में वह अपना दर्द भूल गया। उसने अपने सभी साथियों को बुलाया। अब क्या था, सभी ने जानवरों का भुना हुआ मांस खाया।

मध्यभारत के कवर्धा जनों में प्रचलित कथा

मनुष्य-जाति की सबसे पहली और आज तक के इतिहास में सबसे महत्त्वपूर्ण खोज आग की खोज थी। उसका सबसे महत्त्वपूर्ण और सबसे रोचक आविष्कार आग का आविष्कार था। आग को उसने पहले भी कई बार कई रूपों में देखा था। ज्वालामुखियों के विस्फोट, कई बार प्रबल भूचाल के समय आग की लौ फूट पड़ना, जंगल में पेड़ों की रगड़ से लगनेवाली आग। परन्तु सम्भवतः पत्थर से पत्थर को टकराकर अपने हथियार बनाने के क्रम में उसे पता चला कि आग तो पत्थर में भी है। इसे हम आग की खोज कह सकते हैं। परन्तु इस आग को पैदा कैसे किया जाए और नियंत्रित कैसे रखा जाए, इसके विषय में उसके प्रयोग और उनकी सफलता को सचमुच आविष्कार कहा जा सकता है।

ऊर्ध्वमेरु मानव ने आज से लगभग सात लाख वर्ष पहले आग का प्रयोग करना आरम्भ कर दिया था। कुछ लोग मानते हैं कि आग का प्रयोग इससे भी पहले से होता आया होगा। ऊर्ध्वमेरु मानव के सुविदित स्थलों में से एक चीन में पाया गया है। यह है जूकोदिएन जो बीजिंग से कुछ ही दूरी पर है और इसे लगभग पाँच लाख वर्ष पुराना माना गया है। परन्तु जैसा कि हम कह आए हैं, आग से परिचित होना और उसका उपयोग करना एक बात है और आग बुझ जाने पर उसे पैदा करना एक अलग सी बात है।

दियासलाई के युग में हम यह सोचते तक नहीं कि आग पैदा करना मनुष्य की कितनी बड़ी समस्या रही है और इसके लिए वह किस-किस तरह के उपाय करता रहा है। उसका पहला प्रयत्न तो यह रहा है कि आग कभी बुझने ही न दी जाए। लम्बी दूरी पर कहीं जाना होता था तो साथ में आग जरूर रख ली जाती थी। इसलिए कई बार वे अपने या अपने समुदाय को कहीं जाने के लिए कहते, अग्निदेव वहाँ पहुँचे या वहाँ जाएँगे। आग बुझ ही गई तो इसे पैदा करने के लिए अरणी या चकमक पत्थर का सहारा लिया जाता था, इसलिए यात्रा के समय अरणी का प्रबन्ध करके ही नहीं चलना होता था, इस बात का यत्न भी करना होता था कि यह किसी भी दशा में भीगने न पाए।

अरणि-मन्थन कैसे किया जाता था या चकमक की चिनगारी को लौ में कैसे बदला जाता था या आग पैदा कैसे होती थी, इसे किसी वैदिक कर्मकांडी से नहीं, आदिम जनों के व्यवहारों से समझा जा सकता है। वाल्टर जी ग्रिफिथ ने अपनी पुस्तक (*दि कोल ट्राइब्स आफ सेंट्रल इंडिया,* 1946) में आग पैदा करने का विवरण देते हुए लिखा है कि इसका एक तरीका तो लोहे से चकमक पर चोट करना है। चिनगारियों को पकड़ने के लिए पास सेमल की रूई रखी रहती है। उसमें आग पकड़ते ही सूखी पत्तियों या फूस से इसे प्रज्वलित किया जाता है।

दूसरी विधि अरणि-मन्थन की है। इसमें पीपल की एक लकड़ी को दूसरी में आरी की तरह आगे-पीछे घुमाया जाता है। छेद में सेमल की रूई रखी होती है। गर्मी बढ़ने के साथ सेमल की रूई आग पकड़ लेती है। फिर तो वही विधि अपनाई जाती है जैसे चममक की चिनगारी के मामले में।

आग पैदा करने की एक दूसरी विधि अफ्रीका के बान्तू जनों में प्रचलित है। इसमें लकड़ियाँ लगभग उसी तरह प्रयोग में लाई जाती थीं, जिसका आभास वैदिक विवरणों से होता है। इसमें नीचे की लकड़ी हल्की होती है और ऊपर की लकड़ी पतली और नुकीली। इसे मथानी की तरह तेजी से घुमाया जाता है और इससे पैदा हुई गर्मी से नीचे की लकड़ी जलने लगती है। सम्भव है इसमें भी लकड़ी के सुलग उठने पर सेमल की रूई का सहारा लिया जाता रहा हो। अरणी के मन्थन का रूप यही हो सकता है।

अरण्योः निंहितः जातवेदा गर्भ इव सुधितो गर्भिणीषु।
दिवे दिवे ईड्यो जागृवद्भिः हविष्मद्भिः मनुष्येभिः अग्निः। ऋ. 3.29.2

(अरणियों के भीतर अग्नि उसी तरह बहुत सँभालकर रखे रहते हैं जैसे गर्भिणी के भीतर गर्भ छिपा रहता है। जागकर रात बितानेवाले, इसमें ईंधन डाल और जलाकर, इसकी प्रतिदिन पूजा करते हैं।)

गोंडा और बहराइच के जंगलों में बसनेवाले थारुओं में विवाह के समय वर अग्निमन्थन से आग पैदा करता है। यदि वह आग पैदा न कर सका तो विवाह सम्पन्न न होगा। यह विधान इस दृष्टि से भी बहुत रोचक है कि बालक जब तक इतना हृष्ट-पुष्ट न हो जाए कि अग्निमन्थन से आग पैदा कर सके, तब तक उसका विवाह नहीं किया जाएगा।

वैदिक कर्मकांड में अरणि-मन्थन से आग पैदा करने की बात हम सभी जानते हैं। वैदिक व्याख्या में नीचे की अरणि स्त्री है और मन्थन करनेवाला दंड पुरुष। यह यज्ञ के रीति-विधान में कैसे पहुँचा, और वैदिक विवाह के कर्मकांड में कैसे इसका लोप हो गया, यह अलग खोज का विषय है। अरणि-मन्थन से आग पैदा करने का प्रचलन ऊष्ण कटिबन्धीय क्षेत्र में ही रहा है। ऋग्वेद से लेकर महाकाव्यों तक में अरणि-मन्थन का उल्लेख कई सन्दर्भों में बार-बार आता है।

ऋग्वेद में अरणि-मन्थन की एक रूपकीय कथा आई है, जिसे उर्वशी और पुरूरवा की कथा कहा जाता है। कुछ लोगों ने इसका विवेचन इसी रूप में किया है। इसमें ऊपर की लकड़ी के घूमने के साथ चरमराहट की आवाज होती है, जिसके कारण उसको पुरूरवा या आवाज उत्पन्न करनेवाली अरणी कहा गया है। उर्वशी तो स्त्री है ही जो पुत्र अर्थात अग्नि को जन्म देने के बाद पुरूरवा को छोड़ जाती है और पुरूरवा स्वयं जल जाता है। इस रूपक से लगता है कि नीचे का काठ मोटा होने के कारण उतना प्रभावित नहीं होता था जितना मन्थन करनेवाला काठ। इसके सुलगने के साथ इसे बाहर निकालकर फूँक आदि मारकर इसे प्रज्वलित किया जाता रहा होगा।

ऋग्वेद में आग को लेकर और भी विनोदपूर्ण बातें हैं। कभी दोनों अरणियों को माता कहकर उसे दो माताओं से पैदा बताया जाता है, कभी जन्म लेते ही माता-पिता को खा जानेवाला। पुराना विश्वास जिसमें यह माना जाता था कि रात के समय आग पानी में सो जाता है और नई सूझ कि बादलों में पानी रहता है और उनमें बिजली के रूप में आग भी होती है, इसलिए अग्नि जल से पैदा हुआ है, ऋग्वेद में भी सुरक्षित देखा जा सकता है।

44

चक्रनिर्माण

चक्का भारतीय संस्कृति का सबसे महत्त्वपूर्ण घटक है। मुहावरों से लेकर दर्शन तक, क्रिया से लेकर कल्पना तक, अभिधा से लेकर लक्षणा और व्यंजना तक इसका जितनी गहराई तक प्रवेश है, वह किसी अन्य संस्कृति में नहीं है। यदि कतिपय अभिव्यक्तियों पर ध्यान दें और इस तथ्य पर ध्यान दें कि इन्हीं के लिए दूसरी भाषाओं और संस्कृतियों में किन मुहावरों का प्रयोग किया जाता है, तो इस बात को समझने में कुछ मदद मिलेगी :

> **चकराना, चक्कर में पड़ना, चक्कर में आना, चाकरी करना, चक्कर लगाना, चक्कर बाँधना, चक्कर खाना, घनचक्कर, चाक, चक्की, चकला** (जिस पर बेलन चक्कर लगाता है), **चकला** (जिसके रसिक चक्कर लगाते हैं), **भाग्यचक्र, जीवनचक्र, जन्मचक्र, वर्षचक्र, ऋतुचक्र, ग्रहचक्र** (या ग्रहों का फेर), **युगचक्र, कल्पचक्र, कुंडलिनीचक्र, धर्मचक्र, ब्रह्मांडचक्र, चक्रकारक** (नाखून), **चक्रकुल्या** (पृश्निपर्णी), **चक्रगज** (चकवड़), **चक्रगति, चक्रगुच्छ** (अशोक के फूल), **चक्रगोप्ता** (सेनापति), **चक्रग्रहणी** (दुर्ग प्राचीर), **चक्रचर** (कुम्हार), चक्रधर (विष्णु, राजा), **चक्रदंष्ट्र** (सूअर, मुड़े दाँतोंवाला प्राणी?), **चक्रधारा**—चक्रवलय, **चक्रनख** (व्याघ्रनख), चक्रन्दी (गंडकी) नदी (विशेष) जिसमें जमकातरों की बहुलता हो, **चक्रनाभि, चक्रपर्णी, चक्रपाणि, चक्रभोग** (राशिचक्र का फलभोग), **चक्रभ्रमि, चक्रवर्ती, चक्ररोधा/रोधचक्रा** (नदी), **चक्रवात, चक्रवृद्धि, चक्रव्यूह, चक्रवाक, चक्रायुध** आदि।

इन शब्दों से जो कहानी सामने आती है, उसी का दूसरा पक्ष यह कि पहिया, गधे और घोड़े के भारोपीय शब्द भारतीय आर्यभाषा के हैं। अत: यह तो स्वीकार किया जाता है कि अरायुक्त चक्र का आविष्कार भारतीय आर्यभाषा बोलनेवालों ने

किया था, पर भारोपीय परिवार की विलक्षण समझ के तहत यह बताया जाता है कि यह आविष्कार मध्येशिया में, कैस्पियन के समीपवर्ती क्षेत्र में 2500 ई.पू. में किया गया था। चक्के का आविष्कार अरायुक्त चक्के से पहले हो गया था, यह तो स्वत: सिद्ध है, परन्तु आर्यभाषा भाषियों ने सीधे अरायुक्त चक्के ही बना डाले या इससे पहले वे ठोस चक्के भी प्रयोग में लाते थे, यह चर्चा में नहीं आता।

चक्का और चक्के के दूसरे रूप—कुम्हार का चाक (नीचीनबार चक्र), आटे की चक्की (चक्रिया), पानी निकालने की घिर्री (अश्मचक्र), रहट/अरघट्ट (कूचक्र) सभी का विकास परस्पर जुड़ा हुआ है। इन सभी का उल्लेख ऋग्वेद में आया है। इनमें कुछ के पुरातात्त्विक प्रमाण हड़प्पा संस्कृति के अवशेषों से मिलते हैं और शेष का पूर्वानुमान किया जा सकता है। चक्के के आविष्कार के मूल में था मनुष्य का यह बोध कि किसी लुढ़कनेवाली चीज पर रखकर अल्पतम श्रम से अधिकतम भार ढोया जा सकता है। गोलाकार पत्थर अल्पतम श्रम से दूर तक लुढ़क सकता है। **रोड़ा** और **रोड़ी** का प्रयोग आज किसी भी आकृति के पत्थर के टुकड़े के लिए किया जाता है, परन्तु जैसा कि इनसे ध्वनित होता है, पहले इनका प्रयोग गोलाकार पत्थर के लिए किया जाता था।

चक्का कहाँ सबसे पहले तैयार किया गया इसे लेकर विद्वानों ने जो राय बना रखी है, उसे हम सही नहीं पाते। वे मानते हैं कि इसका आविष्कार मेसोपोटामिया में हुआ। इसका प्रमाण यह है कि एरिक (Erech) से प्राप्त 3500 ई.पू. की चित्रलिपि में एक आकृति ठोस पहिए जैसी है।[95] यह कालांकन वैदिक संस्कृति के कालनिर्धारण में बहुत पहले से चली आ रही चूक का परिणाम है। ऋग्वेद के पुराने मंडलों का काल हमारी समझ से इसके निकट पड़ता है। यदि इसे कुछ घटाकर 3000 ई.पू. का भी माना जाए तो, प्राचीनतम ऋचाओं में भी अरायुक्त चक्के के उल्लेख हैं। नए मंडलों तक **अरघट्ट**—पहिए के अरे से बँधे हुए घट—जिसके लिए ऋग्वेद में कूचक्र का प्रयोग सिंचाई के सन्दर्भ में ही हुआ है,[96] विकास हो चुका है और चक्के के कई दूसरे रूप विकसित हो चुके हैं। साढ़े चार हजार ईसा-पूर्व में चाक से बर्तन तैयार होने लगे थे। कुम्हार की चाक को चित्रलिपि में प्रस्तुत करें तो वह ठोस पहिए जैसा ही होगा और उसका अर्थ भी चाक की तरह पहिया ही रहेगा। वास्तव में पश्चिम एशिया में सभ्यता की पूर्ववर्तिता सिद्ध करने के लिए तर्क गढ़े जाते रहे हैं और इनमें भारतीय सन्दर्भों में उपलब्ध प्रमाणों तक की उपेक्षा कर दी जाती रही है।

भारत में आज तक ठोस पहिए की गाड़ियाँ भी उपयोग में आती हैं। ठोस पहिए के विकास के बाद अरायुक्त पहिए का विकास पहिए के निर्माण में एक बहुत बड़ा कदम है और इसमें बहुत लम्बा समय लगा था। अरायुक्त पहिए का अस्तित्व हड़प्पा काल में था, इसे कई रूपों में प्रमाणित किया जा चुका है। हड़प्पा की लिपि में भी अरायुक्त पहिए कई रूपों में प्रयोग में लाए गए हैं। स्वस्तिक का चिह्न स्वयं

चतुर्दिक निर्वाध और सकुशल जानेवाले (परिज्मान) अरायुक्त पहिए का भावांकन है, जिसकी हड़प्पा के अंकनों में बहुलता है। मिट्टी के खिलौने के एक ठोस पहिए पर अरे उभारे गए हैं। राखीगढ़ी से प्राप्त एक माडल अरघट्ट की प्रतिकृति है—इसमें अरे परिधि से बाहर को निकले हुए हैं। मोहनजोदड़ो के सँकरे कुओं से पानी घिरनी (ऋ. **अश्मचक्र**) के बिना आसानी से नहीं निकाला जा सकता था।

भारतीय परम्परा का दावा है कि यह सबसे पहले गधे से चलनेवाले रथ प्रयोग में लाने के कारण परिवहन के क्षेत्र में दूसरे प्रतिस्पर्धियों से आगे बढ़ गया था—**गर्दभ रथेन अश्विना उदजयताम्**। इसीलिए रथों से पहले छकड़ा (ऋ. **शकटी**) और इक्कागाड़ी (ऋ. **स्थूरी**) और इनसे भी पहले बल्ले के सहारे भारी सामान ढोने का एक लम्बा इतिहास है। बल्लियाँ बिछाकर, पड़ा बिछे लट्ठे पर ही भारी सामान को रखकर उसे बल्लियों के सहारे सरकाते हुए ऊपर चढ़ाने या आगे बढ़ाने की युक्ति से अशोक के विशाल स्तम्भ को साँची की पहाड़ी पर चढ़ाया गया था।[97]

जो भी हो, हड़प्पा सभ्यता तक या कहें ऋग्वैदिक काल तक, चक्रनिर्माण के कई चरण भारत में बीत चुके थे। सबसे पहले गोलाकार आधार पर भारी वस्तुओं को सरकाने की आवश्यकता भी लट्ठों और तनों को सरकाने के लिए ही पड़ी होगी। कारण, हल्के सामान जानवरों की पीठ पर ढोए जा सकते थे, जो आज तक ढोए जाते हैं। भारी सामानों में लकड़ी छोड़ कोई ऐसा न था, जिसे ढोकर लाना जरूरी हो। पत्थर के इतने विशाल खंड जरूरी नहीं थे। पिरामिडों के निर्माण में भी सम्भवत: उसी युक्ति से काम लिया गया हो, जिससे साँची, उदयगिरि आदि की ऊँचाई पर स्तम्भों को खींचकर ले जाया गया था। इसके बाद बैलगाड़ियों और घोड़ागाड़ियों का दौर आया था।

अरायुक्त चक्के के साथ एक भ्रम पैदा किया गया है कि इसका विकास तेज गति के लिए किया गया और इसका प्रयोग युद्ध के रथों में सबसे पहले हुआ। यह सही नहीं लगता। कारण, ऋग्वेद में पूरा बल मालवहन पर है, न कि युद्ध पर। मालवहन नियमित कार्य है। मालवहन के क्रम में लुटेरों का सामना होना और उन्हें परास्त करना अथवा माल-असबाब लुटाकर, जान बचाकर सकुशल लौट आना एक विवशता थी। यह सच नहीं है कि अरायुक्त चक्के का आविष्कार 2500 ई.पू. में मध्येशिया में हुआ, परन्तु यह सच है कि मध्येशिया में इसका प्रवेश 2500 ई.पू. के आस-पास हुआ। यह परिपक्व हड़प्पा का और मध्येशिया के साथ दक्षिण एशिया के सघन सम्पर्क का काल है। यही नए मंडलों का भी काल है। इन्हें इससे पीछे या आगे लाया ही नहीं जा सकता।

यह भी सच है कि मध्येशिया की बर्बर जातियाँ जो उत्पादन और वाणिज्य में पहल नहीं कर सकी थीं और ढोर पालने के अतिरिक्त लूटपाट करती रहती थीं, उनके लिए इसका एक ही उपयोग हो सकता था—लूट-पाट के लिए रथ का

उपयोग। यह ठीक उसी तरह है जैसे नौका का निर्माण युद्ध के लिए नहीं, पार उतरने के लिए हुआ था, परन्तु, मालवहन के उन्नत चरण पर, उन्हीं नौकाओं का प्रयोग जलदस्युओं द्वारा लूटपाट के लिए किया जाता रहा। मालवहन की नौकाएँ लम्बी-चौड़ी न हों तो उनसे माल की ढुलाई महँगी पड़ेगी। जलदस्युओं की नौकाओं का सुवाही और तीव्रगति वाला होना जरूरी था। इसी स्थिति में वे मालवाही नौकाओं का पीछा करने और लूटने में सहायक हो सकती थीं। यह अन्तर भारतीय रथ और मध्येशियाई रथों में देखा जा सकता है। भारतीय रथ का पहिया शीशम और खदिर की मजबूत और भारी लकड़ी से बनता था (*अभि व्ययस्व खदिरस्य सारं ओजो धेहि स्पन्दने शिंशपायाम्,* ऋ. 3.53.19)। इनके पहिए के आकार के विषय में हमें साहित्य से कोई स्पष्ट जानकारी नहीं मिलती, परन्तु इनका आवागमन लीक या रथमार्गों से होता था, इसलिए इनका आकार में बहुत बड़ा होना जरूरी नहीं था। ऊँचे पहिए से माल लादने-उतारने में समस्या आ सकती थी, परन्तु दस्युओं के रथ अनिश्चित ऊबड़-खाबड़ मार्गों पर दौड़ने के लिए बने होते थे, इसलिए पहिए का बड़ा होना, हल्की लकड़ी का बना होना, वलय का पतला होना उनकी आवश्यकता थी। इनकी बनावट के आधार पर यह न सोच लेना चाहिए कि रथ का आविष्कार युद्ध के लिए हुआ था और इसमें जुतने के लिए घोड़ा ही सबसे उपयुक्त था। रथ शब्द का प्रयोग बैलगाड़ी से लेकर घोड़ागाड़ी सभी के लिए हुआ है।

युद्ध में रथ से केवल एक ही लाभ था कि धनुर्धर अपना पूरा ध्यान बाण चलाने पर केन्द्रित रख सकता था, उसकी गतिविधि का संचालन उसका सारथी करता था, इसलिए उसकी मारक क्षमता बढ़ जाती थी। ऋग्वेद में रथ चालन में असाधारण दक्षता रखनेवाले सारथी का उल्लेख मिलता है—*रथे तिष्ठन् नयति वाजिनः पुरा यत्र यत्र कायमते सारथिः।* इसके अतिरिक्त पैदल लोगों की तुलना में कुछ ऊँचाई पर होने के कारण धनुर्धर को उसी अनुपात में इसका लाभ मिलता था। परन्तु इन दोनों दृष्टियों से भारत में हाथी उपलब्ध था, जिसके विवरण ऋग्वेद में तो मिलते ही हैं, हड़प्पा की मुहरों से भी जिसका पता चलता है।

जो भी हो, चक्र निर्माण एक क्रान्ति थी। परन्तु चक्के के सभी आविष्कार भारतीय उपमहाद्वीप में नहीं हुए। उदाहरण के लिए सभी तरह के चक्कों का हवाला हमें मिलता है, पर सूत कातने के चक्के या चर्खे का कोई उल्लेख नहीं मिलता। यह काम विशेष प्रयोजनों के लिए चर्खे से परिचय के बाद भी तकली/तकले से ही किया जाता रहा। कहें, इस दिशा में भारत हड़प्पा काल से आगे उसके बाद भी नहीं बढ़ा, जब कि चीन में चर्खे का आविष्कार कर लिया गया और चीन से इसका सम्बन्ध कायम हो चुका। इसे भारत में ईरानी ले आए जिनका चक्र का उच्चारण चर्खे के साथ आज तक जुड़ा है।

45

नौचालन

प्रशान्त महासागर का नाम भले प्रशान्त हो, यह तूफानों के लिए बदनाम है। मनुष्य आज से दसियों हजार वर्ष पहले उसके सुदूर द्वीपों पर पहुँचने में सफल रहा। आज से चालीस-पचास हजार वर्ष पहले वह तस्मानिया तक पहुँच चुका था। उसने समुद्र को पार करने की जिस भी युक्ति का आविष्कार किया हो, यह नौचालन के क्षेत्र में सबसे साहसिक प्रयोग माना जा सकता है। नौचालन एक विवशता की उपज था। ऐसे देशों में जहाँ बरसात बहुत अधिक होती है, वर्षा के कुछ महीनों में मनुष्य का एक स्थान से दूसरे स्थान को आना-जाना असम्भव-सा हो जाता है। आवागमन से सम्बन्धित सारे काम बन्द हो जाते हैं। इनमें जलधारा को पार करने की किसी-न-किसी युक्ति का विकास तो जरूरी था ही। मोटे अनुमान से हम कह सकते हैं कि जलधाराओं और यहाँ तक कि समुद्र तक को पार करने का साहसिक प्रयोग आज से पचास-साठ हजार वर्ष पीछे जाता है। इस दृष्टि से मछली का शिकार भी खेती और पशुपालन से बहुत पीछे जाता है। नौकानिर्माण में दक्षिण-पूर्व एशिया और दक्षिण एशिया की और इनमें भी आस्त्रिक जनों की भूमिका प्रधान रही है, जिन्हें हम निषाद के रूप में जानते हैं। ये सही अर्थों में समुद्रपुत्र थे। समुद्र की तटरेखा को पकड़े जाने कहाँ-कहाँ तक फैल गए। परन्तु इनकी पहल का कारण था इनका मछली प्रेम। समुद्र तट पर यह काम आसान था, इसलिए इनके भोजन की समस्या इसी से हल हो जाती थी। इनके अधिक विकास न करने के मूल में भी शायद इनकी मुख्य समस्या का सरल समाधान ही हो सकता है। मछली का शिकार करने के लिए समुद्र में उतरने की जिन युक्तियों का विकास उन्होंने किया, उन्हीं के द्वारा वे उन द्वीपों पर भी पहुँच गए, जिन तक पहुँचना कल्पनातीत प्रतीत होता है।

निषाद का भारतीय सन्दर्भ में दो अर्थ रहा है। एक वधिक, आदिम अवस्था में नरवधिक भी, और दूसरा नौचालक। ये दोनों विवरण इनके उपयुक्त हैं। भारत के पूरे इतिहास में नौचालन इनके ही अधिकार में रहा और समुद्र पार के देशों के साथ व्यापारिक यात्राओं में समुद्रमन्थन करनेवाले भी ये ही लोग थे, जिन्हें नौचालन

का जोखिम उठाना पड़ता था। इनके ही कारण प्राचीन सभ्यताओं में भारत सबसे अग्रणी नौचालक देश था। इसके बाद चीन का नम्बर आता है। सम्भव है वहाँ भी आरम्भ में नौचालन में इनके कारण ही सफलता मिली हो, क्योंकि वहाँ भी इनकी एक शाखा पहुँची थी, जिसे मोन-ख्मेर तत्त्वों से पहचाना जा सकता है।

भारत की चेतना में समुद्र और इसकी अलंघ्यता विविध रूपों में आज भी बनी रह गई है। यद्यपि नौवहन के क्षेत्र में इससे गुर सीखकर दूसरे अनेक देश समय-समय पर बहुत आगे निकल गए। ब्राह्मणवादी पवित्रता के जोर पकड़ने पर तो समुद्रयात्रा पर ही रोक लगा दी गई। इसके कारण यह सोचना भी कठिन हो जाता है कि इतिहास के एक लम्बे दौर में नौचालन में यह दूसरी सभ्यताओं से बहुत आगे बढ़ा हुआ था।

समुद्र यात्रा में तट की दिशा और दूरी का पता लगाने के लिए पक्षियों का उपयोग, व्यापारिक हवाओं की नौचालन में भूमिका और पाल का उपयोग भारत के अपने अवदान हैं। इन्हें दूसरे देशों ने बहुत बाद में सीखा। कुछ लोग सुझाते हैं कि व्यापारिक हवाओं का पता, ईस्वी की आरम्भिक शताब्दियों में चला। यह यूरोपीय या कहें रोमन दृष्टि से भारतीय इतिहास को देखने का परिणाम है। यह कुछ वैसे ही जैसे यह मान लिया जाए कि भारत की खोज 1498 में हुई, जब वास्को डि गामा भारत आया।

व्यापारिक हवाओं का ज्ञान नाविकों को उस समय से है जब से पाल का प्रयोग आरम्भ हुआ। भूमध्य सागर में क्रीट के निवासियों का अपनी समुद्र सीमा में उत्तर से दक्षिण और दक्षिण से उत्तर की दिशा में बहनेवाली हवाओं का और उनके काल का पता था। ऋग्वेद में पाल से चलनेवाली (श्येनपत्वा) नौकाओं का हवाला तो मिलता ही है, वरुण की प्रशंसा में कहा गया है कि वह समुद्री नौकाओं को जानते हैं—**वेद नावः समुद्रियः**; आकाश में पक्षियों की उड़ान का मर्म समझते हैं—**वेदा यो वीनां पदं अन्तरिक्षेण पततां**; हवाओं का मार्ग जानते हैं—**वेद वातस्य वर्तनिम्** और सप्तर्षियों की स्थिति पहचानते हैं—**उरोः ऋष्वस्य बृहतः।** इसके अतिरिक्त इस बात का भी बहुत स्पष्ट हवाला मिलता है कि वर्ष के कुछ महीनों में वायु समुद्र से स्थल की ओर को बहती है, और शेष में स्थल से समुद्र की ओर—**द्वौ इमौ वातौ वात आ सिन्धोः आ परावतः।** (ऋ. 10.137.2)। ये सभी नौवहन से और वह भी समुद्री नौचालन से सम्बन्धित जानकारियाँ हैं।

टिप्पणियाँ

1. India thus forms a great museum of races, in which we can study man from his lowest to his highest stages of culture. The specimens are not fossils or dry bones, but living communities...*imperial Gazetteer of India, 1881,* vol. iv, p. 174.
2. People of India : An introduction by KS Singh, Seagull Books, 26 Circus Avenue, Calcutta पर आधारित।
3. ...the history of civilization can not be arrayed chronologically without misleading effects. If it had a historical beginning, a moment of parturition, we do not know when that was. *The old certainly, for instance, that Sumer was the first culture worthy of the name of civilization has been exploded* (emphasis added) by our growing realization that different items on our traditional checklist of the ingredients of civilization arose at different times in different places. *Civilizations,* Felipe Fernandez-Armesto, Macmillan, 2000, p. 213
4. प्राचीनतम अवस्थाओं के उन अश्मीभूत रूपों की ओर कई बार कुछ विद्वानों का ध्यान पहले भी गया है। पर वे जिन पूर्वाग्रहों के शिकार रहे, उसमें वे इनकी गहराई में उतरने पर उलझन में पड़ जाते थे और फिर इनकी तोड़-मरोड़ से अपने पूर्वाग्रहों का समर्थन करने वाले साक्ष्य तैयार करने को बाध्य हो जाते थे। प्रस्तुत अध्ययन में किसी दूसरी तरह का पोच लक्ष्य किया जा सके तो हमें आश्चर्य न होगा। इसी तरह हमने अपने विश्लेषणों में भाषिक पुरातत्त्व का प्रचुरता से उपयोग किया है और नई व्याख्याएँ दी हैं। प्रसिद्ध भाषाविदों ने स्वयं इस मामले में गलतियाँ की हैं।
5. नाइपाल की बात मानें तो When men can not observe, they don't have ideas; they have obsessions. When people live instinctive lives, something like a collective amnesia steadily blurs the past....There are times when intellectual confusion of india seems complete and it seems impossible to get back to claryfying first principles. *India a Wounded Civilization.* 112 and 124.
6. *त्रेता द्वापरयोः सन्धौ तदा दैवविधिक्रमात्।*
   अनावृष्टिरभूद्घोरा लोके द्वादश वार्षिकी।
   प्रजानां अतिवृद्धानां युगान्ते समुपस्थिते।
   त्रेता विमोक्ष समये समये द्वापर प्रतिपादने।

सरांसि सरितश्चैव कूपा: प्रस्रवणानि च।
हतत्विषो न लक्ष्यन्ते निसर्गात् दैवकारितात।
उपशुष्क जलस्थाया विनिवृत्त सभा प्रपा।
निवृत्त यज्ञ स्वाध्याया निर्वषट्कार मंगला।
अस्थिसंग्रह संकीर्णा महाभूतरवाकुला।
शून्य भूयिष्ठ नगरा दग्ध ग्राम निवेशना।
क्वचित् चोरैः कचित् शस्त्रै क्वचिद् राजभयातुरैः।
...हतविप्रा हतारक्षा प्रणष्टौषधि संग्रहा।
सर्वभूतः उतप्राया बभूव वसुधा तदा।
बभूव क्षुधिता मर्त्याः खादमानाः परस्परम्।

महाभारत, शान्तिपर्व, 141, 12.24

इस विवरण में दुर्भिक्ष को द्वादशवर्षव्यापी बताया गया है, पर साथ ही युगसन्धि पर उपस्थित कहा गया है। युगसन्धि का काल हजारों वर्ष का होता है। इस आपदा में बाजार, हाट, नगर और गाँव सभी के उजड़ने, सभी संस्थाओं के नष्ट होने आदि की बात की गई है।

7. इसकी कुछ विस्तार से चर्चा हमने *हड़प्पा सभ्यता और वैदिक साहित्य,* खंड 2, 1987, 233-239 (1997, 509-515) में की है।
8. Even the best minds absolutely fail to see—on principle, owing to a certain judicial blindness—things which lie in front of their noses. Later, when the moment has arrived, one is surprised to find traces everywhere of what one has failed to see. Marx Q. by D.P. Chattopadhyaya, *Lokayat,* 120
9. मूषा-अंगारभस्मलिंगम् आकरं भूतपूर्वम्, *अर्थशास्त्र* 2.12
10. अवर्तयत सूर्यो न चक्रं भिनद् वलं इन्द्रो अंगिरस्वान्, ऋ. 2.11.10;
    वीळु चिद् दृळ्हा पितरो न उक्थैः अद्रिं रुजन् अंगिरसो रवेण। ऋ. 1.71.2
11. अंगारेषु अंगिरा (सम्बभूव), *निरुक्त* 3.17.1; ये अंगारा आसन् ते अंगिरसो अभवन्, *ऐतरेय ब्रा.* 3.34
12. भृगूणां अंगिरसां तपसा तप्यध्वम्, *तैत्तिरीय संहिता,* 1.1.7.2
13. गृणाना जमदग्निवत् स्तुवाना च वसिष्ठवत्। ऋ. 7.96.3
14. याँ मे पलस्ति जमदग्नयो ददुः। ऋ. 3.53.16
15. There is an all pervasive sense of 'Indianness' often illusive and indefinable but ever present as noted by colonial ethnographers. Risley, for example, in 1891 spoke of an 'equally mysterious thing called national character' and that 'beneath the manifold diversity of physical and social type, language, custom and religion there is an Indian character, a general Indian personality which we can not resolve into its composite elements.' K.S. Singh, *People of India,* 104.
16. The monastic orders professing other faiths, preceding and coeval with the Buddha's Order, and, in a not less degree, the common source of all these

sects, Brahmanism, have furnished for formation of a church polity, as they did in the case of dogmatic speculation, a set of ready-made forms, which Buddhism had only to appreciate. Oldenberg, *Buddha and His Life, His teachings, His Order,* Calcutta 1927, p.331-32, cited by Chattopadhyay, Lokayat, 483.

17. The Buddha radically departed from the other organisers of monas tic groups during and before his times in making the *surviving free tribes of his times the model of his Samghas.* D.P. Chattopadhyay, ibid, 483.
18. The whole village feasts, hunts and worships together. ...So strong is the bond of race, that expulsion from tribes was the only Santal punishment. (W.W. Hunter, Imperial Gazetteer of India, iv, first edn., 1881, 177-179) cited by D.P. Chattopadhyay, *Lokayat,* 184.
19. ग्रिफिथ ने इसे निम्न रूप में अनूदित किया है—
    1. A THOUSAND heads hath Purusa, a thousand eyes, a thousand feet. On every side pervading earth he fills a space ten fingers wide.
    2. This Purusa is all that yet hath been and all that is to be; The Lord of Immortality which waxes greater still by food.
    3. So mighty is his greatness; yea, greater than this is Purusa. All creatures are one-fourth of him, three-fourths eternal life in heaven.
    4. With three-fourths Purusa went up: one fourth of him again was here. Thence he strode out to every side over what cats notand what cats.
    5. From him Viraj was born; again Purusa from Viraj was born. As soon as he was born he spread eastward and westward o'er the earth.
    6. When Gods prepared the sacrifice with Purusa as their offering, Its oil was spring, the holy gift was autumn; summer was the wood.
    7. They balmed as victim on the grass Purusa born in earliest time. With him the Deities and all Sadhyas and Rsis sacrificed.
    8. From that great general sacrifice the dripping aft was gathered up. He formed the creatures of-the air and animals both wild and tame.
    9. From that great general sacrifice Rcas and Sama-hymns were born: There from were spells and charms produced; the Yajus had its birth from it.
    10. From it were horses born, from it all cattle with two rows of teeth: From it were generated kine, from it the goats and sheep were born.
    11. When they divided Purusa how many portions did they make? What do they call his mouth, his arms? What do they call his thighs and feet?
    12. The Brahman was his mouth, of both his arms was the Rajanya made. His thighs became the Vaisya, from his feet the Sudra was produced.
    13. The Moon was gendered from his mind, and from his eye the Sun had birth; Indra and Agni from his mouth were born, and Vayu from his breath.

14. Forth from his navel came mid-air the sky was fashioned from his head Earth from his feet, and from his ear the regions. Thus they formed the worlds.
15. Seven fencing-sticks had he, thrice seven layers of fuel were prepared, When the Gods, offering sacrifice, boand, as their victim, Purusa.
16. Gods, sacrificing, sacrificed the victim these were the earliest holy ordinances.
    The Mighty Ones attained the height of heaven, there where the Sadhyas, Gods of old, are dwelling.

    इसकी मुख्य अवधारणा यह है कि सृष्टि में जो कुछ भी है, उसमें कुछ भी ऐसा नहीं जो परमपुरुष में विद्यमान न रहा हो और इसलिए उसके भीतर से ही न निकला हो। जो बीज रूप में था ही नहीं, वह हो ही नहीं सकता था। यह वही चिन्तनदृष्टि है, जिससे आगे चलकर *'ना सतो विद्यतेभावो नाभावो विद्यते सत:'* का सिद्धान्त निकला। अत: परम पुरुष अनन्त सम्भावनाओं को अपने भीतर समेटे हुए स्थित था। वह इस भूमि, या ब्रह्मांड से अलग होकर भी उनको अपने भीतर समेटे हुआ था।

20. He (Morgan) spent greater part of his life among the American aborigines. His study of them 'is a pioneer work of field anthropology and a masterpiece of its kind.' And it was on the basis of this that he reconstructed 'the prehistoric foundation of our written history in its main features.' (Morgan An Epigraph). Chattopadhyay. *Lokayat,* 117.
21. Ibid., p. 117-118.
22. Indian culture, it is repeatedly said, represents a wonderful synthesis of the Aryan and the non-Aryan elements. Let us call this the hypothesis of adoption and absorption.

    There are, however, many reasons against this hypothesis. We would mention three of these, the first being concerned with the general possibility of this hypothesis itself, while the third would be against the specific possibility of the elements of *vamacara* in the Vedic literature being the result of such a process of absorption.

    First, *the Vedic peoples themselves must have had a primitive past* and as such, assuming such beliefs and ideas to be elements of primitive thought, *these could well have been the survivals or the relics of the primitive past of the Vedic people themselves.* All that is primitive in the Vedic literature was not necessarily aboriginal elements creeping from outside into the Vedic outlook...*Secondly, the terminologies are racial and the process of cultural exchange is conceived vaguely and often even mysteriously. The theories are, in fact, based on rather superficial view of culture as such* (emphasis added). Ideas and beliefs are looked as if they were like ready-made clothes that could fit any one.

    We hear much of the general theory of diffusion. The theory itself is yet in need of being fully worked out. in the mean while, as Thomson has remarked, there is the risk of the exaggeration of its significance,...ibid, 70-71.

23. *लोकायत* 236। हमने इसको नीचे चट्टोपाध्याय के शब्दों में ही पाद-टिप्पणी में दे रखा है।

24. यह शब्द जिस भी भाषा का हो, इसका मूल लत रहा लगता है जिसके **लित, लुत, लिद्, लुद्** जैसे रूप दूसरी बोलियों में भी प्रवेश कर गए। जलर्थक शब्द गत्यर्थक होने के कारण इससे लात, लत, लतर (क्रीपर), लतरा आदि भी निकले हैं। जल की चमक के कारण आग के लिए भी इसके प्रयोग मिलते हैं। लुत्ती—चिनकारी, लुतुरी लगाना—कान भरना, आग लगाना आदि। देखें भाषा की निर्मिति।

25. देवाश्च वा असुराश्च प्रजापतेर्द्वया पुत्राः आसन्, *तांड्य ब्राह्मण,* 18.1.2

26. तेऽसुरा भूयाँसो बलीयांसः आसन्, वही

27. कनीयस्विन् इव वै तर्हि देवा आसन्, ज्यायसा असुरा, शतपथ ब्राह्मण, 1.4.4.1

28. यथा देवा असुरेषु श्रद्धां उग्रेषु चक्रिरे।
एवं भोजेषु यज्वसु अस्माकं उदितं कृधि। ऋ. 10.151.3

29. अमित्रहा वृत्रहा दस्युहन्तमं ज्योतिर् जज्ञे असुरहा सपत्नहा। ऋ. 10.170.2

30. पतंगं अक्तं असुरस्य मायया हृदा पश्यन्ति मनसा विपश्चितः।
समुद्रे अन्तः कवयो वि चक्षते मरीचीनां पदं इच्छन्ति वेधसः। ऋ. 10.177.1

31. The nature of this transformation is reflected in the charter of King Charles II of England in 1662 for the establishment of "The Royal Society of London for promoting natural knowledge." The objective of the society was to seek knowledge" not only by the hands of learned and professed philosophers; but from the Shops of Mechanics; from the voyages of merchants; from the plough of husbandmen." T. Sprat, *The History of the Royal Society of London,* 1734, p. 72, L.S.Stavrianos, द्वारा *Life Line from our Past,* 1989, p. 97 पर उद्धृत।

32. एहरेनफेल्स, चट्टोपाध्याय द्वारा उद्धृत, पूर्व., 254-55

33. वही, वहीं।

34. न यत् पुरा चकृमा कद्ध नूनं ऋता वदन्तो अनृतं रपेम।
गन्धर्वो अप्सु अप्या च योषा सा नो नाभिः परं जामि तत् नौ। ऋ. 10.10.4
को अस्य वेद प्रथमस्य अह्नः क ईं ददर्श क इह प्रवोचत्।
बृहन् मित्रस्य वरुणस्य धाम कदु ब्रव आहनो वीच्या नॄन्। ऋ. 10.10.6
न तिष्ठति न नि मिषन्ति एते देवानां स्पर्श इह ये चरन्ति।
अन्येन मत् आहनो याहि तूयं तेन वि वृह रथ्येव चक्रा। ऋ. 10.10.8
आ घा ता गच्छत् उतरा युगानि यत्र जामयः कृण्वन् अजामि।...ऋ. 10.10.10

35. The most popular of such clans bear the names of crocodile, corn, panther, buafflo, gun, gunmen, salt, ring, dal (pulse), shrub, tortoise, leopard, water, chestnut, chrysanthemum, jaggery, goat, vermilion, fine rice, flower, tiger, tiger's claw, kite, herb, horse raddish, black cloth, cobra, pearl, gold, silver, fire brand, hill brand, bird, lid, monkey, ape, peacock, rabbit, pepper, fish, jasmine, porcupine, food, brush, red lotus, dead tree, musk, wristlet, cumin seed, broomstick, tamarind seed, horsegram, milk, cow, bell, gigantic lizard,

sandal paste, arecanut, bear, leaf plate, bamboo, moon, frog, banyan tree, gruel, vice, cart, plantain, butter, onion, pipal tree, elephant, sacred rice, castor seed. (K.S. Singh, *People of India : An Introduction,* 58).

36. It is to be noted that the stabilisation of the tribal elements within caste organisation is not a feature only of the so-called 'lower castes'. The essential features of the tribal organisation are found to survive, though in comparatively less distinct form and as mixed up with a large number of other complications, even in the so-called 'higher castes.' *Lokayat,* 1959, 206.
37. देबी प्रसाद चट्टोपाध्याय, पूर्व, पृ. 531
38. तुलनीय है गुरुकुल और कुलपति। जो शिक्षा के प्रसार की चेतना के साथ गुरुकुल बना, वह पहले आनुवंशिक कुल या एक ही पैतृकता से जुड़े लोगों के बीच निर्वाचित एक प्रधान के अधिकार क्षेत्र में आनेवाला समुदाय रहा हो सकता है। मार्गन के जेंटाइल में जेन् या वंश या उसका संगठन अर्थात कुल महत्त्वपूर्ण है, जिसका शाब्दिक अर्थ है, एक ही पैतृकता से जुड़े सभी सदस्य। पर इसका वास्तविक अर्थ है, पैतृकता की याद और समझ रखनेवालों का समुदाय, जो कुछ पीढ़ियों से पीछे नहीं जा सकता था। पर इसमें भी यदि कुलपति की अवधारणा रही हो तो, यह *असम: समानां या* बिरादरी के बीच कोई एक अधिक महत्त्वपूर्ण अर्थात प्रधान में भी झलकती पाई जा सकती है। पर ऐसी सम्भावनापरक उक्तियों को तभी तक स्वीकार्य माना जा सकता है, जब तक इनका सप्रमाण खंडन नहीं हो जाता। भारतीय इतिहास की सबसे बड़ी विडम्बना है कि इसमें ऊहाएँ और कल्पनाएँ सत्य के रूप में स्वीकार और स्थापित कर दी गई हैं, और उनके विरुद्ध कोई भी प्रमाण स्वत: सन्दिग्ध प्रतीत होता है।
39. पुराणों और उपनिषदों आदि में इसी को प्रजापति के रूप में कल्पित किया गया है।
40. *लोकायत,* पृ. 585
41. The tribes developed into caste but the castes could not shake off the relics of their tribal past. id.
42. शुम्पीटर ने (*कैपिटलिज्म, सोशलिज्म ऐंड डेमोक्रैसी, हार्पर ऐंड हार्पर,*) यद्यपि 'क्रिएटिव डिस्ट्रक्शन' पद का प्रयोग पूँजीवाद के लिए किया है, पर यह कृषि के विकास के बाद समाज के विषम विकास के विषय में भी किसी-न-किसी अनुपात में सही है।
43. बीरबल साहनी पुरावानस्पतिकी संस्थान लखनऊ में उपनिदेशक डॉ. सारस्वत का एक विशेष स्थिति में किसी ऐसे साधु से सम्पर्क हुआ था, जिसने झाड़ियों के बीच से किसी फल या कन्द को पत्थर से कुचलकर उन्हें एक पत्ते पर खाने को दिया था और जैसा कि उसने बताया था, उन्हें तीन दिनों तक न तो भूख लगी न ही कमजोरी अनुभव हुई। इन साधनों का संकटकालीन महत्त्व जो भी हो, इनके भरोसे स्वस्थ और सक्रिय जीवन सम्भव नहीं।
44. P. Freuchen, *Book of Eskimos,* World Publishing Co., 1961,145-54 cited by Stavrianos, *Lifeline from the Past,* 29.
45. परन्तु यहाँ सभ्यताजन्य विषमताओं के प्रति आलोचना का एक भाव भी पाया जाता है। जो वानप्रस्थ और संन्यास के आदर्शों में दिखाई देता है। यह अपने अन्तिम समय में उसी आदिम अवस्था की ओर वापसी का प्रयत्न है जिसमें मनुष्य आहारसंचय पर निर्भर करता

था। अदीनाः स्याम शरदः शतं में भी इसी की ध्वनि है। यह है स्वजनों तक को अपने भार से मुक्त करके केवल अपने पुरुषार्थ के बल पर जितने दिन जीना सम्भव हो जीने और गरिमा के साथ मरने का वही आदर्श जिसे हमने एस्किमो जनों के मामले में देखा है। वानप्रस्थ और संन्यास के विषय में मनुस्मृति के कुछ अंशों पर दृष्टिपात करना उपयोगी हो सकता है। इसमें समस्त कृषिजन्य अनाजों का आहार व वेश-भूषा, वाहन, आवास त्यागकर अपनी पत्नी को या तो पुत्रों को सौंपकर अथवा उसे साथ लेकर वनगमन का सुझाव दिया गया है। इस अवस्था में कृषि से पैदा किए अनाज को, लगाए गए पेड़ों का फल व मूल तक को भूख से पीड़ित होने की अवस्था में भी न खाने, केवल एक ही दिन के लिए, या एक मास के लिए या एक वर्ष के लिए नीवार—स्वयं उगनेवाले धान—आदि का संग्रह करने, पेड़ से पकने के बाद स्वयं गिरे हुए फलों को खाकर निर्वाह करने, और मृत्युपर्यन्त अग्नि कोण (अपराजिता दिशा) की ओर जाकर योगसाधना करते हुए, वायु और जल का आहार करते हुए प्राण देने का आदर्श रखा गया है। इसे कतिपय अन्य सम्प्रदायों में भी आदर्श मरण माना गया है। यह रोचक है कि आदिम समाजों में से किसी में इस पुरातन अवस्था के अवशेष नहीं पाए जाते। ऋग्वेद में भी वातरशना मुनियों का उल्लेख आया है अतः यह आदर्श नया नहीं अपितु अति प्राचीन अवस्था का अवशेष है। सभ्य समाज ने आज के आदिम समाजों से भी पिछली अवस्थाओं की स्मृति को जीवित रखा, यह कम रोचक नहीं है :

संत्यज्य ग्राम्यमाहारं सर्वं चैव परिच्छदम्।
पुत्रेषु भार्यां निक्षिप्य वनं गच्छेत् सहैव वा॥ 6.3
न फालकृष्टं अश्नीयात् उत्सृष्टं अपि केनचित्।
न ग्रामजातानि अतोऽपि मूलानि च फलानि च॥ 6.16
सद्यः प्रक्षालको वा स्यात् माससंचयिकोऽपि वा।
षण्मासनिचयो वा स्यात् समानिचय एक वा॥ 6.18
पुष्पमूलफलैवः वापि केवलैः वर्तयेत्सदा।
कालपक्वैः स्वयंशीर्णैर्वैखानसमते स्थितः॥ 6.21
अपराजितां वास्थाय व्रजेत् दिशं अजिह्वगः।
आ निपातात् शरीरस्य युक्तो वारि अनिलाशनः॥ 6.31

46. Most people died as victims of nature in their late twenties or early thirties, when their corpses were ritually fed to vultures and jackals before their bones were buried in communal graves. Armesto, *Civilizations,* 211

47. यह उनके अध्ययन क्षेत्र की शुद्धता से भी जुड़ा प्रश्न है। वे अपने साक्ष्यों से आगे बढ़कर कोई अनुमान नहीं कर सकते, भले वह अपरिहार्य लगता हो। परन्तु यदि अपने निष्कर्षों पर पहुँचनेवालों ने साहित्य के विवेचन और विश्लेषण को भी स्थान दिया होता तो विश्लेषण की एक नई दिशा खुलती। ऐसा भी नहीं है कि ऐसा किया ही नहीं गया। किसी भी क्षेत्र के निष्कर्षों को दूसरे क्षेत्रों के उसी समस्या से सम्बन्धित निष्कर्षों से जाँचना और उनसे समर्थन मिलने पर उन निष्कर्षों को अकाट्य मानना और न मिलने पर इस बात पर टिके रहना कि कम-से-कम हमारे अध्ययन क्षेत्र से अमुक निष्कर्ष निकलते हैं। दूसरों से यदि इनका समर्थन नहीं होता तो इन सभी की पुनः जाँच होनी चाहिए कि उनमें कहीं खोट तो

नहीं रह गई है। ऐसा नहीं किया गया। परन्तु हम इसे भी उतना बड़ा प्रमाद नहीं मानते जितना भारतीय साहित्य को एक महत्त्वपूर्ण स्रोत न मानने अथवा अविश्वसनीय तर्कों के सहारे अविश्वसनीय ठहराने के प्रयत्नों को मानते हैं। यदि भूगर्भविदों का अपना निष्कर्ष यह था कि हड़प्पा सभ्यता के अवसान के बाद अथवा दूसरी सहस्राब्दी ईसा-पूर्व में सूखे का एक भयानक दौर आया था और लम्बे समय तक बना रहा था और *शतपथ ब्राह्मण* तथा महाभारत की कथाएँ इसकी पुष्टि करती हैं, तो इसकी ओर भी ध्यान दिया जाना चाहिए था। उस दशा में हड़प्पा सभ्यता का पता चलने के समय ही इसके उद्भव और ह्रास की समस्याओं का विवेचन अधिक विश्वसनीय ढंग से हो सका होता।

जातीय स्मृति में ये पुरानी कहानियाँ किस तरह प्रवाहित होती रहीं, यह तय करना आसान नहीं है, पर वे प्रवाहित होती रहीं, यह तो एक सच्चाई है ही। जितने विश्वसनीय ढंग से ये एक प्राचीन नागर सभ्यता और उसके अवसान की कहानी कहते हैं, वह पुरातत्त्व के लिए दशकों की ऊहापोह के बाद ही सम्भव हो पाया। इतना ही नहीं, विल्सन ने ऋग्वेद के ही साक्ष्यों से यह दावा किया था कि यह एक नागर संस्कृति का साहित्य है। इसका खंडन नहीं हो सकता था, इसलिए इसको जान-बूझकर दरकिनार किया गया, क्योंकि इससे समाज के आदिम, बर्बर या ऋग्वेद के मानव-जाति के शैशव की कृति जैसी धारणाओं का सीधे खंडन होता था।

48. Stavrianos, *op.cit.,* 34.
49. स्टैव्रियानस ने पाल ली ज्यून का हवाला दिया है जो सत्रहवीं शताब्दी के पूर्वार्ध में अमरीकी आदिवासियों के बीच रह चुका था। उसके अनुसार, "वे हमारी सैकड़ों बार इस बात के लिए भर्त्सना करते थे कि हम अपने कप्तान से इतना डरते क्यों थे, जब कि वे अपने कप्तान से हँसी-ठिठोली करते रहते थे।...वे ऐसे किसी व्यक्ति को झेल नहीं सकते जो दूसरों पर रौब जमाना चाहता हो। वे विनम्रता और उपेक्षाभाव को सबसे बड़ा गुण मानते हैं।" उपर्युक्त, पृ. 35.
50. The Kung have contact with neighbouring Bantu farmers, whose mode of life they envy. They covet their domesticated animals, their ready supply of meat, milk, and vegetables, the colourful dresses of Bantu women and above all, their seductive alcohol and tobacco. Therefore, the Kung take "menial", poor-paying jobs in order to earn money to buy these desired goods. Stavrianos, 28.
51. Thus, after food-gathering and hunting, some of the peoples of the ancient times moved towards the pastoral economy while some others discovered agriculture. The advance in both the lines ultimately resulted in the breakdown of the tribal system. There had thus been two paths of economic development which led people to civilization. We shall see the importance of this point for the understanding of the two fundamental trends of indian culture, *viz.,* the Vedic and the non-Vedic. *Lokayat,* 236.
52. The ethnographic evidence indicates that people who do not farm do about everything that farmers do, *but they do not work as hard.* Gatherers clear or alter vegetation with fire, sow seeds, plant tubers, protect plants, own tracts of land, houses, slaves, or individual trees, celebrate first fruit ceremonies,

pray for rain, and petition for increased yield and abundant harvest....They harvest grass seeds, thresh, win—now, and grind them into flour....They dig roots and tubers. They detoxify poisonous plants for food and extract poisons to stun fish or kill game. They are familiar with a variety of drugs and medicinal plants. They understand the life cycles of plants, know the seasons of the year, and when and where natural plant food resources can be harvested in great abundance with the least effort. There is evidence that the diet of the gathering people was better than that of cultivators, that starvation was rare, that their health status was generally superior, that there was a lower incidence of chronic diseases and not nearly so many cavities in their teeth. The question must be raised: Why farm? Why give the 20-hour work week and fad of hunting to toil in the sun? Why work harder for food less nutritious and a supply more capricious? Why invite famine, plague, pestilence and crowded living conditions. (Jack R. Harlen, *Crops and Man,* Madison, 1992, p. 27) Felipe Fernandez-Armesto, *Cilizations,* Macmillan, 2000, 204-05

53. ...the human settlement in New Guinea has an antiquity equal to that of Australia together with even more startling implications regarding the beginning of horticulture. The evidence comes from uplifted limestone sea-shore terrace formed on the Huon peninsula, north-east of Lae....The terrace rises like a giant flight of steps out of the sea.

    These wasted axes were found in a terrace formed 45,000 to 55,000 years ago.

    The absolute minimum age of these artiafcts is regarded by Chappel and Groube as 37,000 years, and they are probably a few millennia older.

    ...It may be that the massive stone axes found by Joe Mangi, a Papua-New Guinean teaching fellow at the university of Port Moresby, and Groube were used for primitive horticulture...

    The evidence of botanists that many important garden plants are of New Guinea origin, e.g. sugarcane, pansanuts, breadfruit, probably one of the bananas, perhaps coconut, possibly the swamp taro and many tree crops, strengthen these hints (Reinhardt, 1985, P.91). [278]

54. ओ. आर, एहरेनफेल्स, *मदर राइट इन इंडिया,* हैदराबाद, डी. पी. चट्टोपाध्याय द्वारा उद्धृत, पूर्व., 253।

55. देवास: आयन् परशून् अबिभ्रन् वना वृश्चन्तो अभि विड्भि: आयन्।
    नि सुद्रवं दधतो वक्षणासु यत्रा कृपीटं अनु तद्दहन्ति। ऋग्वेद 10.28.8

56. चट्टोपाध्याय द्वारा पृ. 253-55, जहाँ उन्होंने एहरेनफेल्स को कुछ विस्तार से उद्धृत करते हुए और कोसम्बी का हवाला देते हुए इस मत को अस्वीकार किया है।

57. यं रक्षन्ति प्रचेतस: वरुण: मित्र: अर्यमा।
    नू चित् स दभ्यते जन:। ऋ. 1.41.1.
    रक्षा च नो मघोन: पाहि सूरीन् राये च न: स्वपत्या इषे धा:। ऋ. 1.54.11
    रक्षा णो ब्रह्मणस्पते। ऋ. 1. 18.3
    रक्षा च नो अधि च ब्रूहि देव। ऋ. 1.35.11

58. *At the climax of the Mughal Empire, with the arrival and presence of the Western powers, a commercial economy based on oceanic trade was evolving. But no technological revolution in cultivating tools or techniques had occurred since roughly the time of the Upanishads (c. 600-300 BC).*
Encyclopedia Britanica, Delux, 2000
59. आ रिख किकिरा कृणु पणीनां हृदया कवे।
अथ ईं अस्मभ्यं रन्धय। ऋ. 6.53.7.
यां पूषन ब्रह्मचोदनीं आरां बिभर्षि आघृणे।
तया समस्य हृदयं आ रिख किकिरा कृणु। ऋ. 6.53.8
60. शुनं वाहा: शुनं नर: शुनं कृशतु लांगलम्।
शुनं वरत्रा बध्यंतां शुनं अष्ट्रां उत् इंगय। ऋ. 4.57.4
शुनासीरौ इमां वाचं जुषेथां यत् दिवि चक्रथु: पय:।
तेन इमाँ उप सिंचतम्। ऋ. 4. 57.5
अर्वाची सुभगे भव सीते वन्दामहे त्वा।
यथा न: सुभगा असिस यथा न: सुफला असिस। ऋ. 4.57.6
इन्द्र: सीतां निगृह्णातु तां पूषा अनु यच्छतु।
सा न: पयस्वती दुहाँ उत्तरां उत्तरां समाम्। ऋ. 4.57.7
शुनं न: फाला विकृषन्तु भूमिं शुनं कीनाशा अभि यन्तु वाहै:।
शुनं पर्जन्यो मधुना पयोभि: शुनासीरा शुनं अस्मासु धत्तम्। ऋ. 4.57.8
61. उत वा उपरि पृणक्षि बप्सतु अहो: अग्न उलपस्य स्वधाव:।
उत खिल्या उर्वराणां भवन्ति मा ते हेतिं तविषी चुक्रुधाम। ऋ. 10.142.3
यद् उद्वतो निवतो यासि बप्सत् पृथग् एषि प्रगर्धिनीव सेना।
यदा ते वातो अनुवाति शोचि: वप्तेव श्मश्रू वपसि प्र भूम। ऋ. 10.142.4
प्रति अस्य श्रेणयो अदृश्र एकं नियानं बहवो रथास:।
बाहू यदग्ने अनु मर्मृजानो न्यङ् उत्तानां अन्वेषि भूमिम्। ऋ. 10.142.5
62. येन तोकाय तनयाय धान्यं बीजं वहध्वे अक्षितम्।
अस्मभ्यं तद् धत्तन यद् वा ईमहे राधो विश्वायु सौभगम्। ऋ. 5.53.13
63. डॉ. एस. टी. दास, *ट्राइबल लाइफ आफ नार्थ-ईस्टर्न इंडिया,* 1986, पृ. 47-48
64. वही, पृ. 84।
65. वही, पृ. 89।
66. *वायुपुराण,* 8.47-70
67. The Murias regard certain relations as standing in a forbidden relationship; with others there is the fullest freedom to joke and even to intrigue; with yet another marriage almost obligatory.

A boy can not marry relatives of the inner circle or any of its classificatory aunts or nieces. He is strictly forbidden to marry his wife's elder sister, his mother-in-law, his younger brother's wife or his widow and any woman in parallel relation to them, There is no objection to his marrying his grand mother or grand daughter, or with girls in the same classificatory relationship to him as these. (*Lifestyle: Indian Tribes,* S.T.Das, Vol.III, p. 194)

68. Ibid. p. 14-15
69. यो यज्ञो विश्वत: तन्तुभि: ततं एक शतं देवकर्मेभि: आयत:।
    इमे इमे वयन्ति पितरो न आययु: प्र वय अप वय इति आसते तते॥ ऋ. 10.130.1
70. *लोकायत,* पीपुल्स पब्लिशिंग हाउस, 1959, 533-42।
71. वे सही नसीहत देनेवाले या सुप्रवाचन जो ठहरे—अवन्तु न: पितर: सुप्रवाचना। ऋ. 1.106.3
72. यस्मिन् वृक्षे सुपलाशे देवै: सम्पिबते यम:।
    अत्र न: विश्पति: पिता पुराणान् अनु वेनति। ऋ. 10.135.1
73. ब्राह्मणास: पितर: सोम्यास: शिवे नो द्यावापृथिवी अनेहसा।
    पूषा न: पातु दुरितात् ऋतावृध: रक्षा मा कि: न: अघशंस ईशत। ऋ. 6.75.10
    यो न इन्दु: पितरो हृत्सुपीतो ऽमर्त्यो मर्त्यां आविवेश।
    तस्मै सोमाय हविषा विधेम मृळीके अस्य सुमतौ स्याम। ऋ. 8.48.12
74. ...usually the survivals of the tribal past of the civilized people themselves. *Lokayat*, 126
75. "The term animism is derived from the Latin word *anima*, meaning *breath or soul.* The belief of animism is probably one of man's oldest beliefs, with its origin most likely dating to the Paleolithic age. From its earliest beginnings it was a belief that a soul or spirit existed in every object, even if it was inanimate. In a future state this soul or spirit would exist as part of an immaterial soul. The spirit, therefore, was thought to be universal." Alan G. Hefnerand Virgilio Guimaraes
76. Barbara G. Walker, Dark Age, *Womens Encyclopedia of Myths and Secrets,* 1983.
77. इराक में भारतीय आर्यभाषा के द्वीप रहे हैं। इसकी पुष्टि अनेक तरीकों से हो चुकी है, इसलिए यह दूर की कौड़ी लगते हुए भी परस्पर सम्बन्धित हो सकता है। आखिर, अरबी और सामी तथा द्रविड़ और मुंडारी से साम्य रखनेवाले कतिपय शब्दों के आधार पर ही कुछ यूरोपीय विद्वानों ने नोस्त्रातिक अथवा हमारी जबान की कल्पना की थी, जिससे हिब्रू, सामी, आस्त्रिक, द्रविड़ और भारोपीय अर्थात पुरानी दुनिया के सभी परिवारों की भाषाओं का उद्‌भव माना था, जब कि यह लघु एशिया में अपना प्रभाव जमाए हुए भारतीय आर्यभाषा-भाषियों के यूरोप में प्रवेश और अन्यथा भी उनकी भाषा के प्रसार के कारण सम्भव लगता है, जिसमें लघु एशिया निवास के काल में ही पड़ोसी भाषाओं के बहुत सारे शब्द आ गए थे।
78. The dress of women is a string of palm leaves put together by bark threads and wax, called *nukuinyege.* The men wear strips of cane leaves.(S.T.Das, *Lifestyle : indian Tribes,* Vol.III, 1989, p.18).
79. सा व्यपत्रपमाणेव प्रगृह्य च सुदुर्मना:।
    कैकेया: कुशचीरे ते जानकी शुभलक्षणा। रामा. 2.37.10

80. मेहरगढ़ के उस चरण से जब वहाँ का आदमी मिट्टी के बर्तन बनाना नहीं जानता था, ताँबे के मनके मिलते हैं। तुर्की में शतल हुयुक से उसी कालखंड के (आज से आठ-नौ हजार वर्ष पहले के) मनके मिलते हैं।

81. The handmade, basket-impressed coarse ware, of which a limited number of sherds were encountered for the first time in Sub-period IB, continued in an increasing quantity, in Sub-period IIA. B.B.Lal, *The Earliest Civilization of South Asia,* 37.

82. अधा ते पूर्वमासन्वै वृक्षास्तु गृहसंस्थिताः।
तथा कर्तुं समारब्धाः चिन्तयित्वा पुनः पुनः।
वृक्षाश्चैव गताः शाखा न ताश्चैव परागताः।
अत ऊर्ध्वं गताश्चान्या एवं तिर्यग्गताः पुरां।
बुद्धवाऽन्विष्यंस्तथा न्यायो वृक्षशाखा यथा गताः।
तथा कृतास्तु तैः शाखाः तस्मात् शालाः तु ताः स्मृताः॥ वायु पु. 8.123-25

83. *राहुल चयनिका,* सं. विद्यानिवास मिश्र, नेशनल बुक ट्रस्ट इंडिया, 324-25.

84. शतं वेणून् शतं शुनः शतं चर्माणि म्लातानि।
शतं मे बल्बजस्तुका अरुषीणां चतुःशतम्॥ ऋ. 8.55.3

85. महीव कृत्तिः शरणा त इन्द्र प्र ते सुम्ना नो अश्नवन्॥ ऋ. 8.90.6

86. स्तीर्णं बर्हिः उप नः याहि वीतये॥ ऋ.1.135.1
स्तीर्णं ते बर्हिः सुत इन्द्र सोमः कृता धाना अत्तवे ते हरिभ्याम्। ऋ. 3.35.7

87. In a vocational hierarchy, it is never a question of " doing what one likes", but of liking what one does.

88. *अग्ने देवाँ इह आवह सादया योनिषु त्रिषु,* ऋ. 1.15.4; *त्रिः वर्तिः यातं त्रिः अनुव्रते जने त्रिः सुप्राव्ये त्रेधा इव शिक्षतम्। त्रिः नान्द्यं वहतं अश्विना युवं त्रिः पृक्षो अस्मे अक्षरेव पिन्वतम्।* ऋ. 1.34.4, आदि में 'त्रि' का उपयोग तीन और समस्त के आशय में ही हुआ है।

89. षळिद् यमा ऋषयो (ऋ. 1.164.15) में दो छः के रूप में गिनती का आभास है। तिस्रो भूमीः उपराः षड्विधानाः (ऋ. 7.87.5) में 'षड्' समस्त का बोधक है।

90. सप्त मर्यादा कवयः ततक्षुः, ऋ. 10.5.6

91. अजयो गा अजयः शूरसोमं अवासृजः सर्तवे सप्त सिन्धून्। ऋ. 1.32.12

92. सप्त स्वसारो अग्रुवः। ऋ. 1.191.14 यह तथ्य रोचक है कि उँगलियाँ दस हैं, पर उन्हें सप्तस्वसा या सात बहनें बताया गया है।

93. अतो देवा अवन्तु नो...पृथिव्याः सप्त धामभिः। 1.22.16

94. अष्टौ पुत्रासो अदितेर् ये जाताः तन्वः परि। ऋ. 10.72.8

95. A Sumerian (Erech) pictograph, dated about 3500 BC, shows a sledge equipped with wheels. The idea of wheeled transportation may have come from the use of logs for rollers, but the oldest known wheels were wooden disks consisting of three carved planks clamped together by transverse struts. Spoked wheels appeared about 2000 BC, when they were in use of chariots in Asia Minor. Later developments included iron hubs (center

pieces) turning on greased axles, and the introduction of a tire in the form of an iron ring that was expanded by heat and dropped over the rim and that on cooling shrank and drew the members tightly together. The use of a wheel (turntable) for pottery had also developed in Mesopotamia by 3500 BC. The early waterwheels, used for lifting water from a lower to a higher level for irrigation, consisted of a number of pots tied to the rim of a wheel that was caused to rotate about a horizontal axis by running water or by a tread mill. *Britannica Delux,* 2002.

96. परिवृक्तेव पतिविद्यं आनट् पीप्याना कूचक्रेणेव सिंचन्।
एष एष्या चित् रथ्या जयेम सुमंगलं सिनवत् अस्तु सातम्। ऋ. 10.102.11

97. इसकी विधि यह थी कि दो आदमी पटरी के रूप में बिछी बल्लियों पर तेल डालते जाते थे और दूसरे चक्के के आदिम रूप, बिछे लट्ठों, को बल्लियों से घुमाते रहते थे। ऊपर की ओर से खम्भे गाड़कर उनमें फिरकी लगाकर रस्से से कुछ लोग आगे खींचते रहते थे। सबसे पीछे दो श्रमिक जमीन में बल्लियाँ खूँटे की तरह धँसाते हुए उसे पीछे की ओर लुढ़कने से रोके रहते थे। कहें, पहिया, चिकनाई और ब्रेक का सम्बन्ध लट्ठा युग में ही परस्पर जुड़ गया था जो बीयरिंग युग में अपने उत्कृष्टतम रूप में आज देखने में आता है। इन आविष्कारों का श्रेय भारत को है।